资深HR教你 Performance

·绩效管理实操·

Management 从入门到精通

冯宝珠 毕云峰 主编

SPM 南方传媒 | 广东人民出版社

·广州·

图书在版编目（CIP）数据

资深HR教你绩效管理实操从入门到精通 / 冯宝珠，毕云峰主编. —广州：广东人民出版社，2021.10（2022.3重印）

ISBN 978-7-218-15269-1

Ⅰ.①资… Ⅱ.①冯… ②毕… Ⅲ.①企业绩效—企业管理 Ⅳ.①F272.5

中国版本图书馆CIP数据核字（2021）第191067号

Zishen HR Jiaoni Jixiaoguanli Shicao Cong Rumen Dao Jingtong

资深HR教你绩效管理实操从入门到精通

冯宝珠 毕云峰 主编

出 版 人：肖风华

责任编辑：陈泽洪 李幼萍
文字编辑：吴瑶瑶 戴璐琪
封面设计：范晶晶
内文设计：奔流文化
责任技编：吴彦斌

出版发行：广东人民出版社
地 址：广州市越秀区大沙头四马路10号（邮政编码：510102）
电 话：（020）85716809（总编室）
传 真：（020）85716872
网 址：http://www.gdpph.com
印 刷：东莞市翔盈印务有限公司
开 本：787毫米×1092毫米 1/16
印 张：22.5 **字 数：**450千
版 次：2021年10月第1版
印 次：2022年3月第2次印刷
定 价：78.00元

如发现印装质量问题，影响阅读，请与出版社（020-87712513）联系调换。
售书热线：020-87717307

前言 Preface

唐僧团队是一个知名的团队，但是这个团队的绩效管理似乎做得并不好。我们来看一个有关他们的绩效管理的故事。

话说，唐僧师徒四人赶时髦，不再徒步而是乘坐飞机去“旅行”。在旅途中，飞机突然出现了故障，所有人员需要跳伞逃生。不幸的是，师徒四人连同驾驶员一共只有四把降落伞，驾驶员必得一把（不然会把飞机往山上撞），那剩下师徒四人来分这三把降落伞，势必有一个人没有办法使用降落伞逃生。这给团队领导唐僧提出了一个不小的管理难题。

为公平起见，唐僧想到了一个办法：对三个徒弟进行提问，能回答上来的，就可以得到降落伞；如果没有回答上来，就只能自己受苦，以自由落体的方式，自己跳下去。

于是，唐僧问孙悟空：“悟空，天上有几个太阳？”悟空不假思索地答道：“一个。”唐僧说：“好，答对了，给你一把伞。”接着又问沙僧：“天上有几个月亮？”沙僧答道：“一个。”唐僧说：“好，你也答对了，给你一把伞。”八戒一看，心里暗喜：“这么简单，我也行！”于是摩拳擦掌，等待唐僧出题。可是题目出来后，八戒却跳了下去，大家知道为什么吗？唐僧出的问题是：“天上有多少星星？”八戒当时就愣住了，直接跳了下去。

过了些日子，师徒四人又乘坐飞机出行，途中飞机又出现了故障，同样只剩下三把降落伞，唐僧如法炮制，再次出题考大家。唐僧先问悟空：“中华人民共和国是哪一年成立的？”悟空答道：“1949年。”唐僧说：“好，给你一把。”又问沙僧：“中国的人口有多少亿？”沙僧说是14亿，唐僧说：“好的，答对了。”沙僧也得到了一把伞。轮到八戒，唐僧的问题是：“14亿人的名字分别叫什么？”八戒再次愣住，又一次以自由落体的方式结束了旅行。

第三次出行的时候，飞机再一次出现故障，这时候八戒说：“师父，你别问了，我跳。”然后纵身一跳。唐僧双手合十，说：“阿弥陀佛，善哉善哉。八戒，你悟道了，正所谓‘我不入地狱，谁入地狱’。可这次我们有四把伞了。”

这个故事说明绩效考核指标值的设定要在员工的能力范围之内，让员工只要“跳一跳”就可以够得着。如果员工一直“跳”，却永远也够不着，那么员工的信心就会丧失，考核指标也就失去了本来的意义。很多企业在设定考核指标的时候，喜欢用高指标值施压员工，理由是如果指标值设定得不够高，员工就没有足够的动力。但是，用一个很高的指标值去考核员工，即便员工没有完成100%，而只是完成了80%，也已经远远超出企业的期望了。这种逻辑是“强盗逻辑”，表现出了管理者的无能和无助，只知道用高指标值施压员工，殊不知，指标背后的行动计划才是真正帮助员工达成目标的手段，而非指标值本身。实际上，设定一个员工经过努力可以达到的指标值，然后帮助员工制定行动计划并达成目标，这才是经理的价值所在。经理做到这一点，才能实现帮助员工成长的目标，才真正体现经理的价值！

▶本书特色

本书设置了【本章思维导图】【实例】【分析】【疑难解答】【温馨提示】等板块，在介绍绩效管理理论知识的同时，笔者结合多年的工作经验，将实际工作中经常遇到的一些问题拿出来与大家分享。

▶读者人群

本书适合人力资源管理专业的毕业生、从事人力资源管理工作不久的工作人员和企业的高层管理者参考使用。

▶参编人员

本书由冯宝珠、毕云峰主编，刘青青、孙丽娜、李瑞、李瑾等参与了相关编写工作。

本书在编写与出版过程中，尽管编者精益求精，但书中难免还存在不足之处，在此敬请读者批评指正。

编　者

2021年9月

目录 CONTENTS

第四章 如何进行绩效实施

第五章 如何开展绩效监控与辅导

第六章 如何开展绩效考评

第七章 考评结果的反馈与应用

第八章 如何实行绩效改进

第九章 绩效管理系统总体评估

第十章 战略绩效管理系统

第一章　绩效管理概论

本章思维导图

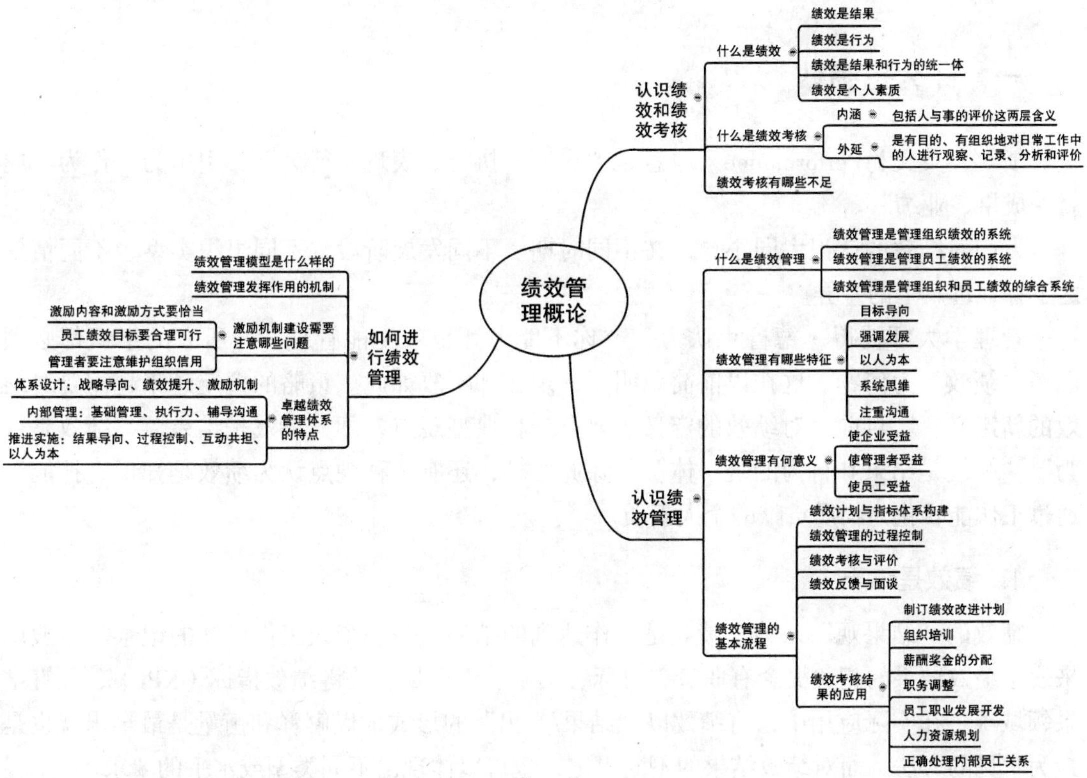
绩效管理概论
认识绩效和绩效考核
什么是绩效
绩效是结果
绩效是行为
绩效是结果和行为的统一体
绩效是个人素质
什么是绩效考核
内涵
包括人与事的评价这两层含义
外延
是有目的、有组织地对日常工作中的人进行观察、记录、分析和评价
绩效考核有哪些不足
认识绩效管理
什么是绩效管理
绩效管理是管理组织绩效的系统
绩效管理是管理员工绩效的系统
绩效管理是管理组织和员工绩效的综合系统
绩效管理有哪些特征
目标导向
强调发展
以人为本
系统思维
注重沟通
绩效管理有何意义
使企业受益
使管理者受益
使员工受益
绩效管理的基本流程
绩效计划与指标体系构建
绩效管理的过程控制
绩效考核与评价
绩效反馈与面谈
绩效考核结果的应用
制订绩效改进计划
组织培训
薪酬奖金的分配
职务调整
员工职业发展开发
人力资源规划
正确处理内部员工关系
如何进行绩效管理
绩效管理模型是什么样的
绩效管理发挥作用的机制
激励机制建设需要注意哪些问题
激励内容和激励方式要恰当
员工绩效目标要合理可行
管理者要注意维护组织信用
卓越绩效管理体系的特点
体系设计：战略导向、绩效提升、激励机制
内部管理：基础管理、执行力、辅导沟通
推进实施：结果导向、过程控制、互动共担、以人为本

绩效管理是指组织按照一定的方法和制度，与组织成员之间进行持续有效的全方位沟通，确立组织成员的绩效目标，并不断反馈、调整和完善，确保其工作行为和业绩与组织战略目标保持一致，最大限度地实现组织战略目标的一种管理活动。

第一节 认识绩效和绩效考核

一 什么是绩效

绩效，英文为Performance，原意是“履行、执行、表现、行为”，引申为“作为、成就、成果、业绩”。

人们对绩效的认识大同小异，在不同时期、不同发展阶段、不同组织类型、不同情景之下存在理解上的差异。

管理学大师彼得·德鲁克认为：“你不能考评也就不能管理……所有的组织都必须思考‘绩效’为何物。这在以前简单明了，现在却不复如此。策略的拟定越来越需要对绩效的新定义。”目前，对绩效的定义主要有三种典型观点，即“绩效是结果”“绩效是行为”“绩效是结果和行为的统一体”。除此之外，还有一种观点认为绩效是知识、技能等通过工作能转化为物质贡献的个人素质。

1. 绩效是结果

绩效的“结果观”认为，绩效是工作达到的结果，是一个人工作成绩的记录。一般用来表示绩效结果的相关概念有职责、目标、结果、生产量、关键绩效指标（KPI）、关键结果领域等。在实际应用中，将绩效以“结果/产出”的形式加以解释和衡量是最早出现也是最为常见的方法，而对绩效结果的不同界定，也可以体现出不同类型或水平的要求。

2. 绩效是行为

绩效的“行为观”认为，绩效就是工作行为或过程。绩效是行为的同义词，它是人们的实际行为，不论这些行为是认知的、生理的、心智活动的，还是人际的。绩效是行为，应该与结果分开。这一观点中隐含了这样一种思想：尽管绩效是行为，但并不是所有的行为都是绩效，只有那些与组织目标实现有关的行为才是绩效。为此，鲍曼和摩托维德罗提出了“周边绩效—任务绩效”模型：任务绩效与工作正式规定的内容直接联系；周边绩效是指在现实组织中除了工作的目标、职责和结果等正式规定的内容之外的一些超职责行为。

3. 绩效是结果和行为的统一体

这种观点认为绩效就是结果与行为的统一体，绩效既包括工作结果，又包括工作行为。也就是说，不仅要看做什么，而且要看是如何做的，绩效不仅取决于做事的结果，还取决于做事的过程和行为。这种理解综合了前两种观点的内涵，绩效就是指事物运动过程中所表现出的状态和结果，它包含质和量两方面，可以通过定性和定量两种状态或方式进行描述和反映，最终通过客观评价和主观评价等评价方式表现出来。

从实际意义上来讲，这种观点不仅能更好地解释实际现象，而且对绩效相对宽泛的界定也往往使绩效更容易被大家接受，这对绩效考核与绩效管理来说是至关重要的。

4. 绩效是个人素质

这种观点认为绩效是对员工未来发展的关注，强调员工潜能与绩效的关系。绩效不仅仅是员工过去历史的反映，更应该将员工个人潜力、素质等一并纳入绩效考评的范畴，以素质为基础解释绩效的观点，强调的不是过去怎样和现在如何，关注的是未来。

上述这些观点之间并不矛盾，而是相辅相成、共同构成了一个全面的绩效观。绩效的特性决定了绩效概念的复杂性，人们对绩效的认识是不断发展的，从单纯地强调数量到强调质量，再到强调满足顾客需求，从强调即时绩效到强调未来绩效，都说明要用发展的观点来看待和理解绩效。

实例 1-1

2019年年底，某民营制造企业的老板开始犯愁：员工奖金怎么发？年初的时候，老板曾经许诺，只要好好干，年底的时候一定给大家发年终奖。但由于人事部在绩效管理工作上一直没有什么作为，连基本的绩效考核表都没有。现在，到了老板兑现承诺的时候，企业拿什么作为发放年终奖的依据呢？

老板还是认为要通过绩效考核来找出员工之间的差异，根据考核分数发放奖金。于是他紧急召集人事部的所有员工开会，要求务必在半个月之内给出一份绩效考核方案，否则人事部停发年终奖。在老板的强压之下，人事部全体员工立即上网找了很多资料，最终东拼西凑出了一份绩效管理方案，整个方案的核心内容就是几张考核表，表中列举的是员工的工作数量、工作质量、工作态度、遵章守纪等内容。为了保证程序公平，人事部同时设置了复杂的打分程序，每个人都按照上级、同级、下级等维度进行打分，类似于360度考核。

人事部整整忙了一个半月，终于“大功告成”，完成了年终考核。但这样考核的结果使公司上下怨声载道，员工对考核结果都不太满意。

该企业的绩效考核出了什么问题？

分析

该企业老板认为绩效就是员工的表现，老板按照表现的好坏来为员工发放奖金，而所谓的表现就是人事部所定义的能力、态度、劳动纪律等员工的日常行为。于是，企业就按照这种思路考核员工的绩效，并将考核结果和员工的奖金挂钩。

实际上，这种考核方式对企业和员工来说都是不公平的。企业可以将绩效和员工的行为联系起来，但员工的行为一定不是人事部定义的那些行为，而应是各个部门主管定义的行为；员工的行为是不具备通用性的，用一张表考核所有的员工，本身就是不公平的。因此，在进行绩效考核的时候，一定要找到员工行为与公司的业务及员工的职责相关联的那一部分，绩效是员工履行职责并为组织创造价值的结果。

温馨提示

“绩效”的三个层次

组织是在一定结构下，由不同的人承担不同的职责所形成的复杂系统。为了达到组织整体的绩效，需要个人、部门（流程）和组织三个层面上都获得绩效。因此，组织整体的绩效通过组织绩效、部门（流程）绩效和个人绩效三个层次表现出来。其中，充分发挥组织中人的潜力，是各个层次绩效的关键。

二　什么是绩效考核

绩效考核，也称绩效考评、绩效评价等。由于绩效具有多维性、多因性和动态性的特点，因此，对绩效的考核也应该是多角度、全方位和多层次的。从早期的观点看，关于绩效考核的含义有以下几种描述：

（1）对组织中成员的贡献进行排序。

（2）为客观判断员工的能力、工作状态和适应性，对员工的个性、资质、习惯和态度以及对组织的相对价值进行有组织的、客观的考评，它是考评程序、规范、方法的总和。

（3）对员工现任职务状况、出色程度以及担任更高职务的潜力进行有组织的、定期的，且尽可能多的客观考评。

（4）由考核者对被考核者的日常职务行为进行观察记录，并在事实的基础上，按照一定的目的进行考评，达到培养、开发和利用组织成员能力的目的。

（5）定期考评和考察个人或工作团队业绩的一种正式制度。

（6）对员工的工作行为与工作结果全面地、系统地、科学地进行考察、分析评估与传递的过程。

从过程的角度看，绩效考核是指考评主体对照工作目标或绩效标准，采用科学的考核方法，评定员工的工作任务完成情况、工作职责的履行程度和能力发展情况，并且将评定结果反馈给员工的过程。绩效考核在本质上就是考核组织成员对组织的贡献，或者对组织成员的价值进行评价，它是管理者与员工之间为提高员工能力与绩效，实现组织战略目标的一种管理沟通活动。

绩效考核本身不是目的，而是手段。因此，其概念的内涵和外延应该随经营管理的需要而变化。从内涵上来说，绩效考核包括人与事的评价这两层含义：一是对人及其工作状态进行评价；二是对人的工作结果及人在组织中的相对价值或贡献程度进行评价。从外延上来说，绩效考核就是有目的、有组织地对日常工作中的人进行观察、记录、分析和评价。它包括以下三层含义：一是从企业经营目标的角度对员工工作进行考评，并使考核结果与其他人力资源管理职能相结合，推动企业经营目标的实现；二是作为人力资源管理系统的组成部分，运用一套系统和一贯的制度性规范、程序和方法进行考评；三是对组织成员在日常工作中所表现的能力、态度和业绩，进行以事实为依据的评价。

温馨提示

绩效考核的“德、勤、能、绩”

绩效考核评价的内容，包括“德、勤、能、绩”四个方面，几乎所有的绩效考核评价都是围绕这四个方面的内容展开的。

“德”指的是员工的个人品德、职业道德、工作作风、思想状态，是员工最根本的素质。

“勤”指的是员工工作中勤勉的态度和责任心，是与“德”紧密相关的品质，是“德”在工作中的外在行为体现，一般表现为工作的积极性、责任感、纪律性、投入性、出勤率、服务意识、奉献意识等方面。

“能”指的是员工的知识水平、身体能力、工作需要的技能和能力，是员工分析和解决问题的能力和可能性。知识水平包括文化程度、专业知识、工作知识等；身体能力包括年龄和健康状况；工作需要的技能和能力包括沟通能力、领导能力、管理能力、谈判能力等。

“绩”指的是员工的业绩和效率，是员工对企业的贡献，是一种结果，是员工完成工作的数量和质量。一般表现为员工是否能够按时、保质、保量地完成工作要求的任务目标，工作是否有成果，是否达到应有的业绩。

完整的绩效考核评价应当包含“德、勤、能、绩”四个方面，缺少哪一个方面，都会使绩效评价不完整。

三　绩效考核有哪些不足

在不同的组织中，绩效考核有时非常重要，有时又可能只是走过场。而员工和管理者不喜欢绩效考核主要有三方面的原因：

（1）绩效考核本身的性质决定了它是一件容易使人焦虑的事情。当一个人知道自己将要被别人评价时，或者当一个人评价别人时，往往会感到有些焦虑。而绩效考核就是一个评价与被评价的过程，所以产生焦虑是不可避免的。这种焦虑有时会引起考核主体对评估的回避，甚至抵触。

（2）绩效考核目的不明确。当人们不清楚一件事情对自己有什么好处的时候，他们就很难喜欢这件事情，特别是这件事情还要花费很多时间和精力。因此，面对目的不明确的绩效考核，人们通常采取的行动就是回避。

（3）绩效考核结果的不理想使得绩效考核更加难以开展。在实际操作中，正式的绩效考核计划有时会由于某些原因而得出令人失望的结果。原因主要包括：缺乏高级管理层支持、工作标准不明确、评估人的偏见、评估表格过多，以及为相互冲突的目的设立评估计划等。

绩效考核的不良循环如图1–1所示。

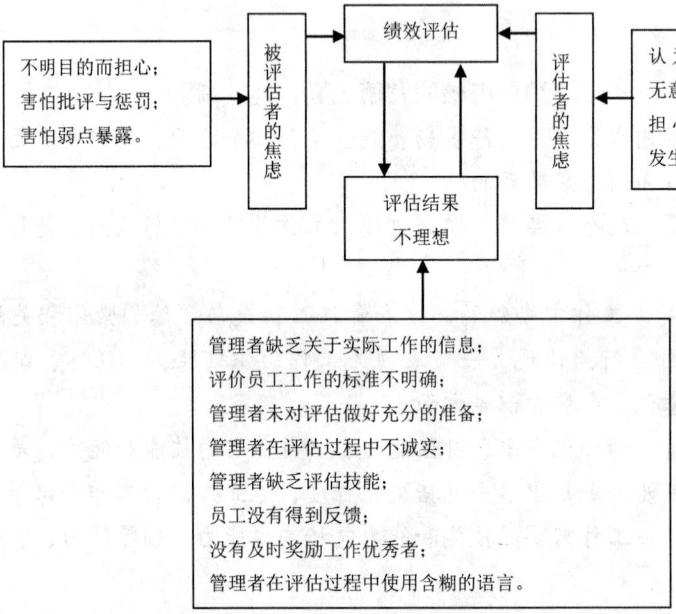

图1–1 绩效考核不良循环

另外，传统意义上的绩效考核在理论上和实践上都存在一个问题，即把员工绩效的改善和能力的不断提高过分依赖于奖惩制度。由此带来的消极影响主要表现为：

（1）员工改善绩效的动力来源于利益的驱使和对惩罚的惧怕。

（2）过分依赖制度而削弱了组织各级管理者对改善绩效方面的责任。

（3）单纯依赖定期的绩效评估而忽略了对各种过程的控制和督导。

（4）管理者的角色是"警察"，考核就是要挑员工的毛病，由此造成管理者与被管理者之间的冲突和对立。

（5）实行只问结果不问过程的管理方式，不利于培养缺乏经验和工作资历较浅的员工。当员工发现无法达到工作标准时，就会自暴自弃或归因于外界。

（6）工作标准不能确切衡量，会导致员工规避责任。

（7）产生对业绩优秀者的抵触情绪，使得业绩优秀者成为被攻击的对象。

对绩效考核形成的这种抵触感，可以通过与员工进行充分的沟通来减少甚至消除。企业应力争让员工明白，绩效考核只是绩效管理的一个环节。管理者不是单纯为了评判员工的好坏而实施它的，而是为了完成整体的绩效管理活动，从而促进员工、团队和组织的共同提升。

实例 1-2

某中小企业实施绩效考核已经半年了，刚开始员工还很努力，大概2个月后，员工的工作状态越来越不好，执行力也变差了，公司下达的任务和要求，总是执行不到位。

该企业对员工的主要考核方式为：员工的工资=底薪+提成+绩效工资。

考核的具体操作：员工的底薪较低，提成较高，每月将“底薪+提成”的30%作为绩效工资。例如，底薪加提成有10 000元，就会有3 000元被拿来作绩效工资，然后按不同比例分解到8个指标上。企业每月对每个指标都会根据去年同比数据及市场现状提出较高目标，最后根据目标达成率用KPI评分的方式进行打分，最高得分为100分；但是，几乎没有员工拿到过100分，也就是说员工每个月都会被扣掉几百元。

这种考核方式，让员工普遍反感。企业希望考核，员工却反对考核，最后绩效考核宣告失败。那么，这样的绩效考核到底存在什么问题？

分析

作为企业，肯定是要实行绩效考核的。其中，关键的问题是企业不能只有考核思维，而没有激励措施。如果只有考核思维，企业就像是在“打劫”员工：原本是员工自己努力创造的收入，却要被强迫“贡献”出一部分归还企业，时间久了，员工无力反抗，只好消极抵触或怠工。

该企业的考核方式，是每个月都会根据去年同比数据及市场现状，定出较高目标让员工去冲刺，达不到目标，员工的工资就会被扣除一部分。因此，企业和员工每月都会为了定多少目标而产生大量的矛盾。员工希望目标越低越好，企业则希望目标越高越好，在这样的情况下，企业和员工就是敌对的关系，员工不可能会对企业产生归属感。如果员工与企业连利益都不能趋同，更谈不上统一的思维和行为了。

员工要的是激励，而不是单纯的考核。如何将考核与激励融合在一起？这需要企业改变思维：不要每天盯着员工的问题，而是要想着如何让员工提高收入。员工收入越高，代表着企业的利润也越高，这样的高工资才是企业的最低成本。员工的潜能被充分挖掘后，企业也不怕人才流失。

综上所述，企业可以有考核指标，但不能只有考核思维。正在做“KPI考核”的企业，在每一个考核指标上都应找到平衡点，在获得高利润的同时让员工充分挖掘自己的潜能和才华，实现真正的多劳多得。员工收入越高，企业的利润也越高。当员工和企业的利益趋同时，思维和行动也就自动实现统一。

疑难解答

1. 对员工“德、勤、能、绩”四个方面的考核，应如何进行？

根据岗位、职位等工作属性和特点的不同，以及员工所处的不同时期，在“德、勤、能、绩”四个方面的权重也应当有所不同。

没有任何工作经验的新入职员工，几乎不具备岗位需要的知识技能，其绩效考核评价的重点应该放在“德”和“勤”上。员工品德优良、态度较好的，对其“能”和“绩”可以在逐步培养中达成。

当新员工入职1年后，企业已经为员工提供了足够的学习成长机会，这时候的绩效考核评价的侧重点就不能仅停留在“德”和“勤”上，而应当侧重对“能”的考核，也就是员工能力的成长程度。

当新员工入职2～3年后，员工应当具备岗位需要的能力，应当创造出岗位需要的价值，达到岗位要求的目标。这时候的绩效考核评价侧重点应当放在“绩”上，同时鼓励员工继续提升能力，对“能”的考核也不能放松。

2. 只考核基层职位，不考核高层管理职位？

一些企业管理者和人力资源经理错误地认为企业高层管理人员不宜考核、不易考核、不能考核。在企业中，由于高层管理人员掌握更多的资源，他们的绩效表现对企业的整体绩效影响更大，所以应该重点考核。而且如果只对基层员工进行绩效考核和管理，而不对高层管理者的工作行为进行考核，那么会增加基层人员的不公平感，也会加重他们对绩效考核的消极情绪。

第二节 认识绩效管理

一 什么是绩效管理

随着经济全球化和信息技术的高速发展，组织面临日益激烈的市场竞争，为了提高自己的竞争能力和适应能力，越来越多的组织开始致力于探索提高组织绩效的有效途径。在这种背景下，研究者们于20世纪70年代后期提出了“绩效管理”的概念。

对“绩效管理”的理解和定义，国外学者主要持有以下三种基本观点：

（1）绩效管理是管理组织绩效的系统。

该观点强调绩效管理的目标是不断改善组织结构，优化业务流程，创造环境氛围，持续激励员工，提高组织效率。认为有效的绩效管理系统应该能够针对组织的远景目标，组织的战略、规划、过程和活动，组织的绩效指标和水平，组织的激励制度，以及保证组织学习的绩效控制机制这五个方面的内容对组织进行有效的管理。

（2）绩效管理是管理员工绩效的系统。

该观点认为组织内个体（员工）的个人特征，如技能、能力等要素是组织绩效的“原材料”和基础，组织成员依靠个人的技能和能力等基本要素，通过一系列有目的的个人行为，最后达到客观的组织绩效结果。这种观点隐含的前提是在对员工绩效进行管理时，组织的目标已经明确，并得到了组织内部员工的认同和承诺。

（3）绩效管理是管理组织和员工绩效的综合系统。

该观点将绩效管理看作管理组织和员工绩效的综合系统，但其概念却因强调的重点不同而并不统一。一种是更加强调组织绩效，认为“绩效管理通过将每个员工或管理者的工作与组织的宗旨连接在一起，以便支持组织的整体战略目标”；另一种是更加强调员工个人绩效，认为“绩效管理的中心目标是挖掘员工的潜力，提高他们的绩效，并通过将员工的个人目标与组织战略结合在一起来提高组织的绩效”。

综上所述，可以认为绩效管理是指组织按照一定的方法和制度，与组织成员之间进行持续有效的全方位沟通，确立组织成员的绩效目标，并不断反馈、调整和完善，确保其工作行为和业绩与组织战略目标保持一致，最大限度地实现组织战略目标的一种管理活动。

温馨提示

绩效管理与绩效考核的区别与联系

1. 绩效管理与绩效考核的区别

（1）绩效管理是一个完整的系统，绩效考核只是这个系统中的一部分。

（2）绩效管理是一个过程，注重过程的管理，而绩效考核是一个阶段性的总结。

（3）绩效管理具有前瞻性，能帮助企业具有前瞻性地看待问题，有效规划企业和员工的未来发展；而绩效考核则是回顾过去的一个阶段的成果，不具备前瞻性。

（4）绩效管理有着完善的计划、监督和控制的手段和方法，而绩效考核只是提取绩效信息的一个手段。

（5）绩效管理注重能力的培养，而绩效考核只注重成绩的高低。

（6）绩效管理能建立经理与员工之间的绩效合作伙伴关系，而绩效考核则使经理与员工站到了对立的两面，距离越来越远，甚至会制造紧张的气氛和关系。

2. 绩效管理与绩效考核的联系

绩效管理和绩效考核是两个紧密联系的概念。绩效管理概念的提出本身就是源自绩效考核的片面性和孤立性，从一种孤立的手段发展到了系统的管理过程。因此，绩效考核始终是绩效管理过程中的一个十分重要的环节，也是代表着绩效管理水平的核心技术。当然，绩效考核的成功与否不仅取决于评估本身，在很大程度上还依赖与评估相关的整个绩效管理过程。因此，二者是相互依存、相辅相成的关系。

二　绩效管理有哪些特征

1. 目标导向

绩效管理是一种目标导向的管理方法，要求每一个成员的行动都要与企业的战略目标相挂钩，通过体系化的管理机制，把企业的战略目标、核心价值观层层传递给员工，使之变成员工的自觉行为，从而使每一位员工都能清楚自己应该努力的方向，使各级管理者都能明确如何更好地对员工进行有效的管理并提供支持和帮助。因此，只有绩效管理的目标明确，各级管理者和员工的努力才会有方向，他们才会更加团结一致，共同致力于绩效目标的实现，共同提高绩效能力，更好地服务于企业的战略规划和远景目标。

实例 1-3

某企业存在这样一种现象：各个部门绩效目标的完成情况不错，但是公司整体绩效却不好。该企业通常的做法是：年末由各个部门提出部门下一年度的目标，报公司审核，审核通过后就以此签订部门责任书。各部门考虑更多的是本部门的设想、能力甚至是利益，很少去关注公司的战略和整体的经营绩效以及公司发展对部门提出的新要求。公司审核时也只是就部门的工作讨论部门的目标，部门努力工作的结果可能对于企业整体战略目标的实现价值不大，甚至没有价值。

该企业的绩效管理犯了什么错误？

分析

该企业的错误在于没有将企业的战略目标具体落实到组织内部，没有在各个部门之间形成战略共识，整个组织仿佛是一盘散沙，没有凝聚力。实际上，人力资源管理的重要作用就在于将企业的战略目标具体落实到组织内部各个层级之中，而人力资源管理也支撑着企业战略目标的传递。

在企业战略明晰、组织结构确定的前提下，战略需要被转化为企业阶段性的目标和计划，在此基础上形成各个部门的目标和计划，继而形成员工个人的目标和计划，这就是企业的目标体系。

2. 强调发展

绩效管理是一个强调发展的过程。绩效管理能促进企业与员工的共同成长，管理者通过绩效管理过程，为每一个员工提供指导、支持和帮助，不断提升员工的胜任力，并使其主动学习、互动学习，建立学习型组织，形成具有激励作用的工作氛围，从而建立企业的高绩效文化。

3. 以人为本

绩效管理是一个让员工充分参与组织管理的过程，重视员工的发展，在完成组织目标的同时，实现员工的个人价值。它可以使员工与团队、组织目标一致，确立“双赢”的观念。它强调全体员工自下而上的参与，每一个员工都应该设立自己的绩效目标，并与领导达成一致；高层管理者的支持和参与是绩效管理体系成功的关键。

4. 系统思维

绩效管理是一个系统，而不是一个简单的步骤。绩效管理需要具备全面的、相互联系的观点，重视目标制定、沟通管理等过程，需要掌握和使用许多相关的技巧与技能，在实施绩效管理的过程中需要克服很多困难和障碍。只有系统地、战略地看待绩效管理，形成系统性思维，绩效管理才能摆脱在低层次徘徊的状况，实现战略性目标。

5. 注重沟通

沟通在绩效管理中起着决定性的作用。沟通的内容包括：沟通组织的价值、使命和战略目标；沟通组织对每一个员工的期望结果和评价标准及如何达到该结果；沟通组织的信息和资源，使员工之间相互支持、相互鼓励。总之，制定绩效要沟通，帮助员工实现目标要沟通，评估考核要沟通，分析原因、改进绩效要沟通。绩效管理的过程就是员工和组织之间持续不断地进行沟通的过程，离开了沟通，绩效管理将流于形式。因此，做好绩效管理，必须全面提高各级管理者和员工的沟通意识，提高管理沟通技巧，进而改善企业管理素质和绩效管理水平。

三 绩效管理有何意义

1. 使企业受益

绩效管理对于企业目标的实现及全部企业管理活动的有效进行具有重要作用。

首先，绩效管理奠定了企业战略目标实现的基础。战略是对未来结果的一种期望，这种期望的实现要依靠组织的所有成员，按一定的职责和绩效要求，通过继续努力和发挥创造性来实现。因此，绩效管理的系统成为企业战略控制系统不可缺少的管理工具和手段。

其次，绩效管理能够增强企业计划管理的有效性。绩效管理能使企业中每个部门的活动和每个员工的努力都朝向企业目标，从而强化了企业对业务的计划性，增强了计划管理的有效性。

最后，绩效管理是建设企业文化的有效工具。在绩效管理的过程中，组织通过对考评指标维度及权重的设计，可以引导和强化员工的行为，使之符合企业的价值导向，形成核心价值观，这更有利于企业文化建设落到实处。

实例 1-4

某企业推行绩效管理已经好几年了，也取得了一些成绩和效果，已完成的企业年度目标也比前一年度增长了100%，因此企业领导期望在绩效管理上取得更大的突破。通过将企业目标分解到各个部门，通过绩效考核传递压力，期望各个部门完成目标，再通过绩效管理推进各个方面的工作，实现企业整体目标。

上述目标期望是好的，可惜事与愿违，企业目标最终还是没能达成。这是为什么呢？

分析

原因很简单，绩效管理和绩效考核解决不了企业的所有问题，绩效管理不是万能的。企业的业绩不是考核出来的，而是管理出来的；绩效管理发挥的作用不是立竿见影的，而是需要时间的。绩效管理能促进企业管理流程和业务流程的完善，以及企业基础管理水平的提高，但在实际工作中还需要其他管理手段的帮助。

绩效管理是一个逐步完善的过程，能取得多大的成效与企业的基础管理水平有很大关系。企业的基础管理水平不是短期内就能快速提高的，企业推行绩效管理不可能解决所有问题，因此短期内不能对绩效管理寄予过高期望。

很多企业推行绩效管理不了了之，就是因为企业领导急功近利，希望通过绩效管理迅速改变企业现状，这样的目的短期内是不能达到的。

绩效管理会对企业产生深远的影响，但这种影响是缓慢的。绩效管理影响着企业各级管理者和员工的经营、生产理念，同时对于激励员工改进工作方法、提高绩效有很大的作用，但这些改变都是逐步实现的，不是一蹴而就的。

2. 使管理者受益

进行绩效管理而非简单的考核，能够使管理者重视绩效沟通，给予员工更多的关注，而不是只在绩效考核阶段充当裁判员的角色。在充分参与绩效计划和绩效沟通的基础上，员工能亲身感受和体验绩效管理的正面作用，从而减少对管理者的抵触情绪，管理者也能树立其威信。通过有效沟通，员工能够向管理者提供真实信息，坦然面对考核结果，管理者也能充分掌握下属情况，为进一步开展工作奠定基础。

3. 使员工受益

绩效管理是一种为促进员工发展而进行的人力资本投资。员工在企业中处在具体的职位上，是绩效管理的直接对象。员工在工作过程中，既要履行自己的职责，也要获得自身需要的满足感和实现自我发展，因此绩效管理对员工具有重要作用。首先，绩效管理能使员工获得关于工作状况和业绩的反馈，避免员工因不了解自己的工作及业绩状况而产生焦虑，满足员工安全与安稳的需要。其次，绩效管理可以提高员工的工作效率。绩效管理能帮助员工弄清楚应该做什么和怎样做，员工会知道自己拥有什么权利，可以在什么范围内进行决策。最后，绩效管理能够促进员工能力的提高和职业发展。通过在绩效管理中持续不断的沟通，管理者和员工共同对员工的工作绩效进行分析，找到问题存在的原因和改进方向，为员工提供培训发展的机会，促进员工能力的提高和职业的发展。

温馨提示

林格曼效应

管理学上著名的“林格曼效应”，来源于法国农业工程师迈克西米连·林格曼的“拉绳子”实验。林格曼让力气相近的不同数量的人拉绳子，然后测量绳子的拉力，并计算每个人的平均拉力数值，其结果见表1-1。

表1-1　林格曼“拉绳子”实验结果

拉绳人数（人）	实际测得拉力（千克）	平均1人拉力（千克）
1	63	63
2	118	59
3	160	53.3
8	256	32

这个实验说明人们倾向于在单独作战时竭尽全力，但是在集体中时更倾向于把责任分解和扩散到团队中的其他人身上。这是集体劳动存在的一个普遍特征，源于人与生俱来的惰性。林格曼将其称为“社会惰性”。

从林格曼效应反观企业实务，企业的人员数量越多，员工个体对于企业的贡献越难划分清楚，员工对企业目标和任务的责任感就会越小。这时候如果没有一套管理机制连接企业和员工的目标，员工会觉得自己对企业的贡献可有可无，因此很容易付出较少的努力。

人都具备自己没有意识到的巨大潜力，如果没有刺激和激励，这种潜力便不会发挥出来。在企业中，最长久有效的激励手段是建立“责权利”对等的人才任用体系以及人才工作评价体系。企业检查什么，员工就会做什么；企业衡量什么，最终就会得到什么。

四　绩效管理的基本流程

绩效管理的流程一般被看作一个循环，这个循环分为五个环节：绩效计划与指标体系构建、绩效管理的过程控制、绩效考核与评价、绩效反馈与面谈以及绩效考核结果的应用。绩效管理的一般流程如图1-2所示。

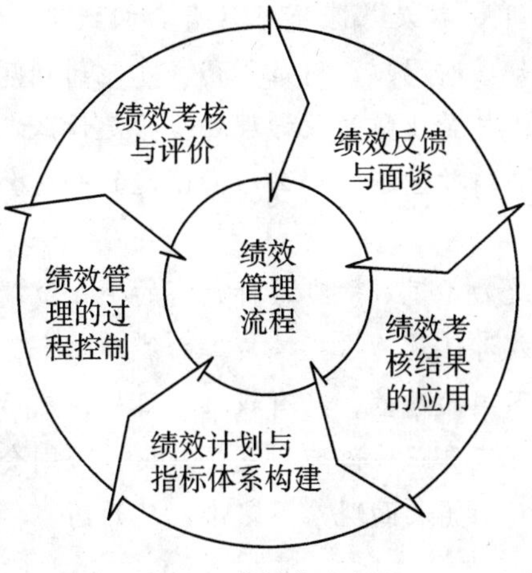

图1-2　绩效管理流程

1. 绩效计划与指标体系构建

绩效计划与指标体系构建作为绩效管理流程的第一个环节，是绩效管理实施的关键和基础。

绩效计划制定是否科学、合理，直接影响绩效管理整体的实施效果。在这个阶段，管理者和员工的共同投入和参与是进行绩效管理的基础，如果管理者单方面布置任务，员工单纯接受要求，就变成了传统的管理活动，失去了协作性的意义。

有了明确的绩效计划之后，就要根据计划来构建指标体系。指标体系的构建能使员工了解企业目前的经营重点，为员工日后工作提供指引。指标体系包括绩效指标和与之相对应的标准。绩效指标是指企业对工作产出进行衡量或评估的那些方面，而绩效标准是指在各个指标上应该分别达到什么样的水平。换句话说，指标解决的是企业需要关注“什么”才能实现其战略目标，而标准着重的是被评价的对象需要在各个指标上做得“怎样”或完成“多少”。绩效指标与绩效标准是相互对应的。

实例 1-5

青蛙在池塘边开了一间诊所，但它的医术却很一般。一天，诊所里来了两只小兔子，其中一只小兔子捂着嘴巴直喊痛。青蛙猜小兔子肯定是牙痛，一问果然如此。青蛙又追问小兔子为什么牙痛。小兔子想了半天，说可能是因为自己啃了木头。青蛙给小兔子开了一些止痛药，然后又嘱咐小兔子以后不要再啃坚硬的东西了。另一只小兔子听到青蛙这样说，连忙摇头道：“你这个医生真的是水平不行啊！要知道我们兔子的门牙是会不停地长的，如果不去磨牙，我们就无法闭嘴。小兔子牙痛，是因为它还不适应磨牙，而你只给它开点止痛药，然后让它不要磨牙，那不是害了它吗？我就听说你医术不高，果然是这样啊！要不然你怎么连自己的脚都治不好呢？”青蛙听后无言以对。

从绩效管理的角度看，青蛙是庸医吗？

分析

这个故事的道理很简单，就是凡事不要只看表面现象。头痛医头，脚痛医脚是不可行的，要知其然，更要知其所以然，对症下药，才能药到病除，避免复发。企业要做绩效管理，第一步是要弄清楚企业做绩效管理的目的是什么。如果连这个问题都没搞明白，不知道为了什么而开展绩效管理，那么后面制定的一整套制度、指标、考核方案都是无法落地执行的。

有的企业做绩效考核是为了完成短期目标，有的企业做绩效考核是为了提高员工的工作效率，有的企业做绩效考核是为了提高员工的能力。企业追求的目标不同，在进行绩效设计的时候就应该有不同的考量，只有找准了目标，然后围绕着这个目标进行相关的绩效设计，这个绩效才可能真正地落地，发挥作用，否则会像那只庸医青蛙一样，不知道兔子牙痛的真正原因，而凭表面现象下定论、乱开药。

温馨提示

绩效指标设定的注意事项

在进行绩效指标设定时，需要注意以下事项：（1）绩效指标要承接企业的战略目标和经营计划；（2）绩效指标要涵盖企业中具有关键影响的事务；（3）绩效指标要体现对企业最重要的贡献和行为；（4）绩效指标要包括企业中最核心的过程和结果；（5）各层级的绩效指标之间要有关联性和承接性；（6）绩效指标的设定要面向未来，有一定的前瞻性；（7）要兼顾财务指标和非财务的指标，并保持平衡；（8）所有的绩效指标都必须具有科学性和可行性；（9）要具有针对性，根据不同部门和岗位的具体情况设定绩效目标；（10）绩效指标不是一成不变的，应定期修改更新。

2. 绩效管理的过程控制

制定了绩效计划、构建了指标体系之后，被评估者就开始按照计划开展工作。绩效管理不仅要关注最终任务完成情况、目标完成情况、结果或产出，还要关注绩效形成过程。这是因为，过分强调结果或产出会导致企业管理者无法准确获得个体活动信息，从而不能很好地对员工进行指导与帮助，而且更多的时候会导致企业的短期行为。绩效形成过程中，管理者要对被评估者的工作进行指导和监督，对发现的问题及时予以解决，并随时根据实际情况对绩效计划进行调整。

在整个绩效期间内，管理者需要不断地对员工进行指导和反馈，即进行持续的绩效沟通。这种沟通是一个双方追踪进展情况、找到影响绩效的障碍以及得到使双方成功所需信息的过程。持续的绩效沟通能保证管理人员和员工共同努力，及时处理出现的问题，修订工作职责，上下级在平等的交流中相互获取信息，增进了解，联络感情，从而保证员工的工作能正常地开展，使绩效实施的过程顺利进行。

3. 绩效考核与评价

绩效考核可以根据具体情况和实际需要进行月考核、季考核、半年考核和年度考核。绩效考核是一个按事先确定的工作目标及其衡量标准，考察员工实际完成的绩效情况的过程。考核期开始时签订的绩效合同或协议一般都规定了绩效目标和绩效测量标准。绩效考核包括工作结果考核和工作行为考核两个方面。其中，工作结果考核是对考核期内员工工作目标实现程度的测量和评价，一般由员工的直接上级按照绩效合同中的标准，对员工每一个工作目标的完成情况进行等级评定。工作行为考核则是针对员工在绩效周期内表现出来的具体的行为态度来进行评估。另外，在绩效实施过程中，所收集到的能够说明被评估者绩效表现的数据和事实，可以作为判断被评估者是否达到关键绩效指标要求的证据。

4. 绩效反馈与面谈

绩效管理的过程并不是为绩效考核打出一个分数后就结束了，主管人员还需要与员工进行一次甚至多次面对面的交谈。通过绩效反馈与面谈，员工了解主管对自己的期望，了解自己的绩效，认识自己有待改进的方面；员工也可以提出自己在完成绩效目标中遇到的困难，请求上级的指导。

5. 绩效考核结果的应用

当绩效考核完成以后，评估结果要与相应的管理环节相衔接。主要的管理接口有：

（1）制定绩效改进计划。

绩效改进是绩效管理过程中的一个重要环节。传统绩效考核的目的是通过对员工的工作业绩进行评估，将评估结果作为确定员工薪酬、奖惩、晋升或降级的标准。而现代绩效管理的目的不限于此，员工能力的不断提高以及绩效的持续改进和发展才是其根本目的。绩效考核结果反馈给员工后，有利于他们认识自己的工作成效，发现自己工作过程中的短板。绩效沟通给员工带来的信息会使员工真正认识到自己的劣势和优势，从而积极主动地改进工作。所以，绩效改进工作的成功与否，是绩效管理过程是否发挥效用的关键。

（2）组织培训。

组织培训是指根据绩效考核的结果分析来对员工进行量身定制的培训。对于难以靠自学或规范自身行为态度改进绩效的员工来说，他们可能在知识、技能或能力方面出现了“瓶颈”，因此企业应及时认识到这种需求，有针对性地安排一些培训项目，组织员工参加培训或接受再教育，及时弥补员工能力的短板。这样既满足了完成工作任务的需要，又可以使员工享受免费的学习机会，对企业、对员工都是有利的。

（3）薪酬奖金的分配。

企业除了基本工资外，一般都有业绩工资。业绩工资是直接与员工个人业绩相挂钩的。这种工资形式被形容为“个人奖励与业绩相关的系统，建立在使用各种投入或产出指标来对个体进行某种形式的评估或评价（之上）”。一般来说，绩效评价越高，所得工资越多。这其实是对员工追求高业绩的一种鼓励与肯定。

（4）职务调整。

在经过多次绩效考核后，员工的业绩始终不见有所改善，如果确实是员工本身能力不足，不能胜任工作，管理者则可以考虑为其调整工作岗位；如果是员工本身态度不端正的问题，经过多次提醒与警告都无济于事，管理者则可以考虑将其解雇。这种职务调整在很大程度上是以绩效考核结果为依据的。

（5）员工职业发展开发。

根据绩效评价的结果，明确员工在培养和发展方面的特定需要，以便最大限度地发展他们的优点，使缺点最小化，从而实现提高培训效率、降低培训成本、做到“适材适所”的目的；在实现组织目标的同时，帮助员工发展和实现他们的职业生涯规划。

（6）人力资源规划。

绩效考核结果为组织提供总体人力资源质量优劣程度的确切情况，获得所有人员晋升和发展潜力的数据，以便为组织的未来发展制定人力资源规划。

（7）正确处理内部员工关系。

公平公正的绩效评价，为员工在调薪、奖惩、晋升、降级、调动、辞退等重要人力资源管理环节上提供客观的数据，减少人为不确定因素对管理的影响，从而使组织内部员工的相互关系保持在可靠的基础之上。

疑难解答

1. 如何定位绩效管理?

绩效管理在人力资源管理中处于核心的地位。绩效管理对企业战略的传承和目标的分解，对人力资源规划的支持，与招聘管理、培训管理、薪酬管理、员工关系的交互作用，有利于企业实现经营战略和发展目标。

2. 为什么要做绩效管理?

绩效管理的核心作用，是在追求企业资源耗用最小化的同时，在满足效率的前提下，追求企业结果和价值的最大化。通过实施绩效管理，企业能够对员工进行持续激励，形成反馈机制，创造和保持良好的企业氛围，同时强化自身的竞争优势。在企业中，绩效管理在以下三个方面发挥作用：

（1）战略方面。

对企业战略目标的层层分解，能够把绩效指标和行动计划落实到员工的个人层面上，从而把员工的日常工作活动与企业战略目标连接在一起。当员工达成绩效时，企业的绩效也能够达成。

（2）管理方面。

推进和实施绩效管理，能够全面提升企业的管理质量，能够为企业在机构与岗位的设置与定位、员工晋升、员工调岗、员工任免、员工薪酬升降等各类管理决策中提供必要的信息和有力的依据。

（3）发展方面。

绩效考核的结果，能够反映出员工在素质、能力和业绩方面的差异，并通过绩效反馈告知员工。员工有针对性地查漏补缺，能够逐渐实现企业人力资本的增值，为企业的持续发展奠定基础。

温馨提示

兔子与胡萝卜

南山坡住着一群兔子。在兔王的精心管理下，兔子们过得丰衣足食，其乐融融。可是最近一段时间，外出寻找食物的兔子带回来的食物越来越少了。这是为什么呢？兔王调查发现，原来是一部分兔子在偷懒。

兔王发现，那些偷懒的兔子不仅自己怠工，而且对其他兔子也产生了消极的影响。那些本不偷懒的兔子认为干多干少都一个样，便一个接着一个地跟着偷起懒来。兔王决心要改变这种状况，宣布谁表现好谁就可以得到它特别奖励的胡萝卜。

一只小灰兔得到了兔王奖励的第一根胡萝卜，这件事在整个兔群中引起了轩然大波。兔王没想到反响如此强烈，而且居然与预想的结果相反。有几只老兔子前来找它谈话，数落小灰兔的种种不是，质问兔王凭什么奖励小灰兔。兔王说："我认为小灰兔的工作表现不错。如果你们也能积极表现，自然也会得到奖励。"

于是，兔子们发现了获取奖励的秘诀。几乎所有的兔子都认为，只要善于在兔王面前表现自己，就能得到奖励。某些兔子因为不善于表现，总是吃闷亏。久而久之，兔群中竟然盛行起一种变脸式的工作作风。许多兔子都在想方设法讨兔王的欢心，甚至不惜弄虚作假。兔子们勤劳朴实的优良传统遭到了严重打击。

为了杜绝兔子们弄虚作假的行为，兔王在老兔子们的帮助下，制定了一套有据可依的奖励办法。这个办法规定，兔子们采集回来的食物必须先经过验收，然后才可以按照完成的数量得到奖励。一时之间，兔子们的工作效率为之一变，食物的库存量大有提高。

可兔王并没有得意多久，兔子们的工作在高效率"盛极一时"之后，很快就陷入了困境。兔王感到奇怪，仔细一调查，原来兔群附近的食物源早已被过度开采，却没有谁愿意主动去寻找新的食物源。有一只长耳朵的大白兔指责兔王的方法是唯数量论，助长了一种短期行为的功利主义思想，不利于培养那些真正有益于兔群长期发展的行为动机。

兔王觉得长耳兔说得很有道理，它开始思考解决方案。有一天，小灰兔素素没能完成当天的任务，它的好朋友嘟嘟主动把自己采集的蘑菇送给它。兔王听说了这件事，对嘟嘟助人为乐的品德非常赞赏。过了两天，兔王在仓库门口刚好碰到了嘟嘟，一高兴就给了嘟嘟双倍的奖励。此例一开，变脸游戏又重新风行了起来。大家都变着法子讨好兔王，不会讨好的就找着兔王吵闹，弄得兔王坐卧不宁、烦躁不安。有的兔子说："凭什么我干得多，得到的奖励却比嘟嘟少？"有的兔子说："我这一次干得多，得到的却比上一次少，这也太不公平了吧！"

时间一长，情况愈演愈烈，如果没有高额的奖励，谁也不愿意去劳动。可是，如果没有人工作，大家的食物从哪里来呢？兔王万般无奈，宣布凡是愿意为兔群做贡献的志愿者，可以立即领到一大筐胡萝卜。布告一出，报名应征者好不踊跃。兔王心想，重赏之下，果然有勇夫。谁也没有料到，那些报名的兔子之中居然没有一个如期完成任务。兔王气急败坏，跑去责备它们。它们异口同声地说："这不能怨我呀，兔王。既然胡萝卜已经到手，谁还有心思去干活呢？"

这个兔子和胡萝卜的故事，很透彻地揭示了公平、合理的绩效考核机制在管理过程中具有重要的作用。它启示我们，不同种类、用途与力度的绩效考核带来的效果迥异。小功不赏，则大功不立；小怨不赦，则大怨必生。单纯的胡萝卜奖励无异于僵化的激励，也有失效的时候。"胡萝卜加大棒"这一经典管理模式必须灵活把握好尺度才能达到预期的效果。

第三节 如何进行绩效管理

一 绩效管理模型是什么样的

影响绩效的主要因素包括：员工技能、外部环境、内部条件以及激励效应。员工技能是指员工具备的核心能力，是内在的因素，是经过培训和开发可以提高的；外部环境是指组织和个人面临的不为组织所左右的因素，是客观因素，是完全不能控制的；内部条件是指组织和个人开展工作所需的各种资源，也是客观因素，但在一定程度上我们能够改变内部条件的制约；激励效应是指组织和个人为达成目标而工作的主动性、积极性，激励效应是主观因素。

绩效管理模型如图1-3所示。

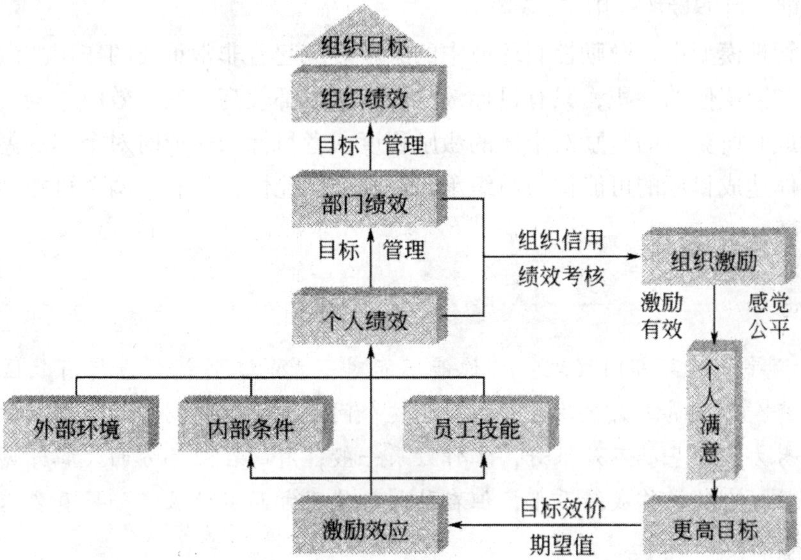

图1-3 绩效管理模型

在这四个因素中，外部环境很关键，员工能力很重要，内部条件也很重要。然而，企业不能决定外部环境，员工能力短期内不能提高，公司内部条件也有限制，因此想提升业绩只有通过激励效应来提高员工积极性。同样的道理，在外部环境发生不利变化的情况下，如果想不被市场淘汰，一定要超越同行，这时对员工的激励效应也是非常重要的。

企业从提高员工积极性入手，通过员工自我激励、自我培养，逐步改善内部条件，提高自身技能水平，那么绩效提升就会进入短期、中期、长期的良性循环。

二 绩效管理发挥作用的机制

绩效管理发挥作用的机制是：对组织或个人设定合理目标，建立有效的激励约束机制，使员工向着组织期望的方向努力，从而提高个人和组织绩效；通过定期有效的绩效评估，肯定成绩、指出不足，对达成组织目标有贡献的行为和结果进行奖励，对不符合组织发展目标的行为和结果进行一定的抑制；这样的激励机制促使员工自我开发、提高能力素质、改进工作方法，从而达到更高的个人和组织绩效水平。

从绩效管理循环模型（即图1-3的绩效管理模型）中可以看出，要使绩效管理获得良性循环，目标管理、绩效考核、激励控制这三个环节是非常重要的。

目标管理环节的核心问题是保证组织目标、部门目标以及个人目标的一致性，保证个人绩效和组织绩效得到同步提升，这是绩效计划制定环节需要解决的主要问题。

绩效考核环节是绩效管理模型发挥效用的基础，只有建立公平、公正、有效的评估系统，对员工和组织的绩效做出准确的衡量，才能对业绩优异者进行奖励，对绩效低下者进行鞭策。如果没有绩效评估系统或者绩效评估结果不准确，将导致激励对象错位，那么整个激励系统就不可能发挥作用了。

在绩效管理模型中，激励控制环节中的激励效应起着非常重要的作用。激励效应取决于目标效价和期望值的乘积，只有目标效价和期望值都较高，激励效应才会大。目标效价是指目标达成时所获得的奖励对个体的激励程度或者目标未达成时对个体的惩罚程度；期望值是指个体达成目标的可能性与组织承诺兑现的可能性，只有这两个可能性都足够大，期望值才会高。

实例 1-6

某企业领导询问某部门经理：“你能不能对下属的工作绩效进行有效区分——哪个员工绩效优秀？哪个员工需要改进？”对于这个问题，经理感到非常困惑，他说：“有的员工工作很努力，但基础不是很好，工作效果一般；有的在业务方面大胆开创，但有时工作细节不到位；有的工作成绩平平，但在计算机使用方面有特长，如果真要选择一个优秀的，的确非常困难。”

该部门经理对待绩效考核的工作态度是非常认真的，十分注重公平公正，但他为什么不能选出一个绩效优秀的员工呢？

分析

该部门经理对绩效管理的认识还存在偏差。绩效考核要体现战略导向，在一定时期内符合公司发展战略导向的行为就应该受到奖励。如果公司本期对业务开拓创新有更大的要求，那么开拓创新的行为就该受到鼓励；如果公司业务发展压力较大，那么业务出色的员工更该受到激励。因此，绩效管理要考虑战略导向，其目的是为了提升绩效。

要使绩效管理取得成效，最重要的一点是实现绩效考核与薪酬激励的公平性。只有公平、公正才能使人信服，才能促进个人和组织的绩效提升。但应注意，没有绝对的公平与公正，激励控制是绩效管理发挥作用的机制环节之一，如果只关注绝对的公平而忽视激励效应，那是得不偿失的。

实例1-7

某企业员工的综合工资是6 000元。现在企业推行绩效考核，考核规则是将员工总工资的20%，也就是1 200元作为绩效工资进行绩效考核。企业给每个员工打分，然后按照分数的多少来计算绩效工资，分数的范围设定为0～120分。也就是说，员工的最低绩效工资为0元，总工资只有4 800元；最高绩效工资为1 440元，总工资能有6 240元；实际就是相比之前的综合工资6 000元，员工的工资变成了在4 800～6 240元之间浮动。这样实际上就是变相地降低了员工的工资，因为大部分员工可能拿不到原来的工资。此举遭到了员工的极力反对，有些员工甚至选择辞职。该企业的整个绩效考核推进工作至此已是寸步难行。

那么，绩效考核可以变成变相扣工资的工具吗？

分析

不管是绩效考核还是绩效管理，最终的目的都是希望能够提升员工的业绩，完成或超额完成企业的既定目标。但实际情况是，许多企业的管理层发现绩效考核可以成为变相克扣员工工资的合法手段和工具，所以就乐此不疲地强硬推行绩效考核，毫不顾忌员工的利益和感受。

从这个案例可以看出，企业制定绩效考核制度的出发点其实就是降低员工的工资。对于直接降工资，企业找不到好的理由和借口，因此借绩效考核来达到自己的目的。但是，员工不是傻瓜，一眼就能看出企业的本意，自然会有很大的抵触情绪。特别是该企业的分数范围（0～120分）存在问题，最高的惩罚是扣1 200元，最高的奖励却只有240元，这样的奖惩严重不对等，显然该制度是非常不合理的。

也许企业降低员工的工资是迫不得已的，可能的原因是企业效益不好、利润下滑等，但采取这样的方法降低员工的工资，只会引起员工的不满和抵触的情绪，反而会影响员工的投入产出，使企业效益变得更差，这就陷入了一个恶性循环当中。绩效考核或者绩效管理应该发挥它真正的作用，就是激励员工努力工作，完成或超额完成工作任务，这才是正途。

三　激励机制建设需要注意哪些问题

1. 激励内容和激励方式要恰当

高层次的精神需求固然重要，但满足人们基本生活的较低层次的需求仍是目前企业管理者最应关注的问题。

在激励方式上要以正激励（奖励）为主，但不能忽视负激励（惩罚）在某些方面的作用。绩效管理机制的提升在于激励与约束的平衡，加强绩效考核评估工作，对业绩优异者进行奖励，对业绩低下者进行一定程度的鞭策，这是非常必要的。

只有在激励内容和激励方式都恰当的情况下，目标效价才会有较高值，才能达到激励的目的。

2. 员工绩效目标要合理可行

给员工制定的绩效目标不能过高也不能过低，过高的绩效目标会使员工丧失信心，即使有了再强的激励，其效应也会大大降低。

制定绩效目标时要对外部环境做充分的估计，对内部资源条件做详细的分析，结合员工技能水平制定合理、可行的绩效目标，这样才可能对员工有激励作用。

3. 管理者要注意维护组织信用

在对员工的奖励、惩罚方面，企业一定要注意组织信用。如果承诺的奖惩不能兑现，会使员工认为即使完成了目标，组织也不会给予奖励，或者即使没有完成目标或者工作出现重大失误也不会得到惩罚。如果员工有这样的思想意识，说明企业的组织信用出现了问题。因此，企业管理者一定要重视组织信用，做到“言必信，行必果”，树立良好的组织信誉，这样员工才会为组织目标、个人目标的实现竭尽全力。

温馨提示

商鞅“徙木立信”

“徙木立信”出自《史记·卷六十八·商君列传》。战国时期，为改变秦国封闭、贫穷、落后的状况，秦孝公力排众议，大胆起用来秦国游学的士子卫鞅（商鞅），推行变法（废井田、开阡陌）。然而由于以往施政者留下的弊端，老百姓对施政者的言行不信任，使卫鞅的改革面临很大的困难。于是卫鞅便在栎阳城中立一长木，宣称只要将此木搬到北门，就能得到黄金重赏。由于老百姓不相信施政者的话，很久都无人问津。卫鞅只好将赏金不断上调，由十金增加到五十金。这时候一位青年，因老父病重无钱医治，抱着将信将疑的心态将长木搬到了北门，结果分毫不少地得到五十金。事后，老百姓对施政者的信任度大大提高，卫鞅的变法得到较快推进。

由此可见，维护组织信用对激励机制发挥作用是非常重要的，组织信用一旦丧失，会给组织带来严重损害，因此管理者一定要言必信、行必果。

四 卓越绩效管理体系的特点

1. 体系设计：战略导向、绩效提升、激励机制

绩效管理体系是站在企业战略发展的角度来设计的，绩效管理不仅促进了组织和个人

绩效的提升，同时绩效管理能实现企业发展战略导向，能使个人目标、部门目标和组织目标保持高度一致。

绩效管理体系是站在提高组织和个人绩效的角度来设计的，绩效考核工作仅仅是绩效管理工作中的一个环节，绩效计划制定、绩效辅导沟通、绩效结果应用等方面都是绩效管理工作的重要环节。

建立激励机制，一方面要考虑企业员工的成熟度，正激励和负激励要平衡使用，不能走极端。只有负激励没有正激励是不能调动员工积极性的，而只有正激励缺乏负激励的制度安排在目前条件下也要慎重使用。另一方面，激励内容要符合员工的真正需求。对大多数企业而言，以物质需求为主要内容的低层次需求对员工来说还是非常重要的，在满足员工低层次需求的同时，也不能轻视高层次需求对于某些员工的作用，因此设计激励内容时要充分考虑社会发展现状以及员工个体实际需求特征。

2. 内部管理：基础管理、执行力、辅导沟通

系统的绩效管理需要具备一定的前提条件，如企业的基础管理水平相对较高、企业文化比较健康、企业发展战略比较清晰、组织结构适应企业发展战略、岗位责权明晰、薪酬体系能实现公平目标和激励作用、企业预算核算体系完备。

系统的绩效管理需要企业具备较强的执行力，需要企业决策领导对绩效管理有一定的认识，同时注重绩效辅导和沟通环节。

3. 推进实施：结果导向、过程控制、互动共担、以人为本

绩效考核注重结果考核和过程控制的平衡，对过程控制需要有实质又有效的办法，用相对科学的方法来设定组织的绩效目标，才能得到员工的理解和接受。

绩效管理注重管理者和员工的互动及责任共担，建立有效的激励机制提高员工工作的积极性、主动性，鼓励员工自我培养、自我开发、提高能力素质，进而提升个人和组织绩效。

卓越的绩效管理体现以人为本的思想，体现对人的尊重，鼓励创新并保持组织活力，使员工和组织得到同步成长。

实例1-8

A公司是全国大型的房产经纪连锁企业，员工人数超过10万。早些年，凭借房地产市场的火爆和国内经济的快速发展，该公司得到了迅速的发展，也给员工们带来了更多的经济收益。

虽然那个时候，公司也有绩效管理制度，也在对员工实行绩效考核，但是员工们为了获得最大化的收益，都干劲十足，经常主动加班。所以，上到公司管理层下到部门员工也从来没有认真对待过绩效管理和绩效考核，整个公司的绩效管理实质上就是形同虚设。

好景不长，最近几年由于国家经济增长速度放缓，国家加大对房地产市场的调控力度，再加上房地产行业竞争的日益激烈，房子愈发不好卖了。由于利润空间不断被压缩，

佣金比例不断下调，A公司各个门店的员工工作积极性大打折扣，工作完全不在状态，而且还出现了大规模离职的现象。

为了扭转这种局面，A公司高层领导认为有必要对公司的绩效管理进行一次全方位的改革：对表现优异的员工进行奖励；而业绩较差的员工则通过绩效管理制度的规定，进行整改和清理，紧缩公司员工规模，降低人力资源成本。

这次改革的重任自然就落到人力资源部的头上。公司人力资源部接到任务之后，开始着手进行绩效管理改革。人力资源部经理肖先生感到压力很大，觉得改革任务困难重重，目标似乎难以实现。因此，肖经理向公司高层领导反映情况：如果只对过去的绩效管理办法进行简单的修订和完善是远远不能达到要求的。简单地套用过去的员工绩效管理制度，非但不能解决当前的问题，反而会给未来真正的绩效管理体系的建立带来麻烦。希望公司高层能给人力资源部门足够的时间，进行全新绩效管理制度的建设。因为绩效管理工作是一个体系化的工作，不可能凭着一时的兴起就可以完成，即便按照公司领导层的要求，也必须在进行科学的计划之后才能执行，否则这就是一项不可能完成的任务。

肖经理是在寻求高层的理解和支持。但是，公司高层仍然要求肖经理在一个月内拿出绩效管理方案，然后马上试点运行，如果没有问题，就在全国范围内进行推广。

不得已，肖经理带领着自己的团队加班加点，总算在高层规定的时间内对过去的员工绩效管理体系进行了修订。虽然修订版已经完成，但是它和肖经理最初设想的全新的员工绩效管理方案还是有很大的差距。经过再三考虑，肖经理还是决定按照公司高层的要求，先把这一套员工绩效管理体系推行试用，如果出现问题再进行临时性的修订。肖经理期望这一套修订版的员工绩效管理体系能够发挥作用，持续对员工的工作情况进行监督，同时激励员工保持更好的工作状态。

修订版的员工绩效管理体系在旧版的基础上进行了很多修改和补充说明，例如：将过去的年终考核扩充成为了月度考核、季度考核和年终考核三个部分，同时将过去只有领导考核修订成为员工和领导双向评分的形式。这些修订都是为了加强绩效管理的客观性和公平性。但是这些修改和补充，普通员工根本不知情，更别说这整套修订的员工绩效管理体系了，就算是过去运行的旧体系，也没有几个员工真正知晓是如何运作的。所以，肖经理为了能够让所有员工都能了解新制度的变化，决定安排专人对该员工绩效管理体系进行宣传。

肖经理将这项任务交给了人力资源部门新来的绩效管理专员王某。而对于这次领导能够把员工绩效管理体系宣传的任务交给自己，王某十分重视。但是因为刚来公司不久，王某对过去的操作流程和管理办法都是一知半解，经过多方学习和咨询后，王某也没有找到可行的宣传方法。为了完成任务，王某经过仔细思考，拟定了几种进行员工绩效管理体系宣传的手段：

（1）内部系统交流。王某将新的绩效管理制度发布在内部交流系统上，让全公司员工通过这个平台来了解新的制度。

（2）利用公司门店的公告牌进行信息发布，宣传新的方案。

（3）为避免员工因带客户看房而无法及时了解新制度的问题，王某向试点地区所有的门店发出了有关绩效管理新政策的通知，让大家都能知晓信息，并予以配合。

通过上述途径，王某自认为很圆满地完成了领导交代的任务。但是到了第一个月要求提交月度绩效考核成绩时，王某却发现问题相当严重。他反复催促各个门店和总公司的各个部门提交绩效考核成绩，得到的反馈要么是根本没有接到绩效管理制度变更的通知，要么就是以近期工作忙没有仔细阅读相关政策为由，提出需要延缓提交时间的请求。明明已经再三通知，却只有不到半数的门店按照要求提交了月度绩效考核成绩。这样的工作结果和工作效率必然不会让领导满意，于是王某在接下来的一个多星期里就守在电脑和电话旁，挨个催促，轮番讲解，都快要提交下个月的月度绩效考核了，上个月的考核成绩还没有完全收齐，这让原本充满工作热情的王某泄了气。到底是自己工作能力的问题，还是工作方法的问题？王某对自己的能力产生了很大的怀疑，却对绩效管理中的宣传工作视而不见。

以上现象只是A公司绩效管理新政策推行过程中的一个缩影。虽然不尽如人意，但是新的绩效管理措施还是在该公司执行了一年。然而最大的危机在年底爆发了。

年底的时候，许多员工集体到公司总部辞职。原本房产经纪公司的员工流动率就高，特别是在年底发完年终奖之后，员工离职更是家常便饭，但是如此多的员工一起来辞职却是前所未有的。因此，人力资源部肖经理决定一探究竟。肖经理将这些前来递交辞职信的员工请到了会议室，决定和他们先做一个简单的交流，听听他们反映的情况。沟通之后，肖经理才发现，他们辞职的原因主要就是不满公司新推行的绩效管理制度。他们认为绩效考核结果不公平，不能真实反映员工工作的业绩。原来在新的绩效考核制度设计中，在考核维度、计算分数的方式上都有所不同，过去单一看成交量的考核方式已经被暂停使用，所以如果单靠业绩想要获得优秀的成绩并不容易。

公司人力资源部门按照以往的惯例完成年终绩效考核结果的计算之后，将所有数据和结果向公司高管进行了汇报。对于工作中遇到的问题、工作难度等情况，人力资源部肖经理都做了详细说明。一方面是告知领导工作难度大、问题多，还需要对绩效管理政策进行调整和完善；另一方面主要还是期望领导能看到人力资源部的付出和努力。在汇报结束后，领导层却给肖经理一个意想不到的结论，就是本次绩效管理改革没有发生实质变化。

这个结论无疑是对肖经理的一次重大打击，也全盘否定了公司人力资源部绩效管理的工作。这让肖经理觉得非常委屈，毕竟付出那么多却得到这样的结果，大家都很不服气。

A公司这次绩效管理的改革实际上是失败了，试着分析其中的原因。

分析

A公司绩效管理改革失败的原因，主要可以归纳为以下几点：

1. 绩效管理缺乏计划。制定绩效计划是绩效管理工作的起点。管理者和员工通过对企业战略目标的分解逐步落实到个人头上，如确定个人的工作要达到什么样的标准、怎么去衡量、何时完成等。该公司明显在这个环节的工作上有所缺失，导致绩效管理工作最后遭到员工的反对。

2. 绩效宣传不到位。指望一个新员工王某就能把新的绩效管理制度在全公司实现宣传到位，肖经理也是过于轻视宣传工作了。宣传不到位，就不能获得员工的理解和支持，大家的意见肯定非常大。至少应该成立一个宣传团队，利用一切线上线下的机会进行宣传。

3. 绩效考核制度不合理。在制定绩效考核制度之前，人力资源部没有对公司门店的业务场景进行实际的调研，导致业绩最优的员工反而考核结果不理想，这显然是不合理且不公平的。

4. 缺少绩效辅导。公司高层的本意是想通过绩效管理来提振士气、激励员工，但是缺少了绩效辅导。那些绩效比较差的员工要么是年终奖被扣，要么就是被迫辞职，这对于员工激励没有任何帮助。在绩效考核结果应用之前，绩效管理有一个重要的过程，那就是绩效辅导。通过这种沟通，来了解员工的实际工作情况和困难，帮助员工解决这些问题，这样才有助于改善员工绩效，达到激励员工的目的。

温馨提示

卓越绩效评价准则

卓越绩效评价准则为了解组织的优势和改进机会以及指导组织的计划工作提供了一种框架和评价工具。这种准则是全面质量管理的一种实施细则，是对以往全面质量管理实践的标准化、条理化和具体化。

卓越绩效评价准则展示了组织运营中过程和结果之间的关系，将组织成功的关键要素分成了过程和结果两大要素，然后又将其细分为领导，战略，顾客与市场，资源，过程管理，测量、分析与改进，结果7项。卓越绩效评价准则框架如图1-4所示。

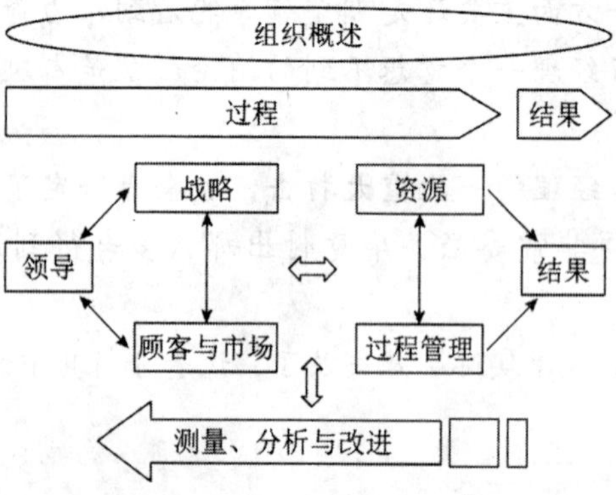

图1-4 卓越绩效评价准则框架

其中，组织概述包括组织的环境、关系和挑战，是组织运营的关键因素和背景状况。

疑难解答

1. 员工不认可绩效管理的模式，认为绩效管理无用，该怎么办？

首先人力资源管理者自己要相信绩效管理的效用。可能确实有个别企业在经营上存在某种失败，但是企业的经营管理是一个多要素系统发挥作用的复杂过程，决不能简单地把企业经营不善的问题归因到推行绩效管理上来。

针对绩效管理无用的观点，人力资源部可以采取以下方法：

（1）开展绩效管理的宣传和引导工作，保证全员正确地认识绩效管理理念。特别是要强化对管理层的宣传引导工作，因为管理层通常是绩效管理工作的直接实施者。

（2）在实施绩效管理后，在企业的业绩有所提升时，积极宣传企业业绩提升与绩效管理工作开展之间的关联性，提升全员对绩效管理工作的信心。

（3）邀请权威传播绩效管理的正确理念。这里的权威，可以是企业外部的权威人士，也可以是企业内部正式或非正式的权威声音。

2. 推行绩效管理之后，员工认为有收入下降的风险，该怎么办？

绩效管理与员工收入下降没有必然的联系。除了以下三种情况：一是人力资源部在实施绩效管理工作时操作不当，造成绩效管理工作本身有问题；二是在实施绩效管理之前，没有有效地向员工传递正确的信息；三是收入下降的员工本身绩效水平太差，原本就不该拿到他期望的工资水平。

针对员工认为会有收入下降风险的观点，人力资源部可以采取以下方法：

（1）保证绩效管理的质量。

（2）在绩效管理实施之前，做正确的引导和信息传递工作。

（3）对于绩效差、态度差、能力差的员工，考虑淘汰。

3. 有的员工认为，绩效管理中的绩效工资本来就是从自己的工资中拿出来的。企业只不过是拿了员工自己的钱，又找个理由“归还”给员工自己，而且在这个过程中，还以员工绩效表现差为理由“克扣”了一部分工资不发给员工。为此，员工认为自己被愚弄了，该怎么办？

确实有一些企业不愿意在绩效工资上给予较多的投入，造成绩效优秀的员工很难拿到应得的薪酬水平。这样做必然会打击高绩效员工的积极性。

针对员工认为自己被愚弄的观点，人力资源部应做好以下工作：

（1）绩效工资不应从员工的固定工资中拿出一部分构成，原则上应是在原来固定工资的基础上增加一部分作为绩效工资。当然这里的增加也不是平白无故的增加，如何增加可以根据企业的实际情况确定。

（2）将企业的焦点放在绩效工资的投入产出比上，而不是绩效工资的绝对值上。绩效工资投入产出比高的企业，投入更多的绩效工资会带来企业价值的不断提升。这样的话，即使绩效工资的绝对值可能在提升，但企业价值提升的速度更快，绝对值也会更高。

（3）强化企业的宣传引导，绩效工资并不是员工拿回属于自己的工资，而应是员工通过更多的努力，为企业提高了盈利能力，和企业一起创造了更大的价值。这时候员工得到的绩效工资，是员工和企业共同“创造”出来的，而不是“赎回”自己的工资。

4. 企业实施绩效管理的质量，直接决定了员工对绩效管理的接受程度。然而，有很多企业的最高管理者和人力资源管理者对绩效管理的认识、方法实施、过程监控都存在问题，如准备不周、方案粗糙、急于求成，结果造成了绩效管理形式大于内容、务虚大于务实的情况。员工能够轻易地从中找出各种漏洞，进而厌恶绩效管理。遇到这种情况该怎么办?

绩效管理的方法和工具本身并没有问题，问题在于运用这种方法和工具的人。如果人们运用得当，将会帮助解决企业管理问题。如果运用不当，不但不会减少企业管理的问题，反而会增加许多管理问题。这里的关键，就在于是否掌握了绩效管理运用的要领。

针对绩效管理工作存在的问题，人力资源部可以采取以下方法：

（1）提高企业人力资源管理从业者的准入门槛，尤其是对于绩效管理人员的任用更要谨慎，绩效管理人员要有丰富的人力资源管理知识、技能和经验，最好要具有实施绩效管理项目的经验。

（2）学习行业的标杆企业、对标企业、竞争对手的绩效管理做法，取长补短。与行业内对绩效管理工作有一定心得和经验的人力资源管理者交流经验，防止自己走弯路。

（3）借助外部力量，引入外部专业的咨询公司，帮助企业建立绩效管理体系，对内部的人力资源管理者和各级管理者实施培训。

第二章　绩效管理常用工具

本章思维导图

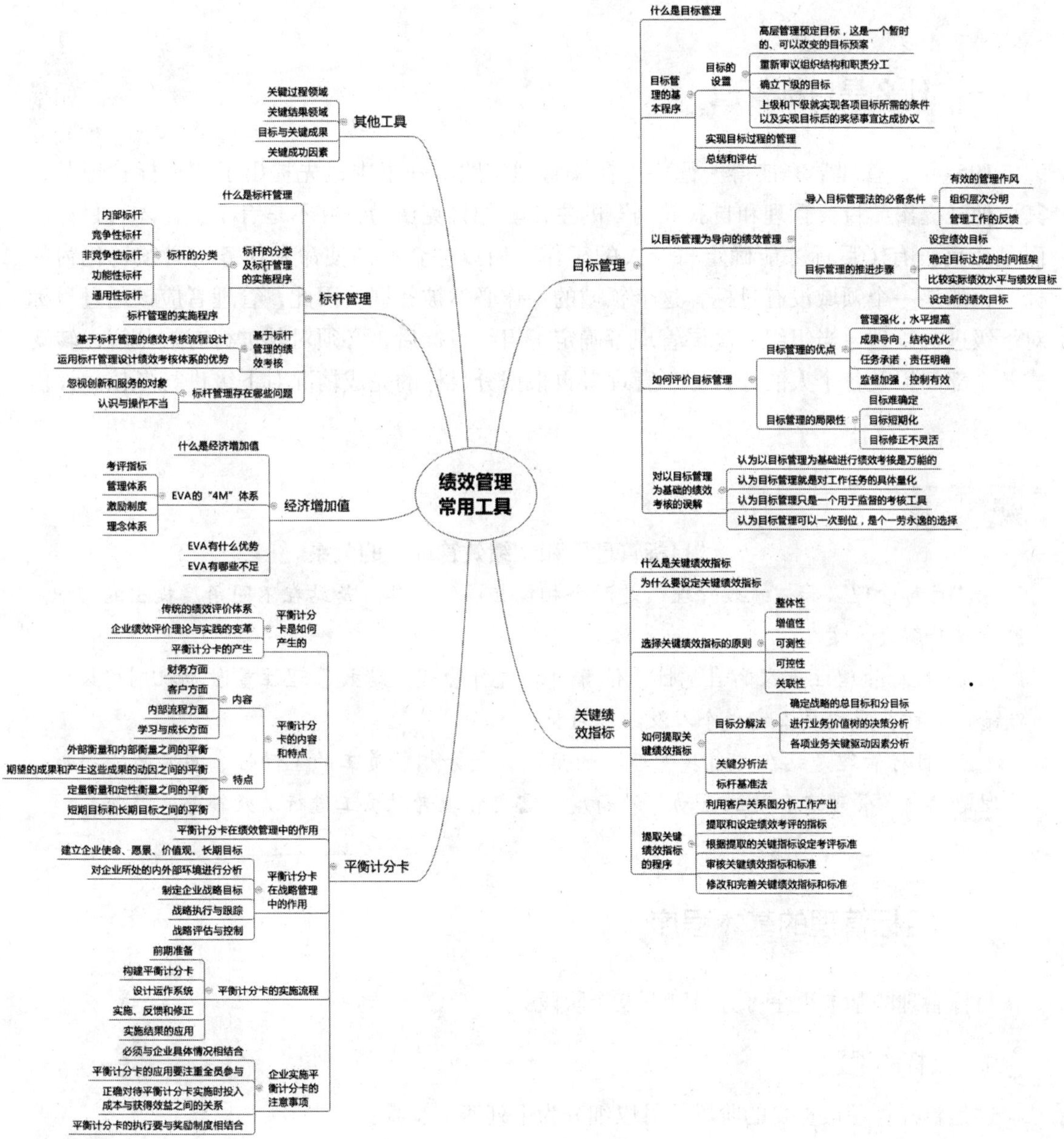
绩效管理常用工具
目标管理
什么是目标管理
目标管理的基本程序
目标的设置
高层管理预定目标，这是一个暂时的、可以改变的目标预案
重新审议组织结构和职责分工
确立下级的目标
上级和下级就实现各项目标所需的条件以及实现目标后的奖惩事宜达成协议
实现目标过程的管理
总结和评估
以目标管理为导向的绩效管理
导入目标管理法的必备条件
有效的管理作风
组织层次分明
管理工作的反馈
目标管理的推进步骤
设定绩效目标
确定目标达成的时间框架
比较实际绩效水平与绩效目标
设定新的绩效目标
如何评价目标管理
目标管理的优点
管理强化，水平提高
成果导向，结构优化
任务承诺，责任明确
监督加强，控制有效
目标管理的局限性
目标难确定
目标短期化
目标修正不灵活
对以目标管理为基础的绩效考核的误解
认为以目标管理为基础进行绩效考核是万能的
认为目标管理就是对工作任务的具体量化
认为目标管理只是一个用于监督的考核工具
认为目标管理可以一次到位，是个一劳永逸的选择
关键绩效指标
什么是关键绩效指标
为什么要设定关键绩效指标
选择关键绩效指标的原则
整体性
增值性
可测性
可控性
关联性
如何提取关键绩效指标
目标分解法
确定战略的总目标和分目标
进行业务价值树的决策分析
各项业务关键驱动因素分析
关键分析法
标杆基准法
提取关键绩效指标的程序
利用客户关系图分析工作产出
提取和设定绩效考评的指标
根据提取的关键指标设定考评标准
审核关键绩效指标和标准
修改和完善关键绩效指标和标准
其他工具
关键过程领域
关键结果领域
目标与关键成果
关键成功因素
标杆管理
什么是标杆管理
标杆的分类及标杆管理的实施程序
标杆的分类
内部标杆
竞争性标杆
非竞争性标杆
功能性标杆
通用性标杆
标杆管理的实施程序
基于标杆管理的绩效考核
基于标杆管理的绩效考核流程设计
运用标杆管理设计绩效考核体系的优势
标杆管理存在哪些问题
忽视创新和服务的对象
认识与操作不当
经济增加值
什么是经济增加值
EVA的“4M”体系
考评指标
管理体系
激励制度
理念体系
EVA有什么优势
EVA有哪些不足
平衡计分卡
平衡计分卡是如何产生的
传统的绩效评价体系
企业绩效评价理论与实践的变革
平衡计分卡的产生
平衡计分卡的内容和特点
内容
财务方面
客户方面
内部流程方面
学习与成长方面
特点
外部衡量和内部衡量之间的平衡
期望的成果和产生这些成果的动因之间的平衡
定量衡量和定性衡量之间的平衡
短期目标和长期目标之间的平衡
平衡计分卡在绩效管理中的作用
平衡计分卡在战略管理中的作用
建立企业使命、愿景、价值观、长期目标
对企业所处的内外部环境进行分析
制定企业战略目标
战略执行与跟踪
战略评估与控制
平衡计分卡的实施流程
前期准备
构建平衡计分卡
设计运作系统
实施、反馈和修正
实施结果的应用
企业实施平衡计分卡的注意事项
必须与企业具体情况相结合
平衡计分卡的应用要注重全员参与
正确对待平衡计分卡实施时投入成本与获得效益之间的关系
平衡计分卡的执行要与奖励制度相结合

绩效管理的工具多种多样，比较常见的有目标管理、关键绩效指标、平衡计分卡、经济增加值法、标杆管理等方法。这些方法本身并无好坏之分，处在不同管理阶段的企业应根据自身的经营管理状况，选择最适合自身发展阶段的方法。

第一节 目标管理

一 什么是目标管理

1954年，管理学家彼得·德鲁克在《管理实践》一书中最先提出了“目标管理”，其后他又提出“目标管理和自我控制”的主张。德鲁克认为，并不是有了工作才有目标，而是相反，有了目标才能确定每个人的工作。所以“企业的使命和任务，必须转化为目标”，如果一个领域没有目标，这个领域的工作必然被忽视。因此，管理者应该通过目标对下级进行管理，当组织最高层管理者确定了组织目标后，必须对其进行有效分解，转变成各个部门以及各个人的分目标，管理者再根据分目标的完成情况对下级进行考核、评价和奖惩。

温馨提示

“目标管理”和“绩效管理”的关系

“目标管理”和“绩效管理”是两个相辅相成的工具，是站在不同角度提出的组织绩效提升解决方案。

1. 目标管理注重人的自觉性，依靠自我进行管理；绩效管理注重激励机制建设以及绩效考核，激励员工完成个人及组织目标。

2. 目标管理是站在“自我管理”的角度，充分相信员工的主动性、自觉性；绩效管理是站在“管理者和员工互动”的角度，需要管理者对员工进行绩效辅导、监控。

二 目标管理的基本程序

目标管理的基本程序可分为以下三个阶段：

1. 目标的设置

这是目标管理最重要的阶段，可以细分为下列四个步骤：

（1）高层管理预定目标。这是一个暂时的、可以改变的目标预案。即可以由上级提出，再同下级讨论；也可以由下级提出，再经上级批准。无论采用哪种方式，必须共同商量决定。此外，领导必须根据企业的使命和长远战略，估计客观环境带来的机会和挑战，对本企业的优劣有清醒的认识，对组织应该和能够完成的目标心中有数。

（2）重新审议组织结构和职责分工。目标管理要求每一个分目标都有确定的责任主体。因此，预定目标之后，需要重新审查现有组织结构，根据新的目标分解要求进行调整，明确目标责任者和协调关系。

（3）确立下级的目标。首先向下级明确组织的规划和目标，然后商定下级的分目标。在讨论过程中，上级要尊重下级，平等待人，耐心倾听下级意见，帮助下级发展一致性和支持性目标。分目标要具体量化，便于考核；分清轻重缓急，以免顾此失彼；既要有挑战性，又要有实现的可能。每个员工和部门的分目标要和其他的分目标协调一致，支持本单位和组织目标的实现。

（4）上级和下级就实现各项目标所需的条件以及实现目标后的奖惩事宜达成协议。分目标制定后，要授予下级相应的资源配置的权力，实现“权责利”的统一。由下级写成书面协议，编制目标记录卡片，在整个组织汇总所有资料后，绘制出目标图。

实例 2-1

某商业银行在某城市的分行运用组织、流程和任务三个层面的目标分解方法，根据该分行的年度战略，将一项目标定位为让理财客户增加25 000户。

把这个目标作为企业目标后，该分行的管理层经过探讨，将流程目标定义为：理财客户每季度增加6 250户；将任务目标定义为：加强宣传力度，提升客户邀约率。

该分行绩效目标的分解过程是否有问题？

分析

这种绩效目标的分解过程显然是有问题的。

1. 这里的流程只是对组织目标的简单分解，不是承接组织目标，而是简单地向外延伸。或者说，这里分解出来的流程目标其实就是组织目标。

2. 任务目标过于笼统，没有具体的数据，没有体现必要的动作和行动支持，员工不知道应该从何处做出努力。

2. 实现目标的过程管理

目标管理重视结果，强调自主、自治和自觉，但并不等于领导可以放手不管；相反，由于形成了目标体系，一环失误就会牵动全局。因此，领导在目标实施过程中的管理是不可缺少的。首先，要进行定期检查，利用双方经常接触的机会和信息反馈渠道自然地进行；其次，要向下级通报进度，便于互相协调；再次，要帮助下级解决工作中出现的困难和问题，当出现意外、不可测事件严重影响组织目标实现时，也可以通过一定的方法，修改原定的目标。

3. 总结和评估

到达预定的期限后，下级首先进行自我评估，提交书面报告；之后，上下级一起考核目标完成情况，决定奖惩；同时开始讨论下一阶段目标，开始新循环。如果目标没有完成，应分析原因、总结教训，切忌相互指责，以保持相互信任的气氛。

实例 2-2

在1952年，一个女人准备从太平洋游向加州海岸，结果她失败了。具体的故事是这样的：

费罗伦丝·查德威克是一位非常著名的业余游泳爱好者。她的最辉煌的历史发生在1950年10月12日，那年她31岁，她以13小时20分钟的时间从法国穿越英吉利海峡到英格兰，打破了美国游泳运动员格特鲁德·埃德尔创下的女子纪录。一年之后，查德威克再次从英格兰回到法国，在16小时22分钟内越过英吉利海峡，这使她成为第一位从两个方向都能成功横渡英吉利海峡的女性。

时间来到了1952年，33岁的查德威克决定在7月4日的早晨从卡塔林纳岛横渡到加州海岸，全长约42千米。开始横渡时，她的两侧都是小船，以防止她遭到鲨鱼的攻击，在她受伤或疲劳时也可以帮助她。查德威克的母亲和教练在其中的一艘船上。

大约过了15个小时之后，海面上开始起雾，而且雾越来越大，此时的查德威克又冷又累，她觉得自己可能已经无法完成横渡了，开始想要放弃。她的母亲和教练大声地告诉查德威克不要放弃，离海岸线已经很近了。

查德威克于是又坚持游了一个小时，她抬头望向前方，结果除了浓雾，她什么也看不到。此时，她彻底放弃了，让人们把她从水里捞了出来。当她上了船，发现离海岸线实际上只剩下不到1 600米了。人们纷纷为她感到可惜。查德威克则解释说，令她半途而废的不是疲劳，也不是寒冷，而是因为她在浓雾中看不到目标。

值得一提的是，两个月之后，依然还是这样的浓雾天气，查德威克再次挑战横渡，这次竟然成功了。有人采访她，这次成功的原因是什么。她说道："虽然这次也有浓雾，但是我已经把横渡的路线图牢记在了心里，就算看不见海岸线，但我还是能顺利地游到彼岸。"

对于这个事情，如果从目标管理的角度进行思考，你能得到什么启示？

分析

这个故事给我们带来了以下启示：

1. 目标必须是能够达到的、让人看得见的、让人摸得着的，这样才会对员工形成驱动力，帮助员工获得自己最终想要的结果。有时候，企业认为制定的目标越高越好，觉得目标定得高了以后，即便员工只完成了80%也能超出自己的预期。但实际上，这种思想是有缺陷的。过高的目标不仅起不到激励的作用，反而容易挫伤员工的信心。哪怕管理者在旁边不停地给员工加油打气，员工就是觉得目标根本不可能完成，就像查德威克一样，她要是能看得到海岸线，也许就不会放弃第一次的尝试了。

2. 两个月之后，查德威克成功了。虽然没有交代具体的过程，但是可以猜测查德威克经历了上次的失败，在母亲和教练的帮助下，及时地总结经验教训，并提出应对浓雾的方法，从而获得了成功。在目标管理中，对于管理者来说，不是给下属制定一个目标就完事了，更为重要的是要帮助员工制定行动计划，对可能出现的困难和障碍要有应对的方案，这样才能够有效地帮助员工达成目标。

三 以目标管理为导向的绩效管理

目标管理是结果取向的绩效评估方法，其基本思想是一个组织必须建立大的目标，以作为组织的方向。为达成大的目标，组织中的管理者必须设定基本单位的个别目标，而各项个别目标应与组织目标协调一致，从而促成组织的团队建设，并得以发挥整体的组织绩效。

1. 导入目标管理的必备条件

要取得目标管理的成功，必须满足下列先决条件，这些先决条件满足得越多，目标管理就越成功。

（1）有效的管理作风。

在成功的目标管理中，普遍采用的管理作风是参与式的管理作风。从本质上讲，参与式管理是一种分散权力、用小组形式管理的方法，每一个管理人员都被赋予充分的自由，去决定或影响他的工作和前途，但又不超出整个组织在特定时期内必须达到的要求范围。参与式管理要求管理人员和他的上级对下属所要达到的具体目标、所享受的权限以及可以支配的资源取得一致意见，然后让下属进行自我管理。上级的控制要尽量少，但必须有效。

（2）组织层次分明。

要取得好的管理效果，先决条件是所有管理人员为已确定的目标负起绝对责任，这就需要明确指定哪一个管理人员负责哪一些目标，而且每一个管理人员负责的这些目标必须与授予的权限相一致。任何在职责和权限之间出现的差距，往往都会使目标无法达到，而且会使管理人员受到很大的挫折。为每个组织人员制定目标，有助于发现组织上的弱点——是否重复授予权限，或授予的权限与职责是否一致，这些弱点的纠正工作必须由最高管理部门进行。在组织混乱的情况下，确定目标是很困难的行为。

（3）管理工作的反馈。

工作的反馈是必要的条件：第一，管理人员越以成功为方向，越需要得到对他工作的反馈。他自始至终要了解他的工作做得好不好，他不愿意在采取行动之后，对行动的结果一无所知。第二，管理人员越以成功为方向，越不能忍受日常文书工作、不必要的日常事务和原始数据。他需要最小量的、经过组织的、有质量的、着重于采取行动的数据，让他可以据此决策并采取行动。

2. 目标管理的推进步骤

目标管理的具体推进，可以分为以下四个步骤：

（1）设定绩效目标。

目标主要指所期望达到的结果以及为达到这一结果所应采取的方式、方法。绩效目标的设定，实际上就是上下级共同确定各个层级所要达到的绩效目标。在实施目标管理的组织中，通常是上级考核者与被考核者共同制定目标。

根据德鲁克的观点，管理组织应遵循的一个原则是：每一项工作都必须为达到总目标而展开。因此，衡量一个员工是否称职，就要看他对总目标的贡献如何。反过来说，称职的员工应该明确地知道他期待达到的目标是什么。否则，就会指错方向，浪费资源，使组织遭受损失。在目标管理中，绩效目标的设定开始于组织的最高层，由他们提出组织使命声明和战略目标，然后通过部门层次向下传递至具体的各个员工，如图2-1所示。在大多数情况下，个人目标是由员工及其上级主管在双方协商一致下制定的，而且在目标设定的同时，他们需要就特定的绩效标准以及如何衡量目标的完成达成共识。

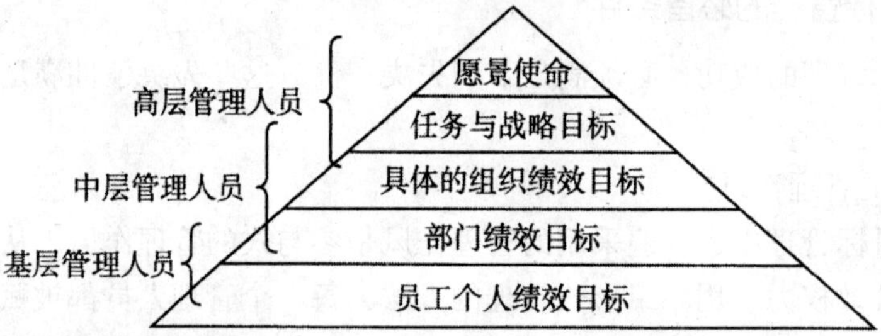

图2-1　绩效目标结构

目标管理系统是否成功，主要取决于这些绩效目标陈述的贴切性和清晰性。各级绩效目标能否被清晰合理地设置，直接决定了绩效考核是否具有有效性。绩效目标的设定必须遵循SMART原则：

①明确具体（Specific）。"明确具体"是指绩效目标应该尽可能地明细化、具体化。每一名员工的情况各不相同，绩效目标应该明确、具体地体现出管理者对每一位员工的绩效要求。只有将这种要求表达得尽可能地明确具体，才能够更好地激发员工实现这一目标的愿望和努力，并能够引导员工全面实现管理者对他的绩效期望。

②可衡量（Measurable）。设定目标是为了能够根据计划来控制员工的行为，因此目标必须可以衡量，这样才能够对员工的行为进行有效的反馈。所谓"可衡量"，就是可以将员工实际的绩效表现与绩效目标相比较。也就是说，所设置的绩效目标应当提供一种可供比较的定性或定量标准，包括数量、质量、时间及费用等方面的要求。需要说明的是，可衡量不等于一定要定量化。

③切实可行（Attainable）。绩效管理要求实事求是，目标设置要符合实际，以更好地向员工提出一个切实可行的工作方向和目标，以激发和鼓励其工作热情。实际上，绩效目标可以具有一定的挑战性，但必须是根据员工的工作潜力合理制定的，并且是员工通过

努力就可以达成的。过高的目标会使员工灰心丧气，过低的目标则无法使员工发挥应有的水平，也有碍于员工潜质的发掘和能力的提高。所谓切实可行，就是在两者之间寻找平衡点，找到一个员工通过努力就能够达到的可行的绩效水平。

④相关性（Relevant）。绩效目标不是凭空出现的，其来源与组织战略、部门业务重点、流程需求以及岗位职责密切相关，其结果也是为了支撑和确保岗位、流程、部门及组织整体目标的实现。此外，相关性还意味着，组织各层级目标的设置要注意在整体上的相互配套，形成一个有机统一的目标体系。

⑤时限性（Time-bound）。目标管理是以特定时段内员工的工作行为和绩效状态为调控对象的，因为目标从来都是有时限的，没有时间限制或时效性不明确的绩效目标是没有实际意义的。当然，时间限制也有一个程度的问题，应该根据管理者的要求和员工的工作能力及具体环境情况加以确定。

温馨提示

绩效目标设定的特别注意事项

1. 目标应是上下级员工一致认同的。很多人说这非常难，但如果领导与员工有共同的思想行为基础就能够做到。当每一目标都被上下一致认同时，目标体系就能够建立起来，形成全员目标管理，这样企业的目标就一定能够实现。

2. 目标应有个人努力的成分。目标让个人有收益，包括个人学习知识的增加、训练技能的提升、克服困难、改正错误等；让目标管理的应用者自身在工作中有所提高，符合其个人发展方向和个人需要，或者是让个人觉得争了一口“气”，这样也能增强个人的工作动力。

3. 目标应存在于一项完整的工作任务中。这样，工作者可将工作努力集中在一件事情上，便于完成目标。

4. 目标越少越好。让目标集中，可以集中精力解决一件完整的事情，哪怕这个目标再进行多项分解。

（2）确定目标达成的时间框架。

确定目标达成的时间框架，这样员工可以合理安排时间，了解自己在做什么、已经做了什么和下一步将要做什么。目标管理强调“自我控制”“自我突破”，但绝不是要放弃管理控制，只不过是用双向沟通代替了专制管理，通过确定绩效目标达成时间的有效约束，可以更有效地保证组织目标的实现。

（3）比较实际绩效水平与绩效目标。

通过比较，考核者能够找出未能达到既定绩效目标的原因，或实际达到的绩效水平远远超出预先设定的绩效目标的原因。这不仅有助于决定培训需求，而且有助于确定下一绩效考核周期的各级绩效指标。同时，也能提醒上级考核者注意组织环境对下属工作表现可能产生的影响，而这些客观环境是被考核者本人无法控制的。目标管理的考核不是考核行为或其他，而是考核绩效。如果目标确立是具体的、可验证的，那么考核过程就简单。管理者与员工讨论他们是否完成了目标，并研究为什么能完成或不能完成。组织将这些检查考核工作的情况记录下来并成为正式的绩效考核。

（4）设定新的绩效目标。

凡是已成功实现其绩效目标的被考核者都可以被允许参与下一考核周期新的绩效目标的设置过程；而对那些没有达到既定绩效目标的被考核者，在与其直接上级进行沟通、判明困难的出现是否属偶然现象、找出妨碍目标达成的原因并制定相应的解决办法和行动矫正方案后，才可以参与新一轮考核周期绩效目标的设置。

四 如何评价目标管理

目标管理以相信人的积极性和能力为基础。企业各级领导者对下属人员的领导，不是简单地依靠行政命令强迫他们去做，而是运用激励理论，引导职工自己制定工作目标，自主地进行自我控制，自觉采取措施完成目标，自动进行自我评价。目标管理的最大特征是通过诱导启发职工自觉地去做，激发员工的生产潜能，提高员工的工作效率，以此促进企业总体目标的实现。当然，目标管理与其他任何事物一样具有两面性，既有优点，又有其局限性。

1. 目标管理的优点

（1）管理强化，水平提高。

目标管理最大的好处就是它能促进管理水平的提高。以最终结果为导向的目标管理，能迫使各级管理人员去认真思考计划的效果，而不仅仅是考虑计划的活动。为了保证目标的实现，各级管理人员必然要深思熟虑实现目标的方法和途径，考虑相应的组织机构和人选，以及所需要的资源和帮助。

（2）成果导向，结构优化。

目标管理促使管理人员根据目标去确定组织的任务和结构。而目标作为一个体系，规定了各层次的分目标和任务，那么在允许的范围内，组织机构就要按照实现目标的要求来设置和调整，各个职位也应当围绕所期望的成果来建立，这就会使组织结构更趋合理与有效。为了取得成果，各级管理人员必须根据他们期望的成果授予下属人员相应的权力，使其与组织的任务和岗位的责任相对应。

（3）任务承诺，责任明确。

目标管理是由各级管理人员和下属工作人员去承担完成任务的责任，从而让各级管理者和下属工作人员不再只是执行指标和等待指导，而成为专心致志于实现自己目标的人。他们参与自己目标的拟订，将自己的思想纳入计划之中，了解自己在计划中所拥有的自主处置的权限，能从上级领导那里得到多少帮助，自己应承担多大的责任，这样就会把管理工作做得更好。

（4）监督加强，控制有效。

目标管理能使责任更明确，进而会使控制活动更有效。控制就是采取措施纠正计划在实施中出现的与目标的偏离，确保完成任务。有了一套可考核的目标评价体系，监督就有了依据，控制就有了准绳，也就解决了控制活动最主要的问题。

2. 目标管理的局限性

（1）目标难确定。

真正可考核的目标是很难确定的，尤其是要让各级管理人员的目标都具有正常的“紧张”和“费力”程度，即“不跳够不到”“跳一跳够得到”的合理程度，这是非常困难的，而这个问题恰恰是目标管理能否取得成效的关键。为此，目标设置要比展开工作和拟订计划做更多的研究。

根据先进性、可行性、可量化、可考核等要求确定管理目标体系，会对各级管理人员产生一定的压力。为了达到目标，各级管理人员有可能会出现不合规的行为。为了防止员工选择不道德手段去实现目标，高层管理人员一方面要确定合理的目标，另一方面还要明确表示对行为的期望，给道德的行为以奖励，给不道德的行为以惩罚。

（2）目标短期化。

大多数实行目标管理的组织，确定的目标一般都是短期的，很少有超过一年的。其原因是组织外部环境的可能性变化，会令各级管理人员难以做出长期承诺。短期目标会导致短期行为，并以损害长期利益为代价，换取短期目标的实现。为避免这种现象的发生，高层管理人员必须从长远利益来设置各级管理目标，并对可能出现的短期行为做出某种限制性规定。

（3）目标修正不灵活。

目标管理要取得成效，就必须保持目标的明确性和肯定性，如果目标经常改变，说明计划没有经过深思熟虑，这样确定的目标是没有意义的。但是，如果目标管理过程中，环境发生了重大变化，特别是上级部门的目标已经修改，计划的前提条件或政策已变化的情况下，还要求各级管理人员继续为原有的目标而奋斗，这显然是愚蠢的。然而，由于目标是经过多方磋商确定的，要改变它就不是轻而易举的事，往往修订一个目标体系与制定一个目标体系所花费的精力和时间是差不多的，结果很可能不得不中途停止目标管理的进程。

五 对以目标管理为基础的绩效考核的误解

目标管理在实践中得到了广泛应用，特别是在绩效考核方面，目标管理使经营哲学从“工作本位”转向了“员工本位”。但是，一些执行者对此存在各种误解，不同程度地影响了目标管理的实施效果。

1. 认为以目标管理为基础进行绩效考核是万能的

目标管理作为绩效考核的基础，包含了人、财、物和时间等诸多内容，的确具有很多用途。在填写目标管理表之初，它像一张完整的工作计划表；在接下来的工作中，它又像一张资源控制图，指导着员工向目标迈进；等到工作完成后，它又像一份回顾功过的工作总结表。然而，目标管理并不是万能的。有些管理者认为，既然在目标管理表中规定了每个人的工作，那只要大家各司其职，工作流程自然会顺畅起来，权责问题就会迎刃而解。

实际上，目标管理最大的特点是侧重目标，而不是方法。目标管理的实质仅是通过有难度且明确的目标，激发员工的主观能动性，能指对方向就已经不易了；若把目标管理当成一个管理平台，用它处理工作流程中的问题，怕是高估了它的力量。

2. 认为目标管理就是对工作任务的具体量化

有些管理者认为，目标管理只要将任务量化，同时提高难度就可以了。这种做法只适用于决策权力弱、不可控因素少的员工，若员工的不可控因素多，这就很难奏效了。另外，这种做法对于研发人员也不适用。目标管理可以针对不同的员工，给予他们不同的目标，一味追求考核指标的具体量化，绝不是目标管理的全部意义。

3. 认为目标管理只是一个用于监督的考核工具

有些员工认为，目标管理作为绩效考核工具的根本目的是加强对他们的监督与控制。这样一来，他们在填写目标时，就会把容易完成的工作定为主要目标；甚至为了体现业绩，用短期见效的目标取代意义重大但长期见效的目标。其实，这是对目标管理的一种误解。目标管理的初衷是帮助员工提高效率，从而提高满意度，而不是增加负担，进而产生压抑感。大家可以通过目标管理实现彼此协调，减少资源浪费，尤其是时间资源。因此，作为管理者一定要把好目标的“权重关”。

4. 认为目标管理可以一次到位，是个一劳永逸的选择

绩效考核工作是经常性的管理活动，必须定期进行，形成制度。无论是哪个部门和岗位，无论考评的周期有多长，都必须遵循目标管理定期化、制度化的原则，加强平时考核的力度，关注绩效水平的持续提升。

疑难解答

目标管理看起来简单，但要把它付诸实施，管理者要如何领会和理解它?

要领会和理解目标管理，管理者应重点关注以下几个方面：

（1）管理者必须知道什么是目标管理，以及明白为什么要实行目标管理。如果管理者自身不能很好地理解和掌握目标管理的原理，那么由其来组织实施目标管理也是一件不可能的事情。

（2）管理者必须知道组织的总目标是什么，而且要明白怎样安排自己的活动才能适应这些目标。如果组织的一些目标含糊不清、不现实、不协调、不一致，那么主管人员想同这些目标协调一致是不可能的。

（3）目标管理所设置的目标必须是正确的、合理的。所谓“正确的”，是指目标的设定应符合组织的长远利益，和组织的目的相一致，而不能是短期的；“合理的”，是指设置目标的数量和标准应当是科学的，因为过于强调工作成果会给人的行为带来压力，导致出现不择手段的行为。

（4）目标无论在数量或质量方面都具备可考核性。有些目标，如“时刻注意顾客的需

求并很好地为他们服务”“使信用损失达到最小”“改进提高人事部门的效率”等，都没多大意义，因为在将来某一特定时间内没有人能准确地回答他们是否实现了这些目标。如果目标管理不可考核，就无益于对管理工作或工作效果进行评价。

第二节 关键绩效指标

一 什么是关键绩效指标

关键绩效指标（Key Performance Indicator，KPI）作为一个相对独立的术语，可以将其理解为一种考评的新方法，或者说是一种绩效管理的新模式。

实际上，关键绩效指标不仅特指绩效考评指标体系中那些居于核心或中心地位，具有举足轻重的作用，能影响其他变量的考评指标，而且代表了绩效管理的实践活动中所派生出来的一种新的管理模式和管理方法。因此，可以将其定义为关键绩效指标法。更具体地说，关键绩效指标法是检测并促进宏观战略决策执行效果的一种绩效考评方法，它首先是企业根据宏观的战略目标，经过层层分解之后，提出的具有可操作性的战术目标，并将其转化为若干个考评指标，然后借助这些指标，从事前、事中和事后多个维度，对组织或员工个人的绩效进行全面跟踪、监测和反馈。

关键绩效指标法的核心是从众多的绩效考评指标体系中提取重要性和关键性指标，它不但是衡量企业战略实施效果的关键性指标，也是试图确立起一种新型的激励约束机制，力求将企业战略目标转化为组织内部全员、全面和全过程的动态活动，不断增强企业的核心竞争力，持续地提高企业的经济和社会效益。这使得KPI不仅成为一种检测的手段，更成为实施企业战略规划的重要工具。因此，建立战略导向的KPI体系具有以下意义：

（1）使KPI体系成为激励约束企业员工行为的一种新型的机制，同时发挥KPI体系战略导向的牵引作用。

（2）层层分解企业战略目标，将员工的个人行为与部门的目标相结合，使KPI体系有效地诠释与传播企业的总体发展战略，成为实施企业战略规划的重要工具。

（3）彻底转变传统的以控制为中心的管理理念。战略导向的KPI体系更加强调对员工的行为激励，最大限度地激发员工的斗志，调动全员的积极性、主动性和创造性。

温馨提示

战略导向的KPI体系与一般绩效考评体系的主要区别

1. 从绩效考评的目的来看，战略导向的KPI体系是以战略为中心，指标体系的设计与运用都是为战略目标服务的；而一般绩效考评体系是以控制为中心，指标体系的设计与运用来源于控制的意图，目的是更有效地控制员工个人的行为。

2. 从考评指标产生的过程来看，战略导向的KPI体系是在组织内部自上而下对战略目标进行层层分解产生的；而一般绩效考评体系通常是自下而上根据个人以往的绩效与目标产生的。

3. 从考评指标的构成上看，战略导向的KPI体系是通过财务与非财务指标相结合，体现关注短期效益，兼顾长期发展的原则，指标本身不仅传达了结果，也传递了产生结果的过程；而一般绩效考评体系是以财务指标为主，非财务指标为辅，注重对过去绩效的考评，且指导绩效改进的出发点是过去绩效存在的问题，绩效改进行动与战略需要脱钩。

4. 从指标的来源看，战略导向的KPI体系来源于组织的战略目标与竞争的需要，有助于推进组织战略的实施；而一般绩效考评体系与组织战略的相关程度不高，来源于特定的程序，即对过去行为与绩效的修正，与个人绩效的好坏密切相关。

二 为什么要设定关键绩效指标

从企业绩效管理系统设计与运行的要求来看，除了要正确地回答谁是考评者与被考评者、用什么样的方法考评、如何对组织和员工个人进行考评等基本问题之外，还有一个非常重要的、需要面对和解决的实际问题——考评什么，即采用什么样的指标和标准对员工的绩效进行考评。

在绩效管理的实践活动中，企业各级主管往往受到两个问题的困扰：一是可以选择的考评指标很多，如财务性或非财务性指标，数量或质量指标，相对数或绝对数指标等。到底选择哪些指标作为主要考评的内容，大家无所适从。二是企业很多岗位的工作难以找出客观的、量化的绩效指标。对于生产型或销售型的工作，比较容易设定量化的评估指标，可以较为客观地进行考评，而对于其他一些技术性或管理性岗位来说，采用客观的量化指标进行绩效考评就十分困难。

因此，企业在进行绩效管理时，要特别强调提取和设定关键绩效指标，这是因为：

（1）从绩效管理的全过程来看，如果对绩效进行管理时不提取和设定关键绩效指标，就无从提高组织或员工个人的绩效。不设定关键绩效指标，就无法知道现在的绩效表现与期望之间是否有差距，也不知道该提高到什么程度；无法掌握绩效提高前后的关键性信息资料，也就无从检查和对比员工绩效是不是真正有所提高。

（2）对于管理者来说，提取并设定关键绩效指标对组织或员工个人的绩效进行考评，能够把握全局、明确目标、突出重点、简化程序，满足企业绩效管理的各种需要。

（3）对于被考评者来说，提取并设定关键绩效指标，有利于被考评者找到明确的努力方向和清晰的目标定位，使他们清晰地知道自己将要做什么，以及将要做到什么程度。

总之，为了满足企业绩效管理的科学性、可行性、可靠性和准确性的要求，无论是团队的绩效还是个人的绩效，都需要构建一个完整的关键绩效指标和标准体系。

三　选择关键绩效指标的原则

1. 整体性

关键绩效指标必须具有整体性，它应当是一个完整的用于管理被考评者绩效的定量化、行为化的指标和标准体系。也就是说，关键绩效指标作为绩效考评的指标与标准的结合体，它必须是定量化的，如果难以定量化，那么也必须是行为化的。如果定量化和行为化这两个特征都不具备，那么就无法对组织或员工个人的关键绩效指标进行测评。

2. 增值性

关键绩效指标必须具有增值性，它作为一个完整的指标和标准体系，应当对企业的发展具有举足轻重的作用，能够对公司整体价值和业务重点产生重要的影响，使组织目标不断增值。同时，关键绩效指标还是连接个体绩效与组织绩效的一个桥梁。关键绩效指标是针对对组织目标起到增值作用的工作产出而设定的指标，基于关键绩效指标对绩效进行管理，就可以保证员工个人的良好行为受到鼓励，对组织的贡献受到褒奖。

3. 可测性

关键绩效指标必须具有可测性，不但各个指标标准要有明确的界定和简便易行的计算方法，还应有利于管理人员采集获取和处理，以保障相关数据资料的可靠性、公正性和准确性。

4. 可控性

关键绩效指标必须具有可控性，KPI体系的结构和内容应当在相关岗位人员可以控制范围之内，而且指标的先进与落后、数值的大小或高低，也都应当限定在员工通过积极努力和辛勤工作可以达到的水平上。如果KPI指标可望而不可即，就失去了绩效考评激励鞭策员工的真正意义。

5. 关联性

关键绩效指标之间必须具有一定的关联性。KPI指标之间在时间和空间上具有相互依存性，不仅有利于组织和员工个人绩效目标的确定、实施、执行和评估，也有利于各级主管与下属员工围绕着工作期望、工作表现、工作成果和未来发展等方面的问题进行沟通，促进组织和员工绩效水平的不断提高。

实例 2-3

Z公司是国内成功的餐饮企业之一，它的成功秘诀有两招：一是把员工当家人看；二是把顾客当上帝看。但Z公司在KPI绩效考核实践中也走过一些弯路，主要表现在以下几点：

1. 对服务员考核“点台率”。Z公司曾经将“点台率”作为考核服务员的关键指标。

根据该指标，客人来店就餐时，哪个服务员被点名服务的次数越多，就代表客人的满意度越高，因而那个被点名服务的服务员的奖金也就越高。这听上去挺合理的，但是结果却事与愿违。很多服务员为了赢得更高的点台率，不惜利用手中的赠品权给客人免费赠送豆浆、小菜等各种食品，而且服务员之间相互攀比，看谁给客人送的东西多。结果可想而知，以点台率为指标的客观绩效考核导致了服务员之间的恶性竞争，服务员的点台率是上去了，奖金拿得也多了，但是整个分店的成本也上去了，利润率最终下来了。

2. 对分店考核“利润”。由于Z公司的管理模式是总部控制选址、装修、菜式、定价和工资等大项，分店为了提高利润，就只能拼命在小项支出上节约成本。为了完成短期利润考核指标，分店变相降低了服务质量，短期利润是上去了，但从长期来看减少了客人，实际上是“捡了芝麻，丢了西瓜”。

3. 对分店考核“翻台率”。为了提高客人的满意度，Z公司曾经对分店考核“翻台率”。翻台率越高，证明客人满意度越高。可是这样一来，分店为了追求“翻台率”，又闹出了一些麻烦。Z公司生意火爆，不预订肯定没有位置，但是预订了，客人晚到了几分钟，结果还是没位置。因为预订的客人晚到，意味着空台，翻台率就会下降，这时候分店就会把晚到客人预订好的位置让给别的客人。结果是分店为了追求“翻台率”，造成客人满意度下降。

4. 为了提高服务员的服务质量，Z公司曾经在考核服务员时设置了非常细化的KPI指标。例如，客人杯子里的水不能低于多少，客人戴眼镜一定要给眼镜布，客人的手机一定要拿套装上，否则就扣分。

5. Z公司在给员工提供住宿方面有一个KPI指标：员工从餐厅步行到宿舍的时间不能超过20分钟。因为员工下班很晚，如果宿舍离得远的话员工太累了。大多数餐厅都设在繁华地段，离繁华地段20分钟步行路程的地方都是很贵的小区，而Z公司依然坚持在高档小区给员工租房子。对于Z公司这个指标的设置，很多人称赞，认为这是对员工关怀的管理典范。但是，从绩效考核的角度来讲，这却是一项很奇怪的KPI指标。繁华地段的房子房租高暂且不谈，更为突出的问题是一房难求。Z公司一家分店这么多员工，哪里能找到这么多房源呢？这项指标看上去很美，实则很难落地。

6. Z公司在KPI指标设置上走过这么多的弯路，因此Z公司的高层领导干脆去掉了所有量化客观的绩效考核指标，走向了极端。它主要选取三个主观评价指标：顾客满意度、员工积极性和干部培养数量。对顾客满意度的考核方式是派小区经理去分店巡查，询问店长关于客人的满意情况；对员工积极性的考核方式是以上司评价为主，以抽查和派遣“神秘访客”为辅；对干部培养数量的考核方式是看管理者培养了多少个分店店长和一级店店长。而上述所有的考核，全都是上级的主观评价。这种完全主观的绩效评价，非常容易导致争议，会为企业带来大量的管理成本。

以上就是Z公司在KPI绩效考核实践中走过的一些弯路，总结一下，企业在设置KPI绩效指标时应注意哪些问题。

分析

通过总结，我们能够发现，企业在设置KPI绩效指标时要注意：

1. 指标不能太过单一，既要有客观量化的，也要有主观定性的。KPI指标结合工作岗位，合理设置，科学分配权重，让它们彼此配合，才能发挥真正的作用。

2. 指标设置要合理，让员工或部门承担超出其职责和权限范围的指标会让他们觉得不公平，这就要求管理者找出能真正起作用、能落地执行的指标。

温馨提示

KPI指标的“中庸”问题

可实现原则是指绩效指标在付出努力的情况下可以被实现，要避免设立过高或过低的目标。因此，KPI的设计者为避免目标设置的两极化，往往都趋于“中庸”，通常选择均值作为目标。但是，并非所有“中庸”的目标都是合适的，指标的选择需要与行业的成长性、企业的成长性及产品的生命周期结合起来考虑。

因此，对可实现这一原则的正确理解是：指标不仅要可以实现，还必须是经过一定努力才可以实现的，这样的考核指标才可以起到激励作用。

四 如何提取关键绩效指标

1. 目标分解法

目标分解法采用的是平衡计分卡设定目标的方法，即通过建立包括财务指标与非财务指标的综合指标体系对企业的绩效水平进行监控。

（1）确定战略的总目标和分目标。

企业各级组织目标必须服从企业的总体战略目标，只有经过对企业总体战略目标的层层分解，才能保证所有的部门和员工的努力方向与企业保持一致。

企业的战略目标是根据内外部环境条件和自身的发展状况确定的，但又必须不断地随着形势的变化进行调整，企业及其下属的各个部门在不同的发展阶段会有不同的生产经营或工作的重点。

（2）进行业务价值树的决策分析。

业务重点是各个部门为了实现企业的战略目标必须完成的重点，这些业务重点就是企业的关键绩效领域。战略目标确定以后，就要利用业务价值树进行决策分析，对战略方案和计划进行评价，并按照它们对企业价值创造的贡献大小进行排序，分别建立企业的价值体系，并以此找出企业中数目有限的关键战略价值驱动因素，进而确定关键的部门和岗位。

（3）各项业务关键驱动因素分析。

在确定总目标和分目标，进行业务价值的对比分析之后，通常要完成以下两个方面工作：一是进行关键驱动因素的敏感性分析，找出对企业整体价值最有影响的几个财务指标；二是将滞后的财务价值驱动因素与先行的非财务价值驱动因素连接起来。一般情况下，是借用平衡计分卡的分析思路，通过目标分解来建立这种联系。

2. 关键分析法

关键分析法就是通过多方面信息的采集和处理，寻求一个企业成功的关键点，弄清企业克敌制胜的因素，并对企业成功的关键点进行跟踪和监控。

关键分析法的基本思想为：通过分析企业获得成功或取得市场领先地位的关键因素，提炼出获得成功的关键绩效模块，再把业绩模块层层分解为关键要素。为了便于对这些要素进行量化评价与分析，必须将这些要素细分为各项具体的指标，即提出KPI。关键因素指标分解如图2-2所示。

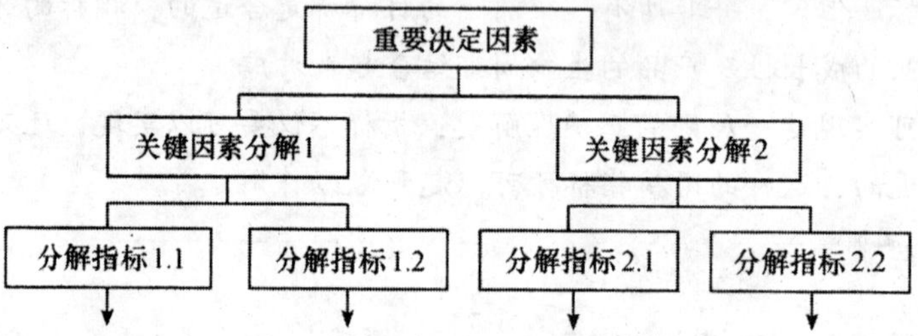

图2-2 关键因素指标分解

3. 标杆基准法

标杆基准法是企业将自身的关键绩效行为，以那些在行业中领先的、最具影响的或最具竞争力的企业的关键绩效行为作为基准，进行深入全面的比较研究，探究这些基准企业的绩效形成原因，在此基础上建立企业可持续发展的关键绩效标准，并提出改进员工绩效的具体程序、步骤和方法。

在KPI指标和指标值的设定上，可以选择的参考企业至少满足以下情况之一：一是本行业领先的最佳企业；二是居于国内领先地位的最优企业；三是居于世界领先地位的顶尖企业。

选择标杆企业作为对比的基础很有必要，它有利于企业设定目标、明确方向、找出差距、确立重点、改进工作；但是，在具体KPI指标的设计上，除了应当考虑选择什么样水平的企业作为参照之外，还应该充分考虑企业所处的发展阶段，以及自身的生产、经营、技术和组织特点。在行业中居于领先地位、具有很强竞争力的标杆企业所处的发展阶段、面临的竞争环境以及自身技术业务状况和管理水平等方面的条件各不相同，因而这些标杆企业所设定的KPI存在着很大的差异，如果学习的企业一味地模仿，很容易误入歧途。

五　提取关键绩效指标的程序

1．利用客户关系图分析工作产出

在企业中，无论是某一部门还是某个岗位的工作产出都会涉及一个或多个服务的对象，即所谓的客户。客户通常分为企业内部客户和外部客户两类。客户关系图就是通过图示的方式显示某一团队或员工个体对组织内部和外部客户的工作产出。

通过绘制客户关系图，不但可以观察到某一团队或个体为哪些内外客户提供了工作产出，全面掌握为每个客户提供的工作产出的具体项目和构成，还可以根据绩效考评的要求，分析内外客户对这些工作产出的满意度标准，从而设定考评标准来衡量团队或个体的绩效。

客户关系分析图法的应用范围很广，不仅可以用于分析企业下属的各个职能和业务部门，也可以应用于各部门内部各种工作岗位；不仅可用于团队的工作产出评估，也可用于员工个人的工作产出分析。

温馨提示

客户关系图的好处

采用客户关系图的方式界定某一团队和员工个人的工作产出，进而对绩效指标进行评估，这种做法的好处是：首先，能够用工作产出的方式将个体或团队的绩效与组织内外其他个体和团队联系起来，增强每个团队或员工的客户服务意识；其次，能够更加清晰地显示团队或员工对整个组织的贡献率；最后，采用这种直观的方式，能够更全面、更深入地分析、掌握团队和员工的工作产出，不会遗漏较大的或重要的考评项目。

2．提取和设定绩效考评的指标

在确定了团队或个体的工作产出，并从中汇总整理出各种相关的绩效考评指标之后，应当运用SMART原则提取关键绩效考评指标。表2-1具体说明了在确定绩效指标时，应当如何运用SMART原则，才能有效地保证所提取的考评指标是真正的关键性绩效考评指标。

表2-1　提取关键绩效指标的SMART原则

原则	正确的方法	错误的方法
明确具体（Specific）	切中目标，适度细化，随情景、环境变化	抽象的，未经细化，复制其他情境中的指标
可衡量（Measurable）	数量化的、行为化的，数据或信息具有可获得性	主观判断，非行为化描述，数据或信息无法获得
切实可行（Attainable）	在付出努力之后可以实现，在适当时空范围内可以实现	过高或过低的目标，员工经过艰苦努力也难以达到

（续表）

原则	正确的方法	错误的方法
相关性（Relevant）	具有相关性，且密切相关的	无相关性的或相关性极低的
时限性（Time-bound）	可以采用时间单位计量，关注产出效率	不考虑时效性，时间概念模糊，考评期限过长或过短

此外，在提取关键绩效指标时，还应当关注考评指标的性质和特点。一般来说，关键绩效指标主要可以分为数量指标、质量指标、成本指标和时限指标四种类型。例如，产品产量、销货量、销售额、利润等指标属于数量指标，一般可以通过工作记录、统计报表、财务票据等方式获取这类指标的数值；破损率、独特性、准确性、一次检验合格率、废品率等属于质量指标，一般可以通过生产记录、上级评估、客户反馈等方式获取这类指标的数值；单位产品的成本、投资回报率等指标属于成本指标，一般可以通过财务方面获取有关数据；供货及时性、供货周期、到货时间、最后完工时间等属于时限指标，可以通过上级评估或客户评估等方式获取数据。

3. 根据提取的关键指标设定考评标准

在正确地界定了绩效指标之后，设定绩效考评标准就是一件比较容易的事情。对于数量化的绩效指标，设定的考评标准通常是一个范围，如果被考评者的绩效表现超出标准的上限，则说明被考评者做出了超出期望水平的卓越绩效；如果被考评者的绩效表现低于标准的下限，则表明被考评者存在明显的不足和缺陷，需要加以改进。

对于非数量化的绩效考评指标，在设定绩效标准时，往往从客户的角度出发，需要对“客户期望被考评者做到什么程度”做出正确的回答，即对行为指标做出明确的范围界定，并划出具体的考评等级。

在设定标准的过程中，对关键绩效指标标准水平的控制是一个极其重要的问题。如果标准的水平定得过高，对被考评者来说可望而不可即，经过努力工作产出还是达不到要求，将会挫伤员工的积极性；如果标准的水平定得过低，被考评者不费吹灰之力即可达到并超过标准，那么考评标准就失去存在的意义。KPI的标准水平可进行以下区分：

（1）先进的标准水平，包括本行业先进水平、国内同类企业的先进水平、国际同类企业的先进水平。

（2）平均的标准水平，包括本行业平均水平、国内同类企业的平均水平、国际同类企业的平均水平。

（3）基本的标准水平，是指期望被考评者达到的水平。这种基本水平是每个被考评者经过一定程度的努力都能够达到的水平。

基本标准的作用主要是判断被考评者的绩效是否能够满足企业基本的要求。采用这类标准所获得的考评结果，主要用于决定一些非激励性的工资待遇，如基本工资的支付等。

4. 审核关键绩效指标和标准

在设定了绩效考评标准之后，还需要进一步对这些关键绩效指标和标准进行审核，以确认这些关键绩效指标和标准是否能够全面客观地反映被考评对象的工作绩效，是否具有科学性、可行性、可测性和实用性。审核关键绩效指标的要点包括以下内容：

（1）工作产出是否为最终产品。通过关键绩效指标进行评价主要是对结果进行评价，因此在设定关键绩效指标的时候也主要是关注最终结果。在最终结果可以界定和衡量的情况下，就尽量不去追究过程中微小的细节问题。

（2）多个考评者对同一个绩效指标和标准进行评价，其结果是否具有可靠性和准确性。如果关键绩效指标和标准是真正依据SMART原则设定的，那么它就应该具有清晰明确的行为性或数量化评价标准。在这样的基准上，不同的考评者对同一个绩效指标进行评价时就有了一致的评价标准，能够取得可靠、真实、正确的评价结果。

（3）关键绩效考评指标的总和是否可以解释被考评者80%以上的工作目标。关键绩效指标是否能够全面覆盖被考评者工作目标的主要方面，也就是所抽取的关键行为的代表性问题，这也是应当密切加以关注的一个重要问题。因此，在审核关键绩效指标和标准时，需要重新审视被考评者主要的工作目标，逐一对照检查所选择的关键绩效指标是否可以解释被考评者主要的工作目标。

（4）关键绩效指标和标准是否具有可操作性。不仅要关注关键绩效指标的提取和设定，还要充分考虑如何依据这些关键指标的考评标准，对被考评者的工作行为或结果进行衡量和评价。因此，必须有一套可以实施的跟踪和监控关键绩效指标的操作性方法。如果无法得到与关键绩效指标有关的被考评者的行为表现和结果，那么关键绩效指标和标准就失去了意义。

（5）关键绩效指标的考评标准是否预留出可以超越的空间。关键绩效指标考评的标准水平一般是要求被考评者达到工作目标的基本标准。也就是说，它是一种合格的工作产出标准。因此，绩效标准水平应该控制在大多数被考评者通过努力可以达到的范围之内，对于超越这个范围的绩效表现，就可以将其认定为卓越的绩效表现。

5. 修改和完善关键绩效指标和标准

关键绩效指标和标准初步设定之后，还需要对团队和员工个体的绩效管理活动进行跟踪调查，以进一步对关键绩效指标标准体系进行补充、修改，不断提高关键绩效指标体系的科学性、可行性和准确性。

为了全面掌握新的指标标准体系的实际执行情况，需要通过各种渠道采用有效的手段，对组织和员工个体的绩效表现进行相关数据资料和文字信息的采集。弄清在执行新的关键绩效指标和标准的过程中，每个被考评者在各项绩效考评指标上的实际表现是否达到了绩效标准以及是否有超越绩效标准的表现。在跟踪调查中，对于数量化的指标，可以直接从相关的记录中获得，而有些来自客户评估的数据则无法直接获得较为全面的数据，只能通过抽样调查的方式，运用样本数据对总体情况进行推算。

温馨提示

设定关键绩效指标的常见问题及解决办法

1. 工作的产出项目过多——删除与工作目标不符合的产出项目；比较产出结果对组织的贡献率；合并同类项，将增值贡献率的产出归到一个更高的类别中。

2. 绩效指标不够全面——设定针对性强的更全面、更深入的绩效考评指标。

3. 对绩效指标的跟踪和监控耗时过多——跟踪“正确率”比较困难，但可以跟踪“错误率”。

4. 绩效标准缺乏超越的空间——如果100%正确的绩效标准确实必须达到，那么就将其保留；如果不是必须达到的，就修改绩效标准，以预留出超越标准的空间。

疑难解答

1. 如何确定工作结果和关键行为？

确定工作结果和关键行为是设计关键绩效指标的第一步，应坚持以下原则：

（1）价值增值原则。

工作结果必须与组织目标相一致，工作结果的达成应有利于组织目标的实现；关键行为一定要选择主要流程关键控制点的行为，这个行为需要在组织的价值链上能够产生直接或间接的增值作用。

（2）结果优先，兼顾过程控制。

如果工作结果可以直接定义和衡量，那么就应该选择工作结果作为考核指标；当工作结果难以衡量或获取成本很高时，可考虑选择工作过程中的关键行为作为考核指标。

2. 确定关键绩效指标权重的原则是什么？

确定绩效指标的权重是绩效考核指标设计过程中非常重要的环节。一方面，权重突出了绩效目标的重点项目，体现了管理者的引导意图和价值观念；另一方面，权重直接影响员工的工作重点，影响员工工作方向的选择。

确定关键绩效指标权重，应该坚持以下原则：

（1）以战略目标和经营重点为导向的原则。

既然绩效考核要突出战略导向，那么应该对与战略目标和经营重点相关的考核指标赋予更多的权重。

（2）指标权重差不超过1倍。

一般情况下，各指标间的权重应有所差别，各指标权重差应不超过1倍。同时，应尽量增加不占权重的否决指标和奖惩指标考核项目，因为这些项目对于激励、约束员工工作非常重要；同时，这些指标不占有权重，不会冲淡绩效管理的战略导向作用。

3. 依据对时效性原则的理解，KPI的考核周期越短越好吗？

时效性原则是指注重完成绩效指标的期限，指标的完成不能遥遥无期。企业内部设计KPI时，有时会出现周期过短的问题。有些KPI的设计者虽然是企业内的中高层管理人员，但是没有接受过系统的绩效考核培训，对考核的规律性把握不足，对考核认识也不够深入。他们往往认为，为了及时了解员工状况及工作动态，考核周期越短越好。其实，这种认识较为片面。实践中，不同的指标应该有不同的考核周期，有些指标是可以在短期内看到成效的，可以每季度考核一次；而有些指标是需要长时间才可以看出效果的，则可能需要每年考核一次。但是，在一般情况下，KPI不宜每月考核，因为这会浪费大量的人力和物力，打乱正常的工作计划，使考核成为企业的负担，长此以往，考核制度势必流于形式。

4. KPI设定之后是否就不能更改？

通常，KPI设定后应具有一定的稳定性，不应轻易更改，否则整个关键绩效指标体系的操作将失去其系统的连续性和可比较性。正常情况下，一套合理的KPI在设定之后，应适用于整个运营周期。但是，这并不意味着KPI设定之后就具有了刚性且不能改变。实际上，企业的阶段性目标或工作中的重点不同，各个部门相应的目标也随之发生变化，在阶段性绩效的衡量上重点也不同。

因此，KPI存在阶段性、可变性和可变的权重。如果KPI与企业战略目标脱离，那么它所衡量的职位的努力方向也将与企业战略目标的实现产生分歧。KPI与实际工作不对应是绩效考核流于形式的一个重要因素。

第三节　平衡计分卡

一　平衡计分卡是如何产生的

1. 传统的绩效评价体系

传统绩效评价体系只由纯粹的财务指标构成，其中运用最为广泛的是“杜邦财务分析体系”。这个体系以权益资金利润率为源头，利用各财务指标之间的内在联系，对企业综合经营状况及经济效益进行系统分析评价。

在工业经济时代，企业在经营上的成功主要依赖于规模经营所带来的利润；产品的市场需求相对于供应量而言要大得多，产品市场主要以卖方市场为主；企业要提高利润水平，实现财务目标，只要通过加强内部管理，提高生产效率就可以达到；物质资本在企业生产经营活动中占据主导地位，投资回报最大化成为企业经营者所追求的最高目标。所以，这时的财务指标体系能够全面系统地反映企业的经营绩效，符合决策和管理的要求。

随着时间的推移，人类社会逐步迈入了知识经济的时代，企业内部经营条件和外部经营环境都发生了巨大变化。例如，消费者对产品质量的要求不断提高，产品市场已由卖方转移到买方，企业要善于预测未来客户的需要，具备较强的产品创新能力，以满足客户的需要；科学技术日新月异，产品更新换代的时间不断缩短；知识在企业生产经营中的地位和作用越来越重要，企业必须加大对知识资本的投入和经营；企业要重视为利益相关者服务等。

面对这样的环境变迁，以“杜邦财务分析体系”为代表的传统绩效评价体系在考量企业绩效时，一些问题开始慢慢出现。主要表现在：

（1）传统的绩效评价体系对无形资产和智力资产的确认、衡量难以奏效，它只以财务衡量为主。

（2）对企业经营绩效的评价注重企业内部的管理水平和生产效率，而忽视了企业外在因素，如企业产品的市场份额、竞争对手的财务状况、客户对企业产品和服务的要求、企业的创新能力等。

（3）传统绩效考评制度与企业的战略和竞争优势的关系不大，并且只看重短期绩效，忽略了企业的长期需要。

2. 企业绩效评价理论与实践的变革

20世纪80年代至90年代，很多企业认识到了只使用财务数据进行管理的局限性，所以把质量控制作为宣传口号和组织原则。但是，仅靠质量控制和仅靠财务指标进行管理都不能够全面衡量企业的绩效。

除了财务措施和质量措施以外，一些企业还发展了其他方式来评价绩效。例如，有些企业强调以顾客为中心，构建以市场为核心的组织，并且建立了客户关系管理（CRM）体系；有些企业选择了发展核心竞争力，或者进行企业流程再造；还有一些企业重点强调战略性人力资源管理。财务、质量、顾客、核心能力、流程、人力资源以及制度这几个方面中的每一个方面都很重要，并且都可以在企业的价值创造过程中发挥重要的作用，但是每一个方面都只代表了管理活动及过程中的一个构成部分。只强调管理过程中的任一个方面都会妨碍企业实现更大的目标，企业必须用一种全面的观点来代替任何具体的、短期的衡量尺度，从而使战略居于管理体系的核心地位。

在这种背景下，一些新的绩效管理（评价）的工具被相继设计出来，具有代表性的有目标管理（MBO）、关键绩效指标（KPI）、平衡计分卡（BSC）等。

3. 平衡计分卡的产生

平衡计分卡（Balanced Score Card，BSC）是由罗伯特·卡普兰和大卫·诺顿于1992年创建的。他们最初设计的平衡计分卡只是一个更完善的绩效评价管理工具，经过十几年的发展，两位学者将平衡计分卡延伸到了战略层面，逐渐将其演化为一个全新的、注重企业组织整体战略实施与完善的管理系统。

平衡计分卡在保留了传统财务指标的基础上，增加了客户、内部流程、学习与成长三方面的非财务指标，从而可以达到全面计量企业绩效的目的。

平衡计分卡以企业的战略为基础，并将各种衡量方法整合为一个有机的整体，它既包含了财务指标，又通过客户满意度、内部流程、学习与成长的业务指标，来补充说明财务指标，这些业务指标是财务指标的驱动因素。这样，组织能够一边追踪财务结果，一边密切关注能使企业提高能力并获得未来增长潜力的无形资产等方面的进展。

二 平衡计分卡的内容和特点

1. 平衡计分卡的内容

简单地说，平衡计分卡就是根据企业组织的战略要求而精心设计的指标体系。平衡计分卡的内容包括财务、客户、内部流程、学习与成长四个方面。

（1）财务方面。

平衡计分卡在财务方面强调企业要从股东及出资人的立场出发，树立“只有满足投资人和股东的期望，才能取得立足与发展所需要的资本”的观念。从财务的角度看，企业有“成长”“保持（维持）”及“收获”三大战略方向，与此相配合，就会形成三个财务性主题——“收入—成长”“成本降低—生产力改进”“资产利用—投资战略”。企业应根据所确定的不同的战略方向、战略主题而采用不同的业绩衡量指标。

财务绩效指标主要包括：收入增长指标、成本减少或生产率提高指标、资产利用或投资战略指标。当然，也可以根据企业的具体要求，设置更加具体的指标，如经济增加值、净资产收益率、资产负债率、投资报酬率、销售利润率、应收账款周转率、存货周转率、成本降低率、营业净利润和现金流量净额等。

（2）客户方面。

客户因素在平衡计分卡中占有重要地位，因为如果无法满足顾客的需求，企业的愿景及目标是很难实现的。企业要想取得长期的经营绩效，就必须创造出受客户青睐的产品与服务，因此企业的活动必须以客户价值为出发点。

客户方面的绩效指标主要包括：①市场份额，即在一定的市场中（可以是客户的数量，也可以是产品销售的数量）企业销售产品的比例；②客户保留度，即企业继续保持与老客户交易关系的比例，既可以用绝对数来表示，也可以用相对数来表示；③客户获取率，即企业吸引或取得新客户的数量或比例，既可以用绝对数来表示，也可以用相对数来表示；④客户满意度，即反映客户对其从企业获得价值的满意程度，可以通过函询、会见等方法来加以估计；⑤客户利润贡献率，即企业为客户提供产品或劳务后所取得的利润水平。

（3）内部流程方面。

一般来说，企业内部的业务包括革新过程、营运过程、售后服务过程三个方面。企业因资源有限，为有效地运用和发挥内部资源及过程的有效性，首先需要以客户的需求和股东的偏好为依据，需要重视价值链的每个环节，创造全面和长期的竞争优势。

内部业务流程指标主要包括：①评价企业创新能力的指标，如新产品开发所用的时间、新产品销售额在总销售额中所占的比例、比竞争对手率先推出的新产品的比例、所耗开发费用与营业利润的比例、首次设计出的产品中可完全满足客户要求的产品所占的比例、在投产前需要对设计加以修改的次数等；②评价企业生产经营绩效的指标，如产品生产时间和经营周转时间、产品和服务的质量、产品和服务的成本等；③评价企业售后服务绩效的指标，如企业对产品故障的反应时间和处理时间、售后服务的一次成功率、客户付款的时间等。

平衡计分卡在内部业务流程方面的优势在于它既重视改善现有流程，也要求确立全新的流程，并且通过内部流程将企业的学习与成长、客户价值与财务目标联系起来。对内部业务流程的分析有助于管理层了解其业务运行情况，以及其产品和服务是否满足客户需要。同时，企业可以评估其在行动方法上的有效性，以便及时发现组织内部存在的问题，并采取相应措施加以改进，进而提高组织内部的管理效率。

（4）学习与成长方面。

平衡计分卡的设计体现了以学习和成长为核心的思想，将企业的员工、技术和组织文化作为决定因素，分别衡量员工保持率、员工生产力、员工满意度的增长等指标，以考评员工才能、技术结构和企业组织文化等方面的现状与变化。如果企业改善了这些方面，员工的潜能就可能得以充分发挥，而企业的技术结构就会进一步得到提高，企业的组织文化氛围就会向更好的方向发展。

学习与成长方面的绩效指标主要包括：①评价员工能力的指标，如员工满意程度、员工保持率、员工工作效率、员工培训次数、员工知识水平等；②评价企业信息能力的指标，如信息覆盖率、信息系统反应的时间、接触信息系统的途径、当前可能取得的信息与期望所得到的信息的比例等；③评价激励、授权与协作的指标，如员工所提建议的数量、所采纳建议的数量、个人和部门之间的协作程度等。

实例 2-4

M公司是一家软件开发公司，试着为其设计一个平衡计分卡。

分析

平衡计分卡的核心思想在于从财务、客户、内部流程、学习与成长四个方面对组织进行全面评价。具体使用时，为上述四个方面建立相应的目标，并根据目标对组织的绩效情况进行评判。该公司的平衡计分卡可参考表2-2进行设计。

表2-2　M公司的平衡计分卡

战略目标：通过研发新产品、开发新客户获得成功	
财务 目标：与新产品、新客户有关的收入增长，收入结构改善 指标：（1）新产品销售额在总销售额中所占的比例 （2）现有产品在新客户中的销售额占该产品总销售额的比例 （3）新产品在新客户中的销售额	客户 目标：取得客户对公司产品的认可 指标：（1）新客户的数量 （2）客户对新产品的评价指数

（续表）

内部流程	学习与成长
目标：新产品研发、加工及系统集成的速度和质量提高，客户开发过程效率提高 指标：（1）新产品开发周期 （2）客户需求分析过程 （3）新客户开发数量	目标：形成人才队伍和人才培养 指标：（1）核心骨干员工的流失率 （2）人才总体成长指数 （3）组织整体学习气氛指数

2. 平衡计分卡的特点

平衡计分卡最突出的特点是将企业的愿景、使命和发展战略与企业的绩效评价系统联系起来，它把企业的使命和战略转变为具体的目标和测评指标，以实现战略和绩效的有机结合。另外，相比于传统的绩效管理工具，平衡计分卡还具有其不可比拟的优点，这些优点突出表现在以下四种“平衡”上。

（1）外部衡量和内部衡量之间的平衡。

平衡计分卡将评价的视线范围由传统的只注重企业内部评价，扩大到企业外部，包括股东、顾客等。同时，以全新的眼光重新认识企业内部，将以往只看内部结果，扩展到既看结果，又注意企业内部流程及企业的学习和成长。平衡计分卡还把企业管理层和员工的学习成长视为将知识转化为发展动力的一个必要渠道。

（2）期望的成果和产生这些成果的动因之间的平衡。

企业应当清楚其所追求、所期望的成果，如利润、市场占有率，以及产生这些成果的动因，其中包括新产品开发与投资、员工培训开发、信息系统的更新等。只有正确地找到这些动因，企业才可能获得所期望的成果。平衡计分卡正是按照因果关系构建的，同时也体现了指标间的相关性。

（3）定量衡量和定性衡量之间的平衡。

定量指标的特点是较准确、客观，而且数据也容易获得，这也正是其在传统业绩评价中得以应用的一个主要原因。但定量数据多基于过去，因此定量数据的分析必须保证未来的趋势是可预测的。但是，目前企业所面临的未来越来越具有不确定性，导致用过去预测未来存在着风险。定性指标由于具有相当的主观性，所以往往不具有准确性，有时还不容易获得，因而在应用中受到的重视不如定量指标，但这并不影响定性指标的相关性与可靠性，而这两个性质正是业绩评价中所需要的。平衡计分卡引入定性指标以弥补定量指标的缺陷，使评价体系具有新的应用价值。

（4）短期目标和长期目标之间的平衡。

平衡计分卡克服了传统绩效评价体系只关注短期绩效的问题，使企业不但要注意短期目标，还要制定出长期目标及相应的考评指标，以保证企业的发展方向。这样便兼顾了短期目标和长期目标之间的平衡。

三　平衡计分卡在绩效管理中的作用

平衡计分卡克服了单纯利用财务手段进行绩效管理的局限。财务报告传达的是已经呈现的结果、滞后于现实的指标，并没有向企业管理层传达未来业绩的推动要素是什么，以及如何通过对客户、供货商、员工、技术革新等方面的投资来创造新的价值等信息，而平衡计分卡从四个不同的角度，提供了一种考察价值创造的战略方法。

利用平衡计分卡，企业可以测量自己如何为当前以及未来的顾客创造价值。在保持对财务业绩关注的同时，平衡计分卡清楚地表明了卓越而长期的价值和竞争业绩的驱动因素。这种"测量"已经超出了仅仅对过去的业绩进行报告的范围。因为管理人员所选择的测量方法能告知企业什么是重要的，所以测量工作把焦点放在了未来。为了充分利用这种优势，应该把测量方法整合成一个管理体系。因此，平衡计分卡这个概念已经超越了一个业绩测量体系，而成为一种战略管理体系的组织框架。事实上，平衡计分卡成为了新战略管理过程的运作体系。

平衡计分卡的每一个衡量指标都用于衡量企业战略的某个方面，它是一组关键性衡量指标的组合。平衡计分卡的价值在于将组织的战略目标与一组衡量指标有机地结合起来。过去的绩效衡量体系并没有体现出员工的绩效表现与组织的战略目标到底有多大的关联，而平衡计分卡却可以做到这一点。因为当初设计平衡计分卡的思想就是企业应当明晰员工的日常绩效表现与组织战略目标的关联程度，并从组织和员工的活动中提炼出关键性衡量指标。

一般情况下，平衡计分卡将关键性衡量指标分为：结果性指标和驱动性指标，财务指标和非财务指标，内部指标和外部指标。

四　平衡计分卡在战略管理中的作用

平衡计分卡的实质是将战略规划落实为具体的经营行为，并对战略的实施加以实时控制。所以平衡计分卡实现的不只是对绩效的管理，它还是一种战略管理工具。图2–3展示了从战略管理的角度对平衡计分卡进行解读，以平衡计分卡作为核心来完成战略管理的五个重要的过程。

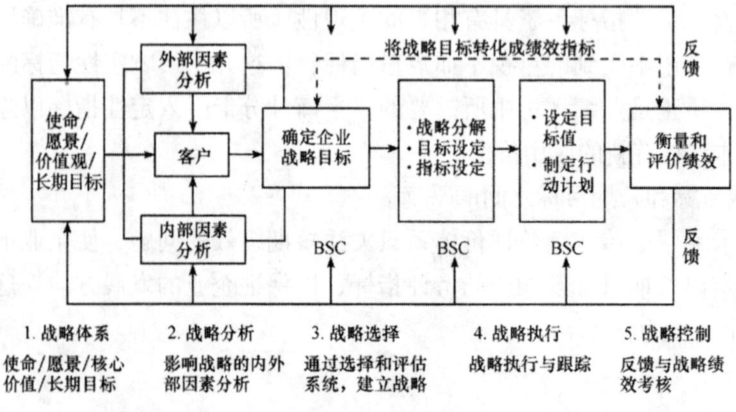

图2–3　作为战略管理工具的平衡计分卡

平衡计分卡在战略管理中的作用，主要体现为以下几个方面：

1. 建立企业使命、愿景、价值观、长期目标

以平衡计分卡为导向，考虑企业的使命愿景，也就是从平衡计分卡的四个方面考虑企业的使命、愿景。例如，从客户的角度考虑，企业的管理层需要决定为哪些客户群体服务，以及在哪个细分的市场领域进行竞争等；从财务的角度考虑，企业在未来要获得什么样的收益；从内部流程的角度考虑，在决定了企业的竞争领域以及收益目标之后，就要选择内部业务流程和相应的衡量方法；从学习与成长的角度考虑，对企业的使命、愿景进行反复的思考和讨论，进行相应的修正，以达成共识。

2. 对企业所处的内外部环境进行分析

企业的核心战略体系设计完成后，要用各种分析工具对企业目前的内外部生产经营环境进行分析，以确定企业的短期战略目标。这时，企业可以从平衡计分卡的四个角度入手，分别运用SWOT分析、PEST分析、价值链分析等一系列战略分析工具。

3. 制定企业战略目标

在战略分析的基础上，分别制定财务、客户、内部流程、学习与成长四个方面的战略目标体系。战略确定后，对战略进行宣传和解释，使企业的各级组织以及企业的全体员工明确企业的战略，这样有利于每一级组织和每一位员工的行动与企业的战略保持一致，发挥战略协同作用。

4. 战略执行与跟踪

平衡计分卡是一个层级的概念，首先需要制定的是企业级的平衡计分卡，然后在企业平衡计分卡的基础上，进一步分解制定部门、班组和个人的平衡计分卡。

在制定了相应的平衡计分卡以后，要找出战略实施的关键成功因素，再从平衡计分卡的四个角度找出关键绩效指标。据此，可以进一步制定行动计划。

5. 战略评估与控制

企业每一年都要根据经营的结果，从平衡计分卡的四个方面，评估企业战略的制定效果，对战略执行进行反馈。根据战略实施中存在的问题，重新进行战略分析，共同制定新的假设，也就是确定新的战略制定的前提条件，开始新一轮的战略管理工作。

综上所述，平衡计分卡涵盖了战略管理的整个过程，成为一个全新的战略管理系统。

实例 2-5

Y公司把平衡计分卡和关键绩效指标的思想结合起来，一同应用于公司的绩效管理与人力资源管理领域。具体操作如下：

1. Y公司设计绩效管理体系的思路

Y公司结合公司自身经营实际、企业文化和管理现状，充分吸收平衡计分卡的核心思

想和方法的精髓，设计绩效薪酬体系，思路是：将绩效考核体系分为总经理、副总经理、各部门负责人、科室和班组负责人、一线员工五个层级。总经理和副总经理级别的考核指标设计采用KPI方法，后三个层级采用平衡计分卡（BSC）方法：直线部门考核指标的设计遵循“收益最大化”思想，职能部门围绕“费用最小化”设计指标。

Y公司整个考核体系的设计过程是先绘制战略地图，从不同的维度对公司的战略进行分解，然后分析出公司的经济利益价值驱动因素和公司关键成功战略要素，据此建立公司的关键绩效考核指标。

Y公司绩效考核指标设计的步骤是：（1）梳理企业战略，确定阶段性目标；（2）绘制战略地图，从财务、客户、内部流程、学习与成长四个维度对公司的战略目标进行分解，寻找到实现战略目标的关键经济利益价值驱动因素，通过对关键经济利益价值驱动因素的分解，从而得出公司的关键成功要素，如销售增长率、现金利润率增长、固定资产收益增长等因素；（3）提取公司的KPI，对关键成功因素进行进一步的分解，获得中高层管理者的KPI；（4）从纵向和横向上将公司层面的BSC和KPI指标分解到部门、子公司，然后逐级分解到各级岗位，形成部门、科室、班组和一线员工的平衡计分卡，以确保关键绩效指标对战略目标的支持。

2. 五级绩效薪酬体系设计

在梳理和明晰了战略与愿景之后，Y公司建立了基于BSC和KPI的绩效评价体系。该绩效评价体系共有五个层级。

（1）总经理级。总经理的考核由上级机构来进行，采用KPI考核的方式，KPI的完成情况与总经理的月度工资系数直接挂钩。

（2）副总经理级。副总经理层级的绩效考核由总经理直接进行管理，采用KPI考核的方式，KPI的设计遵循SMART原则。副总经理KPI的完成情况与其月度工资系数直接挂钩。

（3）部门负责人、科室负责人、一线员工级。这三个层级的绩效考核采用平衡计分卡方法。在公司战略和经营目标的基础上，依公司级平衡计分卡和部门对应的副总级领导的KPI，制定相应部门级的平衡计分卡；依部门平衡计分卡和科室专有指标制定科室平衡计分卡；依科室平衡计分卡及一线员工岗位特征制定一线员工的平衡计分卡。部长、科室长（基层管理者）分别对部门平衡计分卡和科室平衡计分卡负责，一线员工对自己的平衡计分卡负责。各级平衡计分卡中的指标包括上级领导的绩效考核指标的分解和各部门、科室、岗位专有指标。BSC采用百分制，指标按照权重综合得分与被考核员工的绩效工资系数挂钩；否决指标为对公司经营管理造成巨大影响的指标，与被考核员工的绩效工资系数挂钩。

3. 配套的薪酬激励制度

Y公司的薪酬管理的目标是满足企业未来战略发展对人才的吸引、保留、培育与激励的需求。公司采取以下薪酬激励策略：

（1）岗位薪酬和能力薪酬相结合的策略。在员工的薪酬结构设计中充分体现职位和能力两方面的要素，保证在同工同岗的基础上按贡献大小实行分配。基本的薪酬结构为：

员工薪酬总额＝固定收入＋变动收入＋福利，其中固定收入为基本工资加岗位特殊津贴，基本工资根据不同职位和职级的规定基本维持不变。变动收入＝岗位工资＋绩效工资＋奖金，其中绩效工资＝员工标准绩效工资×员工考核系数，岗位工资则根据绩效工资的情况以及公司的薪酬管理制度进行适当的调整。

（2）遵循“效率优先、兼顾公平”的原则。在公司级别初次分配的时候体现公平原则，在部门内部再次分配的时候体现效率原则。所有的员工的薪酬都必须与公司的销售收入和利润额挂钩，根据不同系统或部门的工作特点制定差异化的分配方案。

（3）员工晋升制度与绩效薪酬制度密切结合。人力资源管理部门将员工每月的绩效考核结果归档，形成员工的职业发展计划的系统资料。同时，管理层人员一方面根据考核结果和工作表现，发掘优秀员工，优先予以提拔重用，并进行后备人才的培养；另一方面通过对绩效考核结果的对比、分析，找出员工素质与任职岗位的差距，按照公司的经营方针和长远发展战略的要求，设计并实施有针对性的绩效改进计划，及时提高员工的能力和水平。

总经理的年终考核依据总经理的年度指标，参照月度考核结果。若完成年度指标则补全该年度中工资系数小于1的月份的所有工资，然后再由上级公司额外奖励10万元；若没有完成指标则无任何奖金激励。

副总经理层级的年终考核依据副总经理的年度指标，参照月度考核结果，若完成年度指标则补全该年度中工资系数小于1的月份的所有工资，然后再由公司额外奖励6万元；若没有完成年度指标则无任何奖金激励。

部门负责人、科室班组负责人以及一线员工级绩效工资总额的60%按照月度绩效考核的情况发放，剩余的40%作为绩效激励在年终的时候由部门按照相关的方案进行二次再分配。年终绩效激励的依据是综合各月度绩效考核情况，形成部门内部员工绩效排名，并根据排名情况分为A、B、C、D四个绩效等级，不同的绩效等级对应不同的绩效激励系数。

技术系统中员工的年终绩效薪酬激励除与各月度绩效考核情况挂钩外，还与年度销售计划完成情况、年度新品开发计划完成情况、年度新品销售计划完成情况紧密相关，这可以保证技术人员个人绩效薪酬与企业和部门业绩紧密联系。为了鼓励自主创新，公司对新品开发工作设定单项奖励。经项目管理委员会评审后的项目按工作量、技术创新、投入、市场预估贡献等方面分为A、B、C三个等级，项目完成试生产转入批生产为最终节点发放开发奖。A类项目为在公司战略发展平台内的项目，奖励6 000元；B类项目为预计年销售收入达到100万元以上或符合公司发展战略规划有前瞻性的项目，奖励4 000元；C类为预计年销售收入在100万元以下且不需要公司专门为该项目投入设备、模具的项目，奖励2 000元。

营销系统中员工的年终绩效薪酬激励除与各月度绩效考核情况挂钩外，还与年度销售计划完成情况、年度市场开发计划完成情况紧密相关，这可以促使营销人员关注个人业绩的同时，还注重团队合作和公司业绩。

销售系统的员工单项奖惩规定如下：一是可控费用额不得超出公司下达的费用标准限额，销售收入每减少0.1亿元，相关费用指标（移动话费除外）按5%递减。若可控费用总额超支，按超支额的10%冲减绩效激励奖金。可控费用年终如有节约，按照公司成本改善计划执行奖励。二是账龄在2年以上的呆、坏应收账款按回款额的10%予以提奖。1～2年内的沉淀旧账，按回款额的5%～10%予以提奖。造成新的呆、坏账的业务员将承担不低于总金额10%的赔偿（赔偿将从当年其绩效激励奖金中扣减，或从绩效中按月和一定比例扣除）；严重失误的销售员将调离原岗位。

在这个案例中，对于这种多种管理工具结合的绩效管理系统，你学到了什么？

分析

在Y公司的案例中，我们可以学习到BSC与KPI相结合的一些相关知识，以及多种管理工具结合的绩效管理系统如何才能在企业中被有效应用。

1. Y公司以平衡计分卡的思想来作为企业绩效管理的核心，这种做法在企业管理中非常普遍。因为平衡计分卡本质上已经超越了绩效管理的范畴，跃升成为一种战略管理工具，所以把平衡计分卡的思想作为企业绩效管理的核心，能够保证绩效管理的战略性。

2. 通过设计平衡计分卡的四个维度和绘制战略地图，Y公司基本确定了公司绩效管理体系的主体框架，接下来需要做的就是为这个框架"添砖加瓦"。在这个时候，引入KPI的思想和相关技术非常有效，因为KPI也是基于战略的一种绩效管理工具，但比平衡计分卡更为具体，更贴近绩效评估实际。因此，通过引入KPI的思想，Y公司能够根据企业的战略，逐步分解出每一个部门、员工的关键绩效指标，最终构建出一套完善的KPI指标体系，应用到企业绩效评估与管理当中。

3. Y公司五级绩效薪酬体系设计的做法，非常贴近企业绩效管理与薪酬管理的需求，具有针对性。由于Y公司的层级较多，因此绩效评估就必须分层级进行，而不同层级的绩效评估结果自然也应该应用于不同的绩效薪酬体系当中。

4. 绩效管理体系与薪酬激励相结合的做法，也是企业在应用平衡计分卡体系时必须注意的一点，在平衡计分卡与关键绩效指标相结合的情况下，这种做法仍然适用，且十分重要。

五 平衡计分卡的实施流程

1. 前期准备

在实施平衡计分卡之前，企业通常需要做一定的准备工作，包括组建团队、编制进度计划、前期调查、宣传和培训。

（1）组建团队。

在平衡计分卡实施以前，需要组建一支专门的团队来负责平衡计分卡系统建设的正常运作、监控和维护等工作。这个团队要具有强大的推动力来保证平衡计分卡项目的顺利实施。因此，团队成员中通常需要包含公司的高层管理者。在规模较大的公司中，可以组建两个团队。一个团队是由企业高级管理层组成的高层促进委员会，该团队的主要职责是分析和制定公司战略，审批公司和部门的平衡计分卡目标。成立高层促进委员会的目的是确保平衡计分卡项目的成功实施。另一个团队是由人力资源部、IT部门和其他主要部门代表组成的项目实施小组，该团队负责协调实施工作，跟踪项目进展。

（2）编制进度计划。

在项目团队组建之后，即可着手编制平衡计分卡实施的具体计划。这一计划通常是以后各个步骤的实施计划，因此应该详细制定。为了对每一步骤的实施提供指导，该计划应该明确各项活动的完成时间、产出成果及具体负责人。

（3）前期调查。

前期调查是为了了解公司绩效管理的现状。对公司现状的有关信息掌握得越充分，就越能够采取有针对性的措施。此外，了解员工对即将实施的平衡计分卡的看法也是有必要的。因此，可以通过访谈、问卷等方法进行一次大规模的前期调查，为实施平衡计分卡的后续步骤奠定良好的基础。

（4）宣传和培训。

平衡计分卡的实施是全员参与的过程。因此，赢得企业全体员工的支持和理解是至关重要的。为此，项目团队需要做好相关宣传工作和有关人员的培训，使员工最大限度地理解实施平衡计分卡和绩效管理的意义并予以接受。

2. 构建平衡计分卡

完成前期准备工作后，即可着手构建企业各层次的平衡计分卡。

（1）战略研讨。

项目小组与企业高级管理层组织战略研讨会并绘制战略规划图。战略研讨会使企业的使命、价值观、远景、战略目标以及战略实现的关键流程与指标等得以清晰化，这是构建企业平衡计分卡的重要依据。

战略规划图主要从以下几个方面进行绘制：

①明确战略追求的财务成果，根据企业的现有财务成果和将要达到的财务成果，绘制实现财务目标的措施。

②明确客户价值和目标客户，制定相应的措施，保持现有客户，积极开拓市场，提高市场占有率，发展潜在客户。

③整合内部流程。通过对现有的内部流程进行分析和整合，解决原有内部流程中存在的弊端和不足，并根据客户的价值要求和潜在需求，制定行之有效的措施，以实现客户价值主张的满足。

④学习和发展。根据企业今后发展的战略需求和人力资源的潜在不足，及时绘制培训计划和操作程序，确保企业后续发展的人力资源需求和企业创新需求。

（2）构建各层次平衡计分卡。

①公司层面。战略目标的转化及流程指标在公司层面可以称为公司关键绩效指标体系。在公司关键绩效指标体系中实际上有两种类型的指标：一是考核指标；二是分解指标。前者是考核整个公司经营绩效水平的重要指标，直接责任人为公司的总经理；后者则

是分解到副总经理、总监及部门层面甚至员工层面的指标。

公司层面的考核指标应当尽量选择战略规划图中那些具有滞后结果性的关键绩效指标。在公司考核的关键绩效指标转化出来后，还需要对其进行检视，以剔除那些由于数据获取成本较高等原因而不能衡量的指标。在指标确定后，企业还要根据公司经营预算等计划确认指标值，随后组织各个职能领域的负责人收集公司经营计划，并将这些计划与预算资金的分配结合起来，最终选择部分计划落实到公司层面的平衡计分卡上。当这些工作全部完成后，就可以得到一个完整的公司层面的平衡计分卡了。

②部门层面。在完成公司层面平衡计分卡的构建工作后，即可组织相关人员进行部门平衡计分卡的构建。这项工作的前提是检查原有组织构架设置是否存在问题并对其进行改进，同时对部门的职能进行描述。然后，可以对公司的关键绩效指标体系进行分解，分解时要注意根据各个部门的职能对所分解的指标进行修正、补充。在得到部门关键绩效指标后，同样要根据部门策略的重点选择考核指标与分解指标。若有必要，还可以绘制部门策略规划图，它能比较直观地反映部门策略的重点。部门层面的平衡计分卡与各部门的行动计划、部门经理的学习发展计划共同构成公司部门层面的经营绩效计划。

③个人层面。部门层面平衡计分卡与绩效计划的编制完成后，即可开始构建员工个人层面的平衡计分卡。个人层面平衡计分卡的编制前提是职位梳理，明晰岗位的职责并建立任职资格体系。岗位职责是设定个人关键绩效指标的依据，而任职资格体系则是确定个人学习发展计划的重要前提条件。首先，将部门级的关键绩效指标体系在部门内部各岗位之间进行分解，结合岗位职责进行补充、修正，并对所选的指标进行检视和解释；其次，在获得岗位级KPI指标后，组织个人平衡计分卡的填写工作，并指导各级主管与员工编制学习发展计划。员工个人平衡计分卡和学习发展计划构成了员工个人绩效计划的主要内容。

3. 设计运作系统

运作系统的设计实际上是对平衡计分卡与绩效管理整个过程的规范，主要内容如下：

（1）设计平衡计分卡与绩效管理的流程。

平衡计分卡的运作本质上需要按照一定的流程进行，该流程是其日常运作的规范与标准。因此，设计运作体系的第一步就是对公司平衡计分卡的流程进行设计，这也是运作系统设计最为核心的部分。

（2）制定平衡计分卡与绩效管理的制度。

平衡计分卡与绩效管理的制度是对平衡计分卡与绩效管理在公司日常运作上的规范性文字描述，主要是对平衡计分卡及绩效管理的流程与方法进行描述。一般包括：明确平衡计分卡与绩效管理的目的；确定平衡计分卡与绩效管理制度的使用范围；解释平衡计分卡与绩效管理制度的相关定义；确认平衡计分卡与绩效管理的基本原则；平衡计分卡与绩效管理组织机构的设置和职责界定；平衡计分卡与绩效管理实际运作规则描述。

（3）制作平衡计分卡流程表单。

在完成平衡计分卡流程设计后，还需要制作流程表单。在设计表单时，应先做出表单目录，在目录中列出在平衡计分卡实施流程的每一个环节所要使用的全部表单以及每个表单支持的流程。如果没有这些流程表单，公司将无法按照平衡计分卡实施流程来实现有效运作，也不能最终实现运作系统的有效规范。

4. 实施、反馈和修正

在平衡计分卡实施的过程中，需要进行实时监控，不断反馈实施状况，及时分析其对于企业战略实现的促进力度，进而评估平衡计分卡的实施效果。根据反馈信息、发现的问题和员工的意见对平衡计分卡中所涉及的指标体系进行修改和完善，并改进企业战略。

5. 实施结果的应用

企业可通过健全的考核体系，将员工奖金、晋升、教育培训等与员工所完成平衡计分卡的情况直接挂钩，形成有效的管理途径。在薪酬结构方面，应建立绩效考核和年终奖金，对平衡计分卡完成情况好的员工进行奖励，对完成情况不佳的员工进行惩罚；在教育培训方面，推举优秀员工进行提高性深造，要求绩效不佳者进行强制性学习；在晋升方面，建立优胜劣汰、能上能下的机制，实行“能者上、平者让、庸者下”的机制。最终，应使平衡计分卡的实施有效地实现公平评价员工的业绩和能力、激发员工的热情和潜力、最大限度地开发和利用企业的人力资源的目的，从而提高整个企业的绩效水平。

实例 2-6

S公司是一家合资企业，最近空降了一位新的总经理黄某。目前，该公司的绩效考核指标十分混乱，这让黄经理十分发愁。黄经理作为公司最主要的领导之一，他觉得有必要进行绩效管理体系的建设，推行平衡计分卡（BSC）。因此，黄经理召集公司内部各部门负责人开会，推行BSC，并要求人力资源部拿出一个方案以便实施。

为了制定出合理的指标，整个人力资源部都忙了起来。在行政力量的推动下，人力资源部制作了相应的表格，然后也通过会议和电子邮件的形式向各部门说明了BSC的实施，并把相应的表格发给各部门，告诉各部门“S公司要制定新的指标了”。各部门经过仔细的商量和与人力资源部“争吵”后，确定了比较完整的四大考核指标，即财务指标、客户指标、内部经营过程指标和学习与发展指标，并将其反馈到人力资源部，然后由黄经理审核并予以实施。

随后，相应的问题逐渐暴露了。在指标反馈时，就有部门经理反映，他们部门由于长时间没有考虑过所对应的软指标，如“学习与发展指标”，他们不知道该如何制定这项指标。人力资源部也发现，他们收回的新的指标只是以前一些考核指标的“替代品”。而且，当初他们没有想到监控系统的问题，他们似乎也没有足够的人力和精力来考虑监控系统的事宜。所以，实施的BSC考核指标难以监控，在没有建立与之相应的监控体系的情况下，新制定的考核指标并没有起到考核的作用。在这种情况下，各部门经理和员工依旧以财务指标为核心来开展日常业务。

很多员工觉得新考核指标与以前的考核指标相比没有什么不同。一位员工抱怨说：

"让我每天填写拜访客户的情况，比如次数，但这和我的薪酬没有联系。"而经理也抱怨："他们收集好了这些考核情况，但怎么知道我的员工拜访客户的效果如何？"

人力资源部同样困惑，这些情况汇总起来了，但将来应该如何利用？"我们关心的是收入"，这是大家在意的事情。于是部门的员工都陷入了一种困惑之中，慢慢地就出现了"嘲笑"新考核体系的现象。

在实施平衡记分卡一年后，S公司的业绩不但没有上升，反而下降。平衡计分卡的实施最终以黄经理的辞职而告终。

S公司实施平衡计分卡失败的原因是什么？

分析

本案例说明平衡计分卡在实践中还是容易存在一些问题，这主要是在应用过程中某些环节出现了失误所致。S公司失败的原因，一方面是指标设计不合理，缺乏监控体系，没有与薪酬挂钩，战略规划不严谨；另一方面是实施的条件还不具备，如准备不够充分、某些员工的能力不足、黄经理急于求成等。

那么，什么样的企业适合平衡计分卡呢？从实践经验来看，平衡计分卡主要适用于具有以下特征的企业：

1. 适用于组织的战略目标能够层层分解的企业

从组织层次上来看，企业绩效可以从员工个人绩效、团队绩效和总体绩效三个层次来度量。所以平衡计分卡必须将公司、部门和个人三者的利益结合起来，即能够使组织内部的部门、工作组及个人的目标达成一致，其中个人利益能够服从组织的整体利益，这是平衡计分卡研究的一个重要前提。我们可以以平衡计分卡为"经"，个人绩效发展为"纬"，促使个人绩效发展与组织目标战略相连接，建构一套客观的量化指标，将企业的愿景与使命通过平衡计分卡的财务、顾客、内部流程、学习与成长四大板块构成整体。

2. 适用于面临竞争压力较大的企业

经济全球化、科技不断的发展使得所有企业面临着不断加剧的竞争。竞争的压力是企业谋求发展的内在动力，而这正好是平衡计分卡得以实施的内在原因。但采取行动必须以竞争被企业所感知为前提条件。如果竞争压力较大，但企业尚未感知，这种竞争是不会形成发展动力的。对于这样的企业，员工不可能很好地配合，如果管理者急于求成而引入BSC，不会起到其应有的积极作用。

3. 适用于以目标战略作为导向的企业

当企业为长远发展树立了目标之后，战略的作用就是为解决如何才能达到这个目标的问题提供思路。如果不以战略为导向，平衡计分卡和其他的考核方法便没什么区别，BSC的成功之处就是将企业战略置于管理的中心，所以企业要应用平衡计分卡，必须以企业战略作为导向。即使企业还没有制定出有效的战略，引入BSC也可以帮助企业重新认识和制定企业的战略。

4. 适用于具有协商式或民主式领导体制的企业

在激烈的竞争中，采用平衡计分卡要求企业必须采取“四轮驱动”的模式（“前轮”是员工的积极参与，“后轮”是管理者的管理）。只有这样，才能使企业经营机动灵活、反应快速地运行于市场经济之中，而不会陷入经营管理失败的泥潭。平衡计分卡必须在民主式管理风格的企业平台上运行，使员工能够充分参与企业战略的制定与实施。如果一个企业尚不是民主式管理风格，在实施BSC的过程中，随着员工参与度的提高，可以将其转变为民主式的管理风格。从这个意义上说，平衡计分卡不仅具有业绩评价功能，还具有改变企业文化的作用。

5. 适用于成本管理水平较高的企业

如果一个管理成本较高的企业实行平衡计分卡之后，成本管理水平没有变化，势必会增加管理成本，有可能得不偿失。当然，除了成本之外，企业还需要注重产品的质量及其他一些影响顾客的因素。

六 企业实施平衡计分卡的注意事项

1. 必须与企业具体情况相结合

实践中，只有将平衡计分卡的原理与企业的具体情况相结合才能发挥平衡计分卡的功效，而不能简单地模仿其他公司的模式。不同的企业面临不同的竞争环境，需要不同的战略，进而设定不同的目标。每个企业在运用平衡计分卡时都要结合实际情况建立平衡计分卡指标体系，因而不同企业的平衡计分卡四个层面的目标及其衡量指标皆不同，即使相同的目标也可能采取不同的指标来衡量。另外，不同公司的指标之间的相关性也不同，相同的指标会因产业不同而导致作用不同。总之，每个企业都应结合自身情况开发具有自身特色的平衡计分卡，如果盲目地模仿或抄袭其他公司，不但无法充分发挥平衡计分卡的长处，反而会影响对企业业绩的正确评估。

2. 平衡计分卡的应用要注重全员参与

平衡计分卡的应用涉及企业高层领导团队、中层管理团队和基层作业团队的人员，因而应该从企业高层领导团队开始，逐级向下宣传贯彻。高层领导团队在平衡计分卡应用中的主要作用是从总体上把握企业战略，与其他成员沟通公司的战略，为其他团队成员提供政策和资源配置方面的支持。中层管理团队是应用平衡计分卡的核心团队。中层管理团队对公司的业务有全面的理解，能够抓住公司成功的关键因素，他们在沟通高层领导战略意图和基层员工意见之间起着不可替代的连接作用。中层管理团队能把平衡计分卡贯彻到企业的各个职能领域中，并对战略执行结果做出正式总结和报告。基层作业团队对企业的职能领域具有深入细致的理解。企业战略最终要落实到基层人员的工作中。他们能够把战略问题与自己的工作联系起来，收集到详细的企业运作数据，并加以分析，与公司其他层面的成员进行沟通。

3. 正确对待平衡计分卡实施时投入成本与获得效益之间的关系

平衡计分卡的四个层面彼此是连接的，要提高财务方面的绩效，首先要改善其他三个方面。要改善就要有投入，所以实施平衡计分卡首先出现的是成本而非效益。更为重要的是，效益的产生往往会滞后很长时间，使投入与产出、成本与效益之间有一个时间差。因此，常常会出现客户满意度提高了，员工满意度提高了，效率也提高了，可财务指标却出现下降的情况。关键的问题是实施平衡计分卡的时候一定要清楚，非财务指标的改善所投入的大量投资在可预见的时间内，可以从财务指标中收回。不要因为实施了几个月没有效果就丧失信心，应该将眼光放得更长远，要正确对待平衡计分卡实施时投入成本与获得效益之间的关系。

4. 平衡计分卡的执行要与奖励制度相结合

公司中每个员工的职责虽然不同，但使用平衡计分卡会使大家清楚企业的战略方向，有助于群策群力，也可以使每个人的工作更具有方向性，从而提高每个人的工作能力和效率。为了充分发挥平衡计分卡的效果，需要在重点业务部门及个人等层次上实施平衡计分卡，使各个层次的注意力集中在各自的工作业绩上。这就需要将平衡计分卡的实施结果与奖励制度挂钩，注意对员工的奖励与惩罚。

总之，平衡计分卡不是一个适用于所有企业或整个行业的模板。不同的市场定位、产品战略和竞争环境，要求使用不同的平衡计分卡。各企业应当设计出各有特点的平衡计分卡，使其与企业的使命、战略、技术和文化相符。

温馨提示

平衡计分卡的发展——战略地图

战略地图（Strategy Map）由罗伯特·卡普兰和大卫·诺顿提出，他们是平衡计分卡的创始人。在对实行平衡计分卡的企业进行长期指导和研究的过程中，两位大师发现，企业由于无法全面地描述战略，管理者之间及管理者与员工之间无法沟通，对战略无法达成共识。“平衡计分卡”只建立了一个战略框架，缺乏对战略进行具体而系统、全面的描述。2004年1月，两位创始人的第三部著作《战略地图》出版。

战略地图是一种对组织战略要素之间的因果关系进行可视化表达的方法，也是一种用以描述和沟通战略的管理工具。

通用的战略地图是在平衡计分卡简单的四层次模型的基础上发展而来的，与平衡计分卡相比，它增加了两个层次的内容：一是细节层，用以说明战略的时间动态性；二是颗粒层，用以改善清晰性和突出重点。在管理学中，无数的方法被用于制定战略的实践中。但是，不管用什么方法，战略地图都能提供一个描述战略的统一方法，使目标和指标可以被建立和管理。战略地图也为战略制定和战略执行搭起了一座桥梁。

战略地图建立在以下几项原则之上：（1）战略平衡各种力量的矛盾；（2）战略以差异化的客户价值主张为基础；（3）价值通过内部流程来创造；（4）战略包括并存的、相互补充的主题；（5）战略的协调一致决定无形资产的价值。

战略地图的框架如图2-4所示。

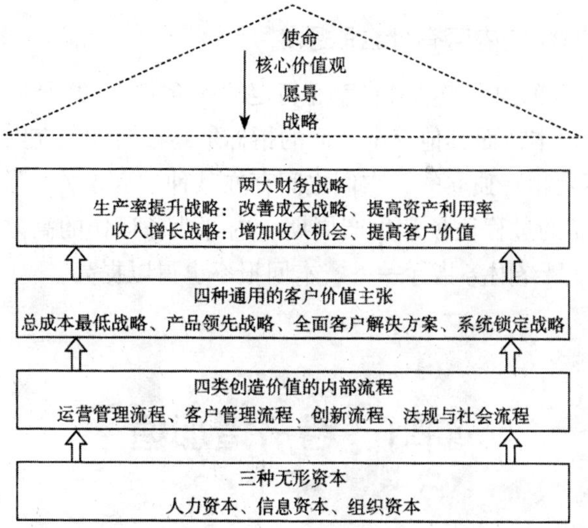

图2-4　战略地图的框架

实例 2-7

W公司是一家引入平衡计分卡的大型制药公司。公司的高层领导就战略方向上到底是实施成本领先战略还是差异化战略犹豫不决，这一情况反映在BSC的绩效指标设计上，就是指标之间的不匹配，规模指标（如销售额）只有实行成本领先战略时才可能达到，但很高的毛利率指标只有在实行差异化战略的条件下才能实现。相同的情况也发生在学习与成长指标中，W公司对员工的培训时间提出了较高要求，但为压缩成本公司又实行严格的预算限制，员工培训的预算只有一点点。

不到半年时间，平衡计分卡就无法在W公司继续实施下去了。这是为什么呢?

分析

W公司明显缺乏对自己战略意图的清晰定位，匆匆导入平衡计分卡，必定会导致失败。因为BSC的四个层面——财务、客户、内部流程、学习与成长，它们的关键成功因素和指标设计都来源于企业的战略意图。如果企业本身就是战略缺失或者是战略模糊不清，那战略地图就没办法绘制，且上述四个层面的关键成功因素也很难被识别出来，绩效考核指标更是无从谈起。W公司在这样的情况下使用平衡计分卡只能以失败而告终。

疑难解答

平衡计分卡四个方面的内容有什么联系?

平衡计分卡四个方面的内容虽然各自都有特定的评价指标，但彼此之间存在密切联系。

（1）财务指标是根本，而其他三个方面的指标最终都要体现在财务指标上。

（2）四个方面不是相互独立的，它们之间存在某种“因果关系”。例如，关注员工技能的提升，会保证产品的过程质量和生产周期。内部业务运作的高效能使产品按时交付，顾客满意度不断提高，最终财务指标——资本回报率也得以提高。

第四节 经济增加值

一 什么是经济增加值

经济增加值（Economic Value Added，EVA）是美国思腾思特咨询公司创设的一项财务类绩效考评指标，其含义是企业税后营业净利润减去企业所占用资本的成本之后的剩余收益。该公司认为，只有正的EVA才是企业为股东创造的真实价值，如果EVA为负，即使当期会计利润为正，企业仍然没有创造反而是在吞噬股东价值。与传统的会计利润相比，经济增加值弥补了会计报表没有全面考虑资本成本的缺陷，更准确地衡量该企业所占用、消耗的资源是多少，创造的价值是多少，保证了最终考核结果的公正性、真实性。简单地说就是企业所使用的任何资本都是有代价的，在运用资本的同时必须为资本付费。真正的利润是扣除资本成本之后的剩余，反映了一个公司在经济意义上而非会计意义上是否赢利，它是通过对资产负债表和损益表的调整和分析得出，反映出公司运营的真实状况以及股东价值的创造和毁损程度。EVA的基本计算公式为：

EVA＝税后营业净利润－资本总成本

＝税后营业净利润－资本×资本成本率

由于各国（各地区）的会计制度和资本市场现状存在差异，所以经济增加值的计算方法也不尽相同。主要的困难与差别在于：第一，在计算税后营业净利润和投入资本总额时需要对某些会计报表科目的处理方法进行调整，以消除根据会计准则编制的财务报表对企业真实情况的扭曲；第二，资本成本的确定需要参考资本市场的历史数据。

温馨提示

EVA激励制度的基本目标

1. 把对管理业绩的激励和股东财富的增长紧密联系起来。

2. 为经营管理、计划、业绩度量和员工报酬制度建立一个统一的目标。

3. 营造业绩导向的企业文化氛围。EVA激励制度的核心要义就是要使员工切实感受到为企业创造更多价值是增加个人收入的唯一途径，使员工能够像股东那样思考问题，提高绩效。

二 EVA的“4M”体系

思腾思特公司以EVA为基础建立了一套绩效管理与薪酬激励体系，这套体系被概括为“4M”，即考评指标（Measurement）、管理体系（Management）、激励制度（Motivation）和理念体系（Mindset）。

1. 考评指标

基于经济增加值建立起一个连续并单一恒定的评价指标。这样的评价指标相对硬性，改进了用权益报酬率、总资产报酬率、销售净利率、每股收益等多指标评价方式造成的混乱局面。对股东来说，EVA总是越多越好，从这个意义上说，EVA是唯一能够给出正确答案的业绩度量指标。同时，经济增加值理论中的股东价值最大化的目标，使得企业的发展眼光看得更远，连续性的评价指标更能真实反映企业的运营状况。

2. 管理体系

经济增加值架构下的管理机制，有效避免由于不计资本成本而产生的会计利润泡沫。管理者忽视了资本成本，往往以扩大股权融资规模、扩大股本投资的方式追求利润目标，但单位的资金效益普遍低下，表面赢利，公司资本总量却发生实质性缩水。EVA的管理体系可以指导企业的每一项决策，而且明确了成本使用代价的概念，对利润的认识客观真实，使得管理者明白增加价值只有三条基本途径：一是更有效地经营现有的业务和资本，因此必须要考虑库存、应收账款和所使用资产的成本；二是投资那些回报超过资本成本的项目；三是可以通过出售对别人更有价值的资产或通过提高资本运用效率，如加快流动资金的运转，加速资本回流，从而解放资本沉淀。

3. 激励制度

建立基于经济增加值的激励制度，可以将股东与管理者的利益统一起来，改善管理层与员工收入差距大、收入未与业绩表现挂钩、计算奖金时运用传统的业绩衡量指标、不能调动人们创造股东价值的积极性等不合理情况。让EVA和相关激励计划融入企业战略思维和管理流程中来，是发挥EVA激励计划有效性的关键。在员工报酬全套方案中，奖金计划及股票期权计划都必须达到风险、费用及激励间的均衡。而EVA则应成为联系、沟通管理各方面要素的杠杆。它是企业各营运活动，包括内部管理报告，决策规划，与投资者、董事沟通的核心。只有这样，管理者才有可能通过应用EVA获得回报，激励计划才能以简单有效的方式改变员工行为。

4. 理念体系

由于经济增加值指标的设计着眼于企业的长期发展，应用该指标能够鼓励经营者进行能给企业带来长期利益的投资决策。这样，就能避免企业短期行为的发生，促使企业经营者不仅要注意所创造的实际收益的大小，而且还要考虑所运用资产的规模以及使用该资产的成本大小，用以指导企业的每一项决策，包括经营预算、资本预算、企业目标确立的分析、收购兼并或出售的决策等。如果EVA制度全面贯彻实施，EVA财务管理制度和激励报偿制度将使公司的企业文化发生深刻变化。

三 EVA有什么优势

1. EVA评价的是经济利润，而不是以往的传统会计利润表上的净利润

净利润只片面地考虑了债务资本成本，而没有对权益资本成本进行确认和计量，它假设股东投入的资本是免费的。EVA就很好地解决了这个问题，它是税后营业净利润扣除全部资本的资金成本以后的余额，它把权益资本成本也考虑了进来，它反映的利润才是真正的利润。把EVA作为标准，可以发现许多企业表面上赢利，实际上损害了股东利益。

2. EVA最大限度地缓解了企业利益相关者之间的矛盾，可以作为他们共同的目标

在企业内部，每个部门都有适合自己的考核评价指标。这种做法有一定的好处，但也有明显的缺陷，那就是容易导致各部门各自为政，缺乏沟通合作。而EVA较好地解决了这个问题。在企业内部，EVA将业绩评价与薪酬制度联系起来，有利于企业员工之间、员工与管理者之间的交流沟通，有效地规避了错误的管理决策。在企业外部，EVA指标适用于不同的外部利益相关者，因为EVA指标增加了，利益相关者各自关注的指标也会相应地增加。所以EVA为他们提供了一个共同的指标，缓解了他们之间的矛盾。

3. EVA体系可以有效地控制管理者的短期行为，迫使其重视企业的长远利益

以前的评价指标大多会导致企业管理者的短期行为。因为在这些评价指标下，管理者与企业的其他利益相关者之间存在明显的利益冲突，管理者为了自己的利益，经常会做出一些有损其他利益相关者的决策，且不利于企业的长期可持续发展。而在EVA体系下，他们就拥有了共同的目标，即EVA最大化。目标一致了，管理者做出的决策也就会有利于其他利益相关者，从而有利于企业本身。而且，在EVA体系下，如果管理者继续采取短期行为，那么他的薪酬不会很高，从而有效控制其短期行为。

四 EVA有哪些不足

1. EVA的概念、计算公式等尚未统一

经济增加值的概念提出的时间并不长，虽然其间众多学者对EVA进行研究，但不同学者的研究视角不一致，对EVA的定义也不同。比较统一的一点就是要从利润中扣除资本成

本，但细微处有差别。由于对EVA的概念持不同观点，EVA的计算公式也不同。这就给企业带来了一个难题，即究竟采用哪个公式来计算EVA。

2. EVA的调整比较复杂，难度较大

EVA的计算需要对一些指标进行调整。首先，这些指标的范围比较广，而且调整的过程比较复杂烦琐，有一定难度；其次，一些指标调整与否还需要根据企业的具体情况而定；再次，目前对EVA的调整指标还没有形成比较成熟的系统的规定，企业可以根据自己的情况选择一些指标进行调整，这就带来很大的随意性，达不到调整的预期要求，最后得出的EVA指标很可能会有一定程度的失真。

3. EVA指标本身的局限性

EVA的计算过程虽然对一些指标进行了必要的调整，但使用的仍然是历史成本，没有考虑到通货膨胀的影响，也就没有准确地反映资产的实际成本，最后得出的EVA指标会和实际的数据有一些出入，不够精确。

总而言之，在使用EVA业绩评价体系时，要注意充分发挥它的优点和长处，同时尽量避免其缺点和不足，尽可能保证指标的真实性和准确性，真正体现出EVA的价值。

疑难解答

1. EVA指标出现的主要原因是什么？

EVA之所以出现，主要的原因就在于狭义会计基础指标存在内在缺陷。狭义会计基础指标虽然应用广泛，但随着传统市场经济发展为现代市场经济，企业目标从利润最大化发展成为股东权益最大化，原来那种传统的方法越来越不能反映企业的真实经营绩效。EVA的创新不仅在于将权益成本作为会计利润的减项，它还战略性地将支出当作投资并作为会计利润的加项，从而较好地实现了企业在短期与长期利益间的协同。这在革命性地形成绩效维度下的“经济增加值”内涵的同时，也构成了协同维度的另一个重要内涵——长短期利益的协同。

2. EVA可以在我国广泛发展吗？

虽然EVA在很多西方发达国家都得到了较好的发展，但这种实证研究在西方国家之外的地域却并不常见。西方国家的社会制度背景和经济环境，与我国发展中国家的社会背景和环境显著不同。由于研究的背景具有差异性，西方国家的研究结论能否在我国也得到很好的应用，就必须经过实证的检验。因此，EVA能否在我国广泛发展，就有必要研究在其他的制度背景和经济环境下，EVA相对于传统业绩评价方法的有效性。

第五节 标杆管理

一 什么是标杆管理

1. 标杆管理的含义

标杆管理法又称为标杆法、水平对比法、基准考核法、标杆超越法等。标杆管理是指以行业内最佳业绩创造者、最强竞争力或最优生产经营标准为努力目标，将之与自己现实状况进行比较分析，找出差距及原因，通过学习、改进和创新赶上乃至超越的管理行为。基于标杆管理的绩效管理，就是将所监控活动的关键业绩行为与标杆活动的关键业绩行为进行分析比较，找出差距或瓶颈因素，选择努力方向，采取具体绩效改进行动，而后在动态的信息反馈过程中不断进行交流、沟通和调整，从而达到循序渐进地超越标杆的最终目标。

标杆管理主要包括三个要素：一是标杆管理的实施者，即发起和实施标杆管理法的组织；二是标杆伙伴，也称标杆对象，即被定为“标杆”、被学习借鉴的组织；三是标杆管理项目，也称标杆管理内容，即存在不足，通过标杆管理向他人学习借鉴以谋求提高的领域。

2. 标杆管理的特点

标杆管理实质上是一种面向实践、面向过程，以方法为主的管理方式。在标杆管理的实施过程中，企业采用标杆是为了改善企业自身的产品、服务、经营管理、运作方式，找出企业自身存在的不足，创造性地改进和优化企业实践，达到增强竞争力的目的，从而帮助企业实现其战略目标。

根据定义，可以将标杆管理分解为以下内容：

（1）标杆管理是在全行业甚至更广阔的全球视野上寻找基准，要突破企业的职能分工界限和企业性质与行业局限，重视实际经验，强调具体的环节、界面和流程。标杆管理中的标杆是指最佳实践或最优标准，其核心是向业内外的最优企业学习。也就是说，企业将自身的产品、服务、经营管理、运作方式与最好的企业比较，找出自身差距，创造性地改进和优化企业实践，达到增强竞争力的目的。

（2）企业业务、流程、环节都可以剖析、分解和细化。企业可以借助“战略目标逆向分解法”和“目标管理法”进行层层分解，并通过各种调研手段，寻找有助于企业实现战略目标的标杆。为此，要突破职能分工界限和企业的性质与行业局限，就需要重视实践经验，强调具体的环节、界面和工作流程。

（3）注重比较和衡量。标杆管理的过程自始至终贯穿着比较和衡量。无论是产品、服务和经营管理方式的比较，还是制造操作、研究开发和营销技术等的比较，无论是本企业与目标公司的差距衡量，还是最终效果的衡量，对于标杆管理能否取得成功都是极其重要的。

（4）标杆管理法是一种直接的、片断式的、渐进的管理方法。因为企业的业务、流程、环节都可以解剖、分解和细化。企业可以寻找整体最佳实践作为标杆来比较，也可以仅仅发掘优秀“片断”作为标杆来比较，使企业可供选择的视野更加开阔。同时，这种方法所具有的渐进性可使企业从初级到高级，分阶段确立不同的标杆，循序渐进地进行绩效改善。

3. 标杆管理的作用

标杆管理为企业提供了优秀的管理方法和管理工具，具有较强的可操作性，能够帮助企业形成一种持续追求改进的文化。主要表现在以下几方面：

（1）标杆管理是一种绩效管理工具，它可以作为企业的绩效评估和绩效改进工具。通过辨识行业内外最佳企业绩效及其实现途径，企业可以制定绩效评估标准，然后对其绩效进行评估，同时制定相应的改善措施。

（2）标杆管理有助于建立学习型组织。学习型组织实质上是一个能熟练地创造、获取和传递知识的组织，同时也善于修正自身的行为，以适应新的知识和见解。标杆管理的实施，有助于企业发现在产品、服务、生产流程以及管理模式方面存在的不足，并学习标杆企业的成功之处，再结合实际将其充分应用到自己的企业当中。随着企业经营环境和标杆的变化，这一过程也在持续更新。

（3）标杆管理有助于企业的长远发展。标杆管理是企业增长潜力的工具，经过一段时间的运作，任何企业都有可能将注意力集中于寻求增长的内在潜力，形成固定的企业文化。通过对各类标杆企业的比较，企业可以不断追踪把握外部环境的发展变化，从而能更好地满足最终用户的需要。

二　标杆的分类及标杆管理的实施程序

1. 标杆的分类

根据标杆选择的不同，一般可将标杆分为以下五类：

（1）内部标杆。

内部标杆是组织内部其他单位或部门，主要适用于大型多部门的企业集团或跨国公司。由于不涉及商业秘密的泄露和其他利益冲突等问题，容易取得标杆伙伴的配合，简单易行。另外，通过展开内部标杆管理，可以促进内部沟通和培养学习氛围。其缺点是视野狭窄，不容易找到最佳标杆伙伴，很难实现创新性突破。

（2）竞争性标杆。

竞争性标杆是行业内部的直接竞争对手。由于同行业竞争者之间的产品结构和产业流程相似，面临的市场机会相当，竞争对手的作业方式会直接影响企业的目标市场，因此竞争对手的信息对于企业的策略分析及市场定位有很大的帮助，收集的资料具有高度相关性和可比性。但标杆伙伴是直接竞争对手，信息具有高度商业敏感性，难以取得竞争对手的积极配合和获得真正有用或是准确的资料，从而极有可能使标杆管理流于形式或者失败。

（3）非竞争性标杆。

非竞争性标杆是同行业非直接竞争对手，即那些由于地理位置不同等原因虽处于同行业但不具有直接竞争关系的企业。非竞争性标杆管理在一定程度上克服了竞争性标杆管理资料收集和合作困难的弊端，继承了竞争性标杆管理信息相关性强和可比性强的优点。但可能会由于地理位置等因素造成资料收集成本增加。

（4）功能性标杆。

功能性标杆是不同行业拥有相同或相似功能、流程的企业。其理论基础是任何行业均存在一些相同或相似的功能或流程，如物流、人力资源管理、营销手段等。跨行业选择标杆伙伴，双方没有直接的利害冲突，更加容易取得对方的配合；另外，可以跳出行业的框框约束，视野开阔，随时掌握最新经营方式，成为强中之强。但是投入较大，信息相关性比较差，最佳实践需要较为复杂的调整转换过程，实施较为困难。

（5）通用性标杆。

通用标杆管理，即以最佳工作流程为基准进行的标杆管理。标杆是类似的工作流程，而不是某项业务与操作职能或实践。标杆合作者是不同行业具有不同功能、流程的组织，即看起来完全不同的组织。其理论基础是，即使是完全不同的行业，功能、流程也会存在相同或相似的核心思想和共通之处。这类标杆管理可以跨越不同类型的组织。从完全不同的组织学习和借鉴会最大限度地开阔视野、突破创新，从而使企业绩效实现跳跃式的增长，大大提高企业的竞争力，这是最具创造性的学习。但其信息相关性更差，企业需要更加复杂的学习、调整和转换过程才能在本企业成功实施学到的最佳实践，因此实施的困难更大，通常要求企业对整个工作流程和操作有很详细的了解。

2. 标杆管理的实施阶段

对于标杆管理的实施阶段，不同学者有不同的观点。其中，以罗伯特·C. 坎普的五阶段论最为著名。

罗伯特·C. 坎普是标杆管理最著名的倡导者和先驱人物之一，他在专著《水平比较法——追求企业卓越绩效的最佳实践》中提到的标杆管理理论得到了广泛的认可。坎普认为整个标杆管理活动可以划分为5个阶段，每个阶段一般有2～3个步骤，见表2-3。

表2-3 罗伯特·C. 坎普的标杆管理五阶段

阶段	步骤
计划	确认对哪个流程进行标杆管理
	确定用于做比较的公司
	决定收集资料的方法并收集资料
分析	确定自己目前的做法与最好的做法之间的绩效差异
	拟定未来的绩效水准

（续表）

阶段	步骤
整合	就标杆管理过程中的发现进行交流并获得认可
	确立部门目标
行动	制定行动计划
	实施明确的行动并监测进展情况
完成	处于领先地位
	全面整合各种活动
	重新调校标杆

三 基于标杆管理的绩效考核

1. 基于标杆管理的绩效考核流程设计

标杆管理法为企业设计绩效指标体系提供了一个以外部导向为基础的全新思路。基于标杆管理的绩效考核体系设计就是以最强的企业或在行业中领先的、最有名望的企业的关键业绩行为为基准，企业将自身的关键业绩行为与其进行比较与考核，分析这些基准企业的绩效形成原因，并在此基础上确定企业可持续发展的关键业绩标准及绩效改进的最优策略。

以标杆管理法为基础，通过标杆内容的基准化来提取绩效考核指标，设计企业的绩效考核体系，可以参考下面几个具体步骤进行：

（1）发现瓶颈。

企业要详细了解自身的关键业务流程与管理策略，从构成这些流程的关键节点切入，找出企业运营的瓶颈，从而确定企业需要的标杆内容与领域。标杆管理法主要通过调查、观察和分析内部数据，了解企业的现状。在这一步骤中，通过绘制出详细的流程图，描绘本企业在该领域中的当前状况。这项工作对标杆管理活动的成功是至关重要的。一张详细的流程图有助于组织就当前生产经营的运行方式、所需的时间和成本、存在的缺点和失误等达成共识。这一步工作做不好，即使与标杆企业的先进之处进行比较，也难以找到自身存在的不足。对于要确定的标杆的内容，尽管每个企业或部门都有自己的业绩产出，但是标杆内容的确定首先应从改进和提高绩效的角度出发，明确本企业或本部门的任务和产出是什么，因为它们是企业成功的关键因素，理所当然要成为标杆确定首要考虑的绩效指标。接着，应对这些任务和产出的具体内容进行分解，以便进行诸如成本、关键任务等问题的分析、量化和检查，从而最终确定标杆的具体内容。

（2）选择标杆。

选择与研究行业中几家领先企业的业绩，剖析行业领先者的共性特征，构建行业标杆的基本框架。选择基准化“标杆”有两个标准：第一，应具有卓越的业绩，尤其是在基准化的内容方面，即它们应是行业中具有最佳实践的企业；第二，标杆企业的被瞄准领域应与本企业需进行标杆管理的部门有相似的特点。选择标杆的范围首先是竞争对手及其他有潜力的公司，也可以在同一行业或跨行业企业中选择一个相近的部门。标杆的选择一定要具有可比性，并且管理实践是可以模仿的。

（3）数据收集，深入分析标杆企业的经营模式。

从系统的角度剖析与归纳标杆企业竞争优势的来源，总结其成功的关键要领。资料和数据可以分为两类：一类是标杆企业的资料和数据，主要包括标杆企业的绩效数据以及最佳管理实践，即标杆企业达到优良绩效的方法、措施和诀窍；另一类是开展标杆瞄准活动的企业（或部门）的资料和数据，反映它们自己目前的绩效及管理状况。

作为标杆的资料和数据可以来自单个的标杆企业或部门，也可以来自行业、全国乃至全球的某些样本。全行业样本反映了样本范围内的平均水平，与这类数据进行瞄准、比较，可以了解本企业（部门）在行业及国内外同行中所处的相对位置，明确努力方向。

（4）比较与分析，确定绩效标准。

将标杆企业的业绩与实践和本企业的业绩与实践进行比较分析，找出绩效水平上的差距，以及在管理实践上的差异。借鉴其成功经验，确定适合本企业的能够赶上甚至超越标杆企业的关键业绩标准及最佳实践。

在分析差距和确定绩效标准时应考虑的因素包括：经营规模的差异以及规模经济成本的效率差异；企业发展阶段的管理实践与业绩差异；企业文化理念与管理模式的差异；产品特性及生产过程的差异；经营环境与市场环境的差异。

（5）内部沟通与交流。

将标杆法的推进与员工的沟通和交流同步，并使标杆基准化的目的、目标与前景得到全体员工的理解和支持。根据全体员工的建议，最终拟定各层级的绩效目标，并提出改进方案。

（6）采取行动并及时反馈信息。

在详细分析内外部资料的基础上，制定具体的行动方案，包括计划、安排、实施的方法和技术，以及阶段性的成绩考核，并在组织内部达成共识，推动方案的有效实施。在具体实施过程中，每一个实施阶段都要进行总结、提炼，发现新的情况和问题，及时进行改进。

标杆管理是一个持续的循环过程，要求将标杆基准融入企业日常管理工作之中，使之成为一项固定的绩效管理活动持续推进。标杆管理强调的是一种持续不断的递阶上升的绩效改进活动，它应该是一种经常性的制度化的工作。

2. 运用标杆管理设计绩效考核体系的优势

标杆管理法适用于企业的多个方面，如制定企业战略、重组业务流程、解决内部问题、组织学习、更新观念等。特别是在企业绩效比较和考核方面，运用标杆管理的方法，可以进行以事实为基础、以市场竞争为目标的系统比较，使管理者或利益相关者客观地考核企业及产品和服务，更适应信息时代的变化。采用标杆管理法系统提取KPI指标，并以此为基础设计绩效考核体系具有相当大的优势，具体表现在以下几方面：

（1）建立以绩效改善为关注点的绩效考核标准。

所谓绩效考核标准，是指真实客观地反映经营管理业绩的一套指标体系，以及与之相应的作为标杆使用的一整套基准数据，如顾客满意度、单位成本、资产计量等。运用标杆管理的方法给予企业目标及度量标准以新的参照方法。当公司要提高或达到某项指标时，如增加顾客满意度、提高市场份额，就达到此目标的可能性而言，已经由于竞争对手或同业先进企业的首先达到而予以证实。同时，标杆管理的方法是将企业发展的目标和方向定位于外部现实的基础上，而传统的目标设置是一种通过过去的数值来预测未来的方法，此方法常常失败的原因就是外部环境的变化速度往往远远超过了企业的预期规划。因此，运用标杆管理的方法能使企业将变化的节奏融入自身，来建立适应未来竞争要求的绩效标准。

（2）绩效指标体系的设计更加关注于满足顾客需要。

市场经济要求企业的发展战略以顾客为中心，而作为服务于企业战略目标的绩效考核体系，也应以顾客满意和实现顾客价值为核心来设计体系。以标杆管理法来提取KPI指标、设计绩效考核体系的好处就在于，它在顾客需求的分析问题上搭了一次“便车”，它建立在以下推理基础上：行业领先者何以傲视群雄？因为它们能够更好地满足顾客需求。它们怎样满足？它们拥有行业最优实践。如果能借鉴或创造性地学习行业最优实践，不就能更好地满足顾客吗？此外，标杆管理不仅仅是满足企业外部的终极顾客的需求，而且也强调内部顾客的需要。也就是说，它要求打破行业部门的限制，用价值链将企业的各个部门和环节连接在一起。这样，标杆管理法就能把满足企业内外的需求统一到一起来提取各项绩效考核指标。

（3）激发企业中的个人、团体和整个组织的潜能。

通过与竞争对手或同行业最具效率的企业比较，企业能够较清楚地了解自己的差距。标杆管理给企业提供了一个很好的提高潜力的机会。许多企业一旦达到一定绩效后往往因自满而举步不前，当然自满的企业未必一定会出问题，因为它们确实达到了一定程度的市场优势和较高的生产率，但自满却意味着资源未能得到充分的利用，使用预算标准或历史标准就会出现这种情况。然而，采用标杆管理的方法来设计绩效考核体系可以在一定程度上消除企业的自满心理。往往一个指标的巨大差距会令企业感到吃惊，这就迫使企业以行业或跨行业的最优绩效水平为基准，居安思危地辨明企业内部从部门到流程与先进实践的差距，明确企业未来的发展方向，极大地克服了企业内部经营近视的现象。

（4）有利于促进企业经营者激励机制的完善。

现代企业由于代理理论的存在，所有者必须设计一套良好的激励机制来引导经营者朝着股东财富最大化方向行进。而绩效考核是企业经营者激励机制的一个基础问题，绩效考核标准的选择将直接影响激励机制的成功与否。为此，企业可以利用标杆管理的方法，建立一套以行业平均水平为基础来考核经营者业绩的相对绩效考核指标，以此为基础设计激励机制。优点是能够去掉复杂的干扰因素，使行业中的系统风险和共同风险被过滤掉，从而更好地体现经营者的努力程度和为绩效付酬的原则。标杆管理法不仅仅局限于在行业之内选择标杆对象，而是打破了行业界线。这是一个强调“外向型”的工具，以别人的最优实践为目标，既适用于财务性指标的设计，又适用于非财务性指标的设计，同时还适用于企业不同的发展阶段。很重要的一点是，由于作为标杆的绩效水平是真实、合理、客观存在的绩效水平，这样不仅能减少经营者的抵触情绪，而且使得绩效指标的设计对经营者更具有挑战性。

四 标杆管理存在的问题

1. 忽视创新和服务的对象

单纯的标杆管理，缺乏结合自身实际情况的创新导致企业竞争战略趋同。标杆管理的基本思想就是模仿，通过模仿、学习然后实现超越。因此，在实行标杆管理的行业中，可能所有的企业都模仿领先企业，这样必然采用相同或类似的手段，如通过提供更广泛的产品或服务以吸引顾客、细分市场等类似行动来改进绩效。标杆管理使得单个企业运作效率的绝对水平大幅度提高，而企业之间的相对效率差距却日益缩小。普遍采用标杆管理将会导致没有企业能够获得相对竞争优势，全行业平均利润率必然趋于下降，同时使这个行业内各个企业的战略趋同，各个企业的流程、产品质量甚至运营的各个环节大同小异，市场竞争更加激烈。在这种性质的市场上，各个企业难以获得足够的成本优势，同时也不能够索取较高的价格，企业将发现利润越来越少，无力进行长期投资，最终陷入恶性循环。这样，在成本和价格两方面夹击之下，企业生存空间将日渐狭窄。这就是企业发展得越来越快，利润率却越来越低的根本原因。

单纯为超越先进企业而继续推行标杆管理，则会使企业陷入“落后—基准—又落后—再基准”的“标杆管理陷阱”之中。标杆管理仅仅是一项管理技术，它要为组织的整体发展战略服务，并且企业应结合自身的实际情况，适当创新，不能完全一味地模仿，否则会事与愿违。

2. 容易认识与操作不当

（1）容易混淆标杆管理和调查。

组织在相似的产业做调查，并不是真正的标杆管理。虽然这样的调查会获得一些有价值的数据，但标杆管理却是数字背后隐藏的内在机理。换句话说，基准调查也许会获得组织排位的情况，但它不会帮助改变组织在行业内的位置。

（2）认为预先存在共同的“标杆”。

其他组织参照的所谓的“标杆”可能并不适用另一个组织的市场、顾客或资源水平。组织应坚持辨认自己的标杆对象，从他们那里发现什么是可达到的，从而确定自己的计划。

（3）容易忽视服务和用户满意度。

实践中，运用标杆管理的组织常存在这样的情况：只关注他们提供的产品和服务的成本，而不考虑用户，造成用户流失。

（4）因过程太长、过于复杂而管理失控。

组织系统由一系列的过程组成，过程由一系列的任务构成。组织应设法避免将一个大系统视为标杆，因为它将是非常昂贵、费时且很难保持专注的。最好选择大系统中的一个或几个过程，将其作为开端，然后再逐渐向系统的下一部分推进。

（5）容易定位不准。

组织选择的标杆管理主题可能会与整体战略和目标不一致。在战略层次上，领导团队需要监督标杆管理项目并确保它与整体战略保持一致。

（6）常忽视了解自身的过程。

假设标杆管理团队要做标杆管理参观，在此之前，标杆管理团队应该进行完整的自我分析的过程，以及知道自身的绩效水平。这些信息是必须提供给基准对象以获得所需信息的“交换物”。因此，组织要确定自己的标杆管理团队是否非常清楚在达到标杆管理对象的绩效水平之前，需要学些什么。

（7）基准对象容易选择不当。

许多组织最初会在本行业内寻找比较目标，但关于竞争组织的信息不易获得。在大多数情况下，理想的比较目标应是完全不同产业的组织。寻找产业外的组织来作为比较对象，通常可以得到更有价值的信息。

（8）企图一蹴而就。

标杆管理不是一次性的，而是一种持续、渐进的过程。其成效也不可能在一夜之间显示出来。每次学完后，都应该重新检查和审视基准研究的假设、标杆管理的目标和实际效果，分析差距，为下一轮改进打下基础。

第六节　其他工具

一　关键过程领域

关键过程领域（Key Process Area，KPA）是指企业为了达到某个目标或达到某种结果，需要解决的具体的、关键的过程问题。当某一任务目标短时间内难以实现量化时，可以将完成它所必须经历的关键过程分解为具体的行为或动作，形成多个完成行为或动作后的小目标。通过对这些小目标的完成情况进行评估，达到考核管理的结果。

对于一些难以将考核指标量化的部门，可以通过KPA工具实施考核。KPA也是做短期计划的常用工具（如日计划或周计划）。对KPA的梳理过程，不仅是大目标在过程层面的分解过程，也是更加明确实现目标需要具备何种能力的过程。通过KPA的检查考量统计可以将一个任务的KPI梳理出来。

关键过程领域包括六个方面的内容：目标、执行任务、执行能力、最佳实践、衡量与分析、执行验证。

二　关键结果领域

关键结果领域（Key Result Areas，KRA）是指企业为了实现战略目标、使命和愿景，必须要实现的、最不可替代的、最关键的、最核心的、达到企业期望的结果。这些结果对企业的未来发展起着至关重要的作用。

管理学家彼得·德鲁克认为，企业应当关注8个关键结果领域，即市场地位、创新、生产率、实物及金融资产、利润、管理者的表现和培养、员工的表现和态度、公共责任感。当然，企业应根据自己的行业特点、发展阶段、内部状况等因素来合理确定自己的KRA。

选择关键结果领域的原则是：描述结果，而不是描述过程、程序、工具；描述产出，而不是描述投入、付出、努力；描述目的，而不是描述手段、方法、行为。

正确的描述梳理了要取得最终任务的成功必须要完成的关键结果，当这些关键结果全部完成时，最终的任务目标也就完成了。

温馨提示

关键结果领域的其他定义

1. 工作的主要领域，即为了取得尽可能好的结果要在这些领域做出良好的成绩。
2. 工作成功的关键。
3. 目标管理的主要课题。
4. 管理人员必须取得成功结果的那些领域。
5. 在工作中不是完全成功就是彻底失败的那些领域。
6. 要取得目标阶段成功，应最优先考虑的课题所在的领域。

三　目标与关键成果

目标与关键成果（Objectives and Key Results，OKR）有两个典型特点：一是让每个岗位都能明确工作的重心，而不是设置大量的KPI指标；二是实现对全员的公开透明，以免某岗位人员因为原本的岗位职责或工作惯性所限而偏离方向。

OKR的优点是：能够充分调动员工的积极性和主动性；能够让岗位的工作内容更加丰富灵活；有利于强化企业整体的创新和创造力。缺点是：更适合高新技术企业或者知识型岗位，不太适合生产经营比较稳定的传统制造业；需要员工具备较高的职业素养和职业技能。

温馨提示

OKR与KPI的不同之处

1. 每个团队或个人的OKR最多设置5个目标，每个目标一般包含4个关键结果，而KPI一般是每个部门或岗位设置5～8个。

2. 每个人的OKR在整个企业都是公开透明的，这种公开透明让员工的思维跟得上企业的目标和团队的目标，而KPI很少公开。

3. OKR 60%的目标最初来源于底层员工，因为底层员工与客户的接触更密切，对工作的要求更实际，而KPI更多是自上而下的目标分解过程。

4. OKR剥离了员工直接利益因素，它的结果不直接用于考核。OKR系统将企业的工作重心由“考核”回归到了“管理”，这与传统的KPI考核已大不相同。

四 关键成功因素

关键成功因素（Key Success Factors，KSF），又称薪酬全绩效模式，是一种对员工进行价值管理的工具。这种方法是把员工的薪酬和企业想要的绩效进行全面的融合，寻找两者之间的平衡点，从而让员工和企业之间形成利益共同体，实现共创和共赢。关键成功因素不仅着眼于绩效的优化，更致力于同步提升员工的收入，激发员工的士气和创造力。

关键成功因素一方面着眼于企业绩效的改善，另一方面致力于提高员工的收入。从员工的外源动力到内源动力的开发，增强员工的利益驱动。强调让员工为自己工作，为了企业和员工共同的目标而工作。因此，关键成功因素既是绩效优化的方案，也是员工薪酬改革的方案。当每一个岗位都拿到高薪时，企业的业绩也必然超额达成。

KSF的优点是：能够开启员工的源动力，激发员工的创造力；薪酬和绩效完全融合，充分挖掘员工的潜能；让全体员工都参与到企业经营中，能够达到利益共享。缺点是：关键因素的选取设置比较困难，数据难以准确；实施不当可能会使员工工资减少，引起反感；需要取得员工的理解，需要员工对该方法和过程有一定认识。

疑难解答

考核指标多一些好，还是少一些好？

企业在设计考核指标的过程中，经常会因为如何确定指标设计的数量而犯难。在考核员工岗位的工作中，会认为这也是重点，那也是关键，汇总下来发现岗位要考核的指标很多，就觉得考核起来太麻烦了；但如果把指标减少，又担心员工不会完成没有考核部分。这让人力资源部门和考核者左右为难。

出现这种情况的根源在于：一是忽略了绩效管理的目的。绩效管理是为实现企业战略目标，持续提升企业和部门、员工绩效所进行的一项管理活动，而不是把员工的所有工作过程和结果通过测量考核监督起来，没有必要将员工的所有工作进行考核，否则管理成本就会大幅上升，得不偿失。二是忽视了绩效考核的重点，也就是被考核岗位对于企业和部门整体目标实现的关键价值输出要明确。

如果对一个岗位设置太多的指标，你会发现，到月底评价时，可能员工考核评分不错，但在你的印象中，被考核的员工工作表现并不好。这是因为经理人迷失在考核指标的丛林中，忽视了岗位的关键指标。因为指标增加，指标权重自然就会分散，导致重点不突出。

指标设计应坚持两个原则：一是能用少量指标衡量岗位关键价值，决不多用，以考核管理成本投入最佳化为根本；二是重点在结果考核，有些工作的结果或过程之间是存在钩稽关系的，考核一个就可以把两个以上的工作都兼顾到位了。例如，对于营销员的考核，设置销售额任务考核指标，就不用再考核他的出差时长或拜访客户次数了，除非他的能力和意识不到位，需要强迫考核拜访次数来引导他的销售工作，因为这种员工只会做你所要考核的内容。

第三章 如何制定绩效计划

本章思维导图

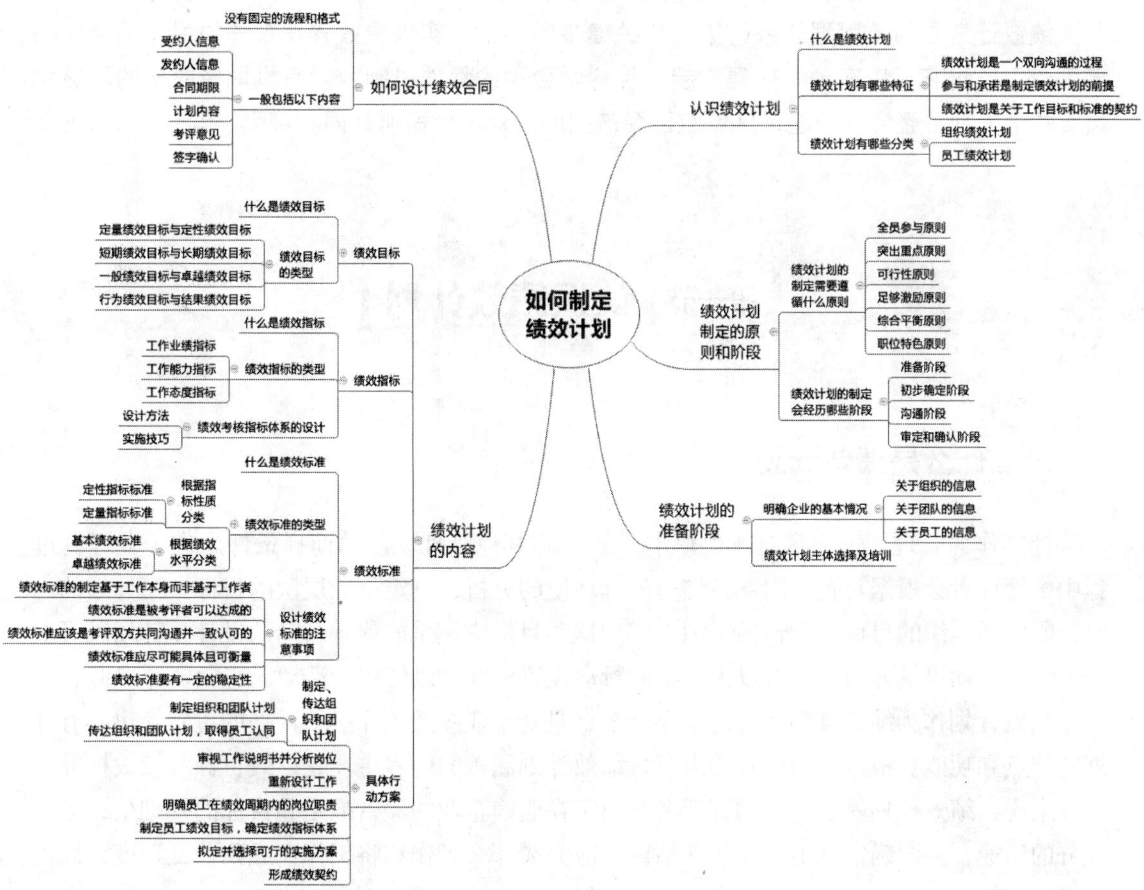
如何制定绩效计划
如何设计绩效合同
没有固定的流程和格式
一般包括以下内容
受约人信息
发约人信息
合同期限
计划内容
考评意见
签字确认
绩效目标
什么是绩效目标
绩效目标的类型
定量绩效目标与定性绩效目标
短期绩效目标与长期绩效目标
一般绩效目标与卓越绩效目标
行为绩效目标与结果绩效目标
绩效指标
什么是绩效指标
绩效指标的类型
工作业绩指标
工作能力指标
工作态度指标
绩效考核指标体系的设计
设计方法
实施技巧
绩效计划的内容
绩效标准
什么是绩效标准
绩效标准的类型
根据指标性质分类
定性指标标准
定量指标标准
根据绩效水平分类
基本绩效标准
卓越绩效标准
设计绩效标准的注意事项
绩效标准的制定基于工作本身而非基于工作者
绩效标准是被考评者可以达成的
绩效标准应该是考评双方共同沟通并一致认可的
绩效标准应尽可能具体且可衡量
绩效标准要有一定的稳定性
具体行动方案
制定、传达组织和团队计划
制定组织和团队计划
传达组织和团队计划，取得员工认同
审视工作说明书并分析岗位
重新设计工作
明确员工在绩效周期内的岗位职责
制定员工绩效目标，确定绩效指标体系
拟定并选择可行的实施方案
形成绩效契约
认识绩效计划
什么是绩效计划
绩效计划有哪些特征
绩效计划是一个双向沟通的过程
参与和承诺是制定绩效计划的前提
绩效计划是关于工作目标和标准的契约
绩效计划有哪些分类
组织绩效计划
员工绩效计划
绩效计划制定的原则和阶段
绩效计划的制定需要遵循什么原则
全员参与原则
突出重点原则
可行性原则
足够激励原则
综合平衡原则
职位特色原则
绩效计划的制定会经历哪些阶段
准备阶段
初步确定阶段
沟通阶段
审定和确认阶段
绩效计划的准备阶段
明确企业的基本情况
关于组织的信息
关于团队的信息
关于员工的信息
绩效计划主体选择及培训

绩效计划是被评估者和评估者双方对员工应该实现的工作绩效进行沟通的过程，并将沟通的结果落实为订立正式书面协议（即绩效计划和评估表），它是双方在明晰“责、权、利”的基础上签订的一个内部协议。绩效计划的设计从公司最高层开始，将绩效目标层层分解到各级子公司及部门，最终落实到个人。对于各子公司而言，这个步骤即为经营业绩计划过程；对于员工而言，则为绩效计划过程。

绩效计划作为绩效管理的一种有力工具，它体现了上下级之间承诺的绩效指标的严肃性，使决策层能够把精力集中在对公司价值最关键的经营决策上，确保公司总体战略的逐步实施和年度工作目标的实现，有利于在公司内部创造一种突出绩效的企业文化。

绩效计划是绩效管理体系的第一个关键步骤，也是实施绩效管理系统的主要平台和关键手段，通过它可以在公司内建立起一种科学合理的管理机制，能有机地将股东的利益和员工的个人利益整合在一起，其价值已经被国内外众多公司所认同和接受。

第一节 认识绩效计划

一 什么是绩效计划

计划作为管理职能中最基本的职能，是实施其他管理职能的前提条件。在企业经营过程中，管理者会根据对企业内部条件与外部环境的分析，制定不同层次的目标。而计划的内容，既包括组织的目标，也包括组织为实现这些目标应该采取何种行动的设计。计划既可以为组织的行动提供方向，又可以为组织的行动设置标准，以便控制活动，避免资源浪费。

绩效计划作为绩效管理系统的首要环节，是对企业绩效工作进行计划的过程，也具有计划的特点和功能。根据计划涉及的内容，绩效计划涵盖的内容主要是绩效目标和绩效标准。具体来说，绩效计划就是企业的管理者和员工在明确企业的经营战略和目标的基础上，通过充分的沟通，共同确定员工在绩效评估期内应完成什么工作和将工作完成到什么程度，以使沟通双方的“责、权、利”达到意见统一。但是，绩效计划并不是一成不变的，它需要企业根据环境的变化，在绩效计划实施的过程中做出适时的调整，以符合环境的要求。

由于绩效计划的制定基于企业的经营战略和目标，所以其制定过程就应该是一个自上而下的目标确定过程。从公司最高层开始，将企业的总体绩效目标层层分解到事业部，再分解到部门，最终落实到个人。对于各子公司或部门而言，这个步骤即为经营业绩计划过程；而对于全体员工而言，则为绩效计划过程。

从具体工作内容来看，绩效计划的最终结果是签订绩效合同。其目的，一是使员工明确自身的工作目标，从而有目的地高效开展工作；二是形成书面文件，作为年终考评的基础依据。但是在实施过程中，绩效计划并不是签订一份绩效合约这样简单，现代绩效管理更加强调通过互动式的沟通手段使管理者与员工在如何实现预期绩效的问题上达成共识。因此，绩效计划的内容除了最终的个人绩效目标之外，还包括为了达到计划中的绩效结果，双方应做出什么样的努力、应采用什么样的方式、应该进行什么样的技能开发等内容。同时，在绩效计划环节，应当根据计划的内容，明确考评指标和考评周期两个关键决策，为下一步绩效执行、绩效考评和绩效反馈提供信息，以利于绩效管理战略目的、管理目的和开发目的的实现。因此，在绩效计划制定的过程中，既需要员工的参与和承诺，又需要管理者与员工的互动沟通，才能最终形成关于工作目标和标准的绩效合约。

二　绩效计划有哪些特征

绩效计划与传统强压式任务下的考评方式相比，具有以下主要特征：

1. 绩效计划是一个双向沟通的过程

传统绩效计划的制定一般是一个单向的过程，即由上级制定总体目标，下级具体执行。在这种体制下，下级在绩效计划环节没有发言权，完全处于被动接受的地位，这不仅会导致绩效指标及其标准的设定出现不合理的状况，而且还将缺乏对绩效目标实现路径的有效沟通。

现代绩效管理理念要求绩效计划必须经过双向沟通，这样做的好处是：第一，通过沟通，上级在制定绩效计划时能够更加全面地考虑下属的实际情况，使指标及目标值的设定更加科学；第二，在沟通的过程中，上下级还可就为了达成绩效结果需要采用什么样的方式、做出什么样的努力、进行什么样的绩效改进或技能开发等具体方面交换意见，有助于绩效目标的实现；第三，由于人们对于自己亲自参与所做出的选择的投入程度更高，如果让下级参与绩效计划环节，则能够增强下级对绩效目标的承诺感，愿意主动地为之付出更大的努力，强化了目标的可执行性。因此，绩效计划应该建立在双向沟通的基础上，这对于绩效管理目标的实现具有非常重要的意义。

2. 参与和承诺是制定绩效计划的前提

研究表明，人们坚持某种态度的程度和改变态度的可能性主要取决于两大因素：一是在形成这种态度时参与的程度；二是是否为此进行了正式承诺。在绩效计划阶段，让员工参与绩效目标的制定，且签订相对规范的个人绩效承诺，这体现了参与和承诺的思想，这样员工就会更加遵守这些承诺，履行自己认可的绩效目标。

温馨提示

绩效承诺计划的编制

个人绩效承诺可用表格的形式体现出来，但它区别于考核表。它主要体现在三个方面，分别是结果、执行和团队。这三个方面存在严谨的逻辑关系。另外，个人绩效承诺本身就能够体现企业的价值观和企业文化，它更强调承诺和参与的重要性，真正体现出了绩效管理的核心。个人绩效承诺表见图3-1。

姓名		工号		部门		职位	
考核期	年 月 日—— 年 月 日						
岗位应有的KPI							
计划栏 个人承诺	在评估期内，我郑重承诺						
	结果目标承诺						
	执行措施承诺						
	团队合作承诺						
	日期： 签字：						
结果栏 个人承诺 结果评估	结果目标 完成情况						
	执行措施 完成情况						
	团队合作 完成情况						
	评估日期： 评估人签字：						

图3-1 个人绩效承诺表

3. 绩效计划是关于工作目标和标准的契约

绩效计划过程中，由上级和下级共同制定并修正绩效目标以及实现目标所需的步骤，包含两个方面的内容："做什么"和"如何做"。所谓"做什么"，实际上就是组织的绩效目标；而"如何做"是实现目标的手段，它对不同组织可能包含着不同的内容。绩效计划强调通过互动式的沟通，使上下级之间就制定绩效管理周期内的绩效目标及如何实现预期绩效的问题达成共识。绩效计划的目标内容除了最终的绩效目标外，还包括双方应采用什么样的方式、做出什么样的努力、进行什么样的绩效改进或技能开发等，以达到计划中的绩效结果。也就是说，在这个过程中各级机构和相关人员都负有责任。

三 绩效计划有哪些分类

1. 组织绩效计划

组织绩效计划的内容，一方面，来自上一期组织绩效结果的改进计划，如针对上一期组织绩效实施过程中存在的问题所提出的改进办法，或者对于上一期组织绩效管理过程中的好经验的推广策略等；另一方面，来自为有效完成当期绩效目标而制定的绩效目标实施计划，这个计划中包括绩效目标应如何分解以及采取什么措施来确保目标实现，这部分内容对于绩效目标的达成来说非常关键，因此是绩效指标与计划制定阶段的重要工作。

2. 员工绩效计划

员工绩效计划的内容在本质上与组织绩效计划是一样的，也包含两方面的内容：一是针对上一期绩效实施过程中出现问题的改进和对有效经验的继续使用；二是当期的绩效目标应如何实现计划。

温馨提示

如何走出绩效计划的误区

在以往的咨询案例中，我们发现管理者和员工普遍混淆了绩效目标、岗位职责、工作计划的差别，这往往是沟通不充分造成的。

有些任职者在“绩效目标”栏中填写的内容和岗位职责几乎没有差异，有些则将绩效目标写成了阶段性的工作计划。例如，对于一个会计来说，“每月按时完成会计报表”应该是一项基本的岗位职责，而“控制或降低成本”可能是一项绩效目标。又如，对市场部经理来说，“年底以前把产品A的市场占有率提高5%”是一项绩效目标，而“一季度完成某项促销活动”则是支持其目标的工作计划。由于混淆和重复，我们经常看到，组织和个人制定的绩效计划包含了太多的内容，毫无重点。

如何清晰地界定绩效目标、岗位职责和工作计划呢？我们认为，绩效目标是指公司、部门、员工在绩效周期内所要达成的工作目标和成果，岗位职责则是某个岗位的工作任务和活动的概况，而工作计划则是对某个阶段具体工作内容或流程的进一步详细描述。

疑难解答

1. 制定绩效计划有什么作用？

制定绩效计划有如下作用：

（1）形成约定。绩效计划是各部门、各岗位考核人与被考核人之间就完成工作的目标、形式、标准所形成的约定，考核双方对绩效计划的认可和签字等同于企业和员工之间就工作目标和目标完成的标准形成了一致的意见。

（2）双向沟通。绩效计划的制定过程是考核人和被考核人就绩效相关事项进行充分沟通的过程。在这个过程中，考核双方就绩效问题能够达成一致的意见和理解；同时，也是加深被考核人对绩效目标和内容了解的过程。

（3）提供依据。绩效计划能够为企业、部门和员工提供绩效评价的依据。员工制定绩效计划之后，在考核期期末，就可以根据员工做出的绩效承诺计划实施绩效评价。对于绩效计划完成情况出色的部门或个人，绩效评价后将会获得奖励；对于没有完成绩效计划的部门或者个人，考核人可以帮助被考核人分析绩效计划没有完成的原因，并帮助其改进绩效计划。

（4）提高承诺意识。绩效计划能够通过被考核人对绩效的承诺，增强员工的参与感。在绩效计划制定的过程中，员工可以表达对企业、对部门以及对个人绩效的观点和看法，能够让员工个人情况与企业的目标相匹配，进一步提高个人对企业的承诺意识。

（5）努力方向。绩效计划能够为员工提供努力的目标和方向。绩效计划中包含了绩效目标、绩效指标的权重以及绩效评价等各方面内容。这对于部门和个人提出了明确而具体的期望和要求，同时明确表达了部门和员工在哪些方面取得成就会获得企业的奖励，让部门和员工朝企业期望的方向努力。

2. 什么是个人绩效承诺?

个人绩效承诺（PBC）指的是员工对绩效达成的个人承诺。它反映了团队合作、目标结果与执行措施之间的紧密联系，体现了一种价值观和企业文化，强调了企业成员共同参与企业目标实现过程中承诺的重要性，也体现了绩效管理的核心思想。

第二节 绩效计划制定的原则和阶段

一 绩效计划的制定需要遵循什么原则

绩效计划的制定，需要遵循一定的原则，以防止出现绩效计划脱离实际的情况。

1. 全员参与原则

绩效计划根据组织整体目标和经营计划，层层确定组织中人员的绩效目标和绩效标准。员工是未来从事各个职位工作的主角，所以，绩效计划工作需要听取员工的意见。员工参与绩效计划的工作安排，能够使个人目标与组织目标保持一致；管理者不同程度地参与计划制定，更有助于计划的实施；而人力资源管理专业人员的参与保证了整个绩效计划过程的顺利进行；高层领导者则可以发挥权威性作用，提高绩效计划工作的有序性。

2. 突出重点原则

员工担负的工作职责越多，所对应的工作成果也较多。但是在设定关键绩效指标和工作目标时，切忌面面俱到，而是要突出关键，突出重点，选择那些与公司价值关联度较大、与职位职责结合更紧密的绩效指标和工作目标，而不是整个工作过程的具体化。通常，员工绩效计划的关键指标最多不能超过6个，工作目标不能超过5个，否则就会分散员工的注意力，影响其将精力集中在最关键的绩效指标和工作目标的实现上。

3. 可行性原则

关键绩效指标与工作目标一定是员工能够控制的，要界定在员工职责和权利控制的范围之内，也就是说要与员工的工作职责和权利相一致，否则就难以实现绩效计划所要求的目标任务。同时，确定的目标要有挑战性，有一定难度，但又可实现。目标过高，无法实现，不具激励性；目标过低，不利于公司绩效成长。另外，在整个绩效计划制定过程中，要认真学习先进的管理经验，结合公司的实际情况，解决好实施中遇到的障碍，使关键绩效指标与工作目标贴近实际，切实可行。

4. 足够激励原则

使考核结果与薪酬及其他非物质奖惩等激励机制紧密相连，拉大绩效突出者与其他人的薪酬比例，打破分配上的平均主义，做到奖优罚劣、奖勤罚懒、激励先进、鞭策后进，营造一种突出绩效的企业文化。

5. 综合平衡原则

绩效计划既要考虑员工绩效目标制定过程中各种因素的制约，也要从组织整体出发，平衡组织所拥有的各方面资源；但这并不是要均等分配，而是衡量各方面情况，根据发展需要分配组织中所拥有的资源。另外，绩效计划是对职位整体工作职责的唯一考评手段，因此，必须要通过合理分配关键绩效指标与工作目标完成效果评价的内容和权重，实现对职位全部重要职责的合理衡量。

6. 职位特色原则

与薪酬系统不同，绩效计划是针对每个职位而设定，而薪酬体系的首要设计思想之一便是将不同职位划入有限的职级体系。因此，相似但不同的职位，其特色完全由绩效管理体系来反映。这就要求绩效计划内容、形式的选择和目标的设定要充分考虑到不同业务、不同部门中类似职位各自的特色和共性。

二　绩效计划的制定会经历哪些阶段

绩效计划的制定有一定的步骤和相应的阶段，从而保持绩效计划工作的有序性。

1. 准备阶段

绩效计划是由包括组织高层管理者在内的委员会与部门主管、部门主管与员工协商而层层制定出来的。为了使协商取得预期的效果，使绩效计划工作顺利进行，事先必须准备好相应的信息，来为绩效计划工作提供参考和方向指导。完善的绩效计划建立在充分的信息基础之上，这些信息主要包括组织信息、团队信息和员工信息等，既涉及企业长期发展战略和经营计划，也包括企业近期战略方案，同时也涉及过去的经营状况和存在的问题，尤其是有关企业、部门和员工个人的历年绩效目标实现状况的信息，以及指标体系、指标权重和标准等信息。

2. 初步确定阶段

绩效计划的内容，包括绩效目标和绩效标准，确定这些内容是一个非常复杂的过程。需要强调的是，组织的高层管理者根据战略目标的分解，在与部门协调沟通的基础上，与部门主管就一年或半年的绩效任务签署绩效协议。同样，各部门的员工也应该签署绩效协议，否则绩效管理工作很容易流于形式。

3. 沟通阶段

沟通阶段是整个绩效计划阶段的核心。管理者和员工相互之间经过充分的交流和协商，对员工在本次绩效期间的绩效目标和绩效标准达成共识。

（1）选择沟通时机，营造和谐气氛。

首先，管理者和员工都应该确定一个专门的时间用于绩效计划的沟通；其次，在沟通时不要有他人打扰，因为意外的打扰可能会使双方的思路中断，影响沟通效果；最后，沟通的气氛要尽量轻松，不要给人太大压力。

（2）沟通原则。

①管理者和员工在沟通中是一种相对平等的关系，他们是为了业务单元的成功而共同做计划，管理者向员工提供来自企业更高层次的信息，而员工向管理者提供自身各方面的信息。

②员工是最了解自己所从事工作的人，是其所在工作领域的专家。因此，在制定工作的衡量标准时应该更多地发挥员工的主动性，听取员工的意见。

③管理者对员工的影响体现在如何使员工个人工作目标与整个业务单元乃至整个组织目标结合在一起，以及员工如何在组织内部与其他人或其他业务单元的人进行协调配合。

④管理者应该与员工一起做决定，而不是代替员工做决定，员工自己做决定的成分越多，其工作积极性越高，绩效管理就越容易取得预期成效。

（3）沟通实施过程

①回顾有关的信息。在进行绩效计划沟通时，往往需要先回顾一下已经准备好的各种信息，包括组织的发展战略和经营计划等信息，团队的职责和人员构成等信息，员工的工作描述和上一个绩效周期的评估结果等信息。

②确定关键绩效指标。在组织整体目标的基础上，每个员工需要设定自己的工作目标，然后根据自己的工作目标确定关键绩效指标。

③讨论主管人员提供的帮助。在绩效计划过程中，主管人员还需要了解员工在完成计划时可能遇到的困难，并尽可能提供帮助。

④结束沟通。在沟通快要结束时，要约定下一次沟通时间。

4. 审定和确认阶段

经过周密的计划和深入的沟通后，绩效计划初步成型。但是，仍需要审定绩效计划工作是否成功完成。当绩效计划结束时，应看到以下结果：

（1）员工的工作目标与公司的总体目标紧密相连，并且员工清楚地知道自己的工作目标与组织整体目标之间的关系。

（2）员工的工作职责和描述已经按照现有的公司环境进行了修改，可以反映本绩效期内主要的工作内容。

（3）管理者和员工对员工的主要任务、各项工作任务的重要程度、完成任务的标准、员工在完成任务过程中享有的权限都已经达成了共识。

（4）管理者和员工都十分清楚在完成工作目标的过程中可能遇到的困难和障碍，并明确经理人员所能提供的帮助。

（5）形成一个经过双方讨论的文档，该文档包括员工的工作目标、实现工作目标的主要工作结果、衡量工作结果的指标和标准、各项工作目标所占的权重。管理者和员工双方要在该文档上签字确认。

温馨提示

绩效计划制定环节的常见问题

绩效计划是实施绩效管理的起点，计划的制定过程也是企业内高层管理者、中层管理者以及基层管理者和员工参与管理、明确自己职责和任务的过程。但是，在实务操作中，在绩效计划的环节上往往会出现各种问题，比较常见的问题如下：

1. 高层的参与较少。所有绩效计划都是人力资源部与各部门沟通而来，高层极少参与，只做最后的审批。这会导致当后续绩效管理实施过程出现的问题反映到高层那里时，高层会对问题一知半解，也不会对绩效计划抱持应有的信心。

2. 绩效计划性较弱。绩效管理实施团队没有充分地考虑并设计好企业、部门和岗位层面应该做什么、为什么做、如何做、由谁评价、如何评价、由谁监督、如何监督、何时完成等系列性问题，就急于开展实施。

3. 忽略员工参与度。绩效计划的过程成了绩效管理实施团队单方的顶层设计过程，缺少企业内上下级之间的沟通，最终让绩效管理成为了单纯的绩效考核，阻碍了绩效管理发挥提升员工绩效和能力的作用。

4. 绩效指标不量化。或者是定量的指标过少、定性的指标过多、绩效评价的标准模糊，或者是定出来的绩效指标难以衡量，造成后续在实际进行指标评价时过于主观，造成企业各层级对绩效评价结果的信任度降低。

5. 绩效指标没有针对性。大多数岗位的绩效指标都是用一套“通用指标”来衡量，而不是针对每个岗位设定与该岗位相对应的关键指标。“人人都适用”的指标结果是对“人人都没用”。

6. 不指向最终目标。岗位绩效计划中列出的绩效指标成了因为该岗位存在而必须要完成的“任务”，而不是该岗位作为企业和团队的一分子，服务并保证上层目标达成。当岗位目标不能有助于上层目标实现时，企业和团队的目标将与岗位形成弱关联。

7. 人员能力不到位。实施绩效计划的团队成员没有相关经验，或者本身对绩效管理和企业业务的认识不足，不能正确地预估障碍、挫折和问题。当遇到问题时，不知道如何应对和沟通，最终让绩效管理变成了走形式。

8. 全员认识有问题。企业长期推行岗位职责的工作管理模式，造成全体成员都认为，在规定时间内完成自己的本职工作以及上级要求的工作任务是自己的工作价值，而不是实现组织层面的某个目标。

第三节　绩效计划的准备阶段

一　明确企业的基本情况

要制定一份完善的绩效计划，就要对绩效计划所需要的各方面信息有充分的准备。

1. 关于组织的信息

为了使员工的绩效目标与组织的整体目标保持一致，在进行某一绩效周期内的绩效计划之前，管理者和员工都需要重新回顾组织的目标，保证在绩效计划工作开始之前双方都已经熟悉了组织的目标，并且没有任何异议。

2. 关于团队的信息

每个团队的目标都是根据组织的整体目标分解得到的，这个分解过程除了要知道组织的信息外，还要收集关于团队的信息，包括团队在组织目标体系中的位置、团队的成员及技能情况、团队以往的工作得失等。对于团队来说，经营性的指标可以分解到生产、销售等业务部门，对于业务支持部门来说，其工作目标也与组织的整体经营目标紧密关联。

3. 关于员工的信息

（1）工作说明书中的职责信息。它规定了从事该项工作的员工的主要职责。员工绩效目标的设定要参考职责信息。只有这样，设定的绩效目标才符合实际要求，才不会出现绩效目标过高或者过低的现象。

（2）员工在上一个绩效周期的评估结果。每个绩效周期的工作目标通常是相关的，在制定本绩效周期的工作目标时，一般都会参照上一个周期的绩效目标和考核结果。更重要的是，在上一个绩效周期内存在的问题和有待改进的方面也需要在本次的绩效计划中得到体现。

（3）员工的个人信息。员工对落实到自身上的绩效目标负有直接责任，绩效目标的实现不仅受组织和团队信息的影响，还与员工本身有关。员工的个人信息主要包括员工的知识水平、工作能力、心理资本、身体素质、家庭情况等。研究表明，员工的心理资本与其工作绩效正向相关。因此，在将组织或团队的目标分解到员工这一最基础的层次时，考虑到员工的个人信息，能够帮助企业制定更为人性化的个人绩效目标。对于员工来说，他们的工作积极性会更高，从而更有利于目标的实现。

二 绩效计划主体选择及培训

组织的整体绩效目标，是通过组织中每位成员绩效目标的实现来达成的。在每个绩效周期开始之前，企业有关人员会制定一份绩效计划，以指导每位员工的工作。那么，绩效计划工作应由谁来负责呢？显然，从事某项工作的员工和其直接上级，对该工作有更深入的体验。所以，员工和其直接上级应加入到绩效计划工作中。但只有这两者是不够的，还需要有领导者主持、协调这项工作。通常，绩效计划是由人力资源部门的绩效管理专业人员或组织高层领导主持的。综合来看，绩效计划的主体包括绩效管理专业人员、员工的直接上级和员工本人。

绩效管理专业人员在指导员工和其直接上级开始绩效计划工作之前，会为各方提供进行绩效计划所需参考的信息。从员工层次到组织层次的各级信息都是必需的，这些信息为绩效计划提供方向，避免出现绩效计划不恰当的情况。然后，协调绩效计划工作还要制定绩效计划管理制度，以规范整个绩效计划工作，指引员工和其直接上级根据每个职位的情况，制定符合具体情况的绩效计划，保证绩效计划工作的顺利进行。另外，绩效管理专业人员还会发出相关的培训材料，并在计划过程中，向员工和其直接上级提供必要的指导和帮助，使他们有效地进行绩效计划工作，确保整个组织内绩效计划中确定的绩效目标和绩效标准具有相对的稳定性，从而保证整个绩效管理系统的战略一致性。总体来说，人力资源管理专业人员的责任就是帮助相关人员，确保绩效计划工作围绕如何更好地实现组织的目标顺利进行。

由于绩效计划过程要求掌握许多相关的职位信息，员工的直接上级在整个过程中是十分重要的角色，是整个绩效计划工作的最终责任人，他们是最了解每个职位的工作职责和每个绩效周期内应完成的各项工作的人。另外，他们需要根据绩效计划最终可能确定的结果，进行各方面的工作安排，协调各项工作，指导员工朝着绩效目标努力。因此，由他们与员工协商并制定绩效周期的计划能够使整个计划更加符合现实情况，更加具有灵活性，更有利于部门内部人员之间的合作。

员工参与是提高绩效计划有效性的重要方式。员工对所从事的工作有切身的体验，能够给绩效计划工作提供实际的意见。同时，通过这种过程，员工的心声得以表达。目标设定理论认为，员工参与到制定计划的过程中有助于提高员工的工作绩效。通过参与制定绩效计划，员工能够对所制定的计划产生更高的认同感，从而实现更高的投入水平。另外，绩效计划不仅能够确定员工的绩效目标，更重要的是能够帮助员工了解如何才能更好地实现目标。员工可以通过绩效计划的互动过程，了解组织能为员工提供的资源支持和组织内的绩效沟通渠道，从而在目标实现过程中遇到障碍时，获得来自管理者或相关人员的帮助。

总结来看，绩效计划主体的职责和作用见表3-1。

表3-1　绩效计划主体的职责和作用

主体	职责	作用
绩效管理专业人员	①普及组织的发展战略和经营计划，组建绩效管理团队 ②制定绩效计划管理制度，规范绩效计划工作 ③做好以直接上级为主的绩效计划培训工作，解决绩效计划中遇到的问题	①从制度和组织（人员）上保证绩效计划的实施 ②从方法与技能上促进绩效计划的有效达成 ③促进组织战略目标的实现
直接上级	①向员工传达组织战略和经营计划，分解组织目标 ②分解部门或团队任务，引导并推动员工确立科学、合理的绩效目标，设定可行的考核标准 ③与下属员工共同制定员工绩效计划	①从等级权力和个人权威的角度促进科学合理的绩效计划的制定 ②提高员工参与绩效计划的积极性和责任心
员工	①了解组织战略目标和经营计划，结合组织、部门和团队目标以及个人实际情况确定个人绩效目标 ②拟订个人绩效计划，提出疑问，探讨措施	①使绩效计划更具操作性和可行性 ②员工的参与能极大地提高绩效计划的认同感，从而增强计划的执行力

第四节 绩效计划的内容

一 绩效目标

1. 什么是绩效目标

一般来说，企业的长期发展战略和经营计划是相对稳定的。绩效目标就是在它们的指导下，组织期望员工完成的、员工渴望实现的一定绩效周期内的目标，是组织战略目标、团队目标与岗位职责在绩效计划中的具体体现。组织的整体目标指引着组织前进的方向，而员工的绩效目标也对员工的工作提出行动要求，员工据此在绩效周期内合理分配目标任务。员工的直接上级根据员工在绩效周期内完成工作的质量和进度，对员工的工作绩效进行评估。因此，制定科学、有效的绩效目标，能为后续的绩效管理工作奠定坚实的基础。

2. 绩效目标的类型

一般来说，绩效目标可分为以下几种类型：

（1）定量绩效目标与定性绩效目标。

定量绩效目标是可以量化的，能够用具体的数据表示；定性绩效目标是难以量化的，一般不能用具体的数据表示，主要是由工作要求或工作行为、工作能力衍生出来的目标。

（2）短期绩效目标与长期绩效目标。

短期绩效目标可在几个星期或几个月内完成，一般不跨年度；长期绩效目标完成的时间要长一些，可能要1～3年，甚至更长的时间。

（3）一般绩效目标与卓越绩效目标。

一般绩效目标是指员工绩效应该达到企业的基本要求，应在企业可接受的范围之内，一般可以采用“杰出”“优秀”“良好”“合格”“可接受但需要改进”五级制来衡量。卓越绩效目标或者为创新目标，或者为挑战性目标。创新目标设立的目的是激发员工创造力，拓展新思维，获得新成就；挑战性目标设立的目的是挖掘员工潜力，发现标杆员工，树立绩效楷模，探寻创造高绩效的方法。

（4）行为绩效目标与结果绩效目标。

行为绩效目标是员工在完成目标过程中，日常行为及工作表现必须达到的标准要求，一般不能用量化指标表示；结果绩效目标是员工在特定条件下必须取得的阶段性业绩，一般可以用量化指标衡量。

无论是哪种绩效目标类型，在制定、实施和考评中，都需要将其具体化为指标、标准和权重，这样才能使绩效目标成为行动的指南、考评的依据。

二　绩效指标

1. 什么是绩效指标

在确定了企业、部门、员工的绩效目标之后，需要考虑从哪些方面来对员工目标的实现情况进行评价。绩效指标是指从态度、行为、能力和业绩等方面，对员工的表现和贡献进行评估的项目。在对员工绩效进行评估时，往往会对其某些方面的情况进行评价，而指向这些方面的概念或项目就是绩效指标。例如，销售额、利润、货款回收率、顾客满意度、新客户开发数等是用来评价销售人员工作业绩的绩效指标；组织纪律性、出勤率等是用来评价职能管理类工作人员日常工作行为的绩效指标；计划组织能力、决策能力、创新能力、学习能力等是用来评价管理类人员工作能力的绩效指标。

2. 绩效指标的类型

一般来说，根据评估内容的不同，绩效指标可以划分为以下三种类型：

（1）工作业绩指标。

工作业绩是指工作行为所产生的结果。业绩的考核结果直接反映了绩效管理的最终目的——提高企业的整体绩效以实现既定的目标。与组织成功相关的关键要素决定了绩效评估中需要确定的关键绩效结果。这种关键绩效结果规定了在评估员工绩效时应着重强调的工作业绩指标。这些指标可能表现为该职位的关键工作职责或一个阶段性的项目，也可能是年度的综合业绩。在设计工作业绩指标时，通常的做法是将业绩具体表现为完成工作的数量指标、质量指标、工作效率指标以及成本费用指标。这四种常见工作业绩指标的具体指标见表3–2。

表3–2　常见工作业绩指标

工作业绩指标	具体指标
数量指标	生产量、销售量、新产品开发数、维修产品数、销售额
质量指标	合格率、出勤率、出错率、顾客满意度
工作效率指标	采购周期、研发周期、生产周期、人员招聘周期、上市时间
成本费用指标	采购成本、单位产品成本、招聘成本、新产品开发成本

（2）工作能力指标。

不同的职位对人的工作能力要求是不同的，只有在绩效指标体系中加入工作能力方面的评估指标，才可能使评估的结果真正反映出员工的整体绩效。另外，评估指标的设计者还能够通过能力指标的行为引导作用鼓励员工提高与工作相关的工作能力，并通过能力评估的结果做出各种有关的人事调整决定。工作能力主要包括与工作相关的思维能力、知识能力、技术能力和行为能力。

（3）工作态度指标。

不同的工作态度会产生截然不同的工作结果。因此，为了对员工的行为进行引导从而达到绩效管理的目的，在绩效评估中应加上对工作态度进行评估的指标。常见的工作态度指标有积极性、协作性、责任性和纪律性。

温馨提示

定量评价指标有效的前提条件

有效的定量评价指标必须满足以下四个前提条件，其中任何一个前提不满足，定量评价指标考核的公平、公正性就会受到质疑，绩效考核也将失去效度。

第一，定量指标可以明确定义、精确衡量，数据信息准确、可靠并且获取成本有限。

第二，定量考核指标必须符合公司的发展战略导向，否则就会造成南辕北辙的效果。

第三，定量考核指标的目标值的确定要科学、合理，充分考虑内部条件、外部环境等多方面因素。

第四，定量考核指标的完成不能降低工作质量，否则会有非常严重的负面效果。以工作质量的降低来满足工作数量的要求，对组织的损害是长期和深远的。

实例 3-1

某公司行政经理江某准备给保洁岗位人员设定绩效指标。江经理在接受公司培训时，听人力资源部说起绩效指标要设置结果指标，也要设置过程指标。江经理当前给保洁岗位设置的结果指标是卫生抽查达标，自己每天实施一部分抽查工作。

可是在设置过程类指标时，江经理有点犯难，因为他在抽查卫生状况的过程中发现有的保洁人员工作状态并不好。虽然在他的抽查之下这些保洁员负责的卫生也能达标，但是工作的过程中偷懒、聊天的现象却比较严重。

于是江经理突发奇想，想给保洁员岗位设置一项叫“保洁过程质量达标率”的工作过程指标，含义是保洁员工作的全过程都要遵守标准的工作准则，不能有玩手机、闲聊、偷懒等情况，要保质保量地完成整个工作。

为了让这项过程指标得以实施，江经理认为自己对卫生结果的抽查是远远不够的。为此他又设置了一个后勤检查岗位，专门负责每天检查和记录每一个保洁人员的行为并最终形成这个量化的过程指标。

可江经理这样做只是因为他不愿意在自己抽查时发现保洁员在工作过程中有闲散状态而当面指出、纠正他们。江经理害怕面对这样的管理过程，就想通过一个量化的方式表示出来，让保洁员在接受绩效评价的时候“无话可说”。

对于江经理的这种行为，你如何评价？

分析

绩效管理的过程不是简单的数据统计过程，一定要发挥考核人和被考核人的主观能动性，是双方都为了更好地实现某个目标而就绩效进行共同努力的过程。因此，绩效管理过程中的客观公正实际上是强调在考核双方的沟通上，而不是数据结果上。

过分强调量化，反而会出现问题。

实例 3-2

某公司设置绩效指标时给各部门设置了一项“培训计划完成率”，定义是在规定的时间内，部门需要按照年初制定的培训计划来实施培训。

有的部门与当初培训计划制定的时候相比，条件已经变化，部门内部的员工近期也都为了工作的事在忙，但是指标已经制定好了，为了完成指标，硬着头皮也要培训。实际上，这样的培训缺乏目的性和必要性，效果往往很差，浪费了员工的时间，提高了企业的管理成本，得不偿失。可是从量化结果上看，却是完成了指标。

对于这种情况，你有什么看法?

分析

不是所有的指标都具备能够被量化的特点，只有当绩效指标可以被量化、相对容易被量化、相对容易被测量的时候，量化指标才是有必要的。如果不具备量化指标的特点，硬要量化，结果将会演变成为了量化而量化、为了绩效考核而绩效考核，绩效管理最终很可能会演变成一种形式，而不是成为帮助企业解决问题、实现目标的工具。

当然，绝不是说量化指标不好，或是以后企业绩效管理不需要重视量化指标，而是需要绩效管理人员在设置绩效指标的过程中，不能过分强调量化指标的作用，也不能把一些原本不需要量化的指标硬变成量化的指标。

用过于复杂的方法去追求绩效指标量化的绩效管理方法是没有意义的。实际上，没有什么比一个称职的直属上级更了解员工的绩效情况了。绩效管理人员在设置绩效指标时，要尊重直属上级的主观评价的作用，也要尊重行为类指标的作用。

3. 绩效考核指标体系的设计

设计绩效考核指标体系，是为了对员工的绩效进行有效的管理，推动企业整体绩效的提升，从而促进企业整体目标的顺利实现。无论是设计指标体系，还是评估员工绩效，都是企业用来管理员工、促使企业目标达成的管理方法之一，最终的目的都在于保证企业利益得以实现。设计科学的、可操作性强的绩效考核指标体系，是企业实现科学的绩效管理的基础。如果没有一套公正合理的绩效考核指标体系，就无法对员工绩效做出科学公正的评估，不仅不能激起员工的工作积极性，反而会使他们的工作动力受挫，严重影响企业整体绩效。同时，如果不能对员工绩效做出正确评估，就无法获得关于员工绩效的最真实信息，就不可能达到改善绩效的目的。因此，对于实行绩效管理的企业来说，设计一套合适的绩效考核指标体系无疑是必要的。

绩效考核指标体系是对员工工作绩效进行比较全面的考评的一套系统，这套系统一般由一组彼此独立而又相关的指标、与每个指标对应的指标权重以及绩效标准所组成。其中，指标权重是指绩效指标在指标体系中的相对重要程度，不同的绩效指标，指标权重不一定相同。在设定绩效指标权重时，需要结合组织文化、组织目标和岗位职责等因素来衡量。

（1）绩效考核指标体系的设计方法。

绩效考核指标体系常用的方法有目标管理法、关键绩效指标法、平衡计分卡和标杆管理法等。通过这些方法的使用，能够有效地帮助企业建立起绩效指标体系。

（2）绩效考核指标体系的实施技巧。

①以培训促推行，用互动式教学转变观念。绩效管理是企业人力资源管理中较难操作的一部分，要想让员工接受企业的管理，使绩效考核指标体系落到实处，可以通过培训对各级人员进行教学。在培训的过程中，引导员工用正确的方法处理工作中遇到的难题，使员工掌握制定绩效目标、沟通绩效、改进绩效等一系列的方法。在培训形式上，可以采用互动式模拟教学，通过现场指导、答疑来获得员工的认可。

②先沟通，调动全员参与热情。沟通使管理过程更加顺利，企业在落实绩效考核指标体系的过程中，可以通过多种形式的沟通来统一大家的思想。在实施过程中，采取辅导员工制定绩效指标、召开全员绩效现场评估会等形式，给员工展示自我的机会，激发员工的斗志。企业通过这些形式，让优秀的员工成为大家学习的榜样，从而激发全员相互学习的热情。

③分步骤保实效，控制关键点。绩效指标的设计应该能够改进员工的工作，提高工作效率，要避免出现绩效指标的设计针对日常事务性工作的现象。此外，顺利执行绩效指标需要管理者职能的有效发挥。管理者既要对绩效考核指标体系中的重要事项做出正确的决定，又要在重要环节上，实施过程管理。管理者应当主动为员工提供方法指导，鼓励员工朝目标努力，并做好表率，与员工共同努力。

实例 3-3

HR李某在制定新一年度的KPI考核业绩指标时，他所在分公司的总经理与下属的一位部门主管对目标值确认的问题出现意见分歧，这让他夹在中间很难做。

前几年，该部门主管原本是很容易沟通的，对自己的KPI业绩指标很有担当，基本上领导定什么指标他都同意，而且平常的工作也非常积极主动。但是今年，他却对自己的KPI目标颇为不满。

这位主管认为分公司总经理给其他部门定的业绩增长幅度都是在10%～20%，但唯独今年给他部门定的业绩增长幅度为150%。而他部门预期的新年度业务量与上年相比基本持平，没有这么大的增长空间；而且按其部门现有人员的工作强度，在没有增员计划的前提下，显然是没有能力承担这么大幅度增长任务的。所以，他认为分公司总经理的这次绩效指标制定缺乏公平性和合理性。

这位主管在与分公司总经理沟通过想法之后，并没有得到分公司总经理的认同和理解。分公司总经理没有理会这位主管的反馈，强硬地通知人力资源部，要按照他预定的指标对各部门进行考核。这位主管在得知自己沟通无果后，情绪低落，工作消极，时不时地会找人力资源部吐苦水，甚至萌生了离职的念头。

一边是态度是强硬的分公司总经理，另一边是感觉受到不公待遇的部门主管，HR李某不知该如何是好。这种情况该怎么办呢？

分析

HR首先要与分公司总经理进行沟通了解，就其给该部门确定的业绩指标增长150%的原因以及其合理性做出判断。如果符合企业整体战略，且是有原因、合理的，部门主管应该理解并遵守。这时候HR可以与部门主管进行必要的沟通并给予安抚，目的是让他明白“理解就在理解中执行，不理解就在执行中理解”。如果该部门主管还是持续情绪低落，则需要考虑换人的问题了。

其他部门业绩目标增幅在10%～20%，唯独他部门的目标增幅在150%，这也不一定就有问题，关键是“为什么这么设定”。有可能是分公司总经理对明年的市场有预期，比如有一个潜在的大订单，但暂时需要保密，不能公布；也可能是他经过市场调研，判断该部门的确有这么大的市场空间；还可能是他想通过这件事让该部门主管知难而退、主动离职。

如果HR与分公司总经理沟通之后发现这个指标并不符合战略，也不合理，只是他考虑领导的权威而不愿意承认自己的错误，HR就可以出面做个“和事佬”，打个圆场。HR可以先和分公司总经理说明这种情况所存在的问题，期望能够与其沟通形成一个他与该主管都能够接受的指标，最后让双方都有台阶可下。

如果难以判断合理性，还是以分公司总经理的意见为准较好，毕竟他是分公司的第一责任人，是权力中心。他怎么给员工分指标，有一定的自主性。这种情况下，有一个能让该部门主管在心理上得到安慰的方式，就是HR可以给他的绩效奖金设计得适当多一些。毕竟，150%的增长比10%～20%高很多。当然，前提是在各部门的基数差不多的情况下，这个部门成为了企业今年业务增长的重点部门，给他多一些奖金也是合理的。

另外，如果该主管的绩效目标值仍然定在增长150%的话，HR可以侧面帮助该部门主管争取一些资源的支持，同时跟这位主管深入沟通，把他的思维逻辑由“不行”转变成“怎么样能行”。这里需要注意的是，向公司要资源要具备合理性，以及充分的论证和数据支撑。

总之，绩效指标确定的过程应该由考核人与被考核人双方共同制定，HR在中间要做好裁判员和润滑剂的角色，过程中要遵循战略导向、顶层设计、上下协商、相互沟通的原则。

实例 3-4

某企业设置了某项绩效考核指标（见表3-3）。这样的绩效考核指标有什么问题？

表3-3 某企业的某项绩效考核指标

绩效考核指标	权重	完成目标
及时检查与当月各工程项目相关的各会计科目的准确性及合理性；及时对各项目数据进行分析，包括列明相关差异原因、形成处理意见并上报	30%	①及时检查与当月各工程项目相关的各会计科目的准确性及合理性 ②对于当月账务检查出异常情况的，进行汇总并对相关异常情况做出初步处理 ③对本组负责的当月项目收入、成本确认依据情况进行检查和分析 ④依据资金组提供的银行流水，在次月7日前，完成对当月银行明细账的一致性、合理性进行复核与分析的工作

分析

该企业上述的考核指标主要存在以下问题：

1. 指标的名称太长，不规范。一般来说，为了方便沟通交流，提高工作效率，企业制定的指标名称不宜过长。该企业明显是把对指标的定义当成了指标的名称，根据表格后面的完成目标，我们可以把它的指标名称改为“月度工作及时性”。

2. 完成目标或者说绩效考核的标准应该尽可能地量化，这是该企业考核指标存在的最大问题。考核标准不应采用一些似是而非的说法，例如“及时”，应该用数字来表达。

另外，企业最好建立绩效考核指标库，指标库里的指标可以根据实际工作、经营的需要进行新增、删除、修改。这样一来，企业在制定绩效考核指标方案时，可以直接从指标库中筛选指标，然后调配权重，这样员工的工作会更加地系统。

温馨提示

不同岗位职级的特点和绩效指标设计的原则

不同岗位职级的特点和绩效指标设计的原则见表3-4。

表3-4 不同岗位职级的特点和绩效指标设计原则

岗位职级	职级特点	绩效指标设计原则
高层管理人员	①对企业或业务单元负主要责任 ②具备较高的独立性 ③需要处理的非程序化的工作较多 ④工作内容不固定	以结果类指标为主

（续表）

岗位职级	职级特点	绩效指标设计原则
中基层管理人员	①工作重点是部门的规划和策略 ②部门计划的实施以及团队的打造 ③工作内容一部分相对固定，另一部分有一定的灵活性	①可以有结果类指标 ②可以有流程类指标 ③可以有业务类指标 ④可以有管理类指标
基层人员	①工作的程序化程度比较高 ②工作内容相对比较固定 ③工作目标与企业目标距离较远	①可以具体行动为主 ②指标能够被清晰地描述 ③指标能够被准确地测量

三 绩效标准

1. 什么是绩效标准

绩效标准是指组织期望员工在各个指标上所达到的程度。绩效指标提供了员工行动的方向，对评估员工的“什么”绩效进行描述，而绩效标准是对被评估员工在绩效指标方面应该“完成多少”或“做得怎样”的描述。可以说，绩效标准是对绩效指标的具体化。

对于量化的绩效指标，标准通常是一个范围。如果被考核者的绩效表现超出标准的上限，则说明被考核者做出了超出期望水平的卓越绩效表现；如果被考核者的绩效表现低于标准的下限，则表明被考核者存在绩效不足的问题，需要进行改进。对于非量化的绩效指标，在设定绩效标准时往往要对该指标进行具体的描述。

2. 绩效标准的类型

（1）根据指标性质分类。

根据绩效指标的性质，以及其采取量化的方式还是非量化的方式，可以将绩效标准分为定性指标标准和定量指标标准。

①定性指标标准。由于定性指标不可以精确地加以衡量，往往是凭评估者的主观印象进行，所以容易出现评估结果失真的问题。但定性指标又是评估许多管理工作的重要绩效指标，能够得到任务完成情况在程度上的评估结果。定性指标标准的制定方法主要有三种：等级描述法、预期描述法和关键事件法。

等级描述法是对工作成果或工作履行情况进行分级，并对各级别用数据或事实进行具体和清晰的界定，据此对被评估者的实际工作完成情况进行评价的方法。等级描述法适用于评估那些经常或重复进行的工作，因为能够很清楚地用数据或事实描述出各个级别的不同。具体操作中，可分为“优秀”“良好”“一般”“及格”和“不及格”五个等级，也可分为A、B、C、D、E五个等级。

预期描述法是考核双方对工作要达到的预期标准进行界定，然后根据被评估者的实际完成情况同预期标准的比较，来评价被评估者业绩的方法。在实际工作中，有时会面对一些对新任务或新工作的评价，这时候考核双方往往没有或很少有先例可循，制定考核标准时也往往缺乏数据和事实的支持，这种情况下等级描述法就无能为力。因此，建议采用预期描述法，即通过考核双方尽量明确和清晰地界定预期标准，来为评价被考核者的业绩提供依据。

关键事件法是针对工作中的关键事件，制定相应的扣分和加分标准，来对被考核者的业绩进行评价的方法。关键事件法适用于那些关键事件能够充分反映被考核者工作表现或业绩的情况。

②定量指标标准。在确定定量指标标准时，主要有两种方法：加减分法和规定范围法。

加减分法一般适用于目标任务比较明确，技术比较稳定，同时鼓励员工在一定范围内做出更多贡献的情况。需要注意的是，采用加减分的方式来计算指标值的时候，最大值应当以不超过配分值为限，最小值则不能出现负数。

规定范围法是经过数据分析和测算后，评估双方根据标准达成的范围约定来进行评估。

实例 3-5

R公司是一家多元化集团公司，有将近1 000名员工，年销售收入近10亿元。为了更好地促进企业的发展，实现其战略目标，并形成有效的激励机制，进一步调动员工工作的积极性、主动性、创造性，R公司制定了以下的绩效考核与工资挂钩办法。

1. 绩效考核细则的制定

考核细则由各分、子公司，各级管理部门根据集团公司总体目标和各自生产经营管理目标，结合员工岗位特点制定，并在向员工征求本岗位绩效考核细则的意见后确定。其中，各公司考核细则由集团统一制定。各单位、部门制定的绩效考核细则，由公司审核通过后方可实施，每月月末考核一次，考核结果与绩效工资挂钩。

2. 绩效考核与工资挂钩办法

由各单位、部门正副职和员工代表共3～5人组成考核小组，各单位、部门正职负总责，每月25日对所有员工绩效进行考核，得出分数后实行“三岗互换”。

95分以上的每超出1分，绩效工资上浮5%。

85～94分的全额发放核定的绩效工资；84分以下的每降低1分，绩效工资下调10%。

95分为优秀员工；85～94分为合格员工；75～84分为基本合格员工；74分以下为绩效较差员工。

连续两个月被考核为基本合格员工和一次被考核为较差员工，转为试用员工，试用期为3个月；试用期期间取消其绩效工资，基础工资按80%兑现，但每月仍进行绩效考核，试用期3次考核成绩都在85分以上的方可转为合格员工继续留用，考核成绩连续2次仍在75分以下的，单位、部门提出辞退意见并上报公司，经有关会议研究同意，办理辞退手续。

初看这个绩效考核方案似乎没有什么问题，在执行的过程中却出现了很多问题：

（1）多数员工普遍质疑为什么优秀员工每高出1分，工资上浮5%，而基本合格员工每下降1分，工资却下调10%。这样奖惩不对等，员工觉得不公平，要求修改的声音很大。

（2）由于绩效考核的分数决定了员工的工资，因此在评分时，员工与考核小组在分数上纠缠不休，反复争吵，绩效考核工作举步维艰，极大增加了企业的时间成本和管理成本。

（3）员工关心自己的得分超过了工作本身，都想方设法地去提高分数，却没怎么去考虑提高业绩。

（4）有些考核小组的管理人员，为了平衡内部关系，就在员工分数上找平衡，时间长了，就让绩效考核失去了它应有的功能和作用。

对于这些问题，R公司的绩效考核方案应如何进行完善？

分析

1. 首先要奖惩对等，上浮和下调的比例应该一致，这样才能让员工觉得这个方案是公平的。

2. 不要直接用分数来与员工工资进行挂钩。应该设立绩效评定等级，用等级与工资进行挂钩。例如，每个考核项共分五个等级，可以是A、B、C、D、E，也可以是优、良、中、差、劣；在考核出每项的结果后进行汇总，确定总的考核分数，然后用A、B、C、D、E或优、良、中、差、劣表示考核结果。绩效考核等级为A的员工，绩效工资涨幅为10%；等级为B的员工，绩效工资涨幅为5%；等级为C的员工，绩效工资不变；等级为D的员工，绩效工资下调5%；等级为E的员工，绩效工资下调10%。

3. 该绩效考核方案中并没有提及考核指标是如何设立的，为了纠正绩效考核的方向，让员工更加关注自己的业绩而不是考核等级，在考核员工时尽量使用能够量化的KPI考核指标，少使用定性的指标。即使要用，也要降低定性指标的权重比例。这样一来，员工才会将注意力转移到对业绩的提升上，而且部门的管理者也缺少了可以“操纵平衡”的空间，从而让绩效考核真正发挥它的作用和功能。

（2）根据绩效水平分类。

根据绩效达到的水平，可分为基本绩效标准和卓越绩效标准。设置基本绩效标准的目的是判断员工的工作能否达到企业的基本要求，主要用于非激励性的报酬决策，如基本工资、岗位调整等。卓越绩效标准对被评估者没有做强制性要求，但通过努力，一小部分员工能够达到。卓越绩效标准的描述没有限度，是无止境的。能够达到卓越绩效标准的人，通常付出了大量的汗水或具备突出的能力。所以，卓越绩效标准不是人人可以达到的。设置卓越绩效标准的主要目的是识别角色榜样，提供努力的方向。随着技术和管理的进步，今天的卓越绩效标准会成为明天的基本标准。是否达到卓越绩效标准的绩效信息，主要用来决定激励性的报酬，如额外的奖金、分红、职位晋升、潜力开发等。

3. 设计绩效标准的注意事项

（1）绩效标准的制定基于工作本身而非基于工作者。

绩效标准应该根据岗位工作职责与任务来制定，而不是根据谁在做这项工作。每项工作的绩效标准应该就只有一套，也就是说，对从事相同工作的人不应该制定不同的绩效标准。绩效标准只能“因岗而异”，不能“因人而异”。绩效标准与绩效目标不同。绩效目标是针对具体的岗位和人制定的，目标的典型特征是必须具有挑战性；而绩效标准是以岗位职责和任务为基础的，它与具体实施岗位职责和任务的人没有关系。当然，在考评员工绩效后，针对这些经验、技术等因素不同的员工所实施的激励措施应该是不同的，应该考虑他们的个体差异。

（2）绩效标准是被考评者可以达成的。

在制定绩效标准时，必须将标准设定在被评估者通过一定的努力可以达到的范围内，设定在组织有资源支持被评估者实现目标的范围内。如果把标准设定得过高，处在组织资源支持和员工个人努力都无法达到的状态上，这种标准就会失去其激励导向的价值。一般情况下，制定的绩效标准应该是：80%左右的员工经过努力能够达到；5%～10%的员工经过努力能够超越，即达到卓越标准；5%～10%的员工经过努力还达不到，只能处于接近的状态或虽未接近但也差得不太远。

（3）绩效标准应该是考评双方共同沟通并一致认可的。

主管和员工共同参与绩效标准的制定，对于更好地激励员工、开展绩效评估工作非常重要。因为员工认可的绩效标准，更能调动员工的工作积极性和创造性。另外，在标准不能得到认同的情况下，任何评估活动都可能引发双方之间的争执与矛盾，这对于实现绩效管理的有效性是十分不利的。

（4）绩效标准应尽可能具体且可衡量。

一般情况下，应尽可能将绩效标准用量化的方式表示，即以数量、百分比或数字等来表示各个具体的标准。但事实上，并不是所有情况下都要用量化的方式表示绩效标准。例如，对于态度、行为、能力等指标，只能采用主观判断的方式进行评价。当然，即使在这种情况下，绩效标准也应尽可能被具体明确地说明。

（5）绩效标准要有一定的稳定性。

绩效标准是评估工作绩效的权威性文件，因此需要有相对的稳定性，以保证标准的权威性。当然，这种权威性还必须建立在标准水平的适度性基础上。一般来说，标准一经制定，其基本框架不会改变。当然，环境变迁、技术进步和知识更新会对员工的绩效标准提出新的要求，此时有必要对标准进行一定的修订。尤其对于一个刚创立的公司来说，由于缺乏经验，标准的制定往往不够完善。在这种情况下，吸取同行业其他公司的经验，参照国际的、国内的先进标准，是更明智的方式，但要注意借鉴的绩效标准一定要符合本企业的特点。

实例 3-6

T公司是一家高科技制造企业，现有员工1 500人。T公司拥有全球领先的专业技术，因此已经成为各大知名企业的供应商。

T公司下属生产技术部在2019年招聘了两个来自名校的大学生，一个叫张三，另一个叫李四。他们两个是同班同学，彼此之间都非常熟悉。两人都以电气工程师岗位入职，只不过张三主要负责设计工程设计图，而李四负责电气程序的修改和设计。

一年以后，这两名员工都表现优异。李四工作仔细认真，兢兢业业，每天都有做不完的资料图纸修改，而且还经常加班，部门领导对他是赞赏有加。而张三也得到了部门领导的赏识，经常被派出去研修、学习，学到了很多李四所不知道的知识，这让李四十分羡慕。

到了年底，T公司开展绩效考核，两个员工都对自己的绩效评价信心满满。可是评价结果一出来，李四却是十分失望。

张三获得了升级评定，评价是A+，然后职位等级从P3升到了P4；而李四的绩效评价是A，职位等级维持P3不变。

李四对公司的管理制度及评价制度非常不满，并认为绩效评价不公平，因为平时自己比张三工作要认真仔细，加班加点工作也属常态，而张三不仅工作时间少，还经常出差学习。可是他的不满却无从表达。

从此以后，李四工作不如原来认真了，加班的频度也大为减少，工作的效果不及原来的一半，在很长一段时间内，大家再也没有看到那个意气风发、熬夜加班的身影。

这样的状态又持续了一年，私底下，李四更新了自己的简历。猎头捕捉到了这一动态，像李四这种名校的高材生，一直是猎头关注的焦点。经过电话确认后，猎头确定李四有更换工作的意愿，给李四推荐了另外一家待遇好的公司，李四便离职跳槽了。

李四身上发生这样的事情，是部门领导偏心造成的吗?

分析

本案例表面上看起来是部门领导有偏心，对待员工不能一碗水端平。但深究起来，是T公司在绩效管理中出现了一些问题。

1. 绩效评价标准不统一

一样的岗位，同样表现优秀，张三和李四却获得了不同的评价。我们甚至还可以这样认为，张三经常外出学习，他对公司的贡献肯定会少于经常加班加点、认真工作的李四。可结果却是张三获得了晋升，这肯定会激起李四内心的不满。

同样的岗位，绩效评价标准的不统一，或者说主观性太强，都给人留下了可供操作的空间，这样很容易导致各种不公平现象的发生。因此，相同的岗位应该统一绩效评价标准，并且尽量做到客观。

2. 缺少绩效反馈

T公司在绩效管理过程中有了绩效评价、绩效结果的应用，却唯独缺少了绩效反馈。通过有效的绩效反馈，管理者和员工之间能够对绩效评价结果达成一致，并对员工将来的绩效目标和工作改善进行沟通。可是从案例来看，李四没有与部门领导进行任何的沟通和反馈，而是将不满埋藏在了心里，最终导致他的离职。

四 具体行动方案

绩效计划是组织计划和个人计划的统一，是直接上级与下属员工积极、有效的沟通过程。制定绩效计划的过程会因企业、岗位、管理风格等因素而异，但其具体行动方案的制定一般都要经历以下几个步骤：

1. 制定、传达组织和团队计划

（1）制定组织和团队计划。

在组织战略的指导下，组织和团队的计划制定，一方面应该具有前瞻性，因而需要充分考虑外部环境因素；另一方面应该结合组织与团队的实际情况，因而需要认真分析内部条件因素。就后者而言，管理者无论制定什么层次的计划，都应尽量听取下属的意见，给下属充分参与的机会，为以后计划的顺利实施奠定基础。

（2）传达组织和团队计划，取得员工认同。

要让员工对组织和团队的计划充分理解，可以通过多种形式向员工传达信息。例如，可以采用宣传栏、计划目标手册、广播、正式文件、办公自动化系统和各层级的沟通会议等形式。这样，员工通过参与和其他途径理解了组织和团队计划，他们也就能将组织与团队的目标作为自己的行动纲领。

2. 审视工作说明书并分析岗位

员工绩效计划的制定既需要在组织与团队计划的指引下进行，又需要结合员工岗位的职责进行。每个岗位在设定时，都有其特殊的岗位职责与任务。如果针对岗位的工作说明书已经存在，则需要审视这些职责；如果岗位还没有工作说明书，则需要进行职位分析、撰写工作说明书并审查核实。

审视工作说明书后，还需要对现行岗位进行分析，分析的内容一般包括：本职位在组织中或工作流程中的关键作用是什么？应从事哪些工作活动来帮助实现其在组织中的作用或上一级的绩效目标或下一道工序或客户（内、外部）的期望？目前该职位的工作结果是如何衡量的？客户（内、外部）对该职位的主要期望是什么？除了常规要完成的工作活动内容以外，还要完成哪些特殊项目来帮助实现上一级绩效目标及改进本职位工作流程？

3. 重新设计工作

工作设计是指专业人员为了有效地实现组织目标，合理地处理人、财、物、事、信息的关系而采取的与满足个人需要相关的工作内容、工作职责的设计。是否需要重新设计工作，一般需考虑以下问题：是否为新设立的岗位？组织外部环境、内部条件与组织目标是否产生变化？组织结构是否发生调整、岗位职责是否发生变化？岗位任职人员是否发生变动？岗位任职人员的需求、动机和素质状况是否发生变化？

综合考虑组织内外环境、组织目标、岗位情况后，如果要对岗位工作进行重新设计，一般可以从三个方面考虑设计工作：工作扩大化与工作丰富化、工作满负荷、工作环境。

4. 明确员工在绩效周期内的岗位职责

工作说明书对岗位职责的描述一般是针对较长的一段时间（通常为1～3年）而言的，而且是笼统、全面与概括的。在一定的绩效周期内，员工的岗位职责只是工作说明书中其岗位职责的一部分，它是由这段时间内的具体工作目标与工作说明书中的职责共同决定的。绩效周期内的重要工作职责（对这段时间工作价值的贡献最大）称为工作要项。工作要项一般是以实现业绩的职责为主，是比较容易用定量指标来衡量的，它是员工绩效目标确立的基础，是关键绩效指标设定的基础。工作要求是指对员工在绩效周期内的品性、行为和能力方面的要求，也指执行某些工作要项的综合性要求，一般是难以通过定量化表示的内容。

温馨提示

不同岗位类型的绩效指标设计

对于不同的岗位类型，如营销类、技术类、生产类和行政类岗位，绩效指标的设计有着不同的特点和侧重。不同岗位类型的特点和绩效指标设计原则见表3-5。

表3-5　不同岗位类型的特点和绩效指标设计原则

岗位类型	岗位特点	绩效指标设计原则
营销类岗位	①以完成业务目标为导向 ②工作的弹性和灵活性较大	以结果类指标为主，以行为类指标为辅
技术类岗位	①输出结果与个人专业技术水平相关 ②工作的创新性较强	以能力类指标为主，以行为类指标为辅
生产类岗位	①工作内容比较单一 ②工作的机械化程度高	以数量和质量类指标为主，以能力和行为类指标为辅
行政类岗位	①工作内容比较繁杂，工作量比较大 ②工作中可能需要大量的沟通 ③工作的不确定性较大 ④工作产出主要是任务的完成质量	以任务类指标为主，以行为类指标为辅，以结果类指标补充

5. 制定员工绩效目标，确定绩效指标体系

制定员工绩效目标是开发和设计员工绩效管理系统的起始环节，也是十分重要的环节。绩效指标体系源自绩效目标，是绩效目标的具体化，一般由绩效指标、绩效标准、指标权重构成。绩效指标体系将要考评的内容具体化、可操作化，在整个绩效管理周期中必不可少。

6. 拟定并选择可行的实施方案

明确了工作的绩效目标，还需要制定并选择可行的方案。一般是根据组织的外部环境、内部的资源条件、组织的战略目标、团队的工作目标、个人的绩效目标、个人本身的实际情况（素质、技能、知识、人际关系、家庭环境、情绪与心理状态等）来制定和选择方案。

可行的方案一般应该符合以下几个条件：

（1）以目标为导向。行动方案应该确保个人目标的实现是为了组织目标与团队目标的实现，不能因个人利益或局部利益而影响全局利益。

（2）具有灵活性。由于市场环境的复杂多变，也由于组织内部环境与个人情况可能会发生变化，所以制定和选择方案时应该考虑“替补”方案。

（3）具有可操作性。方案应该立足于现有环境与条件，不可建“空中楼阁”。同时，方案应该具备系统性，不可片面与孤立。

7. 形成绩效契约

绩效计划如果没有形成固化于文字的绩效计划表和内化于心灵的心理契约，而只是停留在口头的讨论或交谈之中，很可能以失败告终，从而导致整个绩效管理工作“流产”。

疑难解答

绩效指标是不是越被量化越好?

为了保证绩效评价体系的客观性和公平性，许多绩效管理人员在设置绩效指标时，希望把所有的绩效指标都设置成定量指标，认为这样就能有效避免被考核人的一些负面情绪或者绩效申诉。

然而，绩效指标全部设置成定量的指标，并不就意味着绩效管理的结果一定会是公正和公平的。同时，公平和公正的绩效管理体系也并不一定需要把所有的绩效指标设置成定量的指标。

事实上，实务中那些特别强调并要求绩效指标必须全部量化的管理者，往往不愿意面对自己对下属评价后下属可能会有的反应，或者是自身不具备对下属工作的评价能力。总之，从某种意义上说，这样的管理往往是想逃避责任或者是不称职的。

在绩效管理的实践中，“不可能把每一项指标都量化”的这种说法可能不一定确切；但是从管理的成本、必要性、效率等各个维度考虑，把每一项指标都实现量化却一定是不现实的。

第五节　如何设计绩效合同

在绩效计划的实施阶段，为了使得绩效目标能以书面的形式固定下来，以作为年度绩效考核的基本依据，企业组织常常使用“绩效合同”这一工具。所谓绩效合同，就是在绩效指标确定以后，由主管与员工共同商定员工的考核周期内的绩效指标和行动计划，然后以文字的形式确认，作为施行绩效指导方向、考核考评时的对照标准和绩效面谈的纲要，以及以后就考核结果进行个人素质提高的依据。

绩效合同是进行考核的依据，在主管与员工就员工在本考核周期的业绩目标经过反复沟通，双方达成一致后就可以按企业提供的绩效合同样式，将员工的个人考核指标、预期目标填写完整，签字后双方各执一份备查。绩效合同没有固定的流程和格式，一般包括以下内容：

（1）受约人信息。即被考评对象的基本信息，包括员工的姓名、职位、所在部门等。

（2）发约人信息。发约人往往是由被考评员工的上一级正职（或正职授权的副职）来担任。

（3）合同期限。规定了绩效合同生效至截止的时间，一般为一个绩效管理周期。

（4）计划内容。主要是绩效指标、考评权重、考评标准等，用于衡量被考评员工的重要工作成果，是绩效合同的主要组成部分。

（5）考评意见。即在绩效考评完成之后，由发约人根据受约人的实际表现填写，用于分析绩效完成的亮点与不足，以达到绩效提升和改进的目的。

（6）签字确认。绩效合同需要由发约人和受约人双方签字确认后方可生效，因此绩效合同的最后部分要留出相应的空间，以供签字使用。

除以上基本内容外，一些绩效合同中还规定了合同双方的权利和义务、绩效目标完成与否的奖惩措施、员工能力发展计划、绩效目标修改履历等。绩效合同设计的繁简，取决于企业的绩效管理水平和重视程度，不能一概而论，只要适合企业的实际情况即可。

绩效合同的样本见图3–2、图3–3、图3–4。

________企业________岗位绩效合同	
发约人：	受约人：
发约人职位：	受约人职位：
发约人部门：	受约人部门：
审核人：	审核人：
生效日期：	截止日期：
岗位工作概况：	

项目	项目名称	绩效指标说明与要求	绩效完成情况	备注
关键业绩指标（KPI）				
岗位职责指标（PRI）				
素质能力指标（PCI）				
否决指标（NNI）				

总结：

改善意见：

被考核人意见：

考核人：	被考核人：	审核人：
年 月 日	年 月 日	年 月 日

图3-2 绩效合同样本一

员工绩效合同书

为明确工作责任，提高工作效率与工作质量，共同实现绩效目标，经发约人与受约人沟通一致，签订本绩效合同书。受约人岗位的工作标准为本合同书的当然附件，本合同书中的工作目标和关键业绩指标已经双方确认，将作为受约人月度和年度绩效考核的依据。

受约人确认，对上一年度的绩效结果无异议，并确认上一年度公司在工资发放及其他劳动关系方面均不存在未清事项。

受约人同意，如受约人没有达成工作目标，同意按公司《绩效与薪酬考核管理标准》及相关规定接受公司作出的考核处理（包括降薪、降职或调岗处理等）。

受约人姓名		发约人姓名	
受约人职位		发约人职位	
受约人部门		发约人公司/部门	
绩效合同期限	年 月 日到 年 月 日		

第一部分 重点工作目标（权重，%）

工作目标	标准分	衡量标准	完成情况	完成结果评分
得分小计				

第二部分 岗位KPI（权重，%）

KPI/重点工作	标准分	衡量标准	完成情况	完成结果评分
得分小计				

绩效考核得分		备注	
综合评价意见			
受约人签字		发约人签字	
签字日期		签字日期	

图3-3 绩效合同样本二

<table>
<tr><td colspan="7">××公司高管绩效合同</td></tr>
<tr><td colspan="3">被考核人：</td><td colspan="4">直接主管（考核上级）：</td></tr>
<tr><td>项目</td><td>分类</td><td>考核指标</td><td>权重</td><td>指标说明</td><td>信息来源</td><td>考核说明</td></tr>
<tr><td rowspan="17">考核项目</td><td rowspan="2">公司 KPI 20%</td><td>1. 年度收入完成率</td><td>10%</td><td></td><td>财务报表</td><td rowspan="2">年度考核</td></tr>
<tr><td>2. 利润完成率</td><td>10%</td><td></td><td>财务报表</td></tr>
<tr><td rowspan="6">岗位职责指标 50%</td><td></td><td></td><td></td><td></td><td rowspan="6">月度考核</td></tr>
<tr><td></td><td></td><td></td><td></td></tr>
<tr><td></td><td></td><td></td><td></td></tr>
<tr><td></td><td></td><td></td><td></td></tr>
<tr><td></td><td></td><td></td><td></td></tr>
<tr><td></td><td></td><td></td><td></td></tr>
<tr><td rowspan="4">工作任务指标 10%</td><td></td><td></td><td></td><td></td><td rowspan="4">月度考核</td></tr>
<tr><td></td><td></td><td></td><td></td></tr>
<tr><td></td><td></td><td></td><td></td></tr>
<tr><td></td><td></td><td></td><td></td></tr>
<tr><td rowspan="5">能力态度指标 20%</td><td></td><td></td><td></td><td></td><td rowspan="5">季度考核</td></tr>
<tr><td></td><td></td><td></td><td></td></tr>
<tr><td></td><td></td><td></td><td></td></tr>
<tr><td></td><td></td><td></td><td></td></tr>
<tr><td></td><td></td><td></td><td></td></tr>
<tr><td rowspan="3">修订履历</td><td>时间</td><td colspan="2">修订内容</td><td>修订者</td><td>审核者</td><td>审批者</td></tr>
<tr><td></td><td colspan="2"></td><td></td><td></td><td></td></tr>
<tr><td></td><td colspan="2"></td><td></td><td></td><td></td></tr>
<tr><td colspan="3">被考核人：</td><td colspan="2">考核人：</td><td colspan="2">日期：</td></tr>
</table>

图3-4　绩效合同样本三

第四章　如何进行绩效实施

本章思维导图

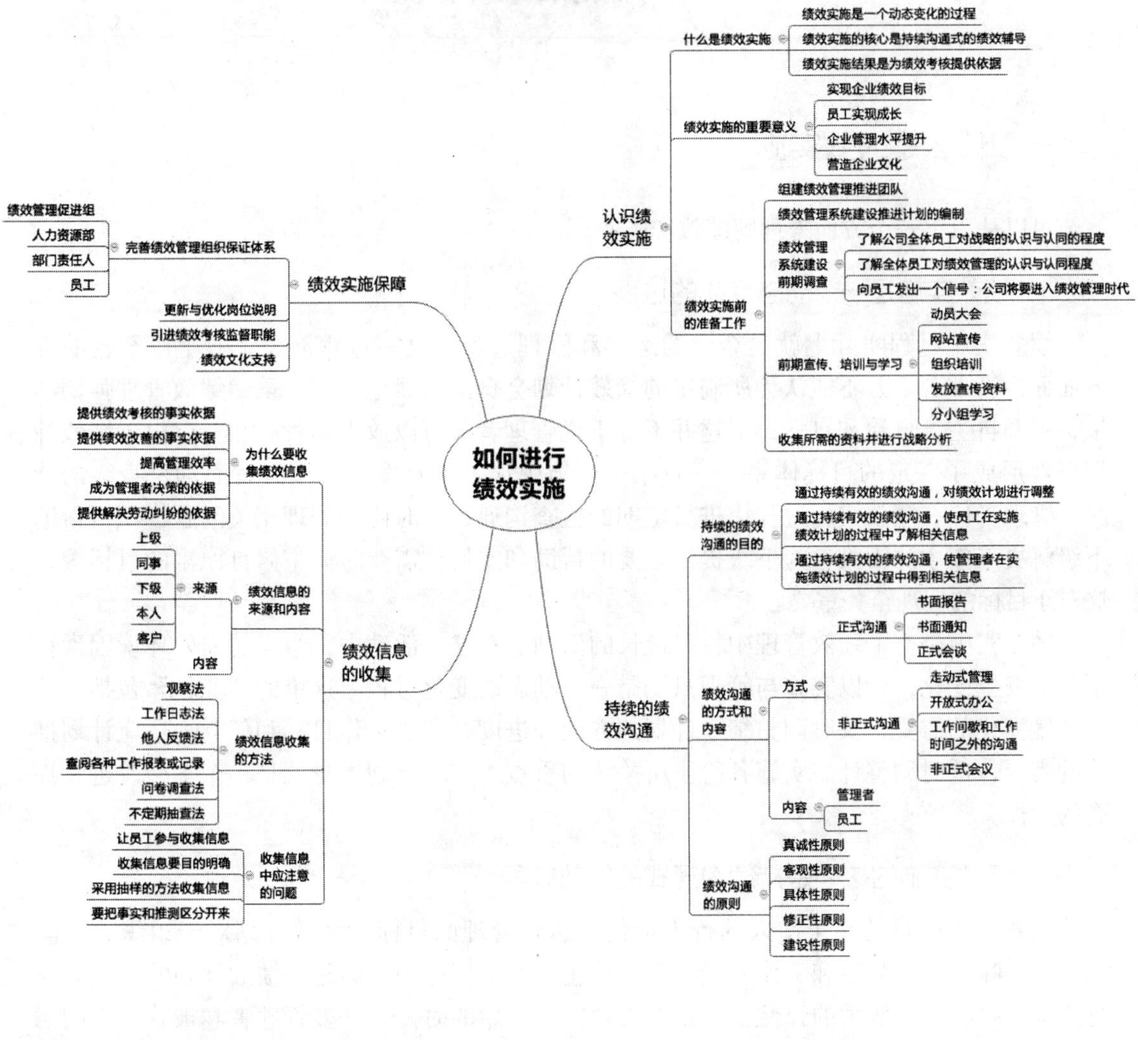

绩效实施就是使上一个阶段绩效计划取得的成果，得到贯彻和落实。绩效实施，是指员工按照先前制定的绩效计划开始绩效目标实施工作。除了需要员工实施绩效计划外，还要有绩效督导者（一般是管理人员）对绩效计划的实施情况进行检查，确保绩效计划落到实处。并且，员工的直接上级应该在实施过程中给员工提供相应的指导，帮助他们实现绩效目标。

第一节 认识绩效实施

一 什么是绩效实施

可以从以下三个方面来理解绩效实施：

1. 绩效实施是一个动态变化的过程

绩效实施过程实际上就是企业的运作和管理过程，这一过程涉及企业生产经营的方方面面，管理者千万不能认为所制定的绩效计划会自然而然地实现。虽然绩效管理强调结果，强调自主、自治和自觉，但这并不等于说管理者就可以放手不管。相反，由于绩效计划已经形成了一定的目标体系，一旦某个环节失误，就会发生“牵一发而动全身”的状况。管理者应在绩效实施过程中进行定期的检查沟通，及时协调处理相关问题，积极帮助下级解决工作中的困难，为下级提供必要的帮助和支持，需要时调整修订原来的目标等，这对于目标的实现至关重要。

绩效实施是整个绩效管理中耗时最长的活动。在这一活动中，组织的内外环境因素在不断地发生变化，所以实施与管理只能是一个动态的变化过程。这里的“变化”包括：适应环境变化的需要，及时调整绩效计划的方向和进度，变更工作目标和任务；适应计划推进的需要，适时调整计划实施各阶段所关注的重点工作。计划本身就是一个不断改进和提高的过程。

2. 绩效实施的核心是持续沟通式的绩效辅导

绩效管理的目的在于使人的行为量化而达到管理的目标，绩效计划对于组织、团队和员工意味着工作数量和工作质量，意味着企业的价值体现。但是在绩效计划的制定和执行之间，存在一个较大的弹性空间。在绩效实施开始的时候，许多管理者和被管理者的意识、态度和行为并没有做好充分的准备，缺乏足够的对计划的执行能力——帮助组织、团队和员工处理危机和实现成就的正确意识和方法。因此，绩效实施过程中，管理者和员工双方持续的绩效沟通至关重要。

3. 绩效实施结果是为绩效考核提供依据

绩效实施是为绩效评估准备信息数据的，所以在绩效实施的过程中，一定要对被评估者的绩效表现做一些观察和记录，收集、整理必要的信息。这里所说的“记录”，是由主管人员对自己所观察员工工作过程中绩效行为的文字描述，而“收集”则是主管人员对其他观察人员所记录绩效信息的获取。记录和收集绩效信息可以为绩效评估提供充分的客观事实，为绩效改进和提高提供有力的证据，可以发现绩效问题和产生优秀绩效的关键时间及原因，可以在绩效评估和人事决策发生争议时提供事实基础。

二　绩效实施的重要意义

绩效实施阶段的两个核心目标是实现企业绩效目标和提升员工工作能力，所以在这个阶段的任务应围绕这两方面来开展。此外，有效的绩效实施过程还能促进企业管理水平的提升以及企业文化的形成等。

1．实现企业绩效目标

这一点是绩效实施阶段的核心目标之一，也是绩效实施阶段的重要意义所在。在该阶段，企业通过对员工的绩效实施过程的把控，确保企业绩效目标的实现，因此该过程有效实施是企业绩效目标有效实现的关键所在。

2．员工实现成长

员工绩效指标与计划的制定以及后期的绩效评估都不是实现员工成长的关键环节，员工通过绩效管理实现技能提升的关键环节有两个：一个是在绩效改进计划下的绩效实施阶段，另一个是在绩效评估后的绩效面谈阶段。因此，绩效实施阶段的有效实施是员工实现成长的重要环节。

3．企业管理水平提升

企业中有效的管理需要有设定计划目标、实施计划、实施结果评估、结果评估与改进四个阶段。但在我国的企业管理中，绩效计划的实施阶段一直是一个缺失项，或者是最不受重视的环节之一。因此，在企业的绩效管理中，明确和重视该环节的工作，不仅有利于企业的绩效管理工作，而且能使企业重视管理过程中的这个弱化环节，从而帮助企业提升管理水平。此外，该过程的有效实施，也要求管理者经常思考如何与员工进行有效的沟通，如何激发员工的工作热情等问题，从而帮助管理者提升自身的管理水平，也有利于提升企业的管理水平。

4．营造企业文化

在绩效实施阶段，管理者需要按照绩效管理制度的要求定期或不定期地与员工展开工作方面的沟通和互动，双方需要就绩效目标实施过程中遇到的问题进行分析和解决。在这个过程中，管理者能与员工形成一个良性互动，减少企业管理者与员工之间的隔阂，增强企业内部上下级之间的理解，从而有助于企业树立良好的企业文化。

温馨提示

绩效实施与管理的误区

绩效实施与管理的过程往往容易被人们所忽视，在这个过程中存在一些误区。

1. 绩效管理重要的是计划和考核，中间的过程是员工自己工作的过程

不少管理者认为，对于绩效管理来说，最重要的是事先做好计划以及在绩效期结束时对绩效进行评价，而中间的过程则不需要进行过多的干预。然而，这样做常常是非常危险的。需要强调的是，不管组织的绩效考核是三个月做一次、半年做一次还是一年做一次，对员工的反馈都应该是持续不断的。千万不可以在绩效周期期初与员工制定了绩效目标之后，直到绩效周期最后进行绩效考核时才对员工进行反馈，这样做很可能到时候被考核的员工都已经离职了。

2. 对员工绩效的管理就是要监督检查员工的工作，要时刻关注员工的工作过程

有些管理者总是表现出对员工不放心的态度，总担心员工无法很好地完成工作，因此过多地去关注员工的工作细节。其实，绩效管理强调目标管理，管理者应该把主要的精力放在对员工工作结果的关注上，即工作目标的达成情况。对于具体的工作过程，不必过分细致地关注。

3. 认为做记录是在浪费时间

在绩效实施的过程中，有些人认为员工是最忙碌的，而管理者则是把任务分派下去，自己就没有什么事情做了。其实，管理者有大量的工作需要做，至少为了在绩效期满进行绩效考核时能够拿出事实依据来，他们也应该做大量的记录。若在绩效实施的过程中不做记录，一方面，在绩效考核时对员工工作表现的记忆不够清晰，容易造成对事实的歪曲；另一方面，在与员工进行沟通时，没有足够的事实依据握在手中，容易引起争议。

所以，制定绩效计划之后，绩效实施与管理的过程中主要需要做的事情有两个：一是持续的绩效沟通，二是记录工作表现。

实例 4-1

最近，某公司的赵主任情绪很不好，全公司10个办事处，其他办事处的销售业绩都有所增长，而自己的办事处的业绩非但没有增长，反而有所下降。

在公司里，赵主任是公认的销售状元，进入公司5年，业绩可谓“攻无不克，战无不胜”，从一般的销售工程师晋升到办事处主任。他当了主任后，深感责任重大，把最困难的工作留给自己，并经常给下属传授经验，但业绩却令人失望。例如，他的员工不能按要求完成任务；他们对应该做什么不是很清楚，导致工作没人做；同一错误重复发生，但没人知道为什么会这样；而赵主任对发生的事都不太清楚，他只知道他很忙，他的下属也很忙，却不知道为什么没有忙出结果。临近年末，除了要做销售冲刺外，他还要完成公司推行的“绩效管理”。赵主任心想：天天讲管理，市场还做不做？管理是为市场服务的，不以市场为中心，管理有什么意义？又是规范化，又是考核，办事处哪还有时间抓市场？人力资源部的人多了，就要找点事儿做。

赵主任对绩效管理已是轻车熟路，通过公司内部网，他给每个员工发了考核表，要求他们尽快完成自评。同时，自己根据一年来员工的总体表现进行了排序。但因时间相隔较长，平时又没有很好地做记录，员工表现的好坏已经难以区分，幸好公司没什么特别的比例控制。最后，赵主任选了6名下属进行了5～10分钟的沟通，一切就得以完成，整个办事处的绩效管理工作总算是“搞完”了。

那么，赵主任的绩效管理工作做得怎么样？

分析

本案例反映了一些企业绩效管理的现状。企业人力资源部花了很大的心力弄出来一整套绩效管理流程、制度、办法，结果到了各级主管手中，却像一个死循环一样，不当回事地日复一日地重复使用，完全成了形式主义。

对于企业基层员工来讲，他们为年复一年的绩效考核写出的工作总结，公司和管理者从没仔细地看过，考核真的变成了一种“形式”。因此员工普遍存在“只要别出错，结果就差不到哪里去”“干活不如把上司的脉”等想法。

而一些部门的管理者也认为平时部门工作已经够忙了，人力资源部还要没事找事，搞什么绩效考核。

但从实际看，赵主任的办事处运作得不是很好：他的员工不能按要求完成任务；他们对应该做什么不是很清楚，导致工作没人做；同一错误重复发生，但没人知道为什么会这样；而赵主任对发生的事都不太清楚，他只知道他很忙，他的下属也很忙，却不知道为什么没有忙出结果。

这个案例主要说明赵主任实际上没有为下属设立清晰的绩效考核目标，而且平时不但对下属的绩效辅导不到位，而且对员工绩效的重大事件也不了解，从而导致部门绩效不好，等到要做绩效评估时就不知道评定的依据是什么了。

三　绩效实施前的准备工作

1. 组建绩效管理推进团队

组建绩效管理推进团队是前期准备第一个环节的活动，其主要意义在于确保绩效管理系统在建设的过程中能得到强有力的推动。

具备“强有力推动能力”的团队应当具备以下特征：

（1）具备建设绩效管理所需要的组织权利。

（2）了解公司整体运作，熟悉各个职能领域的现状。

（3）拥有绩效管理建设所需要的专门知识与技术。

2. 绩效管理系统建设推进计划的编制

推进计划主要包括工作活动内容、责任人、时间进度安排和产出成果等四个方面的内容。计划表应当详细罗列出项目推进的各个大步骤及大步骤中的每一项活动；应当能够清楚地表明这些步骤及活动的开始时间和结束时间；还应当明确每一步骤及活动中各方担当的责任；最后，还需要确定在各个步骤或活动结束后，应当获得什么样的结果。

3. 绩效管理系统建设前期调查

组织绩效管理系统建设前期调查活动主要是为了澄清以下问题：

（1）了解公司全体员工对战略的认识与认同的程度。

由于绩效管理是落实公司战略的重要方法，因此推进小组在以后的设计过程中必然会与公司各个管理层级的员工进行沟通。事先掌握他们对公司战略认识与认同的程度有助于决定要做好哪些战略宣传的准备工作，有助于正确地估计在目标分解中要花费多大精力来给公司人员解释战略。

（2）了解全体员工对绩效管理的认识与认同程度。

绩效管理实施成败的一个重要影响因素是：公司各级员工对它认识与认同程度。如果公司全体员工不理解绩效管理的作用，尤其是各级主管没有掌握必要的绩效管理操作知识，那么会使得绩效管理在后期的实施中推进的难度加大。因此，做好前期调查，可以提前做好准备。

（3）向员工发出一个信号：公司将要进入绩效管理时代。

开展绩效管理前期调查，实际上也是向公司的员工发出一个信号：公司将要引入绩效管理。这个信号实际上也是为开展前期的宣传做一个铺垫。

另外，绩效管理的前期调查工作可选择两种方法来进行。

一是访谈法。是指由推进小组人员与事先确定的受访者进行一对一沟通，以获取所需信息。访谈法是一个互动沟通的过程，从理论上讲，它能有效地挖掘受访者内心深处较为真实的想法。但是，由于有些被访谈者可能不太愿意说出自身真实的想法或感受，如他们可能不认同绩效管理，但是为了附和公司的决策还是口头上支持绩效管理。对于这样的问题要结合无记名问卷调查结果来展开调查分析更为有效。

在访谈时应注意：要营造一个良好的、宽松的沟通氛围，在态度、座位的安排上应尽量造成一种亲切感；还要让小组人员对谈话中的重点问题进行记录；尽量让受访者阐述自己的看法，小组人员不要在访谈中轻易发表自己的观点等。

在正式的访谈展开之前，推进小组应事先拟定一个结构化的访谈提纲。

实例 4-2

试编制一个面向高层领导的绩效管理前期访谈提纲。

分析

1. 您可以简单地与我沟通一下您对于绩效管理的认识吗？
2. 您和其他的高层是否认真地规划过公司的未来发展目标？

3. 您可以描绘一下公司未来发展的宏伟蓝图吗？
4. 公司今年要实现哪些目标？您认为这些目标实现的可能性有多大？是不是切合实际的目标？
5. 公司是否要求就这些目标制定切实的行动计划？公司的这些行动计划是否有足够的资源保障？
6. 您清楚您在实现这些目标的过程中起到什么样的作用吗？
7. 您今年的工作目标的重点是什么？您认为这些目标是切合实际的吗？
8. 您的目标和您下级员工（部门或单位）的目标之间的关联性有多大？
9. 您的下级员工（部门或单位）是否也对各自的目标制定行动计划？他们的行动计划有足够的资源保障吗？
10. 您是采取什么方式与您的下级沟通目标制定的？
11. 在日常的工作中，您的上级是如何对您进行工作指导的？
12. 在日常的工作中，您是如何指导您的下级的？
13. 您的上级评价或考核您的方法是什么？这是否能反映您的实际工作成果？
14. 您的付出和收获之间是否保持对等关系？

实例 4-3

试编制一个面向中层经理的绩效管理前期访谈提纲。

分析

1. 您可以简单地与我沟通一下您对于绩效管理的认识吗？
2. 公司领导曾经跟您谈论过公司的未来发展目标吗？在确定这些未来发展的目标的时候是否和您做过沟通、讨论？
3. 您可以描绘一下公司未来发展的宏伟蓝图吗？
4. 您清楚公司今年要实现哪些目标吗？
5. 您认为这些目标实现的可能性有多大？是不是切合实际的目标？
6. 您清楚您（和您的部门）在实现这些目标的过程起到什么样的作用吗？
7. 您（和您的部门）今年的工作目标的重点是什么？您认为这些目标是切合实际的吗？
8. 公司是否组织您（和您的部门）就各自的工作目标制定切实的行动计划？
9. 您（和您的部门）的行动计划是否有足够的资源保障？
10. 您部门的目标和您下级员工的目标之间的关联性有多大？
11. 您的上级采取什么方式与您沟通工作目标？
12. 您是采取什么方式与您的下级沟通工作目标的？
13. 在日常的工作中，您的上级是如何对您进行工作指导的？
14. 在日常的工作中，您是如何指导您的下级的？

15. 您的上级是如何评价或考核您的？您认为这种评价或考核是否能反映您的实际工作成果？

16. 您是如何评价或考核您的下级的？他们有没有向您申诉其中存在的问题？

17. 公司是否给了您明确的工作结果回报？

18. 您能和我们谈一谈您的工作成绩和个人回报之间的具体情况吗？

实例 4-4

试编制一个面向基层员工的绩效管理前期访谈提纲。

分析

1. 您是否有直接的下级员工？

2. 您可以简单地与我沟通一下您对于绩效管理的认识吗？

3. 您是否了解公司未来发展的目标？

4. 您清楚公司今年要实现哪些目标吗？

5. 您认为这些目标实现的可能性有多大？是不是切合实际的目标？

6. 您清楚所在部门今年的工作目标吗？能否给我简单地描述一下？

7. 您认为这些目标是切合实际的吗？

8. 您今年的工作目标是什么？它们和部门的目标之间有什么关联性？

9. 您认为今年给您下达的这些目标是否合理？

10. 您的上级是采取什么方式与您沟通目标制定的？

11. 在日常的工作中，您的上级是如何对您进行工作指导的？

12. 您采取什么方式给您的下级制定目标？（如果第1题回答为“否”可直接跳过）

13. 日常的工作中，您是如何指导您的下级的？（如果第1题回答为“否”可直接跳过）

14. 上级是如何评价或考核您的？您认为这种评价或考核是否能反映您的实际工作成果？

15. 您是如何考核您的下级的？他们有没有向您申诉考核存在问题？（如果第1题回答为“否”可直接跳过）

16. 公司是否给了您明确的工作结果回报？

二是问卷调查法。要求推进小组人员事先设计好一个调查问卷，然后将这个问卷发放到受访者的手中，让受访者回答问卷中所提的问题以此来收集需要的信息。

问卷调查法是访谈法的一个有效补充。在实施中如果受访者素质水平较高，问卷可以设计成开放式的；如果受访者素质水平较低，则尽量将调查问卷设计成封闭式的。同时，在条件允许的情况下，建议组织一次问卷调查的填写会，这样做虽然使得填写人思考的时间少，但是往往可以使填写人获得无干扰的环境，确保其填写的独立性。如果涉及一些敏感的问题还可以采取无记名填写方式进行。无论是现场填写还是非现场填写，必须在规定的时间内收回调查问卷。最后，需要注意的是：推进小组对收回的问卷还要进行汇总整理，只有将大量样本对同一问题的答案统计出来后，问卷才能真正发挥它们的作用。在统计分析的过程中，推进小组对于一些明显可信度低的问卷应当予以剔除。

4. 前期宣传、培训与学习

为了获得公司全体人员的支持、参与及理解整个绩效管理的构建活动，推进小组需组织做好实施绩效管理系统建设的宣传、培训与学习工作。

（1）动员大会。

动员大会的目的是要向公司全体员工传递一个信号：公司的决策层领导已经下定决心将绩效管理进行到底。需要注意的是，大会上公司的最高领导的发言尤为重要，只有当最高领导竭力去倡导的时候，员工们才会重视并参与配合。

（2）网站宣传。

可以在公司的网站上发表关于绩效管理方面的文章及公司新闻；还可以运用公司的BBS论坛和广大员工进行以绩效管理为重点的互动沟通。

（3）组织培训。

组织前期的培训可以使公司骨干人员初步掌握与战略管理、绩效管理相关的基础知识，便于以后在后期的推进中有更便捷的沟通。

（4）发放宣传资料。

各种宣传资料能够使得公司的员工在参加培训、动员大会之后，更加详细地了解绩效管理。因此，推进小组应当准备好与绩效管理相关的学习与宣传资料。

（5）分小组学习。

向公司各个部门经理提出分小组学习的要求。为确保分小组学习不流于形式，编制学习计划并根据计划检查监督他们的执行情况。公司各级主管，特别是中层的部门经理对绩效管理的吸收与理解程度，往往会直接影响到公司绩效管理推进的成功与否。

5. 收集所需的资料并进行战略分析

在开始构建绩效管理之前，要收集相关资料作为信息输入。推进小组需要准备《绩效管理信息资料核对表》，核对表的信息来源于两个方面：公司内部和外部。

公司内部信息资料包括：战略规划、市场计划、财务计划等各类经营计划文件；企业发展史；以前管理咨询公司所提交各种报告；财务年报、分析报告及财务预算；其他各种类别的工作报告（如公司内部所进行的关于市场方面的调查报告）；组织设计方面的资料；研发、采购、生产、质量及售后服务、营销等方面的资料文件；企业文化方面的报告等。

公司外部信息资料包括：各种报纸杂志关于行业方面的报告；通过其他途径收集的关

于行业的基本状况资料、行业趋势分析报告、竞争分析报告、科技趋势分析报告及市场销售趋势方面的分析报告；标杆企业研究报告等。

第二节 持续的绩效沟通

一 持续的绩效沟通的目的

员工和管理者通过沟通共同制定了绩效计划，但这并不能保证执行绩效计划的过程就是完全顺利的。其中存在的问题有：管理者是否已经把计划考虑得周全？员工是否会按照计划开展工作？管理者是否可以高枕无忧地等待员工工作的结果？由于对这些问题都没有肯定的答案，因此在实施绩效计划的过程中，管理者需要与员工进行持续有效的绩效沟通。

（1）通过持续有效的绩效沟通，对绩效计划进行调整。

竞争的需要迫使企业不断地调整战略及生产和经营的模式，职位说明书的更新速度也越来越快。因此，企业员工不得不面对随时会发生的变化，对他们的工作方式和工作内容进行相应的调整。在这种情况下，对于工作计划的调整、工作内容的安排等，都成为管理者与员工之间必须经常交流的问题。不论是管理者还是员工都在面临着一个不断变化的工作环境。为了适应这种变化，管理者和员工都需要通过沟通解决各自所面临的种种问题。沟通能够帮助他们应付各种变化，即使没有变化，也需要获得信息来确保在发生变化的时候能够及时应变。

（2）通过持续有效的绩效沟通，员工在实施绩效计划的过程中了解相关信息。

由于工作环境的变化加剧，员工的工作也变得越来越复杂，在制定绩效计划时很难清晰地预判到所有在绩效实施过程中会遇到的困难和障碍。因此，员工在执行绩效计划的过程中可能会遇到各种各样的困难。由于问题是层出不穷的，员工总是希望自己在处于困境中的时候能够得到相应的资源和帮助。另外，员工也希望在工作过程中能不断地得到关于自己绩效的反馈信息，以便能不断地改善自己的绩效和提高自己的能力。

（3）通过持续有效的绩效沟通，管理者在实施绩效计划的过程中得到相关信息。

管理者需要在员工完成工作的过程中及时掌握工作进展情况的信息，了解员工在工作中的表现和遇到的困难，协调团队中的工作。如果管理人员不能通过有效的沟通获得必要的信息，那么也就无法在绩效评估的时候对员工做出恰当的评估。另外，及时了解信息还可以避免在发生意外的时候措手不及，可以在事情变得棘手之前进行处理。

二 绩效沟通的方式和内容

绩效沟通是一个充满细节的过程。管理者与员工的每一次交流（不论是书面的还是口头的）都是一次具体的沟通。沟通有各种各样的方式，每种方式都有其优点和缺点，也都有其适合的情境。因此，绩效沟通的关键是在不同的情境下选用适合的沟通方式。总体来说，绩效沟通可以分为正式的绩效沟通和非正式的绩效沟通两大类。非正式的绩效沟通则是员工与管理者在工作过程中的信息交流过程。

温馨提示

“说”与“写”的区别

1. 措辞和用语

在“说”的交流方式中，简单的词汇和简短的句子能更快被听众所理解。如果句子太长，听众很可能丢失一些内容，因为他们没有时间也没有办法回过头来再次接收有关信息。而“写”的交流则不受此限制，消息接收方可以在任何时候重复阅读有关文本，因而文本中的词汇可以复杂些，句子也可以较长。

2. 重复的量

通过“说”来进行交流时，只能通过语气、语调等的变化来对交流的重点进行强调；然而书写的文字可以被设置成粗体或各种各样的艺术效果，信息接收方也可以通过不断回看得到更好的理解。因此，“说”的交流需要更多的重复，通过对关键词语和句子进行不断地重复，帮助信息接收方对重点内容留下更深刻的印象。

3. 表达内容的过渡方式

在“写”的沟通中，表达内容的过渡非常容易和明显，新的段落、标点符号等都是明显的标志；而用“说”来沟通时，内容的过渡一般都用具体语言进行提示，或者使用语音的变化、停顿等。

4. 可视化的程度与类型

“说”的沟通方式往往需要用生动的语言以在信息接收方的大脑中留下鲜活的印象或具体的图景；而“写”的沟通方式则可以辅以图像、图形等视觉元素帮助信息接收方更为形象地进行理解。当然也有例外，如公共场合的正式演讲，可以通过演示文稿呈现内容要点、图片、动画等，演讲者再对其进行详细的解释，从而收到更好的信息传递的效果。

1. 绩效沟通的方式

（1）正式沟通。

正式沟通是指通过组织的纵向管理链条，采用事先计划好的程序，按照一定的规则进行的沟通。在绩效计划实施中，正式沟通的常用方式有书面报告、书面通知和正式会谈。

①书面报告。书面报告是指员工使用文字或图表的形式向上级主管汇报工作进展情

况，反映工作中存在的问题和提出请求与建议。

书面报告可分为定期和不定期两种。定期书面报告是按照组织要求，员工必须在规定的时间内向主管提供的有固定格式的书面报告，包括工作日志、周计划和总结表、月度计划和总结表、季度计划和总结表、年度计划和总结表等。不定期书面报告，包括员工可能会就遇到的困难和障碍而向主管提交的绩效计划调整建议书、追加资源申请书，或员工就工作过程中的一些新设想、新观点而提交的建议书。另外，主管也可能要求下属员工就某些问题提交原因分析报告、新方案草案等。

书面报告的优点是：书面报告可以培养员工工作的自主精神，通过让员工书写报告可以达到让员工"自我检测、自我提高"的目的；书面报告的沟通方式可以在较短的时间内收集大量关于员工工作进展情况的信息，且便于主管对不同的下属的工作情况进行比较；书面报告可以为后续总结工作经验提供可靠的原始资料；书面报告的沟通方式若采用现代网络技术，则可以突破时空限制，并能减少其他沟通方式中存在的沟通障碍。缺点是：书面报告主要是员工向管理者提供信息，这个沟通过程具有单向性，缺乏良好的双向交流；书面报告的沟通方式会消耗员工较多的时间，给员工的工作带来麻烦，因而可能使书面报告流于形式；书面报告是员工与管理者之间的信息交流，不能在团队中实现信息的共享。

温馨提示

述职报告

述职报告是一种定期书面报告，其主要目的在于共享经验与知识，为持续地改进绩效奠定基础，通过绩效分析找出问题，提出改善绩效的行动或措施，开发能力，发掘潜能，提升素质与能力，寻找支持与帮助。

不同层次的员工，其述职的内容有所差异。以中高层管理者为例，其述职内容主要包括但不限于以下几方面内容：

1. 目标承诺陈述。报告考核期内KPI的完成情况，并与同期水平相比明确工作的进步情况，审视全年目标，挑明目标的达成程度，说明差距和原因。要提出和检查提高员工职业化技能的计划、措施和效果，报告和分析组织气氛指数，检查公司在本部门的推进计划和阶段目标的完成情况。如果计划调整了，则需将相应的经营重点和KPI指标进行调整，使调整内容在调整栏中体现。

2. 主要业绩行为分析与主要问题分析。总结考核期内业务与管理工作，针对KPI目标和影响KPI的原因，按照优先次序，列出最主要的不足和最主要的成绩，并扼要地指出原因。

3. 面临的挑战与机会。通过准确扼要的数据和指标，说明客户、竞争对手和自身的地位、策略、差异和潜力，特别关注变化、动向、机会和风险，关注影响公司和部门KPI实现的市场因素和环境因素，以及业界最佳基准。

4. 绩效改进要点与措施。

5. 能力提升要点及方法。核心竞争力提升的策略与措施是指那些完成KPI和增强公司潜力的关键策略与措施，各部门要围绕公司目标，回顾本部门业务策略、中心工作以及核心产品/业务改进措施的落实情况和进展情况，并对策略及措施的实施结果进行计划。支持部门要负责检查公司重大管理基础上的推进计划和阶段目标的完成情况。

6. 确定新目标，并提出要求和说明其所应得到的支持与帮助。

②书面通知。书面通知是指在绩效计划实施过程中，主管就部门中某些共性的东西以文件的形式告知员工。这种书面通报能以非常正式的权威方式向员工传达组织的意旨，快速有效地引导员工的行为。

③正式会谈。由于书面沟通无法提供面对面的交流机会，因此面对面的沟通就具有不可替代的作用。这种沟通可以提供更加直接的形式，可以满足团队交流的需要，而且有助于在管理者与员工之间建立一种亲近感。这一点对于培养团队精神、鼓励团队合作是非常重要的。

最常见的形式就是管理者与员工之间一对一的会面。在每一次会面的开始，管理者应该让员工了解到这次面谈的目的和重点。由于是一对一的会谈，管理者应该将会谈的问题集中在解决员工个人面临的问题上，使会谈更具实效。也就是说，应该将问题集中在调整员工的工作计划、解决员工个人遇到的问题上。

一对一会面进行绩效沟通，其面谈的方式可以使主管人员与员工进行比较深入的沟通；面谈的信息可以保持在两个人的范围内，可以谈论比较不易公开的观点；面谈会给员工一种受到尊重和重视的感觉，比较容易建立管理者与员工之间的融洽关系；管理者在面谈中可以根据员工的处境和特点，有针对性地给予帮助。

但是，一对一的双方会谈的一个缺陷是涉及信息只在两个人之间共享。如果员工所处的是一个以团队为基础的工作环境，那么这种方式就不能够实现沟通的目的。这时，需要采用一种新的方式——有管理者参加的员工团队会谈。

由于员工是以团队的形式参加会谈的，选择恰当的交流内容就变得更为重要。不恰当的内容会浪费更多人的时间，而且可能造成员工之间不必要的摩擦或矛盾。这时就要求管理者判断哪些信息需要进行共享。

在团队会谈中，需要把握一些必要的原则：

首先，注意会议的主题和频率，针对不同的员工召开不同的会议。团队会谈更要注意明确会议重点，控制会议的进程，管理者可以要求每个人都介绍一下工作的进展和遇到的困难，可以使用一些结构化的问题提纲和时间表来控制进程。如果找到了问题并能够很快地解决，就应立即安排到人，以确保问题及时得到解决。如果问题的解决方法不能在规定的时间内得出，可能的解决方式是计划开一个规模更小的小组会或要求某个人在规定时间内草拟一份方案。不能因个别难以解决的问题而影响整个会谈的进度。

其次，合理安排时间，以不影响正常工作为宜。团队形式的会议意味着更长的时间和更大的复杂性；而且，要确定一个适合所有人的开会时间有时也不是件容易的事情。对于较小的团队，这种问题还较好解决。如果涉及的团队较大，这种会议就不能够过于频繁，可以采用派代表参加的方式来解决这个问题。

最后，在会议上讨论一些共同的问题，不针对个人。涉及个人绩效方面的严重问题不应轻易成为团队会谈的话题。任何人都有犯错的时候，这种公开的讨论是最严厉的惩罚。不同的文化背景决定了人们对于这种情况的承受能力和接受能力。一般情况下，这种针对个人的绩效警告应该在私下进行。

另外，还需要运用沟通的技巧形成开放的沟通氛围，并且鼓励员工自己组织有关的会议，邀请经理人员列席会议。在团队的工作环境中，员工们在工作中相互关联并发生影响。每个员工都能自然地了解和掌握其他员工的工作情况，而且每个员工都能够通过解决大家共同面对的问题来提高个人绩效乃至团队绩效。因此，群策群力是最好的解决问题的方式之一。

（2）非正式沟通。

在正式沟通过程中，由于沟通双方所处的地位与角色的差异，员工往往会感到较大的心理压力；在这种相对较严肃的沟通过程中，员工内心的真实想法未必能够如实地表达出来。另外，正式沟通往往在时间、地点、沟通渠道等方面有较高的要求，灵活性较低，执行成本较高。

而非正式沟通形式不拘一格，轻松自然，不受时间、空间的限制。若需要，随时可以进行。通过非正式沟通解决问题，效率非常高；此外，非正式沟通不仅可以沟通信息，而且可以交流情感。常见的非正式沟通的方式包括：

①走动式管理。在员工工作期间，主管人员不时地到员工的工作场所去看一看，并与员工进行简单的交流。这种方式，一方面可以了解员工工作的进展，发现员工工作过程中的关键行为，指导和帮助员工克服困难；另一方面，它能够起到既监督员工工作又激发员工士气的作用。

②开放式办公。主管人员的办公室向员工开放，只要办公室没有客人或没在开会，员工随时可以进入办公室与主管讨论问题。这种方式可以在某种程度上使员工在沟通过程中处于主动位置，使其根据自己的情况选择沟通的时间和内容，有效地减少由于沟通对正常工作的影响。

③工作间歇和工作时间之外的沟通。主管人员可以利用工作间歇与员工进行沟通，如共进午餐时、工作间歇喝咖啡时、下班后共同进行健身或娱乐活动时。这些场所的沟通轻松自然，能够于不经意间谈及工作问题。

④非正式会议。如茶话会、联欢会、生日晚会、团队聚餐等各种非正式的团体活动。这些非正式的会议提供了一种绩效沟通的机会，管理者可以利用这些轻松活泼的场合了解工作团队中存在的问题。

温馨提示

建设性沟通

建设性沟通追求在沟通过程中既解决问题，又建立积极的人际关系，它是每一位管理者都力图实现的目标。要实现建设性沟通，需要做到以下几点：

1. 信息组织全面对称。沟通者传递的信息是完整且精确的，双方对信息的理解是一致和对称的。

2. 简明清晰。消除冗长的表述，只包括相关的材料，避免不必要的重复。

3. 注重礼节。关注对方情感，真诚礼貌；站在对方的立场上传递信息，全面周到。

4. 具体生动。使用丰富的语言，采用生动的方法进行表述，切忌死板无趣。

5. 谈话连贯。沟通双方轮流讲话，控制好各方的交流时间，控制好交流主题。

2. 绩效沟通的内容

根据主管和员工在绩效计划实施中的需要，确定绩效沟通的内容。在绩效计划实施中，主管关心的是获取员工的关键信息、促进绩效目标的实现和为考评积累资料，员工主要关心的是应向主管提供哪些信息、获取哪些资源支持和帮助。因此，可以将绩效计划实施中沟通的内容概括为：

（1）管理者。

“我必须从员工那里得到哪些信息，以帮助他们更好地协调下属员工的工作，并在必要的时候向上级汇报？我必须给员工提供哪些信息和资源，以帮助他们完成工作？”

对管理者而言，如果不能掌握最新的情况，可能会面临许多不必要的麻烦。在某些情况下，管理者还应该有意地收集一些绩效评价和绩效反馈时需要的信息，这些信息将帮助管理者更好地履行他们在绩效评价中担负的职责。

（2）员工。

“我必须从管理者那里得到什么样的信息或资源？我必须向管理者提供哪些信息，以保证更好地完成工作目标？”

员工通过与管理者之间的绩效沟通，可以了解到自己的表现获得了什么样的评价，以便保持工作积极性，并且更好地改进工作。员工还需要通过这种沟通了解管理者是否知道自己在工作中遇到的各种问题，并从中获得有关如何解决问题的信息。当工作发生变化时，员工能够通过绩效沟通了解自己下一步应该做什么，或者应该着重去做什么。

三 绩效沟通的原则

为保证绩效沟通的有效性，沟通双方需遵循以下原则：

1. 真诚性原则

真诚是基础，是前提，不必过于谦逊，也不可夸大其词。要让员工真实地感受到管理者确实对员工的表现感到满意，管理者的表扬是真情流露，不是套近乎、扯关系。只有心与心的交流才会让员工有所触动，也只有发自真心的表扬才能成为员工前进的不竭动力。

员工只有在沟通过程中真心想要取得“真经”，真心想要有所成就，才能激发管理者的工作热情，使管理者为员工毫无保留地提供自己的意见。

2. 客观性原则

在进行绩效反馈之前，主管人员有必要认真思考一下这两个问题：影响员工绩效的因素究竟是什么？绩效不良是否真的是员工个人懈怠或差错导致的？其实，影响员工绩效的因素可以从两方面来分析：一方面是个人因素，如个人的知识、技能、经验等，这是最普遍、最常见的因素；另一方面则是系统因素，这是员工个人不能控制的因素，如工作流程不合理、资源匹配不足、沟通协调不畅、主管严重的官僚主义等。系统因素是真实存在的，却常常被管理者忽略，甚至是被选择性地“屏蔽”了。如果管理者能在排除员工个人因素的情况下改进系统影响因素，将会对企业绩效的改善有很大的作用。

员工应严格要求自己，客观地分析自身存在的问题，要勇于面对自身存在的缺陷，而不是将自己的失败都归咎于外部环境的影响。否则，员工的能力永远得不到提高，想要在工作中取得成绩是不可能的。

3. 具体性原则

对员工的评价，无论是表扬还是鞭策，应尽可能地做到具体，避免笼统、大而化之的泛泛之言。

4. 修正性原则

对于绩效评估出现的问题，应该存在可修正的通道。当一项评估因为数据或指标偏差引起评估的不公正时，不仅会影响绩效的结果，还会影响员工的向心力。评估沟通也是为了修正，修正不合时宜或不合理的因素，这样沟通才能起到真正的效果。

5. 建设性原则

正面反馈是要让员工知道他的表现达到或超过了领导的期望，得到了领导的认可，以此强化员工的积极行为，使之在今后的工作中继续发扬，表现出更优秀的能力。负面反馈则要给员工提出建设性的改进意见，以帮助员工获得改善与提高。坦诚开放的绩效反馈有利于促进评价双方建立良性的合作关系，营造和谐的沟通氛围，同时也对管理者的管理意识、管理能力及管理风格提出了更高的要求。关注绩效反馈，突破绩效瓶颈，这不仅仅是管理者必须直面的问题，也是管理者应该承担的责任，更是有效提升组织绩效的必由之路。

疑难解答

1. 现在越来越多来自不同国家、不同文化背景的人们走到一起，并成为同事。那么，组织要如何与文化背景不同的员工进行沟通？

由于文化背景不同，对人际交往符号的理解也各有差异，在与多样化的员工进行沟通时，需要注意以下几方面：

（1）评估。当与来自另一文化背景的人进行交流时，交流双方都需要评估各自文化在交流中的重要性，包括在两种文化中解读交流符号的共同点——肢体动作、语言等。

（2）认可。交流双方需要认识到，不论是对方的文化背景，还是自己的文化背景，都可能存在文化偏见。

（3）态度。在与拥有其他文化背景的人进行交流时，要保持一定的灵活性。需要调整个人的假设与方法，以创造没有冲突的交流环境。

（4）行动。交流双方需要采取一些行为来确保更好的交流，包括：①建立信任感。了解沟通双方文化在语言、所处环境、思维方式、肢体语言等方面的差异；遵循有关多样文化交流的原理，以在涉及特定文化交流的情境中传递出你的信任。②保证交流的精确。你所说的和别人最后获得的信息往往存在差异，在跨文化、跨语言的交流中更应注意。一个文化背景中的俗语常难以翻译，因此最好使用精确的语言表达。③给出反馈。在交流过程中不断提供有关反馈，表现出交流的兴趣和对对方的尊重；通过给出反馈，我们也能获得有关对方文化的信息，如思维方式、文化语境的高低。④保持灵活。跨文化的交流中，我们必须适应和理解对方的文化，以一定的灵活性来保持不偏不倚、客观公正的态度是开放交流的一大根本原则。

2. 为了弥补书面报告的缺点，管理者可以从哪几个方面着手？

（1）将书面报告的方法与面谈、会议或电话等口头沟通的方式结合在一起，将单向的信息沟通转变为双向的信息沟通。例如，当管理者通过报告中提供的信息了解到工作进程中发生的某个问题时，管理者就可以到工作现场指导员工解决这个问题，或通过面谈与员工进行交流，共同寻求解决问题的途径。

（2）简化书面报告中的文字工作，只保留必要的报告内容，避免烦琐、官僚的形式。管理者可以设计出一个统一的样表，以方便员工填写。

（3）充分利用现代化的信息交流手段，如网络办公，这会使书面报告的交流速度和效率提高，增强实时性。

（4）管理者应该让员工有机会决定他们应该在报告中写些什么，而不应由管理者一厢情愿地决定。

3. 在进行一对一绩效面谈的过程中，应该注意哪些问题？

（1）力图通过面谈使员工了解组织的目标和方向。面谈不应仅停留在员工个人所做的工作上，而要让员工知道他们个人的工作与组织目标有怎样的联系。这样，有助于使员工工作为与组织目标一致。

（2）在一对一绩效面谈的过程中，管理者应该更多地鼓励员工进行自我评价和报告，然后再进行评论或提出问题。如果问题是显而易见的，就应该鼓励员工尝试着自己找出解决问题的方法。另外，管理者应该在面谈的最后留出足够的时间让员工有机会说出他想说的问题。员工是最了解工作现场情况的人，从他们的口中了解情况是非常必要的。

（3）在面谈中，管理者还应该注意记录一些重要的信息，特别是在面谈中涉及一些计划性的事务时就更应如此，以防止过后遗忘。

第三节 绩效信息的收集

一 为什么要收集绩效信息

绩效考核是绩效管理系统的核心，要做到客观、公正地评价绩效，不能依靠个人的感觉和猜想，而应源于绩效实施和管理的过程。可以说，绩效实施和管理既是为了保证绩效计划的顺利实施，也是为绩效考核做资料准备。因此，在绩效实施和管理的过程中必须有对被评价者的绩效表现进行观察和记录，以收集有关的绩效信息。收集和记录绩效的目的在于以下几点：

1. 提供绩效考核的事实依据

在绩效实施的过程中对员工的绩效信息进行收集和记录，是为了在评价中有充足的客观依据。这些信息除了用于对员工的绩效进行考核外，还可以用作晋升、加薪等人事决策的依据。

2. 提供绩效改进的事实依据

在进行绩效改进的过程中，必须知道两件事，即“存在什么问题”和“是什么原因引起了这个问题”。这样有助于主管人员发现优秀绩效背后的原因，然后利用这些信息帮助其他员工提高绩效，使他们以优秀员工为基准，把工作做得更好。

3. 提高管理效率

强化绩效管理过程中的信息收集，对员工而言，有助于他们知道自己的工作对整体目标的重要性，从而能够将自身的发展与组织的发展联系起来。对管理人员而言，如果管理者在与员工进行绩效沟通时，将其中的要点及时记录下来，那么在绩效考核会议上，它能让管理者感到游刃有余，使管理者能很好地了解员工、指导员工，从而帮助管理者更好地总结，提高管理的效率。另外，管理者把他和员工讨论中的要点以书面形式记录下来，可以清楚地确认双方对讨论结果的理解是否一致。合理的绩效信息让管理者和员工之间的绩效沟通变得更为轻松，因为管理者和员工不必再苦思冥想以前发生过什么。

4. 成为管理者决策的依据

绩效信息是绩效管理活动中所有重大决策活动的依据。

（1）绩效信息是开展绩效考核工作的依据。在工作过程中收集或记录的数据，可以作为对员工绩效进行考核的依据。

（2）绩效信息是提供改进绩效方案的重要依据。有了充分的记录，员工就很容易明白从何种角度才能有效地改进绩效。

（3）绩效信息是决定考核结果运用决策的依据。绩效考核的结果要运用在人力资源管理的各种活动中。对不同的员工所运用的处理结果往往是不同的，但这必须有一定的依据，否则无法说服员工并得到他们的支持。这些依据主要是指在绩效管理过程中所使用的原始的和综合处理的分析性信息，它们对于考核结果运用到人力资源管理决策中具有重要意义。

5. 提供解决劳动纠纷的依据

有关绩效的详情和沟通情况等信息，是进行纪律处分和处理潜在的法律诉讼或劳动争议的重要证据。绩效信息如果显示管理者在处分员工之前就已经给了员工足够多的警告，那么管理者可以更从容地面对员工的质疑。企业保留详细的员工绩效表现记录不仅是为了在发生劳动争议时能有足够的事实依据，进而保护企业的利益，更是为了保护当事员工的利益。

温馨提示

绩效信息的偏差

人力资源部在核准和使用评价人提供的绩效信息和数据时要注意，并不是每位绩效信息的提供人都能够或者愿意提供真实有效的绩效信息。因此，人力资源部得到的绩效信息很可能是错误的、无效的、有偏差的。

当然，这种绩效信息的偏差可能有两种原因：一种是评价人无意为之的，是评价人非主观意愿造成的信息误差；另一种是评价人有意为之的，是评价人主观上故意提供存在偏差的绩效信息。

1. 评价人无意为之的偏差

评价人无意为之的绩效信息偏差产生的原因包括：

（1）评价人提供绩效信息时不认真所致。

（2）评价人依靠回忆提供绩效信息而不是依据平时的客观记录。

（3）绩效信息由多名信息提供人提供，在信息传递过程中产生误差。

2. 评价人有意为之的偏差

除了因为失误、无意为之的错误外，绩效评价信息的提供人有可能主动提供歪曲的绩效信息，其是否愿意提供客观真实的信息，其实是一个复杂的心理博弈过程。

绩效评价信息的提供人可能会故意提供有利于被评价人的绩效信息，原因可能包括：

（1）扩大被评价人的物质收益和精神收益。

提供有利于被评价人的绩效信息可能会使被评价人获得更高的绩效工资；可能使被评价人获得提职或者涨薪的可能性，从而获得更多的收益；可能会使被评价人获得一定程度的激励，从而产生积极的行为。另外，对于绩效评价信息来源于被评价人自身的情况，抬高自己的绩效评价结果，也是让上级管理者认为自己比较优秀的方式，从而让自己获得职位和工资提升的可能性。

（2）缩小评价人需要付出的沟通成本。

有时候提供有利于被评价人的绩效信息可以避免评价人与被评价人之间产生矛盾，造成双方日常工作中的关系紧张；避免处理被评价人可能会为自己不利的绩效评价产生的反驳和对抗。

（3）评价人与被评价人的私人感情。

如果评价人和被评价人之间的私人感情很好，评价人可能会把个人感情置于企业客观公正的规则之上，提供有利于被评价人的绩效信息。

绩效评价信息提供人也可能会故意提供不利于被评价人的绩效信息，原因可能包括：

（1）增加被评价人的精神压力。

提供不利于被评价人的绩效信息，可能会使被评价人感受到精神的压力，给被评价人一定的警示和震慑作用。

（2）迫使被评价人采取行动。

提供不利于被评价人的绩效信息，可能有助于被评价人收敛或改变行为；也有可能是评价人故意暗示被评价人需要考虑离职。

（3）评价人与被评价人的私人恩怨。

如果评价人和被评价人存在私人恩怨，评价人可能会把个人恩怨置于企业客观公正的规则之上，提供不利于被评价人的绩效信息。

二 绩效信息的来源和内容

1. 绩效信息的来源

（1）上级。

将员工的直接上级作为绩效信息来源的一个好处是，他们能够根据组织的战略目标来对员工的绩效做出评价。员工的直接上级通常是根据绩效评价结果来进行报酬决策的人，也是负责管理员工绩效的人。因此，员工的直接上级管理者一般是最为重要的绩效信息来源。

（2）同事。

许多组织让同事来对员工进行绩效评估，但由同事来做绩效评估会存在两个方面的问题：一是，当员工们相信在工作中存在友情偏见时，这种绩效评价的结果可能不容易被员工所接受。如果一位员工认为他的同事对他的评价比对另外一位同事的评价要差，只不过是因为这位被评价的同事跟作为评价者的同事关系更好，那么他将不会把绩效评价结果当回事儿，也就不会运用所得到的反馈来进行绩效改进。二是，与直接上级评价相比，同事评价往往会在被评价者的所有绩效维度上保持较高的评价一致性。如果作为评价者的同事对一位员工的某一个绩效维度评价很高，那他们很可能会对被评价者在所有绩效维度上的表现都给予较高评价，即使在这些需要被评价的绩效维度之间可能并不具有关联性，或者是它们要求员工具备的知识、技能和能力很不相同。

因此，将同事评价作为唯一绩效评价信息来源的做法是很不明智的；但同事评价可以作为绩效评价体系的一个组成部分。

（3）下级。

在对管理人员的绩效进行评价时，他们的下级是一种很好的信息来源。例如，管理人员的下级非常适合对自己上级的领导能力，包括授权能力、组织能力以及沟通能力等做出评价。此外，组织通常还会要求管理人员的下级对他们上级的以下几种能力做出评价：扫除员工面临的障碍的能力；使员工不受政治困扰的能力；提升员工胜任力的能力。需要注意的是，在实施这种类型的绩效评价体系时，如果下属觉得比较难堪，他们可能不愿意提供自下而上的这种反馈；然而，如果管理人员愿意花时间与下级进行沟通和接触，真诚地请他们发表自己的意见，则员工会更愿意提供诚实的反馈。

总的来说，如果下级所做出的绩效评价结果是为了进行管理人员的开发，而不是用于管理方面的目的，则由管理人员的下属提供的绩效信息会更加准确。如果通过下属评价得到的信息是用于管理目的（即用来判断管理人员是否可以得到晋升），则下级员工往往会有意抬高他们所给出的绩效评价等级。最有可能导致这种情况出现的原因是，员工们可能会担心，如果他们对自己的直接上级给出了较低的绩效分数，那么他们的上级可能会对他们进行报复。因此，让管理人员的直接下级作为绩效信息的来源，保密工作是至关重要的。

（4）本人。

在任何一套绩效管理体系中，员工的自我评价都是其中一个重要的组成部分。当员工有机会参与绩效管理过程的时候，他们对最终结果的接受程度可能会上升，而且他们在评价面谈阶段的防御心理会被弱化。另外，员工本人是在整个评价周期内追踪自己的工作活动的最佳人选，而一位管理者则可能需要同时跟踪几位员工的绩效表现。然而，在进行管理决策时，自我评价信息又不能作为唯一的绩效信息来源。这是因为相比较其他信息来源而言，自我评价可能会更加宽松，且误差更大。不过，当自我评价被运用于开发目的而不是管理目的时，评价宽松的情况就会受到削弱。

（5）客户。

从客户那里收集信息可能是一个成本很高而且费时费力的过程。尽管如此，对于那些需要与公众或与工作有关的特定群体紧密接触和互动的工作来说，由客户提供绩效信息还是很有必要。此外，还可以从一个组织的内部客户那里收集绩效信息。

一旦确定了针对某个特定职位需要评估的胜任能力和结果之后，组织就要决定用哪一种信息来源来对某一个绩效维度进行评价。当然，很可能会出现某些重叠的情况，对一些绩效维度可能会利用一种以上的绩效信息来源来加以评定。无论最终决定用哪一种绩效信息来源去衡量某一种绩效维度，都应当让员工起到积极的作用。员工在这一过程中的积极参与能增强他们对结果的接受程度以及对整个绩效管理体系的公平性认知。

当用不同的绩效信息来源来对同一个绩效维度进行评价时，我们也不一定期望各方的绩效评价结果是类似的。不同的绩效信息来源对于同一位员工在某个绩效维度上的评价结果存在分歧也不一定就是个问题。对同一位员工进行绩效评价的这些人可能来自组织中的不同层次，因此他们所观察到的可能是同一位员工的绩效的不同方面，即使他们评价的是同一位员工的同一种胜任能力。事实上，不同的绩效信息来源在对同一位员工的同一种胜任能力进行评价时，所依据的行为指标可能是不同的。需要考虑的一个非常重要的问题是，对于每一种绩效信息来源而言，需要被评价的这些行为和结果必须得到清楚的界定，从而努力使评价误差降到最低程度。从提供绩效反馈的角度来说，没有必要非要对一位员工的绩效给出一个总体性的评价。相反，真正重要的一点是，必须让员工们知道组织所使用的每一种绩效信息来源是如何对自己的绩效做出评价的，这正是360度绩效反馈体系的关键所在。当把员工所得到的绩效反馈分解到不同的绩效信息来源上时，员工们在与那些发现自己存在绩效缺陷的绩效信息来源打交道时，就可以特别注意，同时拿出较大的精力去加以改善。

如果发现不同的绩效信息来源对同一项内容的评价存在分歧，就必须就每一种绩效信息来源所提供评价的相对重要性进行决策。

2. 绩效信息的内容

通常，人力资源部根据绩效指标体系的设计，来收集能反映员工各项指标完成情况的信息，包括工作业绩指标、工作能力指标和工作态度指标等方面的信息。人力资源部在收集这些信息之前，应该为每个职位设计好相应的绩效信息收集表格，做好信息分类，避免在收集绩效信息的时候出现混乱，如遗漏或者重复收集绩效信息的情况。

三　绩效信息收集的方法

1. 观察法

观察法是主管人员直接观察员工在工作中的表现，并对员工的行为进行记录的方法。观察法可分为参与观察法和非参与观察法。参与观察法是指主管人员与员工一起工作，在工作过程中记录员工的工作表现。这种观察法的优点是主管人员能获得工作的亲身体验，观察的资料详细、具体；缺点是占用时间较长。一般来说，基层主管人员常用参与观察法记录员工的工作信息。非参与观察法是指主管人员以旁观者的身份观察和记录员工的工作信息，这种观察方法简便易行，缺点是所得到的资料往往是离散的；同时，这种观察法对员工可能会造成较大的心理压力。

2. 工作日志法

工作日志法是指员工每天把自己主要从事的工作和工作过程中的关键事项记录下来，并交由直接主管审核认可，这是一种获取员工绩效信息并促进员工实施绩效计划的重要方法。对于现代企业来讲，这种方法可以采用三种工具实现：一是传统的工作笔记本或公司表单；二是公司内部或外部的电子邮箱；三是公司的办公自动化系统。

3. 他人反馈法

员工在绩效实现中的行为表现和阶段绩效状况，主管通过观察并不能掌握全部真实信息，而员工本人也会利用信息不对称在工作日志中不如实地填写信息，这种情况下采用他人反馈法就是比较有效的。他人反馈法有他人主动反馈信息和主管主动找他人了解信息两个途径。对于后者，可以通过电话或面谈的方式进行，但一定要选择合适的人，尽量不要选择与被考评者有利害关系的人，同时不要只相信某一个人的反馈信息，要做到“兼听则明”。

4. 查阅各种工作报表或记录

员工的工作目标完成情况可以通过各种工作报表反映出来。例如，销售额可以从财务数据中体现出来；产品合格率可以通过质检员记录体现出来。

5. 问卷调查法

为了在短时间内收集大量信息，或为了节约主管的时间，可以采用向有关人员发放调查问卷的方式收集员工的绩效信息。并且，这种方式对收集企业内部或外部客户满意度的信息比较有效。

6. 不定期抽查法

通过不定期的方式去检查员工的绩效计划实施情况，既能够较好地督促员工平时开展好工作，又能比较客观地收集员工的绩效行为和绩效结果的信息。但是，这种方法由于具有时段性，因而不能较好地反映员工绩效实现的实际情况。

上述6种收集员工绩效信息的方法中，第3、4、5种方法主要强调对绩效结果的关注，第1、2、6种方法既强调对结果的关注，又强调对绩效计划实施过程的督导。在实际工作中，可以根据岗位特征、绩效目标性质、员工个性特征恰当地选择绩效信息收集的方法，如果可能，尽量多选择几种方法收集信息。

四　收集信息中应注意的问题

1. 让员工参与收集信息

绩效管理是主管人员和员工双方共同的责任。因此，员工参与绩效数据收集过程就是体现员工责任的一个方面。而且，员工自己记录的绩效信息比较全面，主管人员拿着员工自己收集的绩效信息与他们沟通时，他们也更容易接受。另外，当主管人员要求员工收集工作信息时，一定要明确地告知他们收集什么样的信息，最好采用结构化的方式，将员工选择性收集信息的程度降到最小。

2. 收集信息要目的明确

收集信息之前，一定要弄清楚为什么收集信息。有些工作没有必要收集太多过程中的信息，只要关注结果就可以了。如果收集来的信息因为没有什么用途而被置之不理，那将是对人力、物力和时间的浪费。

3. 采用抽样的方法收集信息

所谓抽样，就是从一个员工全部的工作行为中抽取一部分并进行记录。这些抽取出来的工作行为就被称为一个样本。抽样的关键样本具有代表性。常用的抽样方法有固定间隔抽样、随机抽样、分层抽样等。

4. 要把事实和推测区分开来

管理者在与员工进行绩效沟通时，要基于事实的信息，而不是推测的信息。因此，应该收集事实的绩效信息，而不是收集对事实的推测。

在实际工作中，绩效沟通与数据收集和做文档工作是同时进行的，绩效沟通的过程也就是数据收集和做文档的过程。要充分利用现有文档、报表及工作程序来收集所需的信息。

疑难解答

1. 对于绩效信息的提供人无意为之的偏差情况，人力资源部应做好哪些工作？

人力资源部应做好以下工作：

（1）减少信息传递的流程。

不要让绩效信息在部门间传递，而应把绩效信息全部归口到人力资源部统一收集整理。

（2）增加绩效信息的检查机制。

可以采取三步检查法：第一步，由信息提供人自行检查并在提交绩效评价信息前签字确认；第二步，由信息提供人的直属上级检查，并在提交绩效信息前签字确认；第三步，由人力资源部做最终的检查确认。

（3）用工具代替人脑。

人难免会犯错，但如果依靠固定程式的信息系统，或者电脑程序，犯错的概率相对就会变小。当然，人力资源部可以使用的工具只有信息工具，其实传统的文档、模板、表单、清单、日常的工作记录等，都是非常好用的工具。

2. 对于绩效信息的提供人有意为之的偏差情况，人力资源部应做好哪些工作？

人力资源部应做好以下工作：

（1）增加犯错的成本。

增加绩效信息提供人犯错的成本，对有意或者无意地提供失真信息都有一定的震慑效果。但是对于故意提供虚假信息的绩效信息提供人，人力资源部应当给予其较大力度的处罚。对于这种刻意为之的行为，企业要严厉杜绝，严肃处理。

例如，企业可以把这一条写入企业的规章制度中，将其定义为严重违纪行为。一旦违反，企业可以与故意提供失真绩效信息的提供人解除劳动关系。给企业造成损失的，企业可以依法追究信息提供人相应的责任。

（2）加强检查。

人力资源部要注意信息的核准，提高检查的效力和效果。为此，可以联合企业内部的总经办、审计部、风控部等具有管理监督检查职能的部门，以整治不良之风、强化内部管理，强化绩效信息提供结果的审计、监督和检查工作，做好绩效信息的核查和核实工作。

（3）宣导教育。

通过强化对企业员工的宣传、教育或培训，同样可以影响绩效信息提供者的行为。培训的内容可以同时涵盖绩效管理的各方面，如企业实施绩效管理的原因、如何确认工作活动、如何观察工作、如何记录和评价绩效、如何使用绩效评价表格、如何提供绩效信息、如何使评价误差最小化、如何进行绩效评价面谈、如何对员工提供咨询和教练式辅导等。

3. 人力资源部在实施绩效管理的时候，常常明确了各部门的绩效指标，制定了绩效信息和数据提交的模板和具体要求，确定了收集提交绩效信息的具体时间，可是到了各部门需要提交信息数据的时候，总是会有很多部门交不了数据。面对绩效信息和数据收集困难的问题，应怎么做？

要应对这种情况，可以从以下几个方面找出原因，做出努力：

（1）管理层面。

人力资源部首先要审视，在企业机构设置时，有没有明确各部门对于绩效信息提供的权责。在组织机构和部门设置的层面，有没有影响部门履行绩效信息提供职责的问题，以及有没有促进部门职责履行的设计。

（2）操作层面。

流程是保证制度实施的有效措施，但是在设计流程时，也要注意流程中的关键控制点和关键负责人。要明确谁对流程的实施进行管理，谁对流程的运行负责，以及谁负责流程的监控。

（3）意识层面。

绩效信息提供部门的管理者和员工对绩效管理的理解和认识决定了他们将会如何对待绩效信息和数据提供这项工作。因此，人力资源部还要在企业各部门管理者和员工的意识层面下功夫。

4. 员工的直接上级通常是最重要的绩效信息来源，有时甚至是唯一的绩效信息来源。那么，我们为什么还要考虑其他一些评价信息的来源呢？

之所以需要考虑除直接上级之外的其他绩效信息来源，是因为对如教学工作、执法工作或销售工作等工作来说，员工的直接上级管理者可能无法经常观察到自己下属的绩效表现。此外，由直接上级给出的绩效评价结果可能会存在偏见，因为直接上级在对员工进行绩效评价时，其依据很可能是员工对于直接上级本人认为重要的那些目标做出贡献的程度，而不是员工对于整个组织重视的那些目标做出贡献的程度。例如，员工的直接上级可能会对那些帮助自己在公司内部取得职业发展的员工给予较高水平的绩效评价，而对于那些致力于帮助组织达成战略目标的员工却并不给予较高的绩效评价等级。

第四节 绩效实施的保障

一 完善绩效管理组织保证体系

为了保障绩效管理体系的顺利落实，企业必须建立健全合理的内部保障机制，确保各个部门和各个员工间都权责分明、分工细致。企业绩效管理体系会涉及到公司所有人员，各成员各司其职，发挥着不同的作用与职能。

（1）绩效管理促进组。

在绩效管理体系下，其负责人为企业的高层领导人员。企业在构建该体系的时候，公司高层领导应带头组成绩效管理促进组，并作为整个绩效考评体系建设工作的最高小组，主要负责商定企业年度绩效考评指标，妥善处理各种重大的绩效管理问题，以及下达企业年度目标和方针等。

（2）人力资源部。

人力资源部为绩效管理协调与组织部门，也是负责改革和优化绩效管理体系的主体。企业建设绩效管理体系时，该部门所要承担的角色多为咨询师、顾问，即负责协调、组织、支持以及指导等。人力资源部要负责日常的绩效管理事务，同时负责制定和宣传责任方案，提供企业各岗位人员绩效培训以及绩效管理修改与指导意见等信息，从而确保公司绩效管理体系更加适合企业整体发展需求，实现不断改进与成熟。

（3）部门责任人。

在企业绩效管理体系中，主要角色就是部门责任人，他们发挥着十分重要的、衔接上下级的效能，他们既负责企业绩效管理体系，又负责员工绩效管理状况。他们接受公司上级指示，完成上级交代的绩效任务，同时会将本部门的绩效考评任务和目标分解下去，具体到各个岗位，并辅助促进组与人力资源部来制定明确的员工绩效考评标准，同时负责对于自己部门的员工做好改进、绩效反馈、考评、辅导、制定计划等工作。

（4）员工。

绩效最终要靠员工来实现，员工主要负责自我绩效评价与管理，同时要对绩效管理体系及其内部各模块间的关系具有充分的理解和认识，并积极遵守各项管理制度。

二 更新与优化岗位说明

由于企业发展，其内部组织结构变化显著，公司各个岗位任职资格的变化也很大。企业岗位说明书为工作分析成果性文件，通过标准格式来规范性地说明与描述各岗位职责和要求，包括岗位接口、岗位规范以及岗位描述等，其业务流程是非常完善与清晰的。通过规范性职务描述与岗位设定，能够更清晰地划分各个岗位的绩效目标与任务，从而明确各岗位应担负的责任。岗位说明书要结合公司实际情况与需求来编制，要与时俱进，不断更新与优化。

企业岗位说明书的编制步骤如下：

（1）成立编制小组。小组人员包括企业领导层、各个部门的责任人、综合部组成的编制小组成员，负责企业岗位说明书的编制工作。

（2）结合企业内部组织结构、经营目标以及发展战略等内容，来组织各部门召开讨论研究会议，以明确企业部门职能与整体职能。

（3）明确了部门职能与企业职能之后，必须实现职务岗位的规范化设置，落实细分职能，并梳理好工作接口、绩效标准以及岗位责任间的关系，确定职务发展的途径。综合部负责组织与协调各部门关系，而各个部门的领导也一致配合，一同梳理好本部门的全部岗位的有关要素。

（4）明确岗位任职资格标准和所需人员的基本素质与最低资质要求，要重点关注任职资格里的技能素质、知识和行为等方面。

（5）确定岗位职务发展途径，从而确保岗位任职人员对自我所处位置和未来发展方向非常清晰明确，心中有数。

（6）反馈调整，即公布已经编制好的企业岗位说明书，并广征全员意见和建议，不断改进和完善任职资格与岗位描述。

三　引进绩效考核监督职能

为了确保企业绩效考评体系顺利运行，要做好过程监督工作，即全面监督与控制企业的运营情况以及成本、利润、销售额等情况，而这些均属于企业常规性的工作，一般通过公司事前监督和事中监督就可以做到。对非常规的事务，在监督管理时，则很大程度上与管理者的自身能力有关。

实施监督职能时，企业要注重销售任务监管，对各类相关的关键性指标，如费用进度、利润、销售指标等要非常关注和重视，做好薄弱环节和风险环境的监管，不断强化公司综合竞争力，提高整体运营管理效益。

四　绩效文化支持

公司的绩效文化的优良情况会对公司KPI体系的施行效果产生直接而深刻的影响。健全的企业绩效文化可以发挥极大的促进作用，能够引导公司全员树立正确的价值观念与行为准则，从而确保整个绩效管理体系可以顺利而有效地施行，确保企业绩效水平不断提高。

企业必须努力建设自身绩效文化，活跃公司氛围，将企业价值传递给员工，让员工更好地了解企业和自身。同时，还必须构建高效可行的内部沟通机制，实现公司内部各个部门、各成员间的沟通和联系。

企业要积极开展员工培训教育工作，更好地鼓励和引导员工学习和提高，营造良好的内部互动交流气氛，明确奖励和惩罚的细则与方式，并将员工薪资与绩效考评成绩挂钩，确保工作环境有着一定的竞争氛围，将责任追究制落实，加大员工激励力度，尽可能地满足员工需求，以此来激发他们的工作积极性与热情。

因此，实施企业绩效考评管理体系的过程中，必须营造出健全的企业绩效文化，这样才能为企业开展各项绩效管理工作提供保障与动力。

实例 4-5

TY公司是一家大型服装集团公司，生产、研发各种童装，有员工1 200多人，发展迅速。但是，最近不少核心骨干员工纷纷离职，引起了人力资源部的高度关注。在了解原因后，才得知这些骨干员工是觉得在回报方面没有多大的激励性，干得好和干得坏都差不多，因此感觉心里不平衡。

人才的流失引起了HR的高度关注，并且反思公司的绩效管理是否出现了严重的问题。公司的绩效管理现状是这样的：

TY公司推行绩效管理体系已经两年多了，由于市场对童装的需求持续增加，因此，各部门把关注点都放在了日常的工作中，而忽略了对绩效管理的关注。

往往绩效考核只有在月底的时候，各部门主管才填好分数表交到人力资源部，人力资源部再进行汇总统计，员工的绩效结果基本都在85～95分范围内。

考评结束后，主管们通常的做法是将分数发邮件告诉员工，员工对此也不是很关注，因为他们也都清楚绩效分数只是走个形式，大家的分数都差不多，反正绩效奖金拿的也都不会少。

如果你是TY公司的HR，如何才能避免绩效管理走形式？

分析

绩效管理是企业实现战略目标的一个工具和手段，同时它具有激励出色员工，鞭策绩劣员工的功能。

本案例中，TY公司过于关注业务，而忽略了绩效管理，实际上是没有弄清楚绩效管理与战略的关系。绩效管理工作做好了，部门的工作也能顺利地完成，战略目标同时也就轻松达成了。TY公司的骨干员工之所以纷纷离职，也是因为直线管理者对绩效管理的认识不清，使得绩效指标没有真正体现员工的真实业绩表现，能力强的员工被直线管理者人为地“和谐化”了。当这些能力出众的骨干员工拿到与普通员工相差无几的薪酬时，自然会有一种不公平感。

要避免绩效管理陷入走形式的误区，一方面是让直线管理者认识绩效管理的真正目的；另一方面是建立起相应的监督机制，监督直线管理者认真对待绩效考核。具体而言，需要做好以下几个重点工作：

1. 让直线管理者参与战略目标的分解

战略目标的分解过程，实际上也是绩效指标分解的过程。人力资源部通过组织直线管理者参与战略目标分解，使直线管理者意识到绩效管理的重要性，明确绩效管理是与战略息息相关的。由于部门指标分解到部门每个员工的头上，因此，只要员工完成个人的绩效考核，那么整个部门的绩效也就会很出色。

2. 建立相应的绩效考核监督机制

案例中直线管理者给员工打分都偏高，实际上是对绩效结果的一种敷衍，只有建立起相应的监督机制，才可以约束直线管理者，使其按照真实客观的事实与数据去打分。

3. 加强对绩效结果的运用

绩效管理应该与薪酬、晋升、人才开发等挂钩，这样能使真正优秀的员工在职业发展、薪酬方面都能得到回报，从而提升工作的积极性，为公司做出更好的业绩。绩效结果的运用反过来也能促进直线管理者认真进行绩效评估。例如，要提拔一个员工，以绩效结果作为参考，那么直线管理者必定会认真地评估，确保真正优秀的员工得到提升。

总而言之，让直线管理者认清绩效管理的真正目的，同时建立相应的监督机制对其进行督促和约束，能大大提升TY公司的绩效管理体系运行的效果，从而避免陷入走形式的误区。

第五章　如何开展绩效监控与辅导

本章思维导图

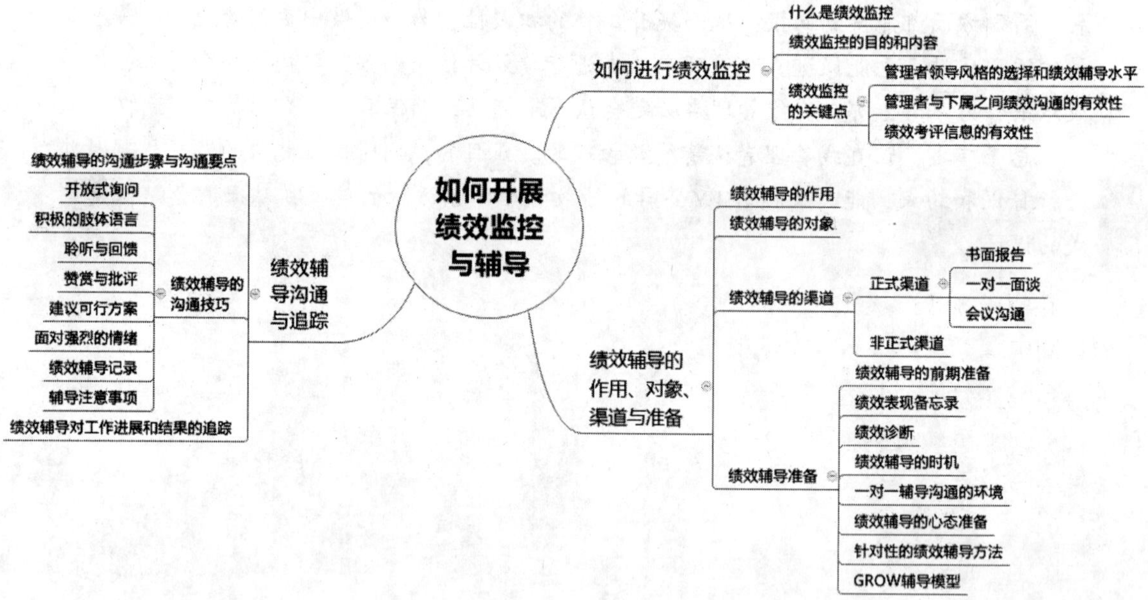
如何开展绩效监控与辅导
如何进行绩效监控
什么是绩效监控
绩效监控的目的和内容
绩效监控的关键点
管理者领导风格的选择和绩效辅导水平
管理者与下属之间绩效沟通的有效性
绩效考评信息的有效性
绩效辅导的作用、对象、渠道与准备
绩效辅导的作用
绩效辅导的对象
绩效辅导的渠道
正式渠道
书面报告
一对一面谈
会议沟通
非正式渠道
绩效辅导准备
绩效辅导的前期准备
绩效表现备忘录
绩效诊断
绩效辅导的时机
一对一辅导沟通的环境
绩效辅导的心态准备
针对性的绩效辅导方法
GROW辅导模型
绩效辅导沟通与追踪
绩效辅导的沟通步骤与沟通要点
绩效辅导的沟通技巧
开放式询问
积极的肢体语言
聆听与回馈
赞赏与批评
建议可行方案
面对强烈的情绪
绩效辅导记录
辅导注意事项
绩效辅导对工作进展和结果的追踪

对于绩效监控，不能将其简单地视为一个束缚下属手脚的贬义词，而应视为管理者始终关注下属的各项活动，以保证它们按计划进行，并纠正各种重要偏差的过程。

绩效辅导是指在绩效监控过程中，管理者根据绩效计划，采取恰当的领导风格，对下属进行持续的指导，确保员工工作不偏离组织战略目标，并提高其绩效周期内的绩效水平以及长期胜任素质的过程。对员工进行指导关注的基本问题是帮助员工学会发展自己。通过监控员工的工作过程，发现员工存在的问题，及时对员工进行指导，培养其工作中所需的技巧和能力。

第一节　如何进行绩效监控

一　什么是绩效监控

在明确绩效计划之后，只有持续不断地监控绩效，才能得到一个好的结果。在整个绩效期间内，管理者与员工之间进行的持续的绩效监控是绩效管理发挥作用最直接的环节。因此，在整个绩效周期内，管理者必须实施有效的绩效监控。管理者进行绩效监控主要承担两项任务：一是通过持续不断的沟通对员工的工作给予支持，并修正工作任务实际完成情况与目标之间的偏差；二是记录员工工作过程中的关键事件或绩效数据，为绩效考评提供信息。

温馨提示

绩效监控的三个关键层面

绩效监控不是只在绩效管理的某一个过程中进行，而是贯穿着绩效计划和绩效评价的全过程，在整个绩效管理过程中发挥着重要的作用。绩效监控也不是只监控绩效管理的某一类人群或指标，而是对整个企业的绩效情况实施全过程的监控。

绩效监控的全过程可以分成三个层面。

1. 组织层面的监控

组织层面的绩效监控是企业的最高管理层对整个企业绩效的监控。当组织层面的绩效出现问题时，需要企业的最高管理层协调组织层面的资源，在整个组织层面做出努力，以调整整个企业的绩效水平。

2. 流程层面的监控

流程层面的绩效监控是企业的相关管理层对企业中的关键流程对绩效影响的监控，并根据企业、部门或员工个人的绩效运行情况，有目的性、有针对性地对相关流程进行完善和修改。

3. 个人层面的监控

个人层面的绩效监控是企业中最普遍的，是所有的上级（考核人）对下属（被考核人）、对个人绩效进展情况的监控。

二 绩效监控的目的和内容

绩效监控始终关注员工的工作绩效，旨在通过提高个体绩效水平来改进部门和组织的绩效。一个优秀的管理者必须善于通过绩效监控，采取恰当的领导风格，进行持续有效的沟通，指导下属的工作，提高其绩效水平。因此，对管理者而言，其管理水平和对下属的辅导水平，往往也构成对其绩效进行考评的一个重要方面。

绩效监控的内容和目的具有高度的一致性。换句话说，绩效监控的内容一般是在确定的绩效周期内员工对绩效计划的实施和完成情况，以及这一过程中的态度和行为。因此，管理者绩效监控的具体内容就是在绩效计划环节中确定的考评要素、考评指标和绩效目标，而监控过程中得到的信息也正是绩效周期结束时绩效考评阶段所需要的。这样，绩效监控与前面的绩效计划环节和后面的绩效考评阶段在内容上保持了一致，保证了整个绩效管理系统的有效性。由此可知，对不同性质的组织、不同类型的部门、不同特点的职位、不同层级的管理者而言，绩效监控的具体内容并不是固定统一的，而是根据实际工作的不同而具体确定的。但在绩效管理实践中，不同管理者针对具体工作和下属员工实施绩效监控的过程中也有一些共通之处，这些就是绩效监控的关键点。

三 绩效监控的关键点

绩效监控的有效性主要取决于下面三个关键点：

1. 管理者领导风格的选择和绩效辅导水平

研究表明，管理者的领导风格及其绩效辅导水平与下属工作绩效的关系很大。因此，管理者需要针对不同的下属和权变因素，积极地开展有效的绩效指导。不会指导下属的管理者不是有效的管理者，不愿指导下属的管理者是最差的管理者。从某种意义上说，绩效监控过程也就是绩效辅导的过程。因此，也有人将绩效监控阶段定义为绩效辅导阶段。

2. 管理者与下属之间绩效沟通的有效性

管理者与下属之间能否做好绩效沟通，是决定绩效管理能否发挥作用的重要因素。只有在管理者与员工之间已经就各种绩效问题进行了沟通的基础上，才可能实现绩效管理的目的。没有了绩效沟通，绩效管理就只剩下纸面上的计划和考评，完全失去了存在的意义。

3. 绩效考评信息的有效性

绩效监控过程是整个绩效管理周期中历时最长的过程，在这一过程中持续、客观、真实地搜集、积累工作绩效信息，对于评估绩效计划的实施情况，客观、公正地评价员工工作，实现绩效管理的目的具有重要意义。如果这一过程中，绩效计划不在具体的工作实践中进行有效的调整、修订、落实和完成，这些工作的信息得不到及时、有效的整理、记录和积累，后面的绩效考评工作就会走到“就人评人”的老路上去，整个绩效管理和考评系统的失败也就不可避免了。

疑难解答

1. 绩效过程监控应做好哪些工作?

（1）事前的监控。在绩效考核开始之前，确定绩效指标时要确保各部门的目标、任务能够有效地分解。在初步确定绩效指标时，要做好与被考核人的充分沟通，确保个人、部门的绩效指标能够保证企业目标的完成。

（2）事中的监控。在绩效管理运行的过程中，要随时监控绩效指标的达成情况、绩效任务的完成情况，及时地总结、回顾、汇报，及时地修正绩效管理中存在的问题。对于需要调整的绩效指标、绩效任务或工作方法，要根据需要及时调整。

（3）事后的监控。在绩效考核结束之后，要综合企业、部门或个人对年度、季度、月度的绩效完成情况，找出差距和原因，对于对企业有利的方法或行为要及时进行推广，对企业不利的方法或行为则要及时进行更正。

2. 为有效地实施绩效过程监控，可以成立绩效过程监控小组，具体应如何操作?

（1）成立绩效监控小组。

企业可以根据情况，选择部分成员组成绩效监控小组，一般绩效监控小组的组长可以由总经理担任，组员可以由其他的中高层管理者组成。绩效监控小组的主要任务是对整个企业的绩效进行监控。

（2）实施绩效监控。

绩效小组在实施绩效监控前，要制定详细的绩效监控计划，根据企业绩效情况分别对组织层面、流程层面和个人层面的绩效过程进行监控。同时，对考核人日常对被考核人的绩效评价实施监控。

（3）绩效监控处理。

在绩效监控过程中发现问题的，绩效监控小组要及时地把问题反馈给当事人。需要企业层面进行讨论的，要纳入企业的会议议程，寻找解决方案。

3. 在绩效监控工作中，应注意哪些事项?

（1）考核人的绩效辅导能力。

考核人的绩效辅导能力对被考核人绩效目标的实现、绩效任务的完成关系重大。考核人如果不懂得根据不同下属的类型有针对性地进行辅导，那么绩效辅导一般不会起到应有的效果。因此，实施绩效监控时，不仅要关注考核人是否对被考核人实行绩效辅导，更重要的是监控考核人对被考核人实施的绩效辅导是否有效、考核人对绩效辅导的理解和实施能否达到企业要求的水平，而不能只为了完成任务。

（2）考核人沟通的有效性。

考核人与被考核人对绩效问题的沟通方式决定了绩效管理能否真正的发挥作用。只有当考核人就绩效问题与被考核人进行充分沟通后，绩效管理的效果和目的才能够实现。没有针对绩效管理的充分沟通，绩效管理很可能会变成了只停留在纸面上的工作，失去了绩效管理的实际意义。

（3）绩效评价信息的有效性。

绩效评价信息是否足够客观、有效，同样影响着绩效过程监控的实施。如果绩效评价的信息得不到有效的记录和处理，接下来的绩效评价工作就会犯“对人不对事”“主观不客观”的错误，将会造成整个绩效管理体系的失败。

第二节 绩效辅导的作用、对象、渠道与准备

一 绩效辅导的作用

优秀的指导者或管理者的绩效辅导应该具有以下三种作用：

（1）与员工建立一对一的密切联系，向他们提供反馈，帮助员工制定能拓展他们目标的任务，并在他们遇到困难时提供支持。

（2）营造一种鼓励员工承担风险、勇于创新的氛围，使他们能够从过去的经验中进行学习。这包括让员工反思他们的经历并从中获得经验，从别人身上学习，不断进行自我挑战，并寻找学习新知识的机会。

（3）为员工提供学习机会，使他们有机会与不同的人一起工作。将他们与能够帮助其发展的人联系在一起，为他们提供新的挑战性的工作，以及接触某些人或情境的机遇，而这些人或情境是员工自己平时很难接触到的。

温馨提示

管理者绩效辅导的角色与风格

在绩效辅导中，管理者需要扮演“导师”和“教练”的角色，启发员工的思维，协助他们提升自我能力。在这里，帮助而非教训是一项重要的原则，帮助员工学会发展自己是应关注的基本问题。

管理者自己的风格会对绩效辅导的效果产生影响。一般来说，管理者的绩效辅导角色大体可以分为两类：“教学型”和“学习型”。教学型的管理者喜欢告诉员工如何去做，他们往往具有某方面的专长，凭借着自身的经验向员工传授完成工作所必需的知识和技能。这种方式对于那些需要反复操作的任务较为合适的，对于一线的工作员工特别有效。学习型的指导者更喜欢提问和倾听，而不是直接告诉员工如何做。他们相信每位员工的潜力，为员工提供各种挑战机会以施展才能，提升自我。这种指导在对于处理的某问题拥有多种解决方案而非只有唯一解决途径的时候非常有效，也常用来培养管理人才。

管理者要做好绩效辅导的角色，需要了解自己的辅导风格与应用时机，这样才能使自己的辅导更有针对性、更加有效。

二　绩效辅导的对象

绩效辅导的对象是管理者的直接下属，包括进步神速者、表现进步者、未尽全力者、表现退步者。或是采用其他方法划分的辅导对象类别，如个人绩效承诺（PBC）考核结果为C、D的员工，新员工等。

针对员工经验、能力的不同，应选择不同的辅导方式和辅导周期。

三　绩效辅导的渠道

1. 正式渠道

（1）书面报告。

书面报告是指考核人和被考核人之间通过正式的书面报告的形式传递绩效辅导的信息。书面报告模板见图5-1。

绩效周期		被考核人所在企业	被考核人所在部门
考核人姓名	考核人职位	被考核人姓名	被考核人职位
被考核人绩效自述			
被考核人下一步工作计划			
考核人评价意见			
被考核人意见			
考核人签字	日期	被考核人签字	日期

图5-1　绩效辅导书面报告样表

书面报告绩效辅导的适用情况包括：其管理文化下习惯用文书报告的企业；考核人和被考核人之间存在时间或空间的距离。

温馨提示

书面报告绩效辅导的优缺点

1. 书面报告绩效辅导的优点

（1）要求被考核人定期提供书面报告可以帮助其养成及时收集信息、做好工作记录的好习惯。

（2）考核人能够在较短的时间内收集到大量关于被考核人工作进展情况的信息。

（3）书面报告的内容相对会比较严谨、准确，便于资料的保存。

（4）突破了空间和时间的局限，能够让经常出差的人员或者即使是考核人和被考核人不在一个物理环境中依然可以保持方便灵活的沟通。

2. 书面报告绩效辅导可能存在的缺点

（1）书面报告可能需要形成大量的文字、图形、表格，这些资料的收集、整理和呈现可能会占用被考核人比较多的时间，可能会引起被考核人的不满。

要避免这一潜在缺点，书面报告应当设计得尽可能简单、实用，报告中只保留重点的、必须要报告的内容要点。关于报告可能会用到的细节，可以口头汇报，可以形成一段语音，或者可以备注说明在哪里可以查看到，而不必刻意要求被考核人整理，这样能够减少被考核人整理和形成报告的时间。

（2）书面报告如果操作不当，被考核人得不到来自考核人及时的信息反馈，这样的书面报告可能就会演变成一种被考核人向考核人汇报的单向信息传递，而起不到沟通、探讨和绩效辅导的双向沟通的目的。同时，有可能会演变成一种流于形式的走过场。

要避免这一潜在缺点，书面报告时，考核人对被考核人书面报告的反馈应当及时。必要的时候，可以和面谈、电话、会议等其他的沟通形式结合起来使用，保证信息的及时传达与交互。同时注意反馈信息要实用，要真正能对被考核人绩效起到帮助作用，而不只是一种点评。

（3）因为书面报告是被考核人和考核人之间的信息交流，团队中的其他成员无法了解到和自己相关的信息内容，造成信息不对称，可能不利于被考核人绩效的改善或者整个团队绩效水平的提升。

要避免这一潜在的缺点，考核人可以在书面报告的绩效辅导周期过后，总结需要本团队中其他成员需要获取的信息，通过统一的工作会议把信息传达给相关人员。必要情况下，也可以直接引入会议沟通的绩效辅导方法作为辅助。

（2）一对一面谈。

一对一面谈是指考核人与被考核人采取单独交流沟通实施绩效辅导的方式。绩效辅导的记录工作可以采用固化的绩效辅导谈话记录表，见图5-2。

<table>
<tr><td colspan="2">绩效辅导时间</td><td>被考核人所在企业</td><td>被考核人所在部门</td></tr>
<tr><td colspan="2"></td><td></td><td></td></tr>
<tr><td>考核人姓名</td><td>考核人职位</td><td>被考核人姓名</td><td>被考核人职位</td></tr>
<tr><td></td><td></td><td></td><td></td></tr>
<tr><td colspan="4">被考核人目标及工作进展回顾</td></tr>
<tr><td colspan="4">绩效辅导内容</td></tr>
<tr><td colspan="4">改进方向及措施</td></tr>
<tr><td colspan="4">需要其他部门支持</td></tr>
<tr><td colspan="4">被考核人意见</td></tr>
<tr><td>考核人签字</td><td>日期</td><td>被考核人签字</td><td>日期</td></tr>
<tr><td></td><td></td><td></td><td></td></tr>
</table>

图5-2　一对一面谈绩效辅导谈话记录样表

一对一面谈绩效辅导的适用情况包括：企业的管理文化比较强调隐私性；考核人的管理时间相对比较充裕；考核人所负责的被考核人数量相对比较少；被考核人存在的问题比较多或者比较严重。

考核人在运用一对一面谈的绩效辅导方式时，需要注意以下事项：

①考核人要掌握绩效辅导的时机，最好在被考核人最需要帮助和最需要激励的时候实施绩效辅导。

②绩效辅导面谈过程中探讨的内容应当是被考核人在工作过程中发生的事实，而不应该是一些考核人主观的猜测或者没有事实依据的评价。

③一对一面谈的过程中，考核人与被考核人之间应保持双向的沟通，而不是只有考核人一方在下达指令。考核人要学习引导的技能，鼓励被考核人讲出自己的真实想法，甚至讲出自己的不满。

④如果绩效辅导过程中考核人发现被考核人有比较错误的想法，应当及时与其进行沟

通、引导或纠正。如果是与企业大方向违背或者原则性问题，应当客观地指出；如果是本身模棱两可的问题，引导过程中同样应当以双向沟通的态度和原则与被考核人探讨。

⑤在一对一面谈绩效辅导的过程中，考核人的沟通应当注意使用非语言的沟通技巧，养成有效倾听的习惯。让被考核人在整个一对一的绩效辅导过程中，感受到心理上的温暖、舒适和被尊重。

温馨提示

一对一面谈绩效辅导的优缺点

1. 一对一面谈绩效辅导的优点

（1）一对一面谈能够让被考核人感受到被尊重，有利于拉近考核双方的心理距离，有利于在上下级之间形成愉快融洽的人际关系，使日常的管理变得简单。

（2）可以让考核人与被考核人进行深入讨论，考核双方能够在这个过程中讨论一些不宜被公开的信息。

（3）考核人可以根据被考核人的情况具体问题具体分析，做到因材施教，提供个性化的帮助和辅导。

2. 一对一面谈绩效辅导可能存在的缺点

（1）如果事先准备不充分，可能会浪费考核双方大量的时间。

要避免这一潜在的缺陷，考核人应当提前做好绩效辅导面谈的各项准备。

（2）在一对一面谈过程中，考核人对被考核人的评价可能存在一定的主观性，可能会有个人的感性判断。

要避免这一潜在的缺陷，考核人应当学习并掌握一定的面谈交流技巧，以真诚、客观的态度与被考核人交流。

（3）有时候一对一面谈会给被考核人比较大的心理压力，尤其是当被考核人在某段考核期内工作成果不理想或者出现错误的时候。

要避免这一潜在的缺陷，考核人在与被考核人沟通前，要给予一定的鼓励。同时要做好一对一面谈的开场，避免被考核人因过分紧张影响绩效辅导的效果。

（3）会议沟通。

会议沟通的绩效辅导方式是一名考核人与多名被考核人召开以绩效回顾和绩效辅导为主题的会议，是共同探讨绩效情况、共同查找存在的不足、共同提升绩效能力的过程。会议沟通绩效辅导形成的会议纪要模板见图5-3。

会议沟通绩效辅导的适用情况包括：企业的管理文化比较强调公开性；考核人负责的被考核人人数比较多；考核人的时间紧张，管理时间有限；被考核人之间的绩效存在一定的协同性和相关性；通过被考核人之间的绩效信息共享和共同探讨能够有效提升管理效率。

会议时间	会议地点	主持人	参会成员
考核人姓名	考核人职位	考核人部门	
会议主题			
会议议程			
会议内容			
行动计划			
参会人员签字确认			

图5-3　会议纪要模板

考核人在运用会议沟通的绩效辅导方式时，需要注意以下事项：

①不要为了开会而开会，为了辅导而辅导。开会不是目的，辅导也不是目的，更好地改善绩效、解决问题才是目的。所以，会议的召开一定要能够对被考核人的绩效情况有所帮助，要解决当前某项实际的、具体的问题。

②运行绩效辅导会议前应合理安排时间，以免影响正常工作。如果绩效一切运行正常，各被考核人的工作情况都表现较好，绩效辅导会议的时间可以适当缩短。会议应当注重快节奏、高效率而不要变成“文山会海”。

③注意会议的主题、数量和频率，不一定要考核人负责的被考核人在同一时间参加同一个会议，可以是不同的被考核人在不同的时间参加不同的会议。保证在同一个会议上，参会人员探讨的主题具有一定的共同点或协同性。

④绩效辅导会议的主旨是改善绩效，为了达到这一目的，要注意整个会议的氛围。不要把绩效辅导会议开成了被考核人的批评会。即使被考核人真的有问题，会议过程中也要照顾到被考核人的自尊和个人情绪。苛责往往不会真正帮助被考核人从内心中产生愿意改变行为的想法，而充分善意和关怀往往能够起到比较好的效果。

⑤会议过程中，一定要做好会议的详细书面总结和记录。每次会议最好都要用录音笔录音并存档。有条件的企业可以把录音转化成文字稿并突出重点，没有条件的企业至少要整理出其中的要点形成文字稿。

温馨提示

会议沟通绩效辅导的优缺点

1. 会议沟通绩效辅导的优点

（1）考核人与团队成员可以共同了解绩效工作的进展情况，能够让团队成员之间了解彼此的工作状况，能够在一定程度上避免信息不对称，增强团队之间工作的默契和配合度。

（2）考核人可以借此机会向全队团队的成员传达企业的发展战略以及企业文化等信息，及时传达企业和部门层面工作重点的变化或调整。

（3）能够提供考核人和所有被考核人之间共同面对面直接交流和沟通的场合，能够弥补一些书面报告或者一对一面谈的缺陷。

2. 会议沟通绩效辅导可能存在的缺点

（1）有一些问题，如个别被考核人的个别问题或者只有个别被考核人需要知道的保密问题，可能不便在会议上讨论和交流。

要避免这一潜在的缺陷，考核人在会议中可以回避这类问题，在会议开始之前或者结束之后，找相关人员个别交流。如果需要回避的问题太多，那么建议采取一对一面谈的方式进行绩效辅导。

（2）对于一些管理文化有问题、管理方法缺失的企业，采用会议的方式进行绩效辅导可能最终会让会议变成走形式。这会让开会变成一种习惯，而不是需要；也会让会议内容变成固定不变的几个模式，而不是根据具体情况调整。

要避免这一潜在的缺陷，企业首先要建立良性的管理文化，同时要提高考核人在会议管理方面的素质和能力。

（3）会议沟通需要多名被考核人共同参与，有可能会影响部分被考核人的正常工作。会议过程中的绩效辅导可能并不能针对每一位被考核人，也可能在一定程度上造成时间上的浪费。

要避免这一潜在的缺陷，考核人可以利用互联网，采取视频会议或电话会议的形式；可以把会议时间安排在团队工作相对比较少的时候；也可以精简会议的主题，提高会议的效率，减少会议的时间。

2. 非正式渠道

非正式的绩效辅导形式可以分成走动式管理、开放式办公、非正式会议、非正式交流等四种方式。

四 绩效辅导准备

1. 绩效辅导的前期准备

（1）获取辅导对象的相关信息。

（2）选择绩效辅导的形式。

（3）确定合适的面谈时机和环境。

（4）保持良好心态。

（5）提前通知员工。

2. 绩效表现备忘录

建立绩效表现备忘录的目的是：有助于诊断员工的绩效，找出问题；提供绩效评估的事实依据；协助员工解决问题，提高绩效。

绩效表现备忘录内容一般包括：

（1）员工处理重要工作的关键行为、技巧、所用时间及资源、所达到的效果。

（2）员工的自我反馈与评价。

（3）他人重要评语（用户、上级、同事的反馈）。

（4）员工职业生涯规划及发展进度。

（5）其他证明文件。

3. 绩效诊断

绩效辅导面谈前，管理者要对员工的绩效现状进行分析，明确员工存在的问题，准备初步的建议构想。可从以下几个方面加以考虑：

（1）组织中是否缺乏标准化的操作程序。

（2）是否许多员工都存在同样的绩效问题。

（3）员工是否对工作目标不明确。

（4）员工对自己的工作完成情况是否清楚。

（5）员工过去是否曾经圆满地完成工作任务。

（6）员工是否为这项工作受过专门的培训。

4. 绩效辅导的时机

管理者应该根据需要，针对员工经验、能力随时向员工提供反馈指导。

对新员工、PBC结果为C与D的员工、业绩下滑的员工，每月至少进行一次辅导沟通。

每一次绩效辅导都要安排充足的时间，避免中途被打断。

实例5-1

某公司推行绩效管理，要求各部门考核人必须对被考核人进行绩效辅导，绩效辅导的具体方式可以考核人自行决定，但是每月须提交绩效辅导的书面记录。

某日上午9点，某部门管理者薛某的助理小刘找到他，说：“薛总，这个月绩效辅导表该交了，人力资源部已经开始催了。您看咱们怎么办啊？”

薛总说：“你不说我都忘了！快快，召集大家，咱们现在就开会！”

小刘马上把该部门所有人召集到会议室。

结果该部门的一名员工今天正好约见了一名客户，另一名员工定好了上午要给客户回电话，还有一名员工上午家里有事请假了，其他的员工也都有工作在处理。大家纷纷表示不满。

身为薛总的助理，小刘可不管这些，他对大家说道："这会可是薛总说要开的，你们有什么事找薛总说去，别跟我这嚷嚷啊！总之，我通知你们啦，9点30分会议室开会，你们自己看着办吧！"

上午9点45分，这个部门的员工才陆陆续续到达会议室。薛总看人到齐了，清了清嗓子，说道："咱们今天开个绩效辅导主题的会，大家轮流说一下自己手头的工作和当前的绩效问题吧。小刘，先从你开始吧。"

于是，部门的员工就开始说起来。薛总一边听，一边点头。

大家都讲完以后，已经接近中午12点了，薛总说："大家说得都挺全面的，工作也都挺充实的，我这也没什么好补充的，大家继续做好自己的工作吧！好了，散会！"

这类会议每过两周左右就会开一次，该部门的员工即使很不喜欢，但也已经有些麻木了。

一名员工回到座位叹了口气，对旁边的同事说："唉，开了这一上午的会，晚上又要加班补今天上午的工作了。"另一位员工表示赞同，点头说："就是呀！"

如何评价薛总对本部门人员的绩效辅导？

分析

薛总对本部门人员的绩效辅导是典型的失败例子。他没有真正领会绩效辅导的意义和价值，没有按照绩效辅导的规范步骤操作，主要问题出现在以下几个方面：

1. 绩效辅导会议的召开是临时抱佛脚，没有提前准备，没有通知。
2. 耽误了本部门许多员工的正常工作，对员工产生比较差的影响。
3. 会议让所有员工参加，并没有体现员工之间绩效情况的协同性。
4. 过程中只聆听了员工的工作情况，并没有给出任何反馈。
5. 会议结束没结果，没有计划、没有建议、没有落实、没有记录。

总之，薛总召开的这类绩效辅导会议是无效的，是为了开会而开会，为了应付了事而开会，为了公司规定而开会，结果不但没有通过绩效辅导会议真正帮助员工解决问题，反而给员工正常的工作造成许多障碍。

5. 一对一辅导沟通的环境

（1）安静，避免干扰因素。

（2）明亮。

（3）恰当的座位。

6. 绩效辅导的心态准备

（1）站在公平对等的立场。

（2）关心员工职业发展。

（3）预估员工可能的反应及相应的处理办法。

（4）控制自我情绪。

（5）当对自己的辅导能力产生怀疑时，及时向经理或HRBP征求建议。

7．针对性的绩效辅导方法

（1）进步神速者：提供更多工作及表现机会；适时给予正面鼓励及培训；给予更多授权及承担适当风险；协助制定长期职业生涯规划；增加与上级联系机会；适时公开肯定成就。

（2）表现进步者：了解员工长处及主要改善事项；适时回馈员工，提供必要教导与培训；强调期中检讨；增加更多工作相关任务；教导如何有效利用资源。

（3）未尽全力者：尝试了解员工未尽全力的背景和原因；发掘过去成功之处或兴趣所在；尝试调整工作内容以符合个人需求；随时回馈，鼓励小成就；以非传统方式协助员工解决阶段性问题。

（4）表现退步者：发掘问题；增加期中审视与回馈；提供更多咨询与教导；注意员工行为；定期与上级沟通，报告进度与计划。

温馨提示

情境领导理论模型

情境领导理论（Situational Leadership Theory，SLT），由保罗·赫塞和肯·布兰佳提出，是一个针对下属不同的成熟度采取不同领导风格的权变理论工具。

情境领导理论模型如图5-4所示。

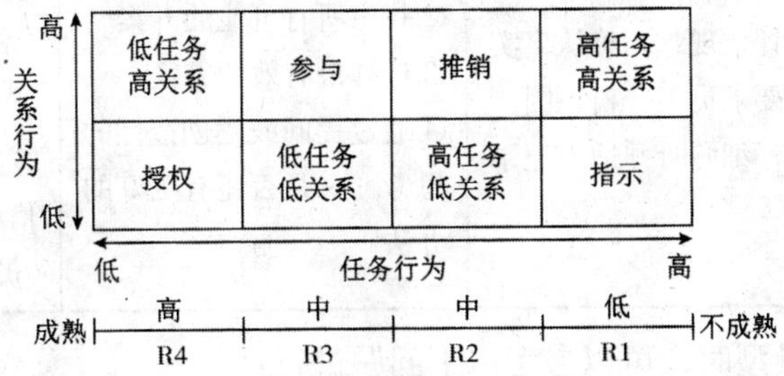

图5-4　情境领导理论模型

情境领导理论模型把领导行为分成两个维度：一个是任务维度，另一个是关系维度。

情境领导理论模型将员工的状态分成了四种情况：第一种情况是没有能力，也没有意愿的R1状态；第二种情况是没有能力，但有意愿的R2状态；第三种情况是有能力，但没意愿的R3状态；第四种情况是既有能力，又有意愿的R4状态。这四种员工状态分别对应着四种不同的领导行为。

对待R1状态的下属，管理者可以采取指示型的领导风格，也就是明确地告诉下属应该怎么做，并对其实施较强的监督。应用到绩效辅导中时，对待这类被考核人，考核人可以给予其明确的指令和较频繁的监督检查。

对待R2状态的下属，管理者可以采取推销型的领导风格，也就是鼓励下属主动学习，给下属足够的成长空间。应用到绩效辅导中时，对待这类被考核人，考核人可以给予其充分的耐心、足够的鼓励，指导其成长，允许其犯错。

对待R3状态的下属，管理者可以采取参与型的领导风格，也就是让下属参与到工作的决策中来。应用到绩效辅导中时，对待这类被考核人，考核人可以通过让其充分参与到一些工作决策的制定过程中，提高其参与感。

对待R4状态的下属，管理者可以采取授权型的领导风格，也就是充分授权，相信下属，并放手让下属自己把工作做好。应用到绩效辅导中时，对待这类被考核人，考核人可以对其进行充分授权，让其自主决策，提高其责任意识。

8. GROW辅导模型

GROW辅导模型见表5-1。

表5-1　GROW辅导模型

目标（Goal）	现状（Reality）	选择（Options）	行动（Will）
确认业绩目标并达成一致	①描述当前情况 ②探索深层原因 ③发现事实真相	寻找解决办法	①制订行动计划 ②设定衡量标准 ③确定相关支持
①向员工陈述谈话目的 ②明确期望的成果	①评估现状，确认事实 ②要求员工分析原因 ③仔细聆听并适当记录	①询问员工对问题的看法 ②找出所有可能的方案 ③选择最有效的方案 ④通过提问鼓励创造性的思考——是否还有更好的办法	①讨论可能的影响/障碍 ②与员工一起商讨行动计划 ③设定衡量标准 ④规定分工、角色 ⑤感谢员工并表达你对他的信心 ⑥制定下次的评审时间

使用GKOW辅导模型时，可以参考以下问题进行：

（1）目标。

①你想过讨论什么问题？

②你想在这次会议达到什么目标、目的？你想在这次讨论的过程中得到些什么？

③你觉得怎样的讨论才是“物有所值”的？

④如果你能在这次会议、讨论中实现一个愿望，你希望是什么愿望？

⑤在讨论结束的时候，你希望自己和以前相比，有哪些不同？

⑥如果现在有一些问题让你感到不满意的话，你希望通过这次讨论能解决哪些问题？

⑦你的愿望符合实际吗？

⑧你希望通过这次的讨论得到什么结果？

⑨在有限的时间里，你能够实现自己的愿望吗？

（2）现状。

①你目前遇到了什么情况？

②你怎么知道自己的判断是正确的？

③这种情况是什么时候发生的？

④这种情况多长时间发生一次？

⑤它产生了怎么样的影响？

⑥你是否会验证或如何验证自己的判断？

⑦其他相关的因素是什么？

⑧这种情况是否还影响到了他人？

⑨这些人怎么看待当前的问题？

⑩到目前为止，你都已经尝试了哪些解决方案？

（3）选择。

①你将如何改变当前的状况？

②你还有什么其他选择？

③告诉我你都有哪些可能的选择方案，暂时不要去考虑它们是否可行？

④你以前看到过别人遇到类似的情况，或者说你自己曾遇到这种情况吗？

⑤你可以向哪些人求助？

⑥你想听听我的建议吗？

⑦你最喜欢什么样的解决方案？

⑧这些选择方案都各有什么利弊？

⑨什么样的选择方案似乎是最有趣的？

⑩将所有选择方案按照可行性及趣味性排出顺序？

⑪你准备采用哪种方案？

（4）行动。

①你接下来将采取什么步骤？

②你准备什么时候采取这些步骤？

③在实施步骤的时候可能会遇到什么困难？

④你需要在自己的日程中记下这些步骤吗？

⑤你需要得到什么支持？

⑥你准备在什么时候，通过什么方式申请到这些支持？

疑难解答

1. 要有效地为员工提供绩效辅导，管理者应该怎么做？

要有效地为员工提供绩效辅导，管理者应做到：首先，需要有意识地观察并发现员工在实施干预方案中存在的问题；其次，要能够清晰准确地向员工描述出影响绩效的行为及其导致的后果；第三，与员工一起讨论出现的问题，让他们进行自我分析；第四，在绩效辅导的面谈中要善于停下脚步，让员工表达自己的心声；最后，要着眼于未来，引导员工为改进自己的工作提出解决对策和方法。

2. 被考核人在绩效辅导的过程中需要承担职责吗?

被考核人在绩效辅导的过程中同样承担着一定的职责，毕竟被考核人是工作实施的主体，是绩效改善的主要实施人。被考核人在绩效辅导工作中的表现，同样是绩效辅导工作能否有效实施的关键。被考核人在绩效辅导工作中的主要职责是完成工作，实现最佳的绩效目标，主要包括以下内容：

（1）请求绩效结果情况的反馈和绩效的辅导。

（2）积极参与到绩效辅导相互沟通的过程中来。

（3）与考核人探讨绩效目标的达成进度。

（4）为自己建立起工作成果记录。

（5）客观地提出自己工作开展中遇到的困难。

（6）如果外界情况发生较大的变化，可以和考核人沟通一致后修改绩效目标。

（7）随着绩效的实施不断完善个人发展计划。

3. 考核人日常工作业务繁忙，没有时间和被考核人接触，或没有时间辅导被考核人。该如何解决?

解决方案可参考以下内容：

（1）公司层面设定统一的绩效辅导的时间，即使每天只有1～2分钟，也总比没有好。

（2）设定月度/季度/年度的绩效辅导表格，以双方亲手填写的绩效辅导表格为绩效辅导实施的输出和依据。

（3）绩效管理团队定期检查督导，必要时实施相应的奖罚。

第三节 绩效辅导沟通与追踪

一 绩效辅导的沟通步骤与沟通要点

绩效辅导的沟通步骤与沟通要点见表5-2。

表5-2 绩效辅导的沟通步骤与沟通要点

沟通步骤	沟通要点
好的开始	①建立良好的沟通氛围 ②说明此次沟通的目的

（续表）

沟通步骤	沟通要点
倾听并使员工积极参与	①所定的工作目标进展如何 ②哪些方面进行得好 ③哪些方面需要进一步改善和提高
描述员工行为	①描述具体的行为，避免概括性的结论和推论 ②解释行为对绩效目标产生的影响
给予积极的反馈	①真诚、具体地表扬员工 ②嘉奖员工表现积极的行为
指出员工需要改进的方面，达成共识	①沟通确认员工需改善的工作内容 ②为提高员工的知识和技能，确认需给予的资源和支持 ③与员工达成共识
以鼓励结束谈话	以鼓励的话语结束谈话
形成书面记录	记录谈话重点：员工认同的事情、改进措施、员工不认同的事情

二　绩效辅导的沟通技巧

1. 开放式询问

使用开放式的询问方式，收集信息全面，保持谈话氛围愉快。例如：

（1）为解决问题，你采取了哪些措施？结果怎样？

（2）你觉得可能会有什么样的困难和阻力？你打算如何面对？

（3）在这些方法中，你倾向于哪一种？

（4）我们之间需要如何沟通跟进？

（5）有什么样的里程碑？现在情况怎样？发生了什么？

（6）你如何评价现状？假如要打分的话，你会给出多少分？我们该怎么解决这个问题？

2. 积极的肢体语言

绩效辅导时，考核人应该浅坐、身体前倾，与被考核人有目光交流，面带微笑，带有点头、附和的肢体动作，及时进行记录。两人避免坐得太近或太远，切勿跷二郎腿、来回抖动双腿，或是双臂交叉、将手搂在头后、打哈欠、伸懒腰、手指不停拨弄物品等。

3. 聆听与回馈

（1）聆听：专注地倾听、设身处地地感受；听取真实信息、了解弦外之音；总结、复述、确认；表达个人感受；记录笔记。

（2）回馈：针对具体的工作事项进行回馈；保持客观、冷静的态度；避免离题或谈及历史问题；避免谈及其他人员；避免进行人身攻击。

4. 赞赏与批评

（1）赞赏：赞赏员工的优点；说明员工在表现上的细节；表达其表现所带来的结果和影响；真诚地传达对其贡献的认可；寻找机会当众赞赏。

（2）批评：内容要具体，对事不对人；分寸要恰当，态度要平和；要掌握最佳时机；根据被批评者的反应掌握批评火候；以褒奖的言辞结束批评。

5. 建议可行方案

（1）只提供各种可行方案，不代做决定。

（2）多提供可行方案，不下断言。

（3）以最简单、最普通的语言叙述可行方案。

（4）以当事者角度提供可行方案。

6. 面对强烈的情绪

（1）尽量让对方发言，不要打断。

（2）心平气和，自我克制。

（3）克制自己的情绪，不要强力自我辩护。

（4）针对具体的绩效事项或行为，重复相同用词。

7. 绩效辅导记录

在绩效面谈中，双方要将达成共识的结论性意见、经双方确认的关键事件或数据、下一阶段绩效计划及时予以记录、整理。从而使整个绩效管理的过程形成一个不断提高的循环。

绩效辅导记录表见表5-3。

表5-3　绩效面谈表

被考核人		部门		记录人		
绩效考核周期		绩效得分		绩效等级		
面谈时间	年　月　日　时—　时			面谈地点		
工作业绩及优点：						
需改进的方向：						
下阶段工作目标与要求：						
结果评估		优	良好	尚可	欠佳	不佳
1．目前整体工作表现						
2．与过去比较进步程度						

（续表）

3. 未来发展	A. 胜任现职					
	B. 晋升潜力					
直线经理意见						
直线经理签名				被考核人签名		
间接上级意见						
间接上级 签名及日期		直线经理 签名及日期		被考核人 签名及日期		
人力资源部 面谈记录						
HR签名及日期				被考核人签名		

8. 辅导注意事项

（1）真诚与开放是成功辅导的基本态度。

（2）倾听与教导是绩效辅导的重要技能。

（3）随时抓住沟通机会，善用不同的辅导方式。

（4）不要忽视记录员工的工作表现。

（5）关注那些通过辅导员工能解决改进的事。

（6）管理者不要逃避辅导责任。

实例5-2

某公司生产统计岗位的小王平常工作认真仔细，极少出现错误。最近，小王的直属上级、生产考核人朱总发现小王给他提报的生产统计日报表连续三次出现低级错误。朱总觉得就这件事有必要与小王谈一下。

某天上午，朱总对小王说："小王啊，我了解生产统计岗位上午都挺忙的，你看看今天下午什么时间方便，抽20分钟左右的时间咱俩聊聊？你想想工作上有没有需要我提供帮助的？也想想最近工作的状况，好吧？"

小王说："好的，朱总，您看咱们下午2点可以吗？您的时间怎么样？"

朱总说："好，正好我下午2点没安排，咱们就定2点吧！"

下午2点，小王来到朱总办公室。

朱总请小王坐在自己旁边，对小王说："小王啊，你这个月已经出现三次生产报表错误的问题了。第二次的时候我提醒过你，这次又出现了。统计岗位要求报表不能出现错误，报表一旦出现问题，不仅会影响你的绩效考核成绩，而且可能会影响整个生产计划，甚至可能会给公司造成严重的损失。我想听你好好说说，最近工作上是怎么回事？”

小王说：“朱总，真对不起，是我工作的失误。一是因为咱们新上的ERP系统我用得还不太习惯，报表导出系统时有几个数据没弄没明白；二是因为最近我父亲生病住院了，我上班时老是惦记着他的病。”

朱总说：“小王啊，ERP我们可以逐渐熟练，你有什么不会的，我们请项目团队来单独培训也没问题。你父亲的病怎么不早说呢？现在病情怎么样了？有需要我可以准你请假去照顾一下。一会儿我和你一起去看看他。”

小王颇为感动，说：“朱总，太谢谢您了！现在不用了，医生说我父亲恢复得很好，后天就可以出院了，以后自己在家静养就可以。”

朱总说：“你还和我客气啥，一会儿你一定带我去一趟！明天开始给你两天假，在医院好好陪你父亲，看还有什么需要检查或注意的，后天一起回家安顿好。回来上班以后，我找新系统项目团队的人来手把手教你操作几遍，以你的聪明劲儿，以后肯定不会再出问题了！”

小王的眼泪已经在眼睛里打转了，对朱总说：“朱总，您放心，我保证不会再犯那些低级错误了！休假回来以后，我一定会加倍努力工作的！”

朱总送走了小王，在公司发放的绩效辅导面谈记录表上，写清楚了本次面谈的具体内容。

如何评价朱总对员工此次的绩效辅导？

分析

朱总对小王的绩效辅导是比较成功的，主要体现在以下几个方面：

1. 发现下属小王工作中的异常，及时与小王沟通。

2. 绩效辅导过程中，描述小王的行为以及对公司造成的影响，没有做出对小王行为的主观判断，而是让小王自我分析和查找原因。

3. 整个谈话过程中，朱总对小王都持续进行着积极的反馈，表扬小王的优点。

4. 朱总与小王达成了行动方针的共识，让被考核人更愿意接受。

5. 朱总与小王的谈话以鼓励和表扬为结尾，提高了小王的积极性。

6. 绩效辅导的最后，朱总按照公司的要求，形成了绩效辅导的记录。

三 绩效辅导对工作进展和结果的追踪

有效的辅导包括对工作进展和结果的适时跟踪和检查：

（1）提供员工所需要的培训及资源支持。

（2）定期跟踪员工的工作完成情况，适当调整行动计划。

（3）及时认可出色的表现，对不足之处提出改进意见。

（4）持续地寻找需要进一步进行的辅导工作。

疑难解答

1. 考核人缺乏辅导被考核人的意识，不知道被考核人问题所在，认为与其辅导不如自己做，既正确又快速，更担心“教会徒弟，饿死师傅”。这样的情况应该如何解决?

解决方案可参考以下内容：

（1）绩效管理团队针对考核人的辅导意识实施教育和培训。

（2）借助绩效管理制度的规定，从公司层面严格要求。

（3）通过继任者计划，培养考核人的接班人。

（4）为考核人设立职业发展通道，晋升的条件之一是对被考核人辅导和培养的效果。

（5）绩效管理团队定期检查督导，必要时实施相应的奖罚。

2. 考核人无法正确地把握被考核人的能力，不知道被考核人完成工作需要具备哪些态度、知识或技能，不知道该教被考核人什么，也不知道如何教。这样的情况应该如何解决?

解决方案可参考以下内容：

（1）绩效管理团队针对绩效问题识别以及如何辅导被考核人等主题，对考核人进行培训。

（2）定期在公司层面组织绩效辅导的交流会，请绩效辅导优秀的考核人分享经验。

（3）设计绩效辅导的参考问题及解决方案的资料，供考核人参照查询。

（4）与考核人一起讨论、制定、定期修改岗位胜任素质模型，并在工作中实际运用此模型。

3. 绩效辅导过程中，被考核人的情绪比较强烈或者激动。这样的情况应该如何解决?

解决方案可参考以下内容：

（1）让被考核人自由地发言，把想说的话说出来，不要试图中途打断。

（2）考核人在过程中要做到心平气和，做好心理调节和情绪控制。

（3）搞清楚被考核人情绪波动的原因，考核人不需要着急做辩护或者解释。

（4）待被考核人情绪平复之后，与被考核人共同商讨解决方案或支持需求。

第六章　如何开展绩效考评

本章思维导图

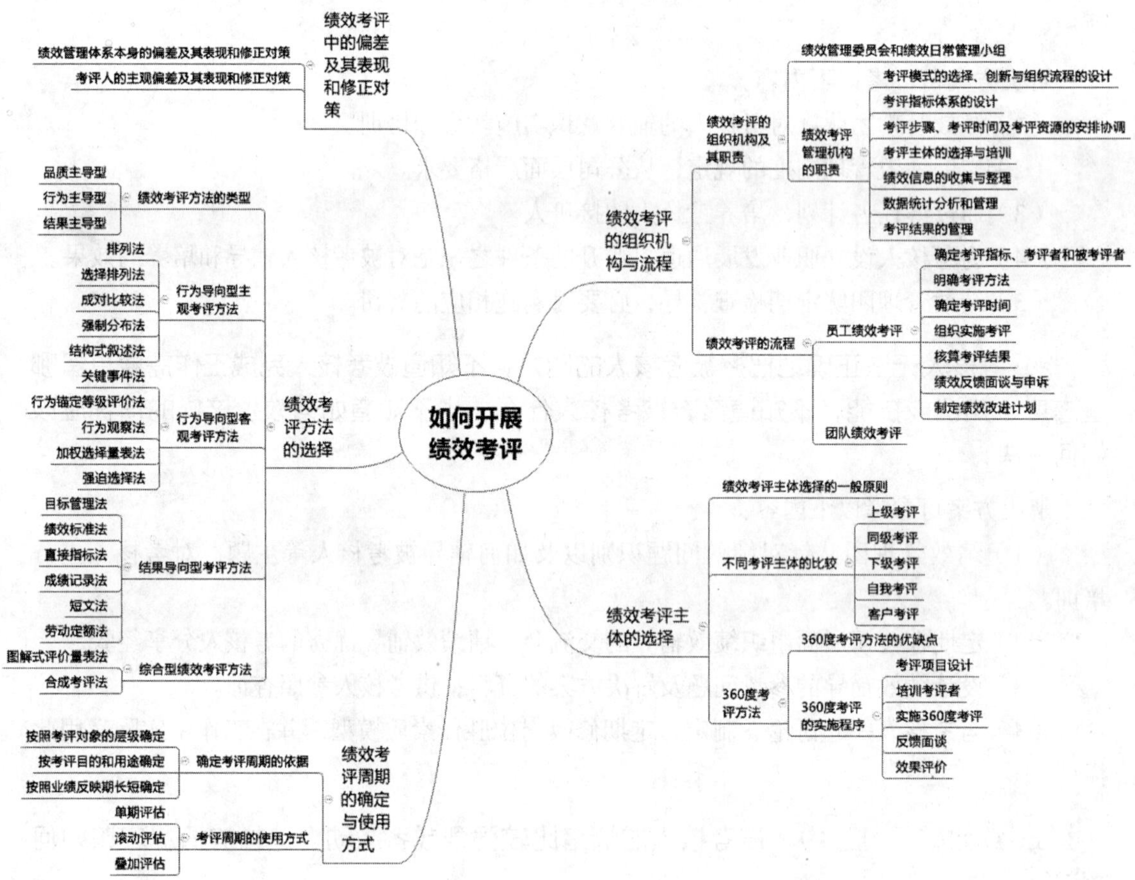
如何开展绩效考评
绩效考评中的偏差及其表现和修正对策
绩效管理体系本身的偏差及其表现和修正对策
考评人的主观偏差及其表现和修正对策
绩效考评方法的选择
绩效考评方法的类型
品质主导型
行为主导型
结果主导型
行为导向型主观考评方法
排列法
选择排列法
成对比较法
强制分布法
结构式叙述法
行为导向型客观考评方法
关键事件法
行为锚定等级评价法
行为观察法
加权选择量表法
强迫选择法
结果导向型考评方法
目标管理法
绩效标准法
直接指标法
成绩记录法
短文法
劳动定额法
综合型绩效考评方法
图解式评价量表法
合成考评法
绩效考评周期的确定与使用方式
确定考评周期的依据
按照考评对象的层级确定
按考评目的和用途确定
按照业绩反映期长短确定
考评周期的使用方式
单期评估
滚动评估
叠加评估
绩效考评的组织机构与流程
绩效考评的组织机构及其职责
绩效管理委员会和绩效日常管理小组
绩效考评管理机构的职责
考评模式的选择、创新与组织流程的设计
考评指标体系的设计
考评步骤、考评时间及考评资源的安排协调
考评主体的选择与培训
绩效信息的收集与整理
数据统计分析和管理
考评结果的管理
绩效考评的流程
员工绩效考评
确定考评指标、考评者和被考评者
明确考评方法
确定考评时间
组织实施考评
核算考评结果
绩效反馈面谈与申诉
制定绩效改进计划
团队绩效考评
绩效考评主体的选择
绩效考评主体选择的一般原则
不同考评主体的比较
上级考评
同级考评
下级考评
自我考评
客户考评
360度考评方法
360度考评方法的优缺点
360度考评的实施程序
考评项目设计
培训考评者
实施360度考评
反馈面谈
效果评价

绩效考评是绩效管理的最主要内容，绩效考评是指按照确定的标准来衡量工作业绩、工作成果、工作效率和工作效益的达成程度。考评内容的科学性和合理性，直接影响到绩效考评的质量。因此，绩效考评的内容应该符合企业自身的实际情况需要，能够准确地对员工的绩效进行考评。由于绩效的多因性，绩效考评的内容也颇为复杂。

第一节　绩效考评的组织机构与流程

一　绩效考评的组织机构及其职责

考评的组织工作主要包括两部分：一是建立绩效管理工作组织部门，包括绩效管理委员会和负责绩效数据收集与核算的日常管理小组；二是绩效管理工作在企业展开的组织工作。

1．绩效管理委员会和绩效日常管理小组

绩效管理委员会和绩效日常管理小组的主要职责见表6-1。

表6-1　绩效管理委员会和绩效日常管理小组的主要职责

组织部门	内容		
绩效管理委员会	目的		为了保证企业绩效管理工作的顺利开展，企业可以建立绩效管理委员会
	组成		委员会由企业领导班子成员和财务部、人力资源部、战略规划部以及核心业务部门的主要负责人组成
	主要职责		（1）领导和推动企业的绩效管理工作 （2）研究绩效管理重大政策和事项，设计方案与实施控制 （3）解释现行绩效管理方案的具体规定 （4）处理涉及绩效管理但现行政策未做规定的重大事项
绩效日常管理小组	组成		委员会下设绩效日常管理小组，可以由战略规划部、财务部、人力资源部组成
	工作内容		管理小组具体负责日常的绩效管理工作，比如企业、部门KPI指标数据的收集以及KPI指标考评分数的核算等
	具体分工	战略规划部	（1）负责按照企业任务目标及企业年度目标，向委员会提出年度KPI及具体指标值调整方案 （2）负责收集、整理、分析有关KPI的内部反馈信息，及时提出调整建议 （3）提供年度和月度考评参数 （4）负责对KPI考评执行情况进行监督、检查，并汇总各考评部门的意见，根据考评情况提交奖惩报告
		人力资源部	（1）负责收集、整理、分析有关绩效管理运作体系的反馈信息，对考评体系的设计和调整提出建议 （2）向委员会提出所有部门的PRI（岗位职责指标）及指标值调整方案 （3）对绩效结果的运用提出建议 （4）指导和督促绩效管理日常工作的开展 （5）负责汇总计算绩效分值并形成报告

实例 6-1

某公司是一家小型贸易公司，员工不到100人。该公司的员工考核制度是：业务部门员工的考核目标由直线主管来下达，员工目标的日常工作情况、完成情况则由一些职能部门来检查考核，如企管部、办公室等；而企业最终还要向职能部门经理要部门结果。这样一来，职能部门人员经常检查业务部门员工的目标实施情况，给员工的业绩考核表现打分，而直线主管失去了检查考核权力，他们也只管完成自己的任务，对下属员工的业绩表现和改进不管不问。

更糟糕的是，这种制度导致职能部门和业务部门之间出现很大矛盾。业务部门主管认为职能部门的检查太多，这纯粹是给本部门找麻烦，老是在帮职能部门的忙；而职能部门也抱怨业务部门主管不配合工作。一旦出现问题，双方更是相互推诿指责，把问题推给对方，导致很多问题都找不到责任人，久拖不决，如缴货延期问题、员工流失问题等，严重影响了企业的运行。

该企业在绩效管理过程中，出现了什么问题？

分析

本案例反映出在绩效管理过程中，考核的一线执行者与考核组织者在职责分工与协作上存在模糊不清或角色错位的问题。

绩效考核的目的不是为了考核而考核，它的终极目标是为了实现公司/部门/岗位的任务目标。这种目标的制定依据必须来自公司自上而下的目标分解，并且这种目标是经过考核者与被考核者充分沟通认可后开始实施的。

同时，绩效考核在实施中涉及到两种主要的工作分工：一种是绩效考核的组织者或推进者（常见的人力资源部、企划部、总经办等），负责公司绩效方针的拟订、考核体系的建立以及组织、汇总各部门的考核情况，当然也包括绩效投诉问题的处理事宜；另一种是绩效考核具体执行者（考核者，一般都是由直接上级考核直接下级），负责日常考核的记录、统计、汇总与评价、改进工作。

为保障日常考核公平、公正，考核组织者可以对考核具体执行者工作进行检查，而并非代替。如果这两种绩效考核工作分工不清楚，势必会造成种种问题。

对于该企业绩效管理存在的问题，可采取以下对策：

1. 在绩效管理制度中，明确绩效管理委员会（或绩效考核体系）的组织架构，其中对绩效考核组织者、考核具体执行者在考核各环节中职责进行清楚的界定。

2. 明确在实际考核过程中，遵循直接上级考核直接下级的基本原则，企管办或办公室（如果作为考核组织者的话）为保障考核公正性可以定期或不定期对考核具体执行者的工作进行检查。

3. 所有部门都需要进行绩效考核，包括业务部门和职能部门。绩效目标的制定需要考核者与被考核者共同沟通确认。

2. 绩效考评管理机构的职责

（1）考评模式的选择、创新与组织流程的设计。

绩效考评方式多种多样，如基于平衡计分卡的绩效考评、基于素质模型的绩效考评以及360度绩效考评等。考评组织机构可以对这些考评模式进行分析比较，并根据实际考评需求和考评内容选择其中一种考评模式或创新一种考评模式，再根据所定的考评模式设计具体而规范的考评组织流程。

（2）考评指标体系的设计。

绩效管理机构要遵循正确的指标设计原则，组织相关人员参与指标设计过程，以确保指标体系的科学性和系统性。另外，随着时间的推移，还要组织对考评指标体系进行检验并不断修改、补充和完善。

（3）考评步骤、考评时间及考评资源的安排协调。

①根据具体情况确定考评步骤或考评环节，科学估算每一步骤所需的时间和资源。

②对每一步骤的完成时间做出具体安排，对有限的资源做出充分利用和合理协调的计划，并可以利用网络规划技术优化锁定方案。

③做出整体规划书并将其作为行动依据。

（4）考评主体的选择与培训。

①绩效考评主体的多元性，要求绩效管理机构根据考评对象的性质、特点和要求做出正确的选择，并对所选考评主体的规模、知识结构、专业结构、年龄结构和行业结构等做出具体的规定。

②要对所选的考评主体进行系统培训，让其明确考评的意义、目的，全面理解考评指标、考评内容、考评标准、考评程序等，将人为误差减少到最低。

（5）绩效信息的收集与整理。

绩效考评过程中最重要的考评工具是数据收集和处理工具。一般来说，收集数据可以采取发放调查表、口头或手机调查、现场观察等形式。

（6）数据统计分析和管理。

①应注意资料的代表性以及相互之间的关联度，并在整体均衡的基础上突出指标之间的相互制衡。

②要初步确立考评模型，运用收集到的绩效信息进行考评，得出绩效考评结果。

（7）考评结果的管理。

①对考评结果的信度和效度进行检验。

②形成绩效考评报告书并及时反馈给被考评对象。

③根据实际情况合理确定考评结果的公开范围和公开方式。

④将考评结果和相关信息形成数据库。

实例 6-2

某公司对司机岗位进行绩效考核。开始推行考核的时候，由于车辆基础管理工作不到位，只对司机岗位的“出车里程”和“安全行驶”两个指标进行考核，“出车里程”占60分，“安全行驶”占40分。绝大多数司机安全意识较高，几乎从不发生安全问题，因此每次考核“安全行驶”都是40分，每次考核司机岗位的分数都较高。后来，该公司对司机岗位的考核进行了改进，增加了“油料消耗”“车辆维修”“车辆保养”“优质服务”等指标，将“安全行驶”所占分值降为10分。这时新的问题出现了，当某位司机出现责任交通事故，给公司带来巨大损失时，根据考核方案，虽然安全行驶指标得零分，但其他方面完成得很好，该司机仍然得到八九十分的“合格”甚至“优良”的评价，这显然是有问题的。

该企业在给司机岗位进行考核过程中遇到的上述困惑，是什么原因造成的？

分析

在绩效管理实践中，存在一种倾向，就是尽量追求考核指标的全面和完整，考核指标涵盖这个岗位的几乎所有工作，事无巨细地说明考核的要求和标准。诚然，这种考核对提高工作效率和质量是有很大作用的，通过定期或不定期的检查考核，员工会感受到压力，自然会在工作要求及标准方面尽力按公司的要求去做，对提高业务能力和管理水平有其积极意义。

但这种模式的考核也存在两个重大缺陷：一是绩效考核结果没有效度，也就是说，考核结果好的不一定就是对组织贡献最大的，绩效水平低的不一定就是考核结果差的，这样自然就制约了公平目标和激励作用的实现；二是考核项目众多，缺乏重点，实现不了绩效管理的导向作用，员工会感到没有发展目标和方向，缺乏成就感。

考核没有效度以及不能实现战略导向作用大致有以下几个方面的原因：

1. 由于考核项目众多，员工感觉不到组织的发展方向和期望的行为是什么，同时每项指标所占权重很小，即使是很重要的指标，员工也不会太在意。

2. 在考核操作实施过程中，抽查检查是普遍采用的方式。对于抽查检查中发现的问题，被考核者往往不从自身的工作中找原因，而认为是自己倒霉并坚持认为别人考核成绩好是因为别人运气好，存在的问题没有被发现，被考核者从心里就不会接受这样的考核结果。

3. 考核者对被考核者工作的认识和理解往往存在偏差，这样会导致绩效考核出现“无意识误差”；另外考核者如果不是被考核者的直线上级，不必对被考核者的业绩负责，会导致绩效考核的随意性，由此引发绩效考核出现“有意识误差”。这两种情况都会使绩效考核的公平公正性受到质疑。

总之，过分追求指标的全面、完整，必然会冲淡最核心的关键业绩指标的权重，因而使绩效考核的导向作用大大弱化。

二　绩效考评的流程

1. 员工绩效考评流程

（1）确定考评指标、考评者和被考评者。

根据绩效管理工作的需要，确定考评期内的考评指标，并根据考评指标的不同设定对应的考评者。

（2）明确考评方法。

根据考评指标、考评者以及被考评者的关系，选择合适的考评方式和方法。

（3）确定考评时间。

根据周期的不同，结合企业实际情况确定相应的考评时间。

（4）组织实施考评。

在这一流程中，企业所有部门和个人根据层级关系，自上而下进行有秩序的考评工作。

（5）核算考评结果。

计算组织和员工的考评得分，需要计算本身所担负绩效指标的考评得分；将员工的自身绩效得分和上级部门以及企业的考评得分进行结合，得出最终的绩效考评得分，这一分数是进行年度奖金核算的依据。

（6）绩效反馈面谈与申诉。

①通过绩效反馈与面谈，使员工了解自己的绩效以及上级对自己的期望，认识自己有待改进的方面。

②员工可以提出自己在完成绩效目标中遇到的困难，请求上级的指导和理解。

③在绩效管理过程中，员工如果发现有不公平、不公正、不合理的地方可以和考评者面谈、沟通。如果沟通不能达成一致意见，员工可以向人力资源部或绩效管理委员会提出申诉。

（7）制定绩效改进计划。

在绩效考评和绩效面谈的基础上，考评者要根据被考评者的实际情况共同为被考评者制定绩效改进计划。绩效改进工作的成功与否，是绩效管理过程是否发挥作用的关键。

2. 团队绩效考评流程

一般来说，团队绩效是指某一组织群体的整体绩效。团队绩效不仅体现了一个团队的整体实力与该团体对组织的贡献，也反映了团队中各成员积极努力的成果。

温馨提示

团队绩效考核与传统的部门绩效考核的差别

团队绩效考核与传统的部门绩效考核的差别主要有以下几点：（1）传统的部门绩效考核只对个人进行考核，而团队绩效考核需同时对团队和个人进行考核；（2）传统的部门绩效考核更关注结果，而团队绩效考核则更关注过程；（3）传统的部门绩效考核偏重于对个人进行奖励，而团队绩效考核须同时对团队和个人进行奖励。

团队绩效考评的流程是：确定团队绩效测评和个体绩效测评的各种要素；对各分析要素赋予相应的权重比例；在测评要素的基础上，分解测评的关键要素；构建分析表，对团队绩效进行分析。

另外，跨部门团队的绩效考评应按照以下流程来进行。

（1）人力资源部门启动绩效考评工作。

各部门主管作为绩效考评责任人，确定考评原则，选定各个员工的绩效考评参考人，一般为员工所在项目组的项目经理。

（2）员工自述。

员工就自己本季度的工作目标完成情况、突出业绩、需改进的地方等进行自述，并在与部门主管及项目经理初步沟通的基础上，填写下季度工作目标。

（3）进入绩效考评环节。

①绩效考评参考人对照预期计划、目标或岗位职责要求，对员工任务的完成进度、质量以及季度工作中的优点和改进点进行考评，并在项目组内按照比例控制原则给出考评等级。

②部门主管召开由各个项目经理参加的集体评议会，结合每个员工完成部门工作的状况，对其业绩、改进点进行最后的考评，对与项目经理不一致的意见进行协调沟通，并按照比例控制原则对项目经理给出的考评等级进行调整，确定每个员工的最终绩效考评结果。

③各大部门的人力资源管理委员会审计各部门考评结果及比例。

（4）进行考评后的分层沟通和辅导。

各考评责任人在结果确定后一定工作日内与员工沟通、反馈绩效考核结果，同时根据各主管的意见确定员工下季度个人绩效目标。

（5）员工根据实际情况反馈考核结果满意度、沟通满意度。

各大部门人力资源管理委员会与反馈问题的员工进行沟通并处理员工投诉。

实例6-3

G公司是大型国有制造企业，在西南、华南、华东、华北分别建立了生产基地。为了提高人力资源服务效率，该企业整合了原有的专业部门及各个生产基地的人事服务中心，开始打造HR三支柱模式。人力资源部下设三个服务部：专业服务部（COE）、HRBP服务部、共享服务部（SSC）。其中，专业服务部（COE）包括员工能力开发、招聘管理、薪酬管理、劳动关系和经理管理五大专业部门，负责提供各专业模块解决方案；HRBP服务部包括本部、西南、华南、华东、华北五大生产基地的人事服务中心，负责各基地人员调配、考勤、各专业模块工作实施跟踪；共享服务部（SSC）包括人力资源系统维护、开发在线学习平台，负责数据录入与更新、软件开发和在线系统管理。

在完成三支柱模式变革之后，G公司于2019年底全面开展全新的绩效考核工作。在新的模式下，该企业的绩效考核工作由COE、HRBP与SSC三者相互协同完成。首先，COE将年度绩效考核方案发送至各基地的HRBP与SSC，以启动绩效考核工作；然后，HRBP负责对所在基地的员工传达和解读绩效考核方案，SSC将方案发布于公司内网或微信平台；接着，HRBP将员工考核诉求反馈给COE，并根据绩效考核与数据结果反馈，将绩效考核数据反馈给SSC，然后SSC进行数据维护与更新；最后，SSC出具专业报表反馈给COE，并将绩效考核数据发送至业务部门负责人或员工的移动设备上以供员工查询。G公司绩效考核流程如图6-1所示。

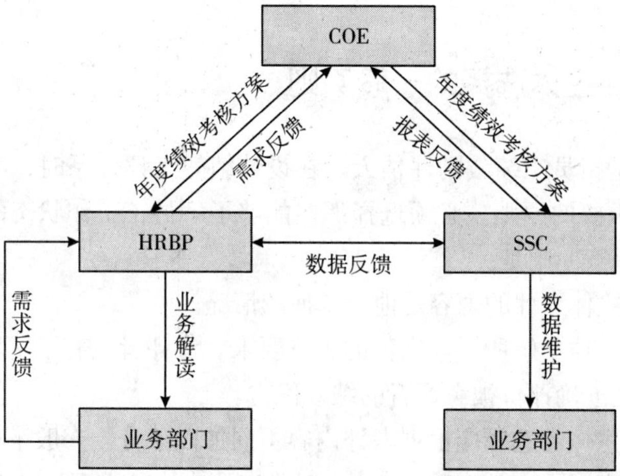

图6-1　G公司绩效考核流程图

结果，HRBP在各生产基地推行绩效考核方案的过程中，却是困难重重，员工及业务部门对绩效考核意见比较大，进而对HRBP推进绩效考核的工作更加不信任，绩效数据结果迟迟没有报送至HRBP。

那么，是什么问题导致了这样的结果呢？

分析

我们可以以该绩效考核方案为例，仔细剖析一下G公司所出现的问题。

1. 流程问题

通过G公司的绩效考核流程图，可以发现该流程缺失了重要的一环，就是员工对绩效考核结果的反馈环节。也就是说，员工对于最终的考核结果只能是被动地接受，而没有反馈的渠道。这样的流程设计，势必造成员工的不满，导致绩效考核的难度增大。

2. 角色问题

通过G公司对绩效考核方案的解读，可以发现HRBP在这次绩效考核工作中只是一个上传下达、收集考核数据的角色。由于HRBP直接服务于不同的业务部门和生产基地，每个业务部门、生产基地、分公司可能都有不同的情况，员工会有不同的考核诉求，那这些诉求和绩效考核中出现的问题应该由谁来解决？在该企业的绩效考核流程中，可以看到HRBP是将这些诉求直接反馈到COE，由COE负责的。这看上去似乎没什么问题，但这样的操作在实际工作中会出现一些问题。例如，HRBP由于自己专业性或者是角色职责问题，对员工的诉求和意见视而不见，或者只是草草上报，将责任推给COE，而自己却置身事外。因此，HRBP直接向一线业务部门提供人力资源管理服务，应该赋予他们更多的权力，让他们承担更多的职责，这样才能发挥人力资源管理的效率。

第二节 绩效考评主体的选择

一 绩效考评主体选择的一般原则

绩效考评主体是指员工绩效的评估人。在设计绩效考评体系时，考评主体与考评内容相匹配是一个非常重要的原则。必须选择那些能够了解员工工作状态的人做考评主体。绩效考评主体选择的一般原则是：

（1）绩效考评主体考评的内容是他所掌握的情况。

（2）绩效考评主体了解所考评岗位的工作要求。考评者只有了解所考评岗位的工作职责及任务要求，才能准确评价被考评者的绩效优劣。

（3）绩效考评主体的选择应根据考评内容不同加以区分。一般来说，对员工职责中的“重要任务”的考评应由直接上级来实施；对员工职责中的“日常工作”的考评应由员工本人来实施；而对员工“工作态度”的考评则宜采取同级“互评”的方式来进行。

二 不同考评主体的比较

一般情况下，绩效考评系统中可能的考评主体包括直接上级、同事、员工本人、下级及客户等。不同的考评主体具有不同的特点，在绩效考评中承担了不同的考评责任甚至管理责任。选择不同考评主体不仅是绩效考评的需要，同时也是实现绩效管理目的的需要。

1. 上级考评

上级考评的实施者一般为被考评者的直接上级，也是绩效考评中最主要的考评主体。由于员工的直接上级通常是最熟悉下属工作情况的人，而且他们对考评的内容通常也比较熟悉，因此上级考评方式在实践中被广泛地运用。同时，绩效考评也是上级主管的一种有效的管理工具。他们可以利用考评，直接或间接地对员工的行为进行管理。如果上级主管没有进行绩效考评的权力，他们对下属的控制力就会大大削弱。此外，上级主管还可以通过对员工考评结果的分析，有效地指导下属的职业发展。当然，上级考评也存在着局限性。当上级主管不能了解下属的全部工作活动时，可能会导致对下级的考评有失公允；而且，当考评结果涉及一些重要的人事决策（如加薪、奖金发放和职位变动）时，上级主管可能会优先考虑部门内部的平衡。另外，上级在与员工交往的过程中也可能存在某些偏见。

2. 同级考评

同级考评者一般是与被考评者工作联系较为密切的同级别人员。他们对被考评者的工作技能、工作态度、工作表现等较为熟悉，在考评中更加关注相互之间在工作中的合作情况，这一点是上级难以准确评价的。员工通常会把自己最好的一面展示给上级，但与其朝夕相处的同事却可能看到他较为真实的一面，同事参与考评可以促进员工工作表现的改善。使用同级考评来对上级考评进行补充，有助于形成关于个人绩效的一致意见。

同级考评也可能出现一些特殊问题。当绩效考评的结果与薪酬和晋升密切联系时往往会使同级之间产生利益冲突，从而影响到同级考评的信度。同级考评还会受到个人感情因素、关系因素的影响而带有主观性。考评者可能会考虑对同事较低的评价会影响两人之间的友谊，或者会破坏小组内的团结。此外，对同事进行评价会受到同事间既有关系好坏的影响。

3. 下级考评

下级对上级进行考评，对企业民主作风的培养、企业员工之间凝聚力的提高等方面起着重要的作用。下属由于经常与其上司接触，往往站在一个独特的角度观察许多与工作有关的行为。下属比较适合评价的是上司的领导艺术和管理行为、公正性等方面，但在计划与组织、预算、创造力、分析能力等方面却不太适合运用这种方法评价。另外，在一个缺乏开放、民主的组织文化的组织中，下属在评价上司的时候可能会有所保留，常常因害怕被报复而不敢指出上司的缺点。因此，评价时最好采取匿名的方式。

4. 自我考评

自我考评是被考评者本人对自己的工作表现进行评价的一种活动，一方面有助于员工提高自我管理能力，另一方面可以取得员工对绩效考评工作的支持。如果员工理解他们所期望取得的目标以及将来考评他们所采用的标准，则他们在很大程度上处于考评自己业绩的最佳位置。员工对自己的工作情况很了解，知道自己哪些方面做得好、哪些方面需要改进，如果给他们机会对自己的绩效情况加以评价，会促使他们在自我工作技能的开发方面更加主动。

当然，自我考评时员工更容易夸大自己的优点而忽视自己的缺点，因此，应谨慎使用这种方式。

5. 客户考评

客户考评包括外部客户考评和内部客户考评两种情况。外部客户考评是对那些经常与外部顾客和供应商打交道的员工的考评。对这些员工的绩效考评，客户满意度是衡量其工作业绩的主要标准。最常见的做法就是将顾客和供应商纳入考评主体中，这种做法是为了能够了解那些只有特定外部成员能够感知的绩效情况。内部客户包括组织内部任何得到其他员工服务支持的人。例如，主管人员得到了人力资源管理部门招聘和培训员工的服务支持，那么，主管人员就可以成为对人力资源部门进行考评的内部客户。内部客户考评能较为准确地提供员工、团队的工作所带来的价值增值，既可以服务于开发目的，也可以用于日常管理的目的。

事实上，在绩效管理实践中，根本找不到一个完美无缺的考评主体。因此，许多公司会采用多主体考评方式，通过多种渠道的评估信息增加考评的客观性程度。

实例6-4

S公司新招了一批业务人员，分布在全国各地，由其主管对他们进行考核。这批业务员主要是刚毕业的大学生，可塑性较强，人力资源部该如何跟踪其成长和绩效考核状况？

分析

对于地域分布较广的业务人员的考核，可以这样来进行：

1. 明确主管责任。无疑，业务员的直接主管领导负有直接的考核责任，考核方案当然是由HR部门、业务主管和业务员协商确定的。人力资源部门可以随时了解主管对业务员工作情况的评价，以便及时做出决定。

2. 电话抽查情况。对于考核情况，人力资源部门不能只根据主管的考核，也可以抽查部分业务员了解情况。这样，从多方了解情况后更会客观一些。

3. 现场抽查情况。业务部或人力资源部门可以利用出差或其他工作外出机会，顺道去业务员所在工作部门抽查情况，这样可以从更多方面进行了解。

4. 其他方面了解。业务员的工作绩效情况，可以通过同事、朋友等其他渠道侧面了解一些。

以上只是人力资源部门跟踪了解外地业务员的一些途径，具体应当与其部门负责人达成一致意见。

三 360度考评方法

360度考评方法又称全视角考评方法，是指由被考评者的上级、同事、下级和（或）客户（包括内部客户、外部客户）以及被考评者本人担任考评者，从多个角度对被考评者进行360度的全方位评价，再通过反馈程序，达到改变行为、提高绩效等目的的考评方法，如图6-2所示。

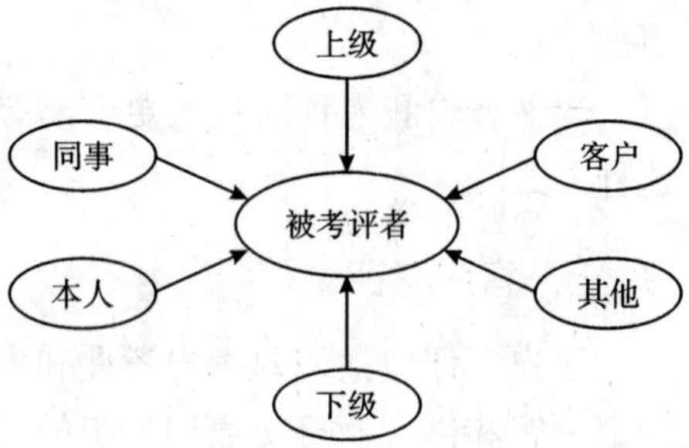

图6-2 360度绩效考评

360度考评的方法主要强调全方位客观地对员工进行考评，它既注重考评员工的最终成果，又将员工的行为、过程和个人努力的程度纳入考评的内容，使得绩效考评更能客观全面地反映员工的表现和业绩。

温馨提示

不同评价主体参与360度考评的优缺点

360度评价法的评价主体多元化、信息渠道丰富化，可以使结果更为真实，但各评价主体由于受到主客观因素的影响，其参与评价具有不同的优缺点，见表6-2。在绩效评价实施过程中，必须对此有清楚的了解和深刻的认识，以作为评价主体选择和评价内容制定的重要参考；取长补短，合理组合各个评价主体，从而提高评价效果的信度和效度。

表6-2　不同评价主体参与360度考评的优缺点

评价主体	优点	缺点
上级	①对评价内容较熟悉 ②容易获得评价客体的工作业绩 ③利于发现员工的优缺点，使员工培训、能力开发、职业生涯设计等更切合实际	①无法了解在自身监控之外的员工表现，易造成以偏概全 ②受个人偏好与心理影响，易产生偏松偏紧倾向或定式思维
同事	①接触频繁，评价更加客观全面 ②利于提高工作热情和协作精神 ③易于发现深层次问题，提出改进方向	①工作量大，耗时多 ②易受私心、倾向、感情因素、人际关系等的影响
本人	①对自身有更清楚的认识，评价更客观 ②利于增强参与意识、提高工作热情 ③利于对问题达成共识，降低抵触情绪	①易抬高自己 ②易夸大成绩、隐瞒失误 ③善于为自己寻找借口，积极开脱
下级	①利于管理的民主化 ②使员工有认同感，从而调动工作积极性 ③利于发现上级工作的不足，使其改进工作方式 ④形成对上级工作的有效监督，使其在行使权力时有所制衡	①受自身素质限制，易拘泥于细节 ②担心上级的打击报复或为取悦上级，只说好话，不讲缺点 ③可能导致上级为取得下级的好评而放松对其的管理
相关客户	①所受干扰较少，评价更为真实、客观 ②利于强化服务意识、提高服务能力 ③利于发现自身优劣势与潜在需求	①操作难度大 ②耗时久，成本高 ③评估资料不易取得

1. 360度考评方法的优缺点

（1）360度考评方法的优点。

①具有全方位、多角度的特点。

②不仅考虑工作产出，还考虑深层次的胜任特征，通过这种方法得出的考评结果更加全面、深刻。

③有助于强化企业的核心价值观，增强企业的竞争优势，建立更为和谐的工作关系。

④采用匿名考评方式，消除考评者的顾虑，使其能够客观地进行评价，保证了考评结果的有效性。

⑤充分尊重组织成员的意见，有助于组织创造更好的工作气氛，从而激发组织成员的创新性。

⑥加强了管理者与组织员工的双向交流，提高了组织成员的参与性。

⑦促进员工个人发展。

（2）360度考评方法的缺点。

①侧重于综合评价，定性评价比重较大，定量的业绩评价较少，因此经常与KPI关键绩效评价相结合，使评价更全面。

②信息来源渠道广，但是从不同渠道得来的并非总是一致的。

③收集到的信息比单渠道考评方法要多得多，增加了收集和处理数据的成本，而且需要汇总的信息量很大。

④在实施过程中，如果处理不当可能会在组织内造成紧张气氛，影响组织成员的工作积极性，甚至带来企业文化震荡、组织成员忠诚度下降等现象。

实例6-5

某公司的人力资源经理周丽在最近的一次绩效考核中，遇到了一个大难题：市场部的一名主管对自己的考核结果不满，向人力资源部投诉，认为同部门的个别同事对自己心怀不满，在360度绩效考核反馈时，有报复行为，故意打低分，导致他的绩效考核结果与以往相比，差别非常大。

“这一投诉让HR处于非常尴尬的困境。”周丽说，“因为这名主管的确在过去两个月与部门的多位同事有过非常不愉快的争执，而且这次他的绩效偏低，也的确与同事给出的低分颇有关联。问题是，同事给出的低分是否与上一次的冲突必然相关？作为HR无法查证。”

周丽碰到的这个情况反映出了360度绩效考核在应用时经常碰到的尴尬状况。360度反馈融合了来自上司、同事、下属和客户等四个维度的信息，将员工的优势与发展需求融入到绩效评估过程中，这种做法已经得到了大量企业的认同。但很多HR经理在执行360度绩效考核的过程中，遇到类似周丽的困惑也并不鲜见。“基于同事的反馈，在绩效评估过程很容易出现偏差，这主要源于在掌握一个同事的职业生存决定权时，大多数人都有着根深蒂固的矛盾心理。”周丽说，“即使一些中层经理人员，在填写360度绩效考核反馈报告时也会非常犹豫，不愿意批评同事绩效的具体方面，特别是在影响到薪酬与晋升时尤其如此。他们并不愿意开罪同事。他们担心，消极的反馈会损害自己与这些同事间的关系，特别是曾经出现争吵的更是如此。这经常使360度绩效考核反馈陷入困境。”

那么，在绩效考核中使用360度绩效考核反馈工具还合适吗？

分析

大多数企业一直都非常热衷将360度评价法作为考核工具，毕竟比起传统的仅仅依靠上司的评估方式，360度考核对员工的绩效有一个更为全面的了解。但我们不可能回避的是，企业在使用一段时间后，都会碰到以下难题：

1. 类似案例中取得的被扭曲的反馈，耗费了在配合使用这一工具过程中投入其中的时间与金钱。

2. 360度评估相比仅仅评估业绩而言，要宽泛得多。如此宽泛的考核能否推动员工持续的学习与个人发展？

3. 反馈过程看似非常不错，但在推动变化方面，360度反馈强调的惩罚性作用，效果显然要比鼓励或奖励性措施差。多维度的360度数据使员工在考核过程中发生的是潜在的“惩罚”与“强迫”性改变，而不是“能力型”的主动性改变。

有人力资源专家认为，这主要是因为企业在使用360度考核时犯了一个非常大的错误：追求管理时尚的企业没有考虑需要从这个工具中得到什么，没有评估这一工具的效果，也没有人质疑“在绩效评估时使用个人发展工具的目的是什么”，出现问题就采用该工具，使本来简单的问题由于缺乏明确的目标而变得更为复杂。而在使用360度反馈时，一般企业都不会同意在反馈过程中匿名，这对重关系的国内企业管理人员是一个莫大的心理障碍，更增加了反馈过程中的不确定性。

之所以出现反馈信息失真，归根结底还是与考核过程中的一些操作不当有关。因此，HR需要反思自己在运用360度考核过程中的方式，是否有违以下几个原则：

1. 以明确而透明的标准为基础提供反馈。

2. 定制化工具。360度绩效考核在具体的应用过程中，企业可以根据自己的实际情况定制相关的工具来帮助企业推行360度绩效考核。

3. 不要降低定性反馈的作用。在绩效考核中，管理人员对定性反馈的喜欢程度明显要高于定量反馈。但是，一旦定量的成分增加了，反馈的效果明显要更为有效。这又使管理人员陷入了一个误区：定性反馈意义并不大，从而过于强调量化反馈的数量与作用，而在实际考核过程中忽视了要与定性反馈的结合使用。

事实上，单纯的定量反馈并不能在书面评价中体现出微妙的差别，在360度考核中过量使用定量考核显然是不妥的，书面评价的重点应放在员工个人的专业发展上，偏重于定性的反馈。评估人员通过定性反馈，解释说明每一个数字化的评估来由，同时将一些更为宽泛的定性化的问题以调查的形式完成。这对提高员工对专业发展的认识无疑是非常重要的。

4. 明确工具的目标与结构。在沟通360度考核的目标与应用时，一个明确的、可预测的结构可以提升其有效性。例如，每个接受360度反馈的人首先都会得到来自评估人员对目标的解释：帮助发现员工需要改善的地方，而不是决定薪酬。年底，管理人员将目标设定在12个月内，然后在下一年度，员工在每个季度末都获得了来自上司对于其需要改善地方的指导。对工具的明确无疑对被评估人、评估人都有着非常重要的心理影响。只要让员工明白，结果是用于提高员工的发展，而不是决定员工的薪酬、晋升与职业发展方向时，员工在填写消极性反馈时就会少了很多顾虑。

5. 构建信任与直率型文化。成功运用360度考核必须以信任与直率为基础。实际上，信任与直率的企业文化一直都是绩效考核的重要基础。

2. 360度考评的实施程序

（1）考评项目设计。

①进行需求分析和可行性分析，决定是否采用360度考评方法。

②编制基于岗位胜任特征模型的考评问卷。问卷的来源主要有两种：企业针对自身特点和具体要求进行设计；向咨询公司购买成型问卷。

（2）培训考评者。

①组建360度考评者队伍。考评者的来源有两种：由被考评者自己选择；由上级指定。

②对选拔出的考评者进行以下培训：沟通技巧、考评实施技巧、总结考评结果的方法、反馈考评结果的方法等。

（3）实施360度考评。

①实施考评。对具体实施过程进行监控和质量管理。

②统计考评信息并报告结果。

③对被考评人员进行如何接受他人的考评信息的培训，让他们体会到360度考评最主要的目的是改进员工的工作绩效，为员工的职业生涯规划提供咨询建议，从而提高被考评人员对考评目的和方法可靠性的认同度。具体可以采用讲座和个别辅导等培训方法。

④企业管理部门应针对考评的结果所反映出来的问题，制定改善绩效（或促进职业生涯发展）的行动计划。

（4）反馈面谈。

①确定进行面谈的成员和对象。

②有效进行反馈面谈，及时反馈考评的结果，帮助被考评人员改进自己的工作，不断提高工作绩效，完善个人的职业生涯规划。

（5）效果评价。

①确认执行过程的安全性。

②评价应用效果。

③总结考评过程中的经验和不足，找出存在的问题，不断完善整个考评系统。

温馨提示

实施360度考评需要注意的问题

1. 确定并培训公司内部专门从事360度考评的管理人员。

2. 实施360度考评方法，应选择最佳的时机，在组织面临士气问题、处于过渡时期或走下坡路时，不宜采用360度考评的方法。

3. 上级主管应与每位考评者进行沟通，要求考评者对其意见承担责任，确保考评者的意见真实可靠。

4. 使用客观的统计程序。

5. 防止考评过程中出现作弊、合谋等违规行为。

6. 准确识别和估计偏见、偏好等对业绩评价结果的影响。

7. 对考评者的个别意见实施保密，确保每位接受评价的员工无法获知任一考评者的评价意见，上级评价除外。

8. 不同的考评目的决定了考评内容的不同，所应注意的事项也有所不同。

实例 6-6

吴强是某制造企业的人力资源部经理。最近他在公司内部推行360度绩效考核时，遇到了执行上的困难。提出要实施360度考核方法的是董事长。董事长在与同行的交流中得知这种考核法不仅能够避免在考核中出现人为因素干扰，而且还能促使员工提高自觉，他便让吴强制定相应的考核系统，并授权吴强在公司内部推广实施。

吴强也知道原有考核方法有缺陷，由上级对下级进行单向评分，容易出现人为因素干扰而不能反映员工真实的表现。凭借良好的专业知识，在参考了一些资料后，吴强很快就编制出一份360度考核制度及推行方案。按照新的考核制度，被考核人的上级、同级、下级和服务的客户都将对被考核人进行评价，使被考核人清楚自己的长处和短处，来达到提高自己的目的。被考核人初步定为公司中层领导和关键员工，普通员工如果有需求，也可以主动提出做360度考核。

按照既定步骤，吴强首先组织6个部门经理和2个总监开会，对新考核方法进行介绍和说明。已经到了开会时间，部门经理和总监才三三两两地来到会议室。吴强一看时间，每次开会没有一次是准时的，这次又延迟了15分钟。除了董事长开会大家还算准时外，其他的会议都是这样。

吴强在会上进行讲解和演示，大家似听非听、似懂非懂地看着吴强。生产部经理边听边拿出要出货的订单盘算着，而财务总监则拿起不停响铃的手机听着说着，还不时地向旁边的财务经理询问一些数据。

吴强讲解完毕，希望主管们提出问题和意见，但是大家的回应很含糊，有的说行，有的则回答差不多，会议就这样结束了。按计划，第二天吴强向各部门收取要求填写的最新的《职务说明书》时，问题又来了：生产部和采购部提交的《职务说明书》，填写的内容与以前一模一样。昨天在会上不是明明白白地说了这些职务的职责有了变化吗？而财务总监则说自己很忙还没有做，也不知道要忙到什么时候才有空。吴强于是要求生产部和采购部重新填写，并要求财务总监尽早完成。

等了两天，未见有任何动静，吴强终于忍不住找到了董事长汇报，董事长则说：“财务总监也没交？哦，他可能比较忙，你直接追他要好了。”

从董事长那里出来，吴强自问：“怎么会这样呢？”可以肯定的是，360度考核法本身是比较科学的，其效果也应当是不错的，但是执行出了问题。

你认为，吴强应该怎样认识与克服这个困难，将360度考核法顺利推广呢？

分析

绩效考核是帮助企业提高员工绩效、实现企业目标的一个重要手段。推广360度考核制度涉及到公司各个层面和每个人的利益，牵一发而动全身。而考核制度又属于企业的监督制度，对于各职能部门来说被动性质远高于主动性质。所以在推行期间遇到阻力并不奇怪，重要的是如何克服这些阻力，让这项制度的推行有个好的结果。

吴强首先要弄明白产生阻力的具体原因是什么。

1. 为什么会遇到抵制？

被考核者没有发现这一新举措的价值或是明显的价值，没有真正理解这一举措对自己和工作有什么真正的帮助；本来是你好我好大家都好的局面，这样一来非得分出高下，很多人会担心有不利影响而默默抵制；不执行也不会对自己有不利的影响，别人也不能把自己怎么样；认为跟以往一样，很多事情只有三分钟热度，过去了就算了，不必那么认真对待；等等。

原有的考评制度虽然存在不足，但是暂时没有出现大的缺陷，而且长期以来一直为大家所熟悉，所以大多数人并没有意识到改革的重要性。吴强现在要解决的是观念的问题，让大家了解360度考核对公司的重要性，以及与员工个人职业生涯发展的联系。

2. 新制度是否具备执行的前提？

在目前的状态下，与领导探讨出现问题的根源是吴强展开下一步工作的基础。吴强在承认对困难预计不足的同时，必须获得高层切实的支持，这是执行新制度必备的前提。

用新的考核制度来取代原有的体制，下面几个前提不可或缺：

（1）领导层必须清楚地意识到原有考核体系的诸多弊病，对新考核体系有充分的认识，并且具备推行新考核体系的坚定决心。在本案例中，该企业的领导层做出推行360度考核法的决定，仅仅依赖于一次偶然的朋友“推荐”，可以说，该企业领导做出这种决策有点过于草率，选择的时机也不恰当。事后与吴强的一番对话，表明该企业领导早已忘记了最初的感触。

（2）管理层的支持。管理层既是原有考核体制行之有效的责任者，又是深受这种体制约束的受害者，更是新体制引进或改进的最合适的发言者。毫无疑问，管理层的支持将成为新考核制度实施成功与否的关键。在本案例中，却看不出一套严谨的考核制度在他们的管理范畴中到底占据何种地位。他们未来的工作对一套新的考核制度的需求与支持都不明确。

（3）全体员工的理解和支持。绩效考核制度不管如何变革，重点对象都是广大员工，所以没有广大员工的理解与支持、没有建立在与员工充分沟通基础上的制度最终都不会被很好地执行。如果部门主管有抵触情绪，员工又跟着起哄，这种四面楚歌的局面没有几个人能够克服。做好“战”前准备工作，做好宣传工作，做好企业内部的统战工作，是能有效执行的前奏。

3. 执行中要注意什么？

（1）建立执行团队。单纯由人力资源部经理牵头推行360度考核，在基础比较好、有相应的文化底蕴的企业里不是不可以。但是在一般的企业里，人力资源部经理很可能会两头受气，上面有压力，下面不配合。所以，在项目开始之初就应建立一个团队或者小组负责项目的推行，并且最好有最高层的成员在其中挂职，最高层设立定期问责制，各部门经理或相关的总监最好也是小组的成员。

（2）现在的吴强要善用头脑，迎难而上。在跟进过程中，针对大家责任心不够的问题，可采用报表的方式进行通报。例如，针对每个阶段的推行计划，均形成一份对策表。在表中，确定每个项目的每个责任部门、每个责任人、具体的完成时间，并设立验证人、验证结果与验证时间栏。将报表作为推行委员会的一份日常的文件。

在执行过程中，吴强必须经常到各部门验证，并在全公司范围内不断发布验证报告，以此推动各部门的行动。同时，要将不同阶段的情况不断向自己的负责对象——总经理汇报。在每次对策表验证公布前，同总经理沟通，先征得总经理的同意。明白谁是自己的上司，并经常同上司保持沟通，这是一个基本的管理技巧。

（3）在跟进时，不要仅做检查了事，而是要针对各部门存在的问题，及时与其探讨解决方法，帮助他们完成其职责。这样的工作方法会给吴强赢来良好声誉，并在工作中得到广泛的支持。

（4）可以先在小范围实施，先在条件成熟的部门执行。在很难全面推行时，先在一个点试行。取得效果之后，让董事长对这个部门给予充分肯定，用正面舆论激励其他部门。在自己可控的范围内，先对公司的部分员工搞一次360度考核，让大家消除疑虑，了解和理解这项新举措。同时，有了阶段性成果，下一步的工作会更容易。

疑难解答

1．作为主打或辅助的考核方式，许多企业都会在年终做360度考核。360度考核简单易操作，但也容易流于形式，是否还有必要实施它呢？

大多数公司在年终经常采用360度考核，先让被考核者对自己进行评分，然后分别让直接上级1人、同级人员3人、下属3人、客户（也可为下一道工序的员工）3人进行评分，权重分别为4、2、2、2，然后得出被考核者的年终综合得分，结合本年度在职天数及本人月薪，对年终奖、职位升降、明年工资异动等提出意见，最终由绩效管理委员会及公司领导共同审批决定。但这种方式的确容易流于考核形式。所以，也有公司年终考核采取平时KPI考核情况的汇总的情况。

但年终360度考核也有其独特作用，特别是对于平时考核参与度不高的平级、下属，甚至客户，通过参与年终考核，不但了解了其他岗位的考核，而且熟悉了考核流程，对今后类似考核的深入推进是有帮助的。另外，如果公司绩效考核的推行本来不太成熟或推行时间不长，使用360度考核是可行的，可以让员工熟悉什么是绩效考核，为今后过渡到MBO、KPI等绩效考核方式打下较好的基础。

2. 考核针对部门还是针对岗位，还是针对岗位上的员工？

我们知道，企业经营目标的实现，主要依赖于企业中的各部门各岗位全体员工的共同努力。当然，不同部门和岗位的贡献度不同，比如营销和生产部门等在制造型企业中起着关键性的作用。在这种情况下，很多企业就把部门考核作为企业考核的基本单元，对每个部门设置一些考核指标，然后将部门考核结果与部门奖金挂钩；或者根据不同岗位重要程度划分岗位奖金系数，然后将部门评分得到的奖金与系数挂钩计发绩效工资（奖金）。经过一段时间的运营，经理人发现，还是只有自己在每天忙活着，部门的员工并没有像自己一样关注部门的目标，部门管理人仍然是孤军作战。而且，还会出现员工抱怨不断的情况，例如某员工经常说自己工作非常努力，但是其他员工不努力或不配合，造成部门业绩不高，自己的绩效奖金受到影响。长此以往，员工就会相互攀比、少干或者躲着干，大家互相推诿，都认为既然自己无法左右绩效奖金，能决定的就是少干点活，还可以增加自己的投入产出比。

如果考核指标针对部门所有人，很可能就会像小学生考试一样，在这种大家的成绩是按照平均分核算的方式下，学习好的学生一定会失去动力，学习差的自然也会滥竽充数、不思进取。

考核指标针对的是岗位，而考核评价针对的是岗位上的员工。我们要针对岗位设计考核指标，考核时，考核者对岗位上的每个员工进行评价打分。对于部门的评价，其实责任人只有一个，那就是部门管理人。部门管理人岗位的考核指标，就是部门的考核指标。这样就能做到责任到人、考核到人、激励到人。

第三节 绩效考评周期的确定与使用方式

绩效考评周期的确定，简单地说，就是多长时间进行一次绩效考评。绩效考评周期的确定并没有唯一的标准，典型的考评周期是月、季、半年或一年，也可在一项特殊任务或项目完成之后进行。评估频率不宜太密，太密不但浪费精力和时间，还会给员工造成不必要的干扰，易造成心理负担；但周期过长，反馈太迟，会不利于改进绩效，使人们觉得绩效评估作用不大，可有可无，以致流于形式。

一 确定考评周期的依据

1. 按照考评对象的层级确定

考评对象职位层次高，工作复杂程度高，对能力、智力和素质的要求也高，其相应的绩效反映周期就越长；反之，职务层次低，工作要求相对简单，其绩效反映周期就短。因而，高层管理者的考评往往以半年或一年为周期，中层管理人员的考评周期为半年或季度，专业人员一般为季度或月度，操作类人员一般为月度。这种按照考评对象确定考评周期的办法，优点是根据评估对象的工作周期和职务特点确定考评周期，层次分明，针对性强；但其局限性在于未能顾及组织情境和管理方式，划分太细，不利于考评的统一组织。同时，由于上下级采用不同的考评周期，如果操作不当，很可能导致绩效目标难以自上而下落实。

2. 按考评目的和用途确定

绩效管理的用途包括评估和检查。评估强调的是准确，往往要求对员工在评估期间的表现进行分析，且对照事先确定的标准或要求进行比较，这种评估结果往往是为了薪酬分配的需要，因此考评周期可能会长一些。而检查则从挖掘员工的潜力入手，着眼于过程管理和问题解决，因此考评周期相对较短，甚至可能每天进行。一般情况下，高层管理者的考评一年一次，半年进行回顾；中层、基层员工的考评以季度或月度作为检查，年终进行总评；而操作类员工则每月考评一次，年底综合考评。除了绩效管理的周期外，很多企业还有单独的任职能力考评、晋升考评等，不同的考评目的需要确定不同的考评周期。

3. 按照业绩反映期长短确定

在实行目标管理的企业，以实现组织阶段性目标的周期作为考评周期，根据实际情况，可以是一年或更长，也可以是半年或者每季每月进行评估；对于实行合同制的企业，可以把整个合同期作为考评的周期，也可将合同制划分为若干阶段作为评估区间；对于实行承包制的企业，则可以将整个承包期作为评估的周期，也可将承包期划分为若干阶段作为评估区间。

二 考评周期的使用方式

1. 单期评估

单期评估是指在规定的一个期限内定时评估，一般以一个月为标准。这种方式的评估适合于具有以下特征的评估项目。

（1）一年内每期的目标计划相对比较平衡，波动比较小，也就是内部可控的。

（2）绩效数据跨期比较少，每月都能够得到一个准确的评估数据。

2. 滚动评估

滚动评估是指在对下期目标进行评估时，同时要将上期的数据进行平均处理，一般以季度或者半年为滚动期。这种方法一般适合于具有以下特征的评估项目。

（1）评估项目前后跨度较长。

（2）制定计划时不确定因素较多的项目。

3. 叠加评估

叠加评估是对滚动评估方式的延伸，一般以年为评估周期，以避免计划不准确导致的误差。叠加评估与滚动评估的区别是，它不再按照每段时间，如三个月来滚动，而是将全年的数据进行叠加，以计算最后的目标达成情况。

实例 6-7

赵川是某公司信息中心的主管，他所在的公司每半年考核一次。今年5月，眼见着离考核的日子越来越近，赵川的神经绷得紧紧的。偏偏在这个时候，他听到了公司其他部门对信息中心的批评意见，心里很不是滋味。

开会的时候，赵川终于找到了一吐为快的机会。“这两天的会议我听了很多部门的发言，不少都是针对我们信息中心的，好像我们信息中心的人特牛似的，不出手时就是看着你们死也决不出手。我也不知道为什么会给大家留下这样的印象，但是我敢说，论敬业，我们信息中心不比任何部门差，虽然我们没有整天陪着客户吃喝，没有整天在外面跑，可我们也没闲着！”说话一向温和的赵川嗓门比平时高了八度。

“其实在我们公司，信息中心就是个服务部门，哪里有单子了，我们就得围着哪里转，谁的需求来了我们都不敢怠慢，可是我们就这么几个人，而且一有需求个个都说是特急的事，你们是领导，你们说我该听谁的吧。”

赵川喝了口水，缓和了一下情绪。“大家都知道总公司的入围是我们公司今年最重要的任务之一，我们信息中心几乎把所有的资源全投到这上面去了，所以对其他的单子的支持只能是尽力而为了。上海的单子，销售和技术支持也确实没少给我打电话，在初期我也专门抽出了一个人为这事忙乎了好几天，其实后期的问题完全是出在客户一方，要解决就要派人去客户那里做现场调试，可我们根本就抽不出人来呀！对你的区域来说，这个单子可能关系到你今年的年终奖，可是总公司的入围却是关系到公司未来几年的产出，如果因为上海的单子影响了总公司的入围，这个责任又该谁来负呢？”

“今年下半年的单子肯定会更多更急，肯定还会有更多的人骂我们，这我无所谓。可我觉得这么下去不是个办法，现在公司的研发部门简直就是救火队，哪里单子急就朝哪里去，根本没有什么时间做技术储备和超前研发，就算让我们挺过了今年，那明年、后年怎么办？”

说到最后，赵川又恢复了他一向平和的语气，可是大家都听得出话语中的无奈。

散会之后，赵川感觉稍稍轻松了一些。毕竟，在领导面前倒苦水有时候会管点儿用。“没有功劳也有苦劳嘛”，有的领导肯定会这么想，但是这不是赵川想要的最理想的效果。在会上，他很想通过各项具体的考核指标和数字，把信息中心的功劳明白无误地说出来。可惜，公司对于信息中心的绩效考核始终是一笔糊涂账。

在赵川的印象里，公司对信息中心的考核始终没有一个明确的说法。总结大会上，领导总是以几句类似于“信息中心为我们实现今年的目标做出了突出贡献”之类的概括性极强的话一笔带过。至于技术人员的考核，人事部参照的是业务部门的考核体系，只不过稍微更改了几项技术指标。去年，人事部在信息部门的绩效考核中又增加了一项：其他部门给信息中心打分。对此，人事部给出的解释很简单：既然信息中心的自我定位是服务部门，那么就应该考核服务满意度。结果，信息中心的考核成绩比公司平均水平差了一大截。

赵川很不服气。他总觉得人事部的做法不妥。但究竟怎么考核才算科学、公平？他也说不出来。“都说信息中心的功过得失看不清楚、投入产出比难以量化，这话不假”，赵川时常感慨。

前不久，赵川从朋友那里听说“平衡计分卡”可以解决这个问题，但到底效果如何，实施过程中有哪些问题，他一头雾水。跟人事部的人提起来，他们的反应居然是：“有这个必要吗？多半会简单问题复杂化。”为了让赵川放心，他们信誓旦旦地说：“我们一定会找到更合理的考核方法。不用平衡计分卡，也能把信息中心的绩效问题整得明明白白。”

话说得掷地有声，但赵川的心里却一直犯嘀咕：“为什么不用平衡计分卡？人事部所谓的‘更合理的考核方法’在哪儿呢？”半年考核很快就要到了，赵川很想在这之前给自己部门的人一个说法。

你认为，赵川面临的困难局面，该如何解决？

分析

赵川面临着很困难的局面，但仔细思考一下我们便会发现，造成这种情况的根本原因在于该公司信息中心的员工数量绝对不足，而非绩效考核不尽合理。该公司目前处在一个快速变化的时期，各种各样的工作摆在信息中心的面前，他们目前的人力完全应付不了，即便找到一种科学合理的绩效考核制度，也不能让他们走出窘境。因此，赵川当前最迫切的工作是招聘新人和加强对现有人员的培训。

在绩效考核方面，该公司对信息中心的考核存在三大错误。

1. 考核周期过长

绩效考核的一大作用是牵引和导向，即通过考核使得被考核者了解自己应该努力的方向。该公司对信息中心的考核以半年为周期，显然不利于公司领导、信息中心和其他部门负责人及时进行沟通，找出工作改进的方向。

2. 考核方法不合理

信息中心是支持部门，不像业务部门那样可以通过容易获取的数据非常明白地看出绩效水平，很明显，对信息中心的考核不能参照业务部门的方法。

3. 其他部门打分法不合理。

由其他部门对信息中心、人力资源部、财务部进行打分以决定绩效水平，这样的做法在企业中屡见不鲜。这事实上体现了360度考核的思想，但360度考核的结果一旦被用于薪酬决定等方面，考核难称准确。所以，我们在很多企业中常常看到，在年末组织的互评活动中，信息中心、人力资源部和财务部等服务性质的部门，往往是得分最低的，个中原因不言自明。

如何对信息中心等支持部门进行考核一直是人力资源领域中的传统难题。可以说，没有一种固定的模式，而应视企业特点和所处的发展阶段而定。就案例中公司来说，可以采取以工作计划为主的考核方法，按月进行考核。该公司处在一个快速变化的时期，既有长远的战略目标需要达成，又必须维护好要求多多的大客户。在这样的情况下，支持部门的工作一定会充满着太多的变数，显然难以采用惯常的KPI考核法，原因在于相邻两月所需要考察的关键绩效指标很可能会大不相同，而且很多工作是跨考核周期的。

采用工作计划考核法，需要在年初或考核周期开始前，由被考核部门负责人提出部门工作计划，经与公司领导以及其他相关部门负责人沟通确认后提交给人力资源部或公司管理委员会等机构；人力资源部或公司管理委员会根据公司工作计划等级分类的规定，对各部门工作计划进行分类；部门负责人根据本部门工作计划组织员工填写员工工作计划；考核期结束后部门负责人与员工进行沟通，并根据员工工作计划的完成情况进行打分；人力资源部或管理委员会根据各考核相关部门提供的信息对各部门进行考核，并依据分类工作计划的考核标准确定部门绩效水平和薪酬。

可见，采用工作计划考核法的好处在于具有充分的灵活性，而且可以由被考核部门和其他部门沟通后确定，以兼顾公司的战略目标和短期任务，有效地避免案例中"救火队"式部门的出现。

至于平衡计分卡，它确实是一种经过实践验证的科学的管理工具，但案例中的信息中心并不适合采用。这是因为，对于一个快速变化的公司而言，推行平衡计分卡必将付出更高昂的成本，将简单问题复杂化了。

第四节 绩效考评方法的选择

一 绩效考评方法的类型

在设计和选择绩效考评方法和指标时，可以根据被考评对象的性质和特点，分别采用特征性、行为性和结果性三大类效标，对考评对象进行全面的考评。由于采用的效标不同，从绩效管理的考评内容上看，绩效考评可分为品质主导型、行为主导型和结果主导型三种类型。

1. 品质主导型

品质主导型的绩效考评，采用特征性效标，以考评员工的潜质为主，着眼于"他这个人怎么样"，重点是考量该员工是一个具有何种潜质（如心理品质、能力素质）的人。

由于品质主导型的考评需要使用如忠诚、可靠、主动、创造性、自信心、合作精神等定性的形容词，所以很难具体掌握，并且考评操作性及其信度和效度较差。

品质主导型的考评涉及员工信念、价值观、动机、忠诚度、诚信度，以及一系列能力素质，如领导能力、人际沟通能力、组织协调能力、理解能力、判断能力、创新能力、改善能力、企划能力、研究能力、计划能力等。

2. 行为主导型

行为主导型的绩效考评，采用行为性效标，以考评员工的工作行为为主，着眼于“干什么”“如何去干”，重点考量员工的工作方式和工作行为。由于行为主导型的考评重在工作过程而非工作结果，考评的标准较容易确定，操作性较强。行为主导型适合于对管理性、事务性工作进行考评，特别是对人际接触和交往频繁的工作岗位尤其重要。

3. 结果主导型

结果主导型的绩效考评，采用结果性效标，以考评员工或组织工作效果为主，着眼于“干出了什么”，重点考量“员工提供了何种服务、完成了哪些工作任务或生产了哪些产品”。由于结果主导型的考评，注重的是员工或团队的产出和贡献（即工作业绩），而不关心员工和组织的行为和工作过程，所以考评的标准容易确定，操作性很强。结果主导型的考评方法具有滞后性、短期性和表现性等特点，它更适合生产性、操作性以及工作成果可以计量的工作岗位采用，对事务性工作岗位人员的考评不太适合。

一般来说，结果主导型的绩效考评，首先是为员工设定一个衡量工作成果的标准，然后再将员工的工作结果与标准对照。工作标准是计量检验工作结果的关键，一般应包括工作内容和工作质量两个方面的指标。

温馨提示

不同绩效考评方法的比较

表6-3 不同绩效考评方法的比较

方法类型	优点	缺点	适用的行业或职位
品质主导型	操作简单，能够激励员工提高技能或培养职业所需要的个人素质	主观性强，标准设定和描述比较困难，技能好未必会带来良好的工作业绩	变化剧烈、需要大量的知识以及有关能力作为业绩支持的行业，比如IT行业
行为主导型	开发成本小，反馈功能好，具有较强的连贯性	受主观影响大，需要经常关注员工的行为	如管理人员、行政人员、流水线工人等单个个体难以被量化衡量的或者在团队中完成工作的职位
结果主导型	实施成本低廉	短期效应比较强	销售人员等容易被单独量化计算的职位

实例 6-8

某公司对行政人事部的考核指标为：服务满意率98%，力争100%；会议精神传达、贯彻执行率100%；行政人事部人员都要会写公文，选拔、培养后备人员2～3人，选拔、培养文秘人员3～4人；预算内费用降低10%，档案及时归档率95%，完好率100%；重大治安消防事故为0；招聘、培训完成及时率100%；关键岗位人员流失率低于1%。

上述几条指标都有具体的指标值，可以看出该公司的绩效考核存在什么问题？

分析

该公司进入了一个误区：痴迷于量化考核，否认主观评价的积极作用。

在企业绩效管理实践中，很多管理者希望所有考核指标结果都能按公式计算出来，实际上这是不现实的。这在某种意义上是管理者在回避问题的表现，也是管理者的一种偷懒行为。

管理者要求考核指标全部量化，表明其没有正确评价下属工作状况的能力，在某种程度上是不称职的。事实上，没有任何人比主管更清楚地知道下属的工作状况，任何一个称职的领导都非常了解下属的工作绩效状况，因此用过于复杂的方法寻求绩效考核的公平、公正，是低效的、不经济的。

定量指标在绩效考核指标体系中占有重要地位，在保证绩效考核结果公正、客观方面，具有重要作用。但定量指标的运用需要一定条件，采用定量指标考核并不意味着考核结果必然公正、公平，考核结果的公正、公平也不一定需要全部采用定量指标，应该充分尊重直线上级在考核中的主观评价作用，应该发挥其他指标在考核中的重要作用。

除了定量指标外，定性指标、过程指标从本质上来讲都是软性指标，其中都涉及考核人的主观判断，但这并不影响这些指标的使用。如果这些指标与定量指标结合使用，绩效考核会获得更高的效度。

满意度测评、能力素质测评主要是有关责任人的主观判断，增加满意度、能力素质等方面的考核内容对团队及个人的考核是非常有效的。

实例 6-9

某小企业的部门数量和员工人数都比较少，基本是就一人管一个部门。以前采取的绩效考核方式是自评和复评，权重分别是40%和60%。现在企业老板决定进行绩效改革，在员工评价体系中，除了员工自评、主管评价以外，再加入一个公共评价。

所谓公共评价，老板的意思是在员工绩效考核大会上总结和阐述自己的工作成果，让本部门和其他部门进行评分。公共评价主要从专业性、积极性、工作完成情况、服从性等情况进行评分。自评、主管评价、公共评价的权重分别是40%、35%、25%。

老板提出这样的一个绩效考核方案，让公司的HR犯了难，他觉得这个方案有点不合理，可具体又说不出来。

那么，这个小企业的员工绩效考核方案究竟合不合理？

分析

该企业的这个考核方案存在着不合理的地方，重点就在公共评价上面。

1. 公共评价和主管评价存在着重合的部分。部门主管都已经评分了，公共评价中还需要本部门再次进行评分吗？即便要进行公共评价，也应该由其他部门和公司领导来进行评分。

2. 公共评价由其他部门进行评分，这个“其他部门”是什么部门，是除了本部门以外所有的部门吗？老板的本意也许是想增加考核的维度，加强评价的准确性，但是每个部门职能属性不一样，岗位职责有着很大的差异。例如财务部和客服部，客服部给财务部的员工好评分，因为要经常去财务部贴票报销，可以考核一下财务人员的专业性、积极性、工作态度等。但是财务部怎么为客服部的员工打分呢？它们之间明显就是一个单向的业务联系。

所以这个其他部门评价，应该由有双向业务往来的部门进行互评，这样才能更加客观、准确。例如销售、研发和生产这三个部门之间有着很强的业务来往，它们就可以进行互评。

3. 老板提出公共评价中的考核四要素：专业性、积极性、工作完成情况和服从性。前三个要素没什么问题，但是服从性就要打一个问号了。服从是下级对上级，而不同部门之间都是同等的，谈何服从性呢？应该把服从性改为配合程度或者是协作程度。

针对企业老板的这个绩效改革方案，可以参考以下两种改进意见：

①将公共评价从常规的100%比例中拿出来，放到加分项里面，但这个改进和老板的本意有一定的区别。老板想加强绩效考核的准确程度和客观性，而把公共评价作为加分项的目的是支持鼓励部门之间加强协作和配合。

②保留员工的公共评价。公共评价部分由领导评价、主管评价、协作部门评价组成，所占权重可以控制在20%～30%，评分的要素由专业性、积极性、工作完成情况、配合程度组成；剩下的70%～80%的权重由员工自评为主，这个自评通过提取关键绩效指标（KPI）进行量化评分，完成达标的情况是多少分就多少分，尽量做到客观。

二　行为导向型主观考评方法

1. 排列法

排列法也称排序法、简单排列法，是绩效考评中比较简单易行的一种综合比较的方法。它通常是由上级主管根据员工工作的整体表现，按照优劣顺序依次进行排列。有时为了提高其精度，也可以将工作内容进行适当的分解，分项按照优良的顺序排列，再求总平均次序数，作为绩效考评的最后结果。

这种方法的优点是简单易行，花费时间少，能使考评者在预定的范围内组织考评并将下属进行排序，从而减少考评结果过宽和趋中的误差，在确定的范围内可以将排列法的考评结果，作为薪资奖金或一般性人事变动的依据。但是，由于排序法是相对对比性的方法，考评是在员工间进行主观比较，不是用员工工作的表现和结果与客观标准相比较，因此具有一定的局限性，不能用于比较不同部门的员工，个人取得的业绩相近时很难进行排列，也不能使员工得到关于自己优点或缺点的反馈。

2. 选择排列法

选择排列法也称交替排列法，是简单排列法的进一步拓展。选择排列法利用的是人们容易发现极端、不容易发现中间的心理，在所有员工中先挑出最好的员工，然后挑出最差的员工，将他们作为第一名和最后一名，接着在剩下的员工中再选择出最好的和最差的，分别将其排列在第二名和倒数第二名，以此类推，最终将所有员工按照优劣排列完毕。选择排列法是较为有效的一种排列方法，不仅可以由上级直接完成排序工作，还可将其扩展到自我考评、同级考评和下级考评等其他考评的方式之中。

3. 成对比较法

成对比较法也称配对比较法、两两比较法。基本程序是：首先，根据某种考评要素如工作质量，将所有参加考评的人员逐一比较，按照从最好到最差的顺序对被考评者进行排序；然后，根据下一个考评要素进行两两比较，得出本要素被考评者的排列次序；最后，以此类推，经过汇总整理，求出被考评者所有考评要素的平均排序数值，得到最终考评的排序结果。

采用成对比较法时，能够发现每个员工在哪些方面比较出色，在哪些方面存在明显的不足和差距，在涉及的人员范围不大、数目不多的情况下宜采用本方法。如果员工数目过多，不但费时费力，其考评质量也将受到制约。

4. 强制分布法

强制分布法也称强迫分配法、硬性分布法。假设员工的工作行为和工作绩效整体呈正态分布，那么按照状态分布的规律，员工的工作行为和工作绩效好、中、差的分布存在一定的比例关系，在中间的员工应该最多，好的、差的是少数。强制分布法就是按照一定的百分比，将被考评的员工强制分配到各个类别中。类别一般是五类，从最优到最差的具体百分比可根据需要确定。

采用这种方法，可以避免考评者过分严厉或过分宽容的情况发生，克服平均主义。当然，如果员工的能力分布呈偏态，该方法就不适合了。强制分布法只能把员工分为有限的几种类别，难以具体比较员工差别，也不能在诊断工作问题时提供准确可靠的信息。

5. 结构式叙述法

结构式叙述法是采用一种预先设计的结构式表格，由考评者按照各个项目的要求，以文字对员工的行为做出描述的考评方法。采用这种方法，考评者能描述出下属员工的特点、长处和不足，并根据自己的观察分析和判断，对其提出建设性的改进建议和意见。该方法简便易行，特别是有被考评者参与，使其正确性有所提高；但由于受到考评者的文字水平、实际参与考评的时间和精力的限制，该方法的可靠性和准确性大打折扣。

从考评的性质和特点上看，行为导向型的主观评价方法是将所有员工的个体工作绩效，通过一个共同的标准即整体绩效来进行衡量，整体绩效作为一个全面的绩效考评指标，它是单一的、缺乏量化的、没有客观依据的一种考评标准，因而使考评结果受到考评者主观因素的制约和影响。

三 行为导向型客观考评方法

在绩效管理的实践中，人们设计出一些偏重考评员工行为的方法，对员工为有效完成工作所必须具有的行为进行界定。主要内容是：首先利用各种技术，对员工的工作行为加以界定；然后根据员工在多大程度上显示出了这些行为而做出评价。常用的考评方法有以下几种。

1. 关键事件法

关键事件法也称重要事件法。在某些工作领域内，员工在完成工作任务过程中，有效的工作行为导致了成功，无效的工作行为导致失败。关键事件法的设计者将这些有效或无效的工作行为称为“关键事件”，考评者要记录和观察这些关键事件，因为它们通常描述了员工的行为以及工作行为发生的具体背景条件。这样，在评定一个员工的工作行为时，就可以利用关键事件作为考评的指标和衡量的尺度。

关键事件法对事不对人，以事实为依据，考评者不仅要注重对行为本身的评价，还要考虑行为的情境，可以用来向员工提供明确的信息，使他们知道自己在哪些方面做得比较好，而又在哪些方面做得不好。关键事件法考评的内容是下属特定的行为，而不是他的品质和个性特征。

由于这种方法强调的是选择具有代表最好或最差行为表现的典型和关键性活动事例，作为考评的内容和标准，因此，一旦考核评价的关键事件选定了，其具体方法也就确定了。

采用关键事件法有较大的时间跨度，因此可与年度、季度计划的制定与贯彻实施紧密地结合在一起。该方法可以有效弥补其他方法的不足，为其他考评方法提供依据和参考，其主要特点是：为考评者提供了客观的事实依据；考评的内容不是员工的短期表现，而是一年内整体表现，具有较大的时间跨度，可以贯穿考评期的始终；以事实为根据，保存了动态的关键事件记录，可以全面了解下属是如何消除不良绩效、如何改进和提高绩效的。关键事件法的缺点是：关键事件的记录和观察费时费力；能做定性分析，不能做定量分析；不能具体区分工作行为的重要性程度，很难使用该方法在员工之间进行比较。

温馨提示

STAR工具

对关键事件进行分析、记录和评估的过程中，都可以用到STAR的工具。

“S”（Situation）代表情景，指的是该岗位工作内容所处的环境和具体的背景。

“T”（Task）代表任务或者目标，指的是该岗位某个行为的具体的目标是什么。

“A”（Action）代表行动，指的是该岗位为了实现目标，需要采取哪些具体的行动。

“R”（Result）代表结果，指的是通过不同的行为，最后达到了什么样的结果。

2. 行为锚定等级评价法

行为锚定等级评价法也称行为定位法、行为决定性等级量表法或行为定位等级法。这种方法是关键事件法的进一步拓展和应用。它将关键事件和等级评价有效地结合在一起，通过一张行为等级评价表可以发现，在同一绩效维度中存在着一系列的行为，每种行为分别表示这一维度中的一种特定绩效水平，将绩效按等级量化，可使考评结果更有效、更公平。

行为锚定等级评价法的具体工作步骤如下：

（1）进行岗位分析，获取本岗位的关键事件，由其主管人员做出明确简洁的描述。

（2）建立绩效评价等级，一般为5～9级，将关键事件归并为若干绩效指标，并给出确切定义。

（3）由另一组管理人员对关键事件做出重新分配，将它们归入最合适的绩效要素及指标中，确定关键事件的最终位置，并确定出绩效考评指标体系。

（4）审核绩效考评指标等级划分的正确性，由第二组人员将绩效指标中包含的重要事件，从优到差、从高到低进行排列。

（5）建立行为锚定法的考评体系。

行为锚定等级评价法的优点主要有：①对员工绩效的考量更加精确。由于参与本方法设计的人员众多，对本岗位熟悉，专业技术性强，所以精确度更高。②绩效考评标准更加明确。评定量表上的等级尺度是与行为表现的具体文字描述一一对应的，或者说通过行为表述锚定评定等级，使考评标准更加明确。③具有良好的反馈功能。评定量表上的行为描述可以为反馈提供更多必要的信息。④具有良好的连贯性和较高的信度。使用本方法是对被考评者使用同样的量表，对同一个对象进行不同时间段的考评，能够明显提高考评的连贯性和可靠性。⑤考评维度清晰，各绩效要素相对独立性强，有利于综合评价判断。

3. 行为观察法

行为观察法也称行为观察评价法、行为观察量表法、行为观察量表评价法。这种方法是在关键事件法的基础上发展起来的，与行为锚定等级评价法大体接近，只是在量表的结构上有所不同。行为观察法不是首先确定工作行为处于何种水平上，而是确认员工某种行为出现的概率，它要求评定者根据某一工作行为发生频率或次数的多少来对被评定者打分，如从不（1分）、偶尔（2分）、有时（3分）、经常（4分）、总是（5分）。既可以对不同工作行为的评定分数相加得到一个总分数，也可以按照对工作绩效的重要性程度赋予工作行为不同的权重，经加权后再相加得到总分。总分可以作为不同员工之间进行比较的依据。发生频率过高或过低的工作行为不能选取作为评定项目。

行为观察量表法克服了关键事件法不能量化、不可比、不能区分工作行为重要性的缺点，但是编制一份行为观察量表较为费时费力，同时，完全从行为发生的频率考评员工，可能会使考评者和员工双方忽略行为过程的结果。

4. 加权选择量表法

加权选择量表法是行为量表法的另一种表现形式。该方法的具体形式是用一系列形容性或描述性的语句，说明员工的各种具体的工作行为和表现，并将这些语句分别列入量表中，作为考评者评定的依据。在打分时，如果考评者认为被考评者的行为表现符合量表中所列出的项目就做上记号，如打“√”或者打“×”。

加权选择量表法的具体设计方法如下：

（1）通过工作岗位调查和分析，采集涉及本岗位人员有效或无效行为表现的资料，并用简洁的语言做出描述。

（2）对每一个行为项目进行多等级（一般为5～9个等级）评判，合并同类项目，删去缺乏一致性和代表性的事项。

（3）求出各个保留项目评判分的加权平均数，将其作为该项目等级分值。

加权选择量表法具有打分容易、核算简单、便于反馈等优点，但其主要缺陷是适用范围较小，采用本方法时，需要根据具体岗位的工作内容，设计不同内容的加权选择考评量表。

5. 强迫选择法

强迫选择法也称强制选择业绩法。在强迫选择法中，考评者必须从3～4个描述员工某一方面行为表现的项目中选择一项（有时选两项）内容作为单项考评结果。考评者可能会发现所有的选项都描述员工的绩效，不过他只能从中选出一个或两个最能描述员工行为表现的项目。和一般评级量表的方式不同，强迫选择法在各个项目中对所列举的工作行为表现，由于谨慎地使用了中性描述语句，使考评参与者对该工作表现是积极的还是消极的认知是模糊的。因此，考评者不知道下属员工的考评结果是高或低，还是一般。采用强迫选择法可以避免考评者的趋中倾向、过宽倾向、晕轮效应或其他常见的偏误。强迫选择法不但可用来考评特殊工作行为表现，也可适用于企业更宽泛的不同类别人员的绩效描述与考评。与其他评级量表法一样，强迫选择法同样是一种定量化考评方法。

强迫选择法在使用过程中，往往容易使考评者试图揣测哪些描述是积极的，哪些描述是消极的。此外，本方法难以在人力资源开发方面发挥作用，因为考评者完成考评工作填写考评表格以后，将其交给人力资源管理部门或直接上级，最终的考评结果不会反馈给员工个人。

四 结果导向型考评方法

结果导向型的考评方法是以实际产出为基础，考评的重点是员工工作的成效和劳动的结果。一般来说，主要有以下几种表现形式：

1. 目标管理法

目标管理体现了现代管理的哲学思想，是领导者与下属之间双向互动的过程。目标管理法是由员工与主管协商制定个人目标，个人的目标依据企业的战略目标及相应的部门目标而确定，并与它们尽可能一致；该方法用可观察、可测量的工作结果作为衡量员工工作绩效的标准，以制定的目标作为对员工考评的依据，从而使员工个人的努力目标与组织目标保持一致，减少管理者将精力放到与组织目标无关的工作上的可能性。

目标管理法的评价标准直接反映员工的工作内容，结果易于观测，所以很少出现评价失误，也适合对员工提供建议，进行反馈和辅导。由于目标管理的过程是员工共同参与的过程，因此，员工工作积极性大为提高，增强了责任心和事业心。但是，目标管理法没有在不同部门、不同员工之间设立统一目标，因此，难以对员工和不同部门间的工作绩效做横向比较，不能为以后的晋升决策提供依据。

2. 绩效标准法

绩效标准法与目标管理法基本接近，它采用更直接的工作绩效衡量的指标，通常适用于非管理岗位的员工，衡量所采用的指标要具体、合理、明确，要有时间空间、数量质量的约束限制，要规定完成目标的先后顺序，保证目标与组织目标的一致性。

绩效标准法比目标管理法具有更多的考评标准，而且标准更加详细具体。依照标准逐一评估，然后按照各标准的重要性所确定的权数，进行考评分数汇总。

由于被考评者的多样性，个人品质存在明显差异，有时某一方面的突出业绩和另一方面的较差表现有共生性，而采用这种方法可以克服此类问题，能对员工进行全面的评估。绩效标准法为下属提供了清晰准确的努力方向，对员工具有更加明确的导向和激励作用。本方法的局限性是需要占用较多的人力、物力和财力，需要较高的管理成本。

3. 直接指标法

直接指标法在员工的衡量方式上，采用可监测、可核算的指标构成若干考评要素，作为对下属的工作表现进行评估的主要依据。如对于非管理人员，可以衡量其生产率、工作数量、工作质量等。其中，工作数量的衡量指标有工时利用率、月度营业额、销售量等；工作质量的衡量指标有顾客不满意率、废品率、产品包装缺损率、顾客投诉率、不合格返修率等。对管理人员的考评，可以通过对其所管理的下属如员工的缺勤率、流动率的统计得以实现。

直接指标法简单易行，能节省人力、物力和管理成本。采用本方法时，需要加强企业基础管理，建立健全各种原始记录，尤其是一线人员的统计工作。

4. 成绩记录法

成绩记录法比较适合于从事教学、科研工作的教师、专家们采用，因为“成绩记录本身就代表一切”；同时那些与教师、专家工作具有相同性质工作的人员也可采用本方法，因为他们每天工作的内容是不同的，无法用完全固化的衡量指标进行考量。采用这种方法的步骤是：首先，被考评者把自己与工作职责有关的成绩写在一张成绩记录表上；然后由其上级主管来验证一下这些成绩是否真实准确；最后由外部的一些专家就这些材料进行分析，从而对被考评人的绩效进行评价。

由于本方法需要聘请外部专家参与评估，其时间、人力和成本等耗费较高。

5. 短文法

短文法也称书面短文法或描述法。对短文法有两种解释：一种说法认为，本方法是由被考评者在考评期末撰写一篇短文，对考评期内所取得的重要的突出的业绩做出描述，以作为上级主管考评的重要依据；另一种说法认为，本方法是由考评者写一篇短文以描述员工绩效，并特别列举其突出的长处和短处的事实。

其实，无论由谁来撰写绩效总结报告，其内容和形式都具有一定的相同之处。

由考评者撰写绩效考评报告，迫使考评者讨论绩效的特别事例，从而能减少考评的偏见和晕轮效应。考评者以事例说明员工表现，而不是使用评级量表，也可以减少考评的趋中和过宽的评价误差。但是，其最大问题是：由考评者为每个员工写一篇独立的短文，其所花费时间和精力是可想而知的，因此，在下属众多的情况下根本无法推行本方法。另外，由于短文法仅适用于激发员工表现，开发其技能，而不能用于员工之间的比较以及重要的人事决策，因此它适用范围很小。

由被考评者自己撰写考评短文，虽然节省了上级主管的时间，但又受到个人写作能力的限制，水平低的人往往不得要领，表述不清；水平高的人又容易夸大其词，文过饰非。由此可见，本方法具有较大的局限性。

6. 劳动定额法

劳动定额法是比较传统的绩效考评方法，具体步骤如下：

（1）进行工作研究，从宏观到微观，运用科学方法对工作上的生产流程、作业程序和员工的操作过程进行全面的调查分析，使其组织形式和作业方法，达到精简、高效、健康、舒适、安全等方面的要求，最终实现劳动组织最优化、工作环境条件安全化、作业流程程序标准化、人工操作规范化、人机配置合理化、生产产出效率化的目标。

（2）在工作研究即方法研究和动作研究的基础上，进行时间研究，运用工作日写实、测时和工作抽样等工时研究的方法，采用经验估工、统计分析、类推比较或技术测定的技术，对劳动者在单位时间内生产某种产品或完成某项工作任务的活劳动消耗量做出具体限定，即制定出工时定额或产量定额，作为员工绩效考评的主要依据。

（3）通过一段试行期，开始正式执行新的劳动定额，根据不同的工种和工序，企业可以采取多种不同形式的劳动定额，如工时定额、产量定额、综合定额、单项定额、看管定额、服务定额、工作定额、计划定额、设计定额、现行定额和不变定额等，对员工绩效进行考评。

劳动定额法在贯彻实施过程中，包括五个基本环节，即定额制定、定额贯彻、定额考评、定额统计和定额修订，这五个阶段的循环往复，使劳动定额的水平不断提升，从而也促进员工的劳动生产率水平不断提高。

实例 6-10

M公司的绩效考核遵循实用主义原则，一直坚持用结果导向来考核员工。M公司对员工的评价，从来都是看最后的结果，而不是看加班加点的“苦劳”。M公司曾经被人诟病的一点就是“加班文化”，有人误认为该公司是在用加班来考核员工，但实际并不是这样。加班属于“苦劳”，并不能等同于“功劳”，从来都是只有“论功行赏”，没有“论苦行赏”。员工愿意加班只能说明他的工作态度比较好，这点企业要给予肯定，并在绩效考核中予以体现，但是不能和业绩考核混为一谈。M公司是从来不会考核加班的。

但是在M公司，这种以结果为导向的绩效政策是与公司的末位淘汰制直接挂钩的。如果在年度业绩考核的时候，某个员工考核结果不达标，就可能有被开除的危险。

M公司的绩效考核将员工分为A、B、C三个档次，每个档次的绩效奖金差别可能为5 000～10 000元，绩效考核按照固定的比例来进行分配（强制分布）。A档次的员工占5%，B档次的员工占45%，C档次的员工也占45%，剩下的5%的员工被看作是最末一档，这一档的员工是将要被淘汰的那部分。而且，连续几个月都被评为C档或者末档的员工将面临降级或者淘汰，奖金当然要比别的员工少拿许多。

这样的考核制度会让员工聚焦于自己的工作，聚焦于自己的业绩。企业管理的透明度增加，员工可以通过绩效考核单中的详细指标，清楚地看到自己在过去一年中，有什么是做得好的、有什么是做得不到位的，以及有什么是可以及时改进的。员工的优劣在绩效考核单中可以一目了然。这样，有的员工在拿到较少奖金后，也不会认为自己比别的同事吃亏，他可以根据绩效考核单来分析出自己为什么奖金拿得少，下一次应更加努力。

综上所述，M公司的以结果为导向的绩效考核方案是否很完美？

分析

万物皆不完美，企业管理制度也是一样。这种以结果为导向的绩效考核固然有着很多的优点，但是也会存在着一些不足。结果导向会让员工关注短期业绩，而忽视了企业的长期利益，不利于企业的长期发展；而且整个企业形成了这种实用主义的、基于结果的企业文化，会导致企业将人才视为钱、财、物等一样的资源，只追求短期经济利益回报，而忽视了人才的长期开发培养工作。

因此，员工的绩效考核不能搞“一刀切”。对待不同层次、不同类型的员工应采取不同的绩效考核原则。例如，对于基层员工或者销售岗位的员工，可以采取结果导向为主的绩效考核原则；而对待高层管理员工或者技术骨干，除了要对结果进行考核外，还要对工作过程进行考核。而且以结果为导向的绩效考核，在结果的选择上也应分长期结果和短期结果，这样才能够扬长避短，发挥它的最大优势。

五　综合型绩效考评方法

1. 图解式评价量表法

图解式评价量表法也称图表评估尺度法、尺度评价法、图尺度评价法、业绩评定表法。采用这种方法的步骤如下：

（1）根据岗位工作的性质和特点，选择与绩效有关的若干评价要素。例如，个体方面的因素，包括判断能力、适应性、积极性等；与工作成果有关的因素，包括工作质量、数量等；与行为有关的因素，包括合作程度、工作态度等。

（2）以这些评价因素为基础，确定具体的考评项目（指标），每个项目分成5~9个等级，用数字或文字表示，如“最优、良好、一般、较差、极差”或“1、2、3、4、5”，并对各个等级尺度的含义做出具体说明。

（3）制成专用的考评量表。在应用的过程中，考评者根据对下属工作的观察和了解，只需在量表的每个项目等级评估的尺度上做记号，待全部项目考评完成后，将各个项目所得的分数相加，即可得到考评的总结果。

本方法采用的考评效标涉及范围较大，可以涵盖员工个人的品质特征、行为表现和工作结果，具有广泛适应性；同时，本方法还具有简单易行、使用方便、设计简单、汇总快捷等优点。但是，考评的信度和效度取决于考评因素及项目的完整性和代表性，以及考评人评分的准确性和正确性。在考评要素选择确定以及考评人存在问题的情况下，本方法极容易产生晕轮效应或集中趋势等偏误。

2. 合成考评法

为提高绩效考评的质量，有些企业将几种比较有效的方法综合在一起，采用合成考评法。

合成考评法的开发与应用实例说明，由于企业单位的主客观环境和条件的不同，企业完全可以因地制宜、因人制宜、因时制宜，设计更加适用可行的绩效考评方法。

此外，还有些企业根据管理人员的特点，采用一定的表格形式，在对各评价要素做出明确的描述和界定的基础上，将考评与绩效改进计划有效地结合在一起，通过管理绩效的考评，找出存在的问题和不足，并提出今后改进的措施和办法。这种描述性表格与绩效改进计划合成在一起的考评方法，虽然不能进行人员的横向比较，但对每个管理人员来说，由于各自岗位的工作内容和特点存在明显的差异，具有更强的针对性和适用性，从而有助于提高管理绩效的水平。

温馨提示

绩效考核小故事——猴王犯难

山里面住着一群猴子，由猴王管理着整个猴群。猴群中有明确的分工，有些猴子负责哺育小猴，有些负责保护猴群的领地，有些则外出寻找食物。最近一段时间，猴王发现外出寻找食物的猴子带回来的食物越来越少。仔细一调查，原来是一些猴子在偷懒。这些猴子每次都没有把找到的食物全部带回来，而是只带回一部分，因为反正有食物拿回来就能交差，带多带少一个样；而不偷懒的猴子发现后，就觉得干多干少差不多，也跟着偷懒了。于是猴王决定改变这种状况，要在猴群中举行一次评选先进与后进的活动，奖励先进，惩罚后进。但是猴王却为如何评选先进、后进犯了难。

到底采取什么样的方式来评选先进呢？猴王想出了几种评价手段：按照是否勤劳、带回食物的多少或者以两只猴子为一组对比来评价。但仔细一想，又都有问题。

如果按照是否勤劳进行评价，会发现这种方式很难操作。猴王不可能天天看着每只猴子，这就导致善于在猴王面前表现自己的猴子被选中，而这将严重打击真正辛勤劳动的猴子们的积极性。如果让猴群内互相评价，也存在很多问题，互相评价的结果可能导致猴子们互相照顾，谁也不公正地评价谁；或者互相提意见，影响团结，起不到评价的目的。如果按照带回食物的数量来评价，可能会出更多的问题。因为猴子有分工，不是所有猴子都要去寻找食物，那么不负责寻找食物的猴子就没有机会被选中，但是这些猴子在猴群中的作用也很重要。另外，如果按照这种评价方式，猴子一定都会争着在猴群附近寻找食物，没有猴子愿意去远处的村庄——距离远，又有危险。而实际上村庄地里的苞谷对于猴子的生活很重要。

如果以两只猴子为一组对比来进行评价一样会出现问题，因为除了猴王对很多猴子并不了解之外，这样评价的工作量非常大，并且不同工种的猴子之间应如何比较呢？

不评价可以吗？干得好的猴子和干得差的待遇都一样，这不是鼓励后进吗？不能让干得好的猴子吃亏。

猴王想来想去也想不出一个很好的解决方案。于是猴王将猴群的长者叫过来，让长者给出个主意。

长者问猴王：“大王，您想要我出个什么样的主意呢？”

“其实也很简单，我要一种能够公平、公正，而且简单的、可以操作的评价方法。”猴王说。

长者捋了一把胡子，也犯难了。怎样才能又简单、又公正，而且又能够操作呢？说起来简单，真正操作起来可就复杂多了。

这个小故事实质上展示了在绩效考核中应该怎么去评价员工绩效的问题，也就是企业应该怎样采取合适的绩效评价方法。猴王的难题也是企业的难题，绩效考核是个复杂的事情，企业都想做，却都很难做好。

第五节　绩效考评中的偏差及其表现和修正对策

一　绩效管理体系本身的偏差及其表现和修正对策

绩效管理体系本身的偏差及其表现和修正对策见表6-4。

表6-4　绩效管理体系本身的偏差及其表现和修正对策

偏差	表现	修正对策
高层领导不支持	高层领导对绩效考评的作用缺乏认识；认为目前绩效考评的时机不成熟	加强沟通，争取支持
管理者认识不到位	管理者认为绩效考评纯粹是浪费时间；担忧对本部门员工造成伤害；不喜欢面对面的评估会谈方式；害怕发生不必要的人际冲突	对管理者进行绩效考评重要性的培训
管理者缺乏评估技能	管理者对考评指标与标准不理解；不知道选择什么样的考评方法才能做到有效和公正；不知道如何收集员工绩效信息；缺乏绩效沟通的技能与技巧	对管理者进行绩效考评技能培训
指标与标准不清晰	指标选取与企业总体目标脱节；指标选取与岗位脱节；标准欠缺；照搬标准；标准难以衡量；因标准的系统性偏差导致考评结果趋同	设计系统的指标体系和有效的考核标准；要基于岗位分析与企业发展目标制定可衡量的、明确的标准；标准要有区分度
考评方式单一	上级对下属的审查式考评	根据岗位特点采取适用的考评方式，不排除多主体、多角度的考评方式
考评过程形式化	将绩效考评等同于填表格，导致考评结果趋同，无法成为人事决策的依据	提高对绩效考评的认识；明确绩效考评的目的；选择正确的考评方法
考评缺乏沟通	没有定期沟通制度；忽视绩效辅导；考评者有意隐瞒考评结果；考评者无意识或无能力反馈考评结果	将定期沟通作为管理者的工作职责加以考核；加强组织文化建设，形成民主的组织文化；对管理者进行沟通能力的培训
考评结果不应用	没有将考评结果用于人力资源管理活动，而仅仅将考评结果作为存档之用，为考核而考核	建立与绩效考评结果相配套的人力资源管理体系，如薪资调整、职位变动、企业招聘、绩效改进及员工培训与职业发展等制度

实例6-11

H公司是一家国有企业，在经过几代人的努力后，在业内已具有较高的知名度，并获得了较大的发展。目前已有员工1 000多人；总公司本身没有业务部门，下设了一些职能部门；总公司下设有若干子公司，分别从事不同的业务。在同行业内的国有企业中，该公司无论在对管理的重视程度上还是在业绩上，都是比较不错的。由于国家政策的变化，该公司目前面临着众多小企业的竞争与挑战。为此，公司从前几年开始，就着手从企业内部管理上进行突破。

绩效考核工作是H公司重点投入的一项工作。公司的高层领导非常重视，人力资源部负责绩效考核制度的制定和实施。人力资源部在原有的考核制度基础上制定出了《中层干部考核办法》。在每年年底正式进行考核之前，人力资源部又会出台当年的具体考核方案，以使考核达到可操作化程度。

H公司的做法通常是由公司的高层领导与相关的职能部门人员组成考核小组。考核的方式和程度一般包括被考核者填写述职报告、在自己单位内召开全体职工大会进行述职、民意测评（范围涵盖全体职工）、向科级干部甚至全体职工征求意见（访谈）、考核小组写出评价意见后进行汇总并征求主管副总的意见后报公司总经理。

绩效考核的内部主要包含三个方面：被考核单位的经营管理情况，包括该单位的财务情况、经营情况、管理目标的实现等方面；被考核者的“德、能、勤、绩”及管理工作情况；下一步的工作打算，重点努力的方向。具体的考核细目侧重于经营指标的完成、政治思想品德，对于能力的定义则比较抽象。各业务部门（子公司）都在年初与总公司对于自己部门的任务指标进行了讨价还价的过程。

对中层干部的考核完成后，公司领导在年终总结会上进行说明，并将具体情况反馈给个人。尽管考核的方案中明确说考核与人事的升迁、工资的升降等方面挂钩，但最后的结果总是不了了之，没有任何下文。

对一般员工的考核则由各部门的领导掌握。子公司的领导对下属业务人员的考核通常是从经营指标的完成情况（H公司中所有子公司的业务员均有经营指标的任务）来进行的；对非业务人员的考核，无论是总公司还是子公司均由各部门的领导自由进行。通常的做法都是到了年度要分奖金了，部门领导才会对自己的下属做一个笼统的排序。

这种考核方法使得员工的卷入程度较高，颇有点儿声势浩大、轰轰烈烈的感觉。H公司在第一年进行操作时，就获得了比较大的成功。由于被征求了意见，一般员工觉得受到了重视，感到非常满意；领导则觉得该方案得到了大多数人的支持，也觉得满意。但是，被考核者觉得自己的部门与其他部门相比，由于历史条件和现实条件不同，年初所定的指标不同，觉得相互之间无法平衡，心里还是不服；考核者尽管需访谈300多人，忙得团团转，但由于大权在握，体会到考核者的权威，还是乐此不疲。

该考核方案进行到第二年时，大家已经失去了第一年时的热情。第三年、第四年进行考核时，员工考虑前两年考核的结果出来后，业绩差或好的领导并没有任何区别，自己还得在他手下干活，领导来找他谈话，他也只能敷衍了事。被考核者认为年年都是那套考核方案，没有新意，只不过是领导布置的事情，不得不照做罢了。

H公司的做法是大多数国有企业在考核上的典型做法，带有一定的普遍性。对此，你有什么看法?

分析

H公司的绩效考核做法在一定程度上确实发挥了其应有的作用，但是这种做法在对考核的理解上和对考核的实施上均存在着许多误区。

1. 对考核定位的模糊与偏差

考核的定位是绩效考核的核心问题。所谓考核的定位问题，其实质就是弄清通过绩效考核要解决什么问题，以及绩效考核工作的管理目标是什么。考核的定位直接影响到考核的实施，定位的不同必然带来实施方法上的差异。对绩效考核定位的模糊主要表现在考核缺乏明确的目的，仅仅是为了考核而进行考核，这样做的结果通常是流于形式。考核结束之后，考核的结果不能被充分利用，耗费了大量的时间、人力和物力，结果不了了之。考核定位的偏差主要体现在片面地看待考核的管理目标，对考核目的的定位过于狭窄。例如，H公司的考核目的主要是为了年底分奖金。根据现代管理的思想，考核的首要目的是对管理过程实施控制，其核心的管理目标是通过了解和检验员工的绩效以及组织的绩效，并通过结果的反馈实现员工绩效的提升和企业管理的改善；其次考核的结果还可以用于确定员工的晋升、奖惩和各种利益的分配。很多企业都将考核定位为一种确定利益分配的依据和工具，这确实会对员工带来一定的激励，但势必会使得考核在员工心目中变成一种负面的、消极的形象，从而产生心理上的压力。这是对考核形象的一种扭曲，必须将考核作为完整的绩效管理中的一个环节，才能对考核进行正确的定位。完整的绩效管理过程包括绩效考核目标的确定、绩效的产生、绩效反馈、绩效辅导等。因此，绩效考核的首要目的应该是为了提升绩效。

考核的定位问题是核心问题，直接影响到考核其他方面的特点。因此，关于考核的其他误区在很大程度上都与这个问题有关。

2. 绩效指标的确定缺乏科学性

选择和确定什么样的绩效考核指标是考核中一个重要的同时也比较难于解决的问题。像H公司这样的企业所采用的绩效指标通常一方面是经营指标的完成情况，另一方面是工作态度、思想觉悟等一系列因素的有关情况。能够从这两方面去考核是很好的，但是对于如何科学地确定绩效考核的指标体系以及如何使考核的指标具有可操作性，许多企业还考虑得不是很周到。

一般来说，员工绩效中的可评价指标的一部分应该是与其工作产出直接相关的，也就是直接对其工作结果的评价，也可将这部分绩效指标称为任务绩效；另一部分绩效指标是对工作结果造成影响的因素，但并不是以结果的形式表现出来的，一般为工作过程中的一些表现，通常被称为周边绩效。对任务绩效的评价通常可以用质量、数量、时效、成本、他人的反应等指标来进行评价，对周边绩效的评价通常采用行为性的描述来进行评价。这样就使得绩效考核的指标形成了一套体系，同时也可以操作化地进行评价。H公司的绩效指标中，在任务绩效方面仅仅用了经营指标去衡量，过于单一化，很多指标没有包含进去，尤其是对很多工作来说产出不仅仅是经营的指标。在周边绩效中，所采用的评价指标多为评价性的描述，而不是行为性的描述，评价时多依赖于评价者的主观感觉，缺乏客观性。如果是行为性的描述，则可以进行客观的评价。

3. 考核周期的设置不尽合理

所谓考核的周期，就是指多长时间进行一次考核。多数企业像H公司这样，一年进行一次考核，这与考核的目的有很大的关系。如果考核的目的主要是为了分奖金，那么自然会使考核的周期与奖金分配的周期保持一致。事实上，从所考核的绩效指标来看，不同的绩效指标需要不同的考核周期。对于任务绩效指标，可能需要较短的考核周期，如一个月。这样做的好处是：一方面，在较短的时间内，考核者对被考核者在这些方面的工作产出有比较清楚的记录和印象，如果等到年底再进行考核，恐怕就只能凭借主观的感觉了；另一方面，对工作的产出及时进行评价和反馈，有利于及时地改进工作，避免将问题一起积攒到年底来处理。对于周边绩效的指标，则适合于在相对较长的时期内进行考核，如半年或一年，因为这些事关人的表现的指标具有相对的稳定性，需较长时间才能得出结论。不过，在平时应进行一些简单的行为记录作为考核时的依据。

4. 考核关系不够合理

要想使考核有效地进行，必须确定好由谁来实施绩效考核，也就是确定好考核者与被考核者的关系，H公司采用的方式是由考核小组来实施考核，这种方式有利于保证考核的客观、公正，但是也有一些不利的方面。一般来说，不同绩效指标的信息需要从不同的主体处获得，应该让对某个绩效指标最有发言权的主体对该绩效指标进行评价。考核关系与管理关系保持一致是一种有效的方式，因为管理者对被管理者的绩效最有发言权，而考核小组在某种程度上并不能直接获得某些绩效指标，因此仅通过考核小组进行考核是片面的；当然，管理者也不可能得到被管理者的全部绩效指标，还需要从与被管理者有关的其他方面获得信息。

5. 绩效考核与其关联的其他工作环节衔接得并不好

要想做好绩效考核，还必须做好考核期开始时的工作目标和绩效指标工作，确认工作和考核期结束时的结果反馈工作。这样做的前提是将绩效考核放在绩效管理的体系中考虑，如果孤立地看待考核，那么就是没有重视考核前期与后期的相关工作。在考核之前，主管人员需要与员工沟通，共同确认工作的目标和应达成的绩效标准。在考核结束后，主管人员需要与员工进行绩效面谈，共同制定今后工作改进的方案。

二 考评人的主观偏差及其表现和修正对策

在绩效考评过程中，考评人总是会存在一些心理困扰，影响考评的质量，产生考核偏差，具体见表6–5。

表6-5　考评人的主观偏差及其表现和修正对策

偏差	表现	修正对策
晕轮效应	把对被考评人绩效的某一方面所形成的感觉推及其所有的绩效考评方面	以KPI达标情况或工作目标达成情况为依据
首因效应	以初期印象推及整个绩效考评周期	在整个考评周期内做好有关员工表现的原始记录并以此为依据
近因效应	以近期印象推及整个绩效考评周期	在整个考评周期内做好有关员工表现的原始记录并以此为依据
趋中效应	考评结果集中于考评尺度的某一区域，考评成绩拉不开距离	对管理者进行管理技巧培训，结果以统计百分比的形式进行衡量
溢出效应	将上一评价周期的表现推及本周期	以本考评周期的绩效作为评估依据
类己效应	以自己的个性特征作为参照，对被考评人做出绩效评价	以被考评人的工作标准为依据
对比效应	将所有员工的绩效进行相互比较以权衡分值高低	将每个员工的绩效与工作标准进行对比
逻辑效应	在对某些有逻辑关系的考核要素进行考核时，使用简单的推理，如由“社交能力强”推断出“谈判能力强”	记录关键事件；按照素质胜任模型的等级定义对考核要素进行评估
个人偏见	对被考评人的某些个人特征，如性别、年龄、民族、爱好、性格等存在偏见	加强与员工的绩效沟通，关注员工行为
刻板印象	对被考评人所处的社会群体存在某种成见	加强与员工的绩效沟通，关注员工行为
过宽与过严倾向	对被考评人的评价高于或低于其实际业绩	以客观绩效标准为依据，以二次考核为监督

疑难解答

1. 在绩效考评中，如何解决员工、主管和组织之间的矛盾?

员工、主管和组织之间的矛盾冲突在所难免。因此，企业人力资源部需要认真地研究对待，制定出行之有效的方案，采取有针对性的策略，要求各级主管掌握并运用人事管理的艺术，通过积极有效的面谈，抓住主要矛盾和关键性问题，尽最大可能及时化解冲突。具体可以采用以下方法：

（1）在绩效面谈中，应当做到以行为为导向，以事实为依据，以制度为准绳，以诱导为手段。本着实事求是、以理服人的态度，改变轻视下属等错误观念，与下属进行沟通交流。

（2）在绩效考评中，一定要将过去的、当前的以及今后可能出现的目标适当区分开，将近期绩效考评目标与远期开发目标严格区分开。如果主管要对近期绩效目标进行考评，为实施奖励方案提供依据，就应当进行一次针对绩效目标的面谈，使上下级之间就事论事，不必言及其他；如果主管要实现开发的目标，应另外组织一次查找差距和不足的面谈，帮助下属制定出切实可行的绩效改进计划。采用具体问题具体分析解决的策略，有利于消除下属思想上的种种顾虑，做到“放下包袱，开动机器，轻装上阵”。

（3）适当下放权限，鼓励下属参与。在绩效管理的各个阶段，上级主管一定要简化程序，适当下放权限。这样做有三点好处：一是增强了下属的参与意识和工作的责任感；二是减轻了上级主管的工作负担和压力，使其有更多的精力去抓大事；三是由于员工有了一定的支配权，明显减弱不必要的自我保护的戒备心理。

2. 一个完整的绩效考评制度不能缺少什么环节？

一个完整的绩效考评制度不能缺少考评者培训这一重要环节。离开了人，任何绩效考评制度就是一堆没用的文件。人力资源管理部门应设计出完善的考评者培训制度，通过培训者考评达到以下几个方面的目的：

（1）使考评者认识到绩效考评在人力资源管理中的地位和作用，认识到自身在绩效考评过程中的作用。

（2）统一各个考评者对考评指标和考评标准的理解。

（3）使考评者理解具体的考评方法，熟悉绩效考评中使用的各种表格，并了解具体的考评程序。

（4）避免考评者产生误区，使考评者了解如何才能尽可能地消除误差与偏见。

（5）帮助管理者学习如何进行绩效反馈和绩效指导。

第七章　考评结果的反馈与应用

本章思维导图

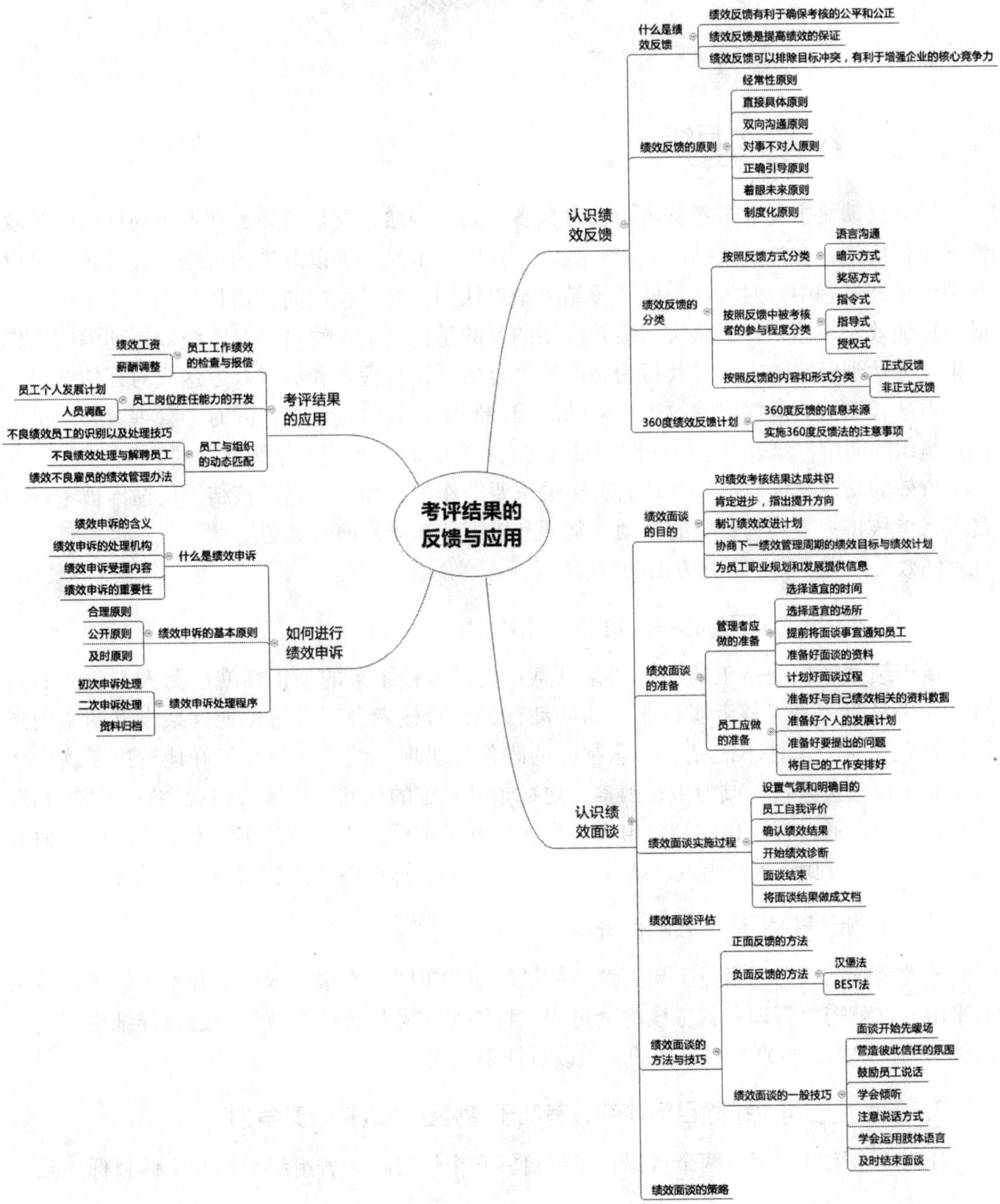
考评结果的反馈与应用
认识绩效反馈
什么是绩效反馈
绩效反馈有利于确保考核的公平和公正
绩效反馈是提高绩效的保证
绩效反馈可以排除目标冲突，有利于增强企业的核心竞争力
绩效反馈的原则
经常性原则
直接具体原则
双向沟通原则
对事不对人原则
正确引导原则
着眼未来原则
制度化原则
绩效反馈的分类
按照反馈方式分类
语言沟通
暗示方式
奖惩方式
按照反馈中被考核者的参与程度分类
指令式
指导式
授权式
按照反馈的内容和形式分类
正式反馈
非正式反馈
360度绩效反馈计划
360度反馈的信息来源
实施360度反馈法的注意事项
认识绩效面谈
绩效面谈的目的
对绩效考核结果达成共识
肯定进步，指出提升方向
制订绩效改进计划
协商下一绩效管理周期的绩效目标与绩效计划
为员工职业规划和发展提供信息
绩效面谈的准备
管理者应做的准备
选择适宜的时间
选择适宜的场所
提前将面谈事宜通知员工
准备好面谈的资料
计划好面谈过程
员工应做的准备
准备好与自己绩效相关的资料数据
准备好个人的发展计划
准备好要提出的问题
将自己的工作安排好
绩效面谈实施过程
设置气氛和明确目的
员工自我评价
确认绩效结果
开始绩效诊断
面谈结束
将面谈结果做成文档
绩效面谈评估
绩效面谈的方法与技巧
正面反馈的方法
负面反馈的方法
汉堡法
BEST法
绩效面谈的一般技巧
面谈开始先暖场
营造彼此信任的氛围
鼓励员工说话
学会倾听
注意说话方式
学会运用肢体语言
及时结束面谈
绩效面谈的策略
考评结果的应用
员工工作绩效的检查与报偿
绩效工资
薪酬调整
员工岗位胜任能力的开发
员工个人发展计划
人员调配
员工与组织的动态匹配
不良绩效员工的识别以及处理技巧
不良绩效处理与解聘员工
绩效不良雇员的绩效管理办法
如何进行绩效申诉
什么是绩效申诉
绩效申诉的含义
绩效申诉的处理机构
绩效申诉受理内容
绩效申诉的重要性
绩效申诉的基本原则
合理原则
公开原则
及时原则
绩效申诉处理程序
初次申诉处理
二次申诉处理
资料归档

绩效反馈是绩效管理循环中的一个重要环节，不管企业对员工采取什么样的绩效评价方法，绩效评价的最终目的都是通过对绩效评价结果的综合运用，推动员工为企业创造更大的价值。因而绩效被认为是员工通过努力所达成的对企业有价值的结果，或者员工所做出的有利于企业战略目标实现的行为。

第一节 认识绩效反馈

一 什么是绩效反馈

绩效反馈是主要通过考核者与被考核者之间的沟通，就被考核者在考核周期内的绩效情况进行反馈，在肯定成绩的同时，找出工作中的不足并加以改进的过程。被考核者可以在绩效反馈过程中，对考核者的考核结果予以认同，有异议的向公司相关部门提出申诉，最终使绩效考核结果得到认可。绩效反馈的目的是让员工了解自己在本绩效周期内的工作成果是否达到既定要求，以及行为态度是否合格，让管理者和员工双方达成对评估结果一致的看法；双方共同探讨绩效未合格的原因并制定绩效改进计划，同时，管理者要向员工传达组织的期望，双方对绩效周期的目标进行探讨，最终形成一个绩效计划。

有效的绩效反馈对绩效管理起着至关重要的作用，如果不将考核结果反馈给被考评的员工，考核将失去极为重要的激励、奖惩和培训的功能，而且其公平性、公正性也难以保证。绩效反馈主要有以下几方面的重要意义：

1. 绩效反馈有利于确保考核的公平和公正

由于绩效考核与员工的切身利益息息相关，考核结果的公正性就成为人们关注的焦点。而考核过程是考核者履行职责的能动行为，考核者会不可避免地掺杂自己的主观意识，导致这种公正性不能完全依靠制度的改善来实现。绩效反馈则很好地解决了这个矛盾，它不仅让被考核者成为主动因素，更赋予其一定的权利，使被考核者拥有知情权和发言权；同时，通过程序化的绩效申诉，有效降低了考核过程中不公正因素所带来的负面效应，在考核双方找到了平衡点、结合点，对整个绩效管理体系的完善起到了积极作用。

2. 绩效反馈是提高绩效的保证

绩效考核结束后，当员工接到考核结果的通知单时，在很大程度上并不了解考核结果的来由，这就需要管理者就考核的全过程，特别是被考核者的绩效情况进行详细说明，指出员工的优缺点，特别是对未来的绩效改进计划达成一致。

3. 绩效反馈可以排除目标冲突，有利于增强企业的核心竞争力

任何一个团队都存在两个目标：组织目标和个体目标。若组织目标和个体目标一致，

在一定条件下就能促进组织的不断进步，然而组织目标和个体目标并不总是一致，而是有冲突的。在这两者之间，组织目标一般占主导地位，它要求个体目标处于服从的地位。有效的绩效反馈，可以通过对绩效考核过程及结果的探讨，发现个体目标中的不和谐因素，借助组织中的激励手段，促进个体目标朝着组织目标的方向发展，达成组织目标和个体目标的一致性。

温馨提示

绩效反馈与绩效辅导的差异

一些刚开始接触绩效管理的人力资源专员分不清楚绩效反馈和绩效辅导，认为绩效反馈和绩效辅导是一回事。有的人力资源专员认为不需要区分，可以把两者结合在一起应用；有的人力资源专员隐约感到两者存在不同，却不知道差异在哪里。

绩效反馈和绩效辅导之间确实有一定的协同性。比如，在考核人进行绩效反馈的时候，可以一并进行绩效辅导；在进行绩效辅导的时候，也应当有一些绩效反馈。在两者的应用层面，考核人可以灵活运用，既可以合并进行，也可以分别进行。

即使合并操作，绩效管理人员也应当了解，绩效反馈和绩效辅导的目的、意义和本质是完全不同的。

绩效反馈和绩效辅导的差异主要体现在以下几点：

1. 时机不同

绩效反馈一般是在绩效结果出来之后进行；绩效辅导应当贯穿绩效管理的全过程。

2. 作用不同

虽然绩效反馈和绩效辅导都有绩效改进的含义，但绩效反馈的侧重点在于反馈，也就是考核人把绩效结果告知被考核人，让被考核人清楚自己的绩效情况、差距，从而查找原因，改进绩效；而绩效辅导的侧重点在于辅导，也就是让考核人针对当前的问题给予被考核人能力提升、资源需求等方面的支持或帮助，注重的是考核人对被考核人的协同与协助。

3. 范围不同

绩效反馈过程涉及的人员范围一般只有考核人和被考核人两个人；绩效辅导过程涉及的人员范围可以只有考核人和被考核人两个人，也可以包括其他需要在资源上、工作上提供协同帮助的人员。

二　绩效反馈的原则

1. 经常性原则

绩效反馈应当是经常性的，而不应当是一年一次。这是因为：首先，管理者一旦意识到在员工的绩效中存在缺陷，就有责任立即去纠正它。如果员工的绩效在1月份时就低于标准要求，而管理人员却非要等到12月份再去对其绩效进行评价，那么这就意味着企业要蒙受11个月的生产率损失。其次，绩效反馈过程有效性的一个重要决定因素是员工对于评价结果不感到奇怪的程度。管理者应当向员工提供经常性的绩效反馈，从而使他们在正式的评价过程结束之前就几乎能够知道自己的绩效评价结果。

2. 直接具体原则

绩效反馈要直接具体，不能做泛泛的、抽象的一般性评价。对于管理者来说，不管是表扬还是批评，都应该以具体客观的事实或结果为依据，使员工明白哪些地方做得好、哪些地方还存在差距。如果员工对反馈的内容有异议，要进行申辩或解释，也要以具体客观的事实为依据。只有双方交流的是具体而准确的事实，绩效反馈才是有效的。

3. 双向沟通原则

绩效反馈应该是一种双向沟通的过程。由于层级地位的差异，管理者往往在双方的沟通中占据主导地位，员工则更多的是被动地接受。为了获得员工真实的想法，管理者应该鼓励员工多说话，充分表明自己的看法，不应打断或压制。对于员工的好建议，管理者应该给予肯定，并共同制定双方发展、改进的目标。

4. 对事不对人原则

绩效反馈过程中，双方需要讨论的是员工的工作行为、态度和工作绩效，也就是一些工作中的事实表现，而不是讨论员工的个性特点。员工的个性特点不能作为评估绩效的依据。性格特点本身没有优劣好坏之分，虽然关键性的影响绩效的性格特征需要被指出来，但不应该将它作为指责的焦点。

5. 正确引导原则

不管员工的绩效考核结果是否理想，一定要多给员工一些鼓励，至少让员工感觉到：虽然我的绩效考核成绩不是很理想，但是我得到了一个客观认识自己的机会，找到了应该努力的方向，并且在我前进的道路上得到了主管人员的帮助与鼓励。总之，要让员工把积极向上的态度带到工作中去。

6. 着眼未来原则

绩效反馈中很大一部分是对过去的工作绩效进行回顾与评估，但这并不是说绩效反馈的目的在于过去的事实，而应从过去的事实中总结出一些对未来发展有帮助的经验或者教训。因此，任何对过去绩效的讨论都应该着眼于未来，核心目的是制定未来绩效发展计划。

7. 制度化原则

绩效反馈必须建立一套制度。只有将其制度化，才能使管理者和员工都重视起来，从而保证它相对持久地发挥重要作用。

实例 7-1

某日下午快下班时，某企业人力资源部的总监李总匆匆忙忙把下属冯刚找到办公室里来。

冯刚："李总，您找我有急事吗？我正跟销售部的苏总谈明年的招聘计划呢，刚谈到一半，您看我先把那边的事儿谈完再来找您可以吗？"

李总："不行，今天马上快下班了，我明天要出差，一周以后才能回来。你先跟我谈吧，那边的事先放一放再说。月初了，你也知道上个月的绩效成绩快出来了，咱们人力资源部得带头做好绩效反馈面谈啊。"

冯刚："哦，好啊。不过李总，我的工作您应该也都知道呀。您看我平时也挺努力的，您说啥我干啥，您可不能给我打低分呀。"

李总："知道是知道，但还是要走个程序嘛！来吧，谈一下你上个月的工作吧。"

冯刚："您这冷不丁一说我也没准备，就想到哪说到哪吧，我上个月……总之，我上个月有成绩也有不足，这个月我会更加努力！"

李总："冯刚啊，我不是批评你，你的成绩我确实看到了，但是你的不足还是很明显的呀。比如，有一次采购张总让你帮忙做协调的事，你不了了之了；财务王总跟你要的报表，已经过了一个月你也没给人家发过去。最近企业绩效管理工作很不好，你作为主管都为此做了什么？"

冯刚："李总，您说的前两个事是因为我工作太忙给忘了，您也看到我的工作清单了，一大堆的事，我以后一定注意。您说的绩效管理的事，别的部门不重视，那也不是我一个人能左右的啊。我该说的说了，该催的催了，我还能怎么办呢？别的部门的领导也不听我的啊！"

李总："唉，一说你就一大堆理由在那等着。我让你写的周报呢？怎么写了两周就没影儿了？我说话你都当耳旁风吗？还有我听说你最近工作状态很有问题，上班玩手机，你这是工作忙吗？我看你该忙的没忙，不该忙的倒没闲着！就你这个状态还想绩效考评拿高分？我不给你把分扣光就不错了！"

冯刚："李总，您要是这么说我也没辙，毕竟您是领导。"

李总："好了！就这样吧！你自己回去好好想想吧！"

冯刚气冲冲地走出李总办公室，心里想着：有什么好想的，你们这些领导只会听小道消息、凭感觉做事！我这一个月忙上忙下的，结果只换来一顿埋怨！什么绩效管理！最后还不都是走形式！

如何评价李总的这次绩效反馈面谈？

分析

这是一次典型的绩效面谈失败例子，具体问题如下：

1. 绩效反馈面谈前没有准备。李总和冯刚在面谈前显然都没有准备，而且双方从思想上对这件事都没有给予足够的重视，只是把这个过程看成一种"走过场""走形式"。

2. 没有营造良好的沟通氛围。李总在沟通过程中没有很好地控制自己的情绪，让谈话氛围变成了领导对被考核人的训话。

3. 绩效反馈面谈的方法不专业。考核人反馈给被考核人的信息应是对事不对人，而李总对冯刚的反馈显然更关注在冯刚的为人上。

4. 缺乏绩效改进的建议。绩效面谈结束后，双方没有就绩效问题产生的原因达成一致意见，都不清楚该如何努力才能够改变现状。

5. 缺乏必要的激励。李总只是一味地训斥冯刚，打压了冯刚工作的热情和积极性，没有给冯刚任何正面的激励。

三 绩效反馈的分类

1. 按照反馈方式分类

绩效反馈按照反馈方式进行分类，可以分为语言沟通、暗示方式以及奖惩方式三种。语言沟通是指考核人将绩效考核通过口头或书面的形式反馈给被考核者，对其良好的绩效加以肯定，对不良业绩予以批评。暗示方式是指考核者以间接的形式（如上级对下级的亲疏）对被评估者的绩效加以肯定或否定。奖惩方式是指通过货币（如加薪、奖金或罚款）及非货币（如提升、嘉奖或降级）形式对被考核者的绩效进行反馈。

在绩效反馈中，奖惩方式对激励的影响最为直接，它用物质的或非物质的手段刺激与强化被考核者的行为。当被考核者的成绩被肯定时，语言沟通可以满足其一定的精神需要；而在负激励时刻，语言沟通能起到一定的缓冲作用，且沟通能使双方彼此了解对方的意图，避免了激励不对称。但相比而言，由于被考核者得不到实惠，也没失去既得的利益，语言沟通激励的强度就显得较弱。暗示方式更为间接，对被考核者不满时，采用暗示方式可能会使其保持一定的自尊心，以促使其自觉改正。暗示方式的不足是，容易引起误解，有些人会假装没有收到反馈，因此，暗示方式的激励效果或许最弱。

2. 按照反馈中被考核者的参与程度分类

绩效反馈根据被考核者的参与程度可分为三种：指令式、指导式、授权式。

指令式是最接近传统的反馈模式，大多数管理者最习惯这种方式。其主要特点是管理者只告诉员工他们所做的哪些是对的、哪些是错的；他们应该做什么，下次应该做什么；为什么应该这样做，而不应该那样做。员工的任务是听、学，然后按照管理者的要求去做事情。一般而言，人们很容易对指令式持否定态度，因为它以管理者为中心，而不是以员工为中心。

指导式以教和问相结合为特点，同时以管理者和员工为中心，而管理者对所反馈的内容更感兴趣。用指导式反馈同样信息时，管理者会不断地问员工：为什么认为事情做错了？是否知道怎样做更好？在各种方法中，你认为哪种最好？为什么？假如出现问题怎么办？等等。这样，员工就能在对某事取得一致意见之前，与管理者一起探讨各自的方法。

授权式的特点是以问为主、以教为辅，完全以员工为中心。管理者主要对员工回答的内容感兴趣，较少发表自己的观点，而且注重帮助员工独立地找到解决问题的办法，通过不断地提出问题，来帮助员工探索和发现。这些问题与指导式所问的问题类似，但问题的内容更广泛、更深刻，很少讲授。

上述三种反馈模式的特点比较见表7-1。

表7-1 三种反馈模式的特点比较

模式 项目	指令式	指导式	授权式
管理者方面	只教不问	教与问相结合	以问为主，以教为辅
员工方面	听、学，按管理者要求做事	与管理者一起探讨，取得一致意见	较多地发表自己的看法
反馈方向	单向	双向	双向
模式中心	以管理者为中心	以管理者和员工为中心	以员工为中心

3. 按照反馈的内容和形式分类

根据反馈的内容和形式，绩效反馈分为正式反馈和非正式反馈两大类。正式反馈是事先计划和安排的，如定期的书面报告、面谈、有经理参加的定期小组和团队会议等。非正式反馈的形式也多种多样，如闲聊、走动式交谈等。

温馨提示

绩效反馈的对抗类型与应对策略

有的考核人不愿意做绩效反馈面谈的主要原因是不知道如何处理被考核人对此产生对抗的情况。在做绩效反馈时遇到被考核人的对抗并不罕见。有时候绩效反馈的结果很难被人接受是因为大多数人认为自己每天都在表现着自己最好的状态，理应有一个好的绩效结果。

具体的对抗类型与应对策略见表7-2。

表7-2 绩效反馈的对抗类型与应对策略

对抗类型	应对策略
转移型，常见的语言为："我做这个的原因是……""我是有苦衷的……"	①倾听和考虑他们的观点 ②如果原因是合理的，可以采纳 ③如果原因不合理，考核人不要被他"带着跑"，要将关注点放回到被考核人的行为上，并继续进行反馈
找理由型，常见的语言为："都是因为其他人的××问题""因为（某人）……，所以才……"	①倾听和考虑他们的观点 ②如果原因是合理的，可以采纳 ③如果原因不合理，考核人不要随着被考核人一起谈论其他的被考核人，将关注点放回到行为上并且进行反馈

（续表）

对抗类型	应对策略
家庭状况型，常见语言为：“因为我家里最近……”“因为我亲人这段时间……”	①考核人要倾听和领会，如果有需要可以提供援助 ②如果有需要，可以从更上层管理者处得到建议 ③对这些事件保持一定的关注 ④保持参与和持续监控这种状况的变化
情绪反应型，常见表现为：愤怒、哭泣、沉默等消极情绪明显的状况	①在进行反馈之前，考核人要提前预想到被考核人可能的最坏情绪表现，提前有心理准备 ②如果被考核人的情绪是愤怒的，要给被考核人一点时间，让他/她平静下来，考核人不要与其对抗，也不要使情况恶化 ③如果被考核人是哭泣的，考核人应使面谈的节奏慢下来，让被考核人恢复情绪 ④如果被考核人保持沉默，考核人可以提一些开放式的问题使被考核人参与到对话中来

四　360度绩效反馈计划

在各类工作组织中，人们越来越倾向于向各类人征求关于个人绩效的意见，评价主体可能会是管理者、同事、组织内部和外部的客户及其他人。这种在绩效管理中进行“全面”的信息反馈的做法被称为360度绩效反馈计划。具体来说，所谓360度绩效反馈计划就是指帮助一个组织的成员（主要是管理人员）从与自己发生工作关系的所有主体那里获得关于本人绩效信息反馈的过程。

1. 360度反馈的信息来源

一般来说，绩效反馈主要包括来自上级监督者的自上而下的反馈；来自下级的自下而上的反馈；来自本人的反馈；来自平级同事的反馈；来自企业外部客户和供应商的反馈。

2. 实施360度反馈法的注意事项

企业或组织在实施360度反馈法时，应注意以下事项：

（1）要取得公司高层领导的支持与配合，在公司内部倡导一种变革、创新、竞争、开放的文化，让员工能够从观念上接受这种反馈方式。

（2）应加强宣传和沟通，对评价者进行有效的培训，向员工讲清其意义何在，了解评价目的，消除评价中的人为因素。

（3）要结合本企业或组织的实际，根据最近相关原则、有机结合原则和经济可行原则合理选择反馈主体，力争以最小的成本达到对考评客体客观公正的评价。

（4）充分考虑文化差异的影响。360度反馈法有利于降低偏见出现的可能性，也有利于避免因人情、面子而出现的良好反馈趋同效应。

疑难解答

1. 绩效管理应该重视过程，还是重视结果?

这个问题并没有标准的答案，但如果只是过分强调一方面而忽略另一方面，那肯定就是错的。其实，在绩效管理中，结果和过程是相辅相成的，两者谁也离不开谁，没有谁比谁更重要，两者都不能被刻意忽略或轻视。好的结果需要好的过程来支持，好的过程也需要好的结果来证明。所以在绩效管理过程中，既要重视过程，也要重视结果。

对绩效管理过程的审视和重视，主要体现在以下几方面：

（1）企业文化氛围是否和谐，是否有利于员工的成长。

（2）组织机构、岗位设置的安排是否有利于完成任务。

（3）员工工作过程中的积极性、努力程度和工作态度如何。

（4）员工工作的技能水平、熟练程度以及工作方法如何。

（5）员工工作中用到的流程、工具等是否具备有效性。

（6）员工的工作环境和工作条件是否有利于完成任务。

（7）对员工素质和能力的评判是否具备客观和有效性。

（8）绩效管理过程中是否有足够的绩效辅导和沟通。

对绩效管理结果的审视和重视，主要体现在以下几方面：

（1）企业文化氛围中，员工是否对结果有足够的重视。

（2）企业是否明确表示了对绩效结果的充分重视。

（3）绩效结果是否会对员工的切身利益产生足够的影响。

（4）绩效结果表现差的员工是否也能获得相应的负激励。

绩效管理从来都不是目的，而是手段，是企业实现自身经营目标的一种方法。企业实施绩效管理的过程中应当更重视过程还是更重视结果，也应当根据企业所处的阶段，所想要营造的价值观和企业当前的具体情况决定。有利于企业发展的、有利于企业战略目标实现的，就是适合的绩效管理方式。

2. 我国企业实施360度反馈法时，应该注意哪些问题?

（1）要根据企业性质、业务类型及所处的生命周期，重新审视是否适用360度反馈法。一般来说，公司处于初创期或急速增长期是不宜采用的，加工制造企业、高科技企业等结果导向的企业也不宜采用。当然，企业文化不健全、非规范的企业也应当暂缓采用。

（2）匿名进行。在运行良好的360度反馈体系中，反馈都是匿名的和保密的。只有在这种情况下，评价者才有可能提供与被评价者有关的真实绩效信息，尤其是在下级提供关于上级的绩效信息时。

（3）要选择能够观察到被评价者绩效或行为等信息的人来反馈。只有那些对评价者非常了解并且掌握了第一手资料的人才应该参与反馈过程。让那些没有能力观察被评价者绩效或行为的人提供绩效反馈显然是毫无意义的。

（4）对反馈进行解释。良好的360度反馈体系允许被评价者与对其开发问题感兴趣的人共同讨论得到反馈结果。在大多数情况下，被评价者都是与其直接上级讨论反馈结果的；而在另一些情况下，参与讨论的可能是一位来自人力资源部的代表或者不是被评价者上级的另一位管理人员。

（5）仅用于开发目的。当360度反馈体系应用于晋升和薪酬等管理目的时，评价者很有可能会歪曲他们提供的反馈信息。因此，最好是明确告知大家这一体系会用于开发目的，而且仅用于开发目的，通过360度反馈体系收集上来的信息不会用于报酬分配或任何其他管理方面的决策。然而，当一套360度反馈体系使用了一段时间（通常是2年左右）之后，再将其用于管理目的也是可行的。

（6）避免出现调查疲劳。只要不要求一个人在同一时间里对过多的员工进行评价就可以避免产生调查疲劳。例如，可以分阶段进行信息收集工作，这样就不会将所有的调查问卷在同一时间内发出。

（7）评价者不只做评价。除了为各维度打分之外，评价者还应当提供一些书面的描述性反馈信息，通过详细的和建设性的评论使得被评价者知道自己应该怎样改进绩效。如果评价者在这些反馈信息中能提供一些具体的事例，对给出的评价结果和提出的建议提供一些事实支撑，就会非常有用。

（8）培训评价者。如果是为了管理目的而进行评价，就必须对评价者进行培训。培训的目的是帮助评价者掌握区分优良绩效和不良绩效的技能，以及以一种建设性的方法来提供反馈的技能。

第二节 认识绩效面谈

绩效面谈是指绩效结果反馈者与被考评人之间共同针对绩效评估结果所做的检视与讨论，是绩效反馈的一种正式沟通方法，是绩效反馈的主要形式。通过绩效面谈，可以让被评估者了解自身绩效，强化优势，改进不足；同时，也可将企业的期望、目标和价值观进行传递，形成价值创造的传导与放大。

一　绩效面谈的目的

一般来说，在绩效面谈结束后，至少应达到以下几个目的：

1. 对绩效考核结果达成共识

由于绩效考核中不可避免地包含了一些主观判断的成分，即使是客观的考核指标和标准，也存在对于采集客观数据的手段是否认同的问题，因此被考核者对考核结果的认同是进行下一阶段绩效管理的必要前提。由于被考核者和考核者的立场与角色不同，双方对绩效水平的看法必然存在差异，对考核结果的认同也必须经过一个沟通的过程。只有通过面谈，得到双方认可的评价结果才会被员工接受，才能应用到薪酬、晋升等其他人力资源管理职能中去，否则容易遭到员工的抵制。

2. 肯定进步，指出提升方向

当员工工作有进步和成果时，其内心需要得到主管的认可与表扬。同时，主管也需要让员工认识到本期绩效内存在的问题和改进的方向。员工的绩效表现有表现优良、值得鼓励的地方，也有不足需加以改进之处。因此，绩效面谈应该从正反两方面着手，既要鼓励员工发扬优点，也要鞭策员工改进不足。

3. 制定绩效改进计划

一般而言，员工不仅要关注自己过去的成绩和绩效结果，更需要知道未来改进的方向，通过绩效反馈与沟通，上下级共同分析，找出双方有待改进的方面，共同制定绩效改进计划。绩效改进计划是指导绩效改进实施的标准，因此一定要有可操作性，应符合SMART原则。

4. 协商下一绩效管理周期的绩效目标与绩效计划

绩效管理是一个往复循环的过程，一个绩效周期的结束恰好是下一个周期的开始。因此，上一个绩效管理周期的绩效反馈面谈要与下一个绩效管理周期的绩效计划沟通在一起进行。双方就下一个绩效周期的目标进行协商，形成“员工绩效计划”。员工绩效计划是主管与员工达成一致的下一绩效周期的计划，既有助于员工清楚自己要完成的任务有哪些，又有助于主管在绩效周期结束时来对员工绩效进行评估。

5. 为员工职业规划和发展提供信息

员工的职业规划和个人发展是建立绩效管理体系的目的之一，因此在绩效反馈阶段，管理者应当鼓励员工讨论和提出个人发展的需要，以便建立起有利于达成这些发展的目标和路径。双方共同探讨员工进一步发展所需要的技能，在哪些方面需要培训和学习等，管理者应当在今后提供一定的资源和机会，为员工的发展提供支持。

实例 7-2

汪强在一家私营企业做基层主管已经有3年了。这家公司在以前不是很重视绩效考评，但是依靠自身拥有的资源，公司发展得很快。去年，公司从外部引进了一名人力资源总监，至此，公司的绩效考评制度才开始建立起来，公司中的大多数员工也开始知道了一些有关员工绩效管理的具体要求。

在去年年终考评时，汪强的上司要同他谈话，汪强很是不安。虽然他对1年来的工作很满意，但是不知道他的上司对此怎么看。汪强是一个比较“内向”的人，除了工作上的问题，他没有经常跟他的上司打交道。在谈话中，上司对汪强的表现总体上是肯定的，同时，也指出了他在工作中需要改善的地方。汪强也同意此看法，他知道自己有一些缺点。

整个谈话过程是令人愉快的，离开上司办公室时汪强感觉不错。但当汪强拿到上司给他的年终考评书面报告时，他感到非常震惊，并且难以置信。书面报告中写了他很多的问题、缺点等负面信息，而他的成绩、优点等正面信息就只有一点点。汪强觉得这样的结果好像有点“不可理喻”。汪强从公司公布的“绩效考评规则”中知道，书面考评报告是要长期存档的，这对他今后在公司的工作影响很大。汪强感到很是不安和苦恼。

经过绩效面谈后汪强感到不安和苦恼，导致这种结果的原因是什么？

分析

表面上看，是“绩效面谈”使汪强感到苦恼和不安。实际上，产生这种问题的原因可能有以下几种情况：

1. 公司的绩效考评系统有问题——公司上下对绩效管理的目的不清。

2. 汪强的上司对他有偏见。

3. 汪强的上司没有很好的绩效面谈技巧，不敢与汪强谈论问题与缺点。

怎样做才能克服这种问题的产生？可采取以下对策：

1. 考评前绩效目标制定要明确、客观、量化。

2. 考评过程中要公正、公开、公平，考评者要注意员工绩效信息的收集。

3. 考评结束后要注意考评结果的反馈，考评者与被考评者要就考评的最后结果达成一致，共同制定员工的绩效改进计划。

二 绩效面谈的准备

绩效反馈面谈是主管人员和员工双方的职责，主管人员和员工都应该为绩效反馈面谈做好各自的准备。

1. 管理者应做的准备

（1）选择适宜的时间。

绩效面谈往往在一个绩效周期结束时进行，而这段时间通常又是很多部门工作繁忙的时候。面谈的时间选择对最终的反馈效果有很大影响，管理者应该根据工作安排确定一个双方都有空闲的时间。在确定面谈时间时，最好先提出一个时间，然后再征求下属的意见，这样一方面可以表示对员工的尊重，另一方面可以确认员工在这段时间是否有其他的安排。管理者应该选择一个双方都可以全身心投入面谈过程的时间，最好不要被其他事情打断或干扰，应尽量避免接近上下班的时间，以免匆忙或打扰员工休息。确定的时间应该是一个时间段，长短要适宜，过长会引起疲倦和厌烦，过短则可能因沟通不充分而达不到预期效果。

（2）选择适宜的场所。

面谈的地点通常可以选择管理者的办公室、小型会议室或者类似咖啡厅等休闲地点。办公室可以营造一种严肃、正式的感觉，但经常会遇到各种各样的打扰，如电话、来访的客人等；同时，办公室的环境让上下级的沟通比较拘束，不利于敞开心扉进行坦诚沟通，容易给员工造成压力。有些管理者会选择一些小型会议室，将环境布置得比较轻松和谐，并且远离电话与来访客人，在喝茶聊天的愉快氛围中解决问题，也不失为一种好方法。另外，选择类似咖啡厅这样的休闲场所与员工面谈，可以让员工感到比较轻松，容易充分表达真实的感受，但成本可能会高。

温馨提示

绩效面谈中的座位安排

如何安排双方在面谈时的空间距离和位置，是管理者需要注意的一个细节，不同的距离和位置关系往往会营造不同的沟通氛围。面谈双方的距离要适当，距离太远会影响信息传递效果，而距离过近又会使双方感到压抑。同时，面谈双方的位置也会对员工的心理产生影响。如图7-1所示：正对面的座位营造的是严肃的气氛，这种座位会使双方的目光彼此直视，容易给员工带来心理压力，不宜选择。斜对面的座位营造的是理性的气氛，距离偏远，可能使得双方缺乏亲密感。并排的座位营造是和缓的气氛，距离偏近，拉近了彼此的心理距离，但也有一部分人不能接受这种过于亲密的方式，觉得这种气氛会让其感到不自在，甚至尴尬，而且并排的角度不利于观察对方的表情，也不利于非语言沟通方法，如手势、形体动作等的使用。相隔斜对的座位营造的是理性、缓和的气氛，这是最佳的座位安排选择。管理者和员工呈一定角度而坐，能够避免心理紧张，也有利于观察对方和接收对方所表示的信息，营造理性、和缓的氛围。

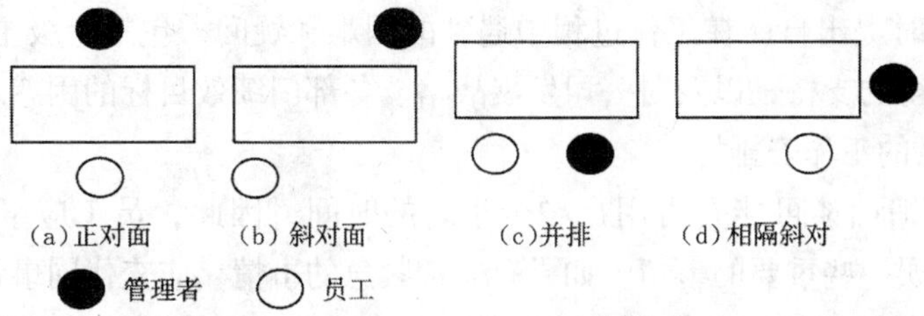

图7-1　绩效面谈中的座位安排

（3）提前将面谈事宜通知员工。

管理者将时间和地点确定好之后，至少提前一天通知下属，以便下属有足够的时间来回顾和总结过去一段时间的工作情况，准备好面谈所需的各种资料，也使员工有时间调整自己的工作安排和情绪。

（4）准备好面谈的资料。

在进行绩效反馈面谈之前，管理者必须准备好面谈所需的资料，主要包括绩效评价表格、员工日常工作情况的记录和总结、该绩效评价周期的绩效计划以及对员工的基本绩效评价结果（包括各评价主体对员工的评价，以及经过加权处理的各个绩效评价标准的评价结果）。另外，管理者还需要掌握有关员工个性特点的信息，以便在面谈过程中建立与员工之间的信任感和认同感，同时还要对员工可能在面谈过程中表现出来的情绪和行为进行评估，尤其要准备好一旦员工和管理者意见不一致时如何解释和对待。

（5）计划好面谈过程。

事先设计一套完整而合理的面谈过程，是成功实现绩效面谈的保证。在进行面谈前，人力资源部门可能会提供一个指导面谈的提纲，但具体进行面谈的管理人员要在面谈提纲的基础上对面谈的内容和程序进行详细的计划，包括面谈的对象和目的、开场白的设计、过程步骤、预期时间和效果、可能出现的问题等。人力资源部门可以事先让员工填写“绩效面谈表”，为管理者提供准备帮助。

2. 员工应做的准备

（1）准备好与自己绩效相关的资料数据。

在面谈过程中，员工往往会根据自己的实际情况陈述整个周期的工作情况。因此，员工应充分收集整理一些能够表明自己绩效状况的事实依据。绩效好的地方和差的地方都要找到证据。另外，如果管理者要求填写关于自我评价的绩效面谈表，员工应认真配合。

（2）准备好个人的发展计划。

绩效反馈面谈注重现在的表现，更注重将来的发展。因此，主管除了想听到员工对个人过去的绩效的总结和评价外，也希望了解员工个人的未来发展计划，特别是针对绩效中不足的方面如何进一步改进和提高。

（3）准备好要提出的问题。

绩效面谈是一个双向沟通的过程。为了对绩效目标和实现方法有清楚的、一致的看法，员工需要及时提出自己在工作过程中遇到的困难和疑问，包括上级主管的一些工作上的要求、可能获得的支持，以及对公司发展战略、各部门绩效目标的困惑之处等。

（4）将自己的工作安排好。

由于绩效反馈面谈可能要占用1～2个小时的时间，因此，员工应事先安排好工作时间，尽量避免耽误一些重要的事情。如果有非常紧急的事情，应交代同事帮忙处理一下。

总之，绩效反馈面谈是在主管和员工有计划、有准备的前提下而进行的一项活动，在双方的共同努力下才能更好地完成这项工作。

三 绩效面谈的实施过程

1. 设置气氛和明确目的

在融洽的气氛和舒适的环境下进行绩效面谈，比较容易得到真实的结果。有时候，员工可能会比较紧张，这时管理者可以选择一些轻松的话题开始谈话，缓和对方的心情和气氛。在会议之前，要再次强调一下会议目的以及会议进程，以便于大家集中精力于重点领域。

2. 员工自我评价

员工可以参照期初制定的绩效计划和绩效目标，简明扼要地汇报考核周期内的工作情况。此时，管理者应该做到：注意倾听，不要轻易插话和随意打断；关注工作实绩，并留意其失误的事实；对于不清楚的地方，应适时询问；适当记录。当员工自我评价结束后，管理者可以进行小结。

3. 确认绩效结果

管理者和员工双方应对照绩效计划和目标对员工的绩效行为和结果进行讨论。考虑到员工的接受能力，一般先谈员工表现好的地方，然后谈有待改进之处；先谈重要的问题，后谈次要的问题。这样逐项沟通，双方意见一致就继续往下进行；如果意见不一致，就进行讨论；如果实在无法达成一致，可以暂时搁置。在这一过程中，管理者要耐心听取员工对绩效结果的意见，让员工对有出入的信息或结论做必要的说明和解释。

4. 开始绩效诊断

一般来说，绩效诊断是对不良的绩效结果寻找原因、弄清障碍和找出答案的过程，问题的关键在于弄清情况而不在于责备和批评。经过充分交换意见后，面谈双方在彼此要求和期望方面达成共识，即管理者对员工的要求和希望，员工在今后工作中需要组织提供的必要条件和支持。管理者要认真听取员工的建议，对其提出的合理要求和措施建议应该给予积极的肯定和支持。同时，对于特别优秀的绩效结果也要分析原因，总结经验，以利于带动其他员工提高绩效水平。

温馨提示

吉尔伯特行为工程模型

比较简单有效的绩效诊断工具是吉尔伯特行为工程模型。

行为学家吉尔伯特曾研究影响企业绩效水平的因素。在调研了300多个企业以后，他形成了一系列的调研报告和著作。其中，在《人的能力》（*Human Competence: Engineering Worthy Performance*）一书中，吉尔伯特提出了这个非常有价值的行为工程模型工具。通过使用这个工具，人力资源部可以更有针对性地进行绩效诊断，更有效地设置行动计划和优先级。

吉尔伯特行为工程模型把影响企业绩效的因素分成两大因素，一个是环境因素，另一个是个体因素。环境因素主要来源于企业的内部或外部，个体因素来源于被考核人个人。环境因素和个体因素又分别可以分成三个小的因素，所以影响绩效的因素一共可以分为两个大类、六个小类，它们的分类及其影响比例见表7-3。

表7-3　吉尔伯特行为工程模型中影响绩效的因素的分类及其影响比例

因素	分类	影响比例
环境因素	信息	35%
	资源	26%
	奖励/后续结果	14%

（续表）

因素	分类	影响比例
个体因素	知识/技能	11%
	素质	8%
	动机	6%

从表7–3中可以得出这样一个结论——对绩效影响最大的是环境因素，其影响占比为75%，而个体因素的影响占比仅为25%。

但是大多数企业的通常做法是，为了改善被考核人的绩效，坚持不懈地想办法诊断和改变被考核人个体，而不是从环境层面，或者从信息、资源、奖励/后续结果这些在组织、流程、规范等层面去诊断和发现问题。实际上，对企业来说改变环境往往成本更低，效果也更好。

5. 面谈结束

当面谈目的达到或已经无法取得进展时，应该结束面谈，不要拖延。在绩效面谈结束之际，管理者应当对员工进行积极的鼓励，让其振奋精神、鼓足干劲，以积极、乐观的情绪开始下一阶段的工作。一般在面谈的结尾，谈过的事情或约定的事项都应该互相再予以确认，要留一些继续面谈的可能性和话题给双方，以便最终全面达成面谈目标。

6. 将面谈结果做成文档

员工离开后，管理者将交谈和评价结果做成文档存档。许多公司将绩效面谈或评价会议的文档作为个人档案的一部分，因此，管理者和员工在这个文档上签名是很有必要的。

实例7-3

某天上午，某公司客户服务经理江珊把长达几页的绩效考核表格分发给下属的7名员工，提醒这两天是公司例行的月底绩效考核周期，要求员工在两天内填好表格并上交给她。同时，江珊还告诉她的下属，公司将在今年开始实施每月的考核结果与年度的奖金发放、末位淘汰挂钩的制度。

出乎江珊的意料，当天下午，员工们将这些复杂的考核表格全都交给了她，所得的自评分数均介于70～80分，这是一个既不优秀又不普通的分数段。更让她哭笑不得的是，有3名员工在自评后，在上司评分栏里签下了自己的名字。也就是说，不管上司给予什么样的评分，员工在事前就已经表示了同意。

在下班前，江珊召集员工开了一个简短的通气会。她认为员工在考核结果的上司评分栏签名的做法是对她的信任，并对此表示感谢。但她同时指出，这种提前签名的做法有悖于以往的考核管理，是不合理的。她要求员工重新表格，再做评估与衡量，合理地打出自己的分数后才交还给她。江珊再次强调：HR已经明确发文，考核结果将作为年度奖金发放及末位淘汰的参考依据。

第二天下午，江珊顺利地回收了7名员工的考核表格。结果却让她非常为难：员工自评得分全都在80分以上。这意味着部门员工的绩效表现均为优，而这不符合HR制定的强制分布原则：每个部门只有20%的员工得优。

江珊根据月初制定的KPI指标，逐一对7名员工进行了评分。最后，她和往常一样，把考核表格发还给员工，交代员工如有异议，可找她做绩效面谈。

由于过去的考核结果并没有与收入直接挂钩，中层经理及员工一直都不重视考核结果的应用，绩效面谈也一直流于形式。最后是如果员工对上司的评分没意见，就干脆把绩效面谈这个流程也省掉了。

但这一次，与下属张静面谈时，江珊尴尬得差点下不了台。张静主动找江珊要求面谈时，江珊是有心理准备的，因为入职4个月的张静的绩效评分在最近3个月都不是非常理想，这个月江珊给了她一个最低分。

张静非常坦诚地问她的上司：这个月她的KPI指标完成情况的确不够理想，也遭到了几个客户的投诉，得了部门的最低分，她心里非常难过，但她该如何做，才能避免这种情况？

面对充分准备的张静，绩效面谈准备得并不充分的江珊显得手足无措，一时无言以对。江珊只是简单地安慰了张静，说会考虑下一个月度调低对她的考核指标，帮助她把工作做得更好，也会动员其他同事给她提供一些帮助。至于如何调整考核指标、提供什么样的帮助，江珊表示自己正在考虑中。

张静对江珊的态度感到不满，认为自己在这种情况下非常无助，的确希望自己的直接上司在工作改进上提供指导性的帮助。但江珊的答复实际上对她没有任何价值。她认为，这样下去，自己肯定是第一个被淘汰的员工。她再次直截了当地询问江珊：怎样帮助自己改善绩效？

由于江珊缺乏对这方面的准备及经验，她只是简单地以调低绩效考核指标来敷衍、许诺自己的下属，这不可避免地会给员工带来一定的危机感。

感到异常无助的张静把绩效面谈的情况及结果以邮件的方式告诉了HR经理刘丹，对公司绩效考核的目的及直接上司的绩效面谈方式均提出了质疑。“张静认为，部门经理对绩效改善的漠不关心，是对她工作不满意的前兆。实际上，这是部门经理缺乏面谈技巧与准备不充分造成的一个误解。”刘丹说。而江珊的逻辑是：尽管公司一再强调月度考核结果会与年度的奖金及末位淘汰挂钩，但实际起作用的，只是年终的考核结果。刘丹认为这是江珊的一个误区。“尽管江珊每次都告诉自己的下属要重视月底的考核，但真等员工重视的时候，自己却毫无准备。”刘丹说，“实际上，绩效管理是一个持续的咨询与指导过程——给员工在绩效方面提供建设性的、目标导向的反馈，包括对一些绩效过低的员工要给予更多的沟通及明确的改善步骤。直接上司在整个考核年度都必须扮演一个教练的角色，而不是只把绩效管理当作一个年度的评估。”

而江珊对张静的投诉非常反感，认为自己已经做了多个承诺，会帮助她在未来的工作中做好相应的协助工作，张静实在犯不着捅到HR经理处。后来二人的关系一直处得不甚愉快，张静的工作绩效也没有起色。

针对这一次冲突，你认为应该如何解决？

分析

本案例涉及到的是企业绩效管理中绩效面谈应该如何操作的问题。要做好绩效面谈，应注意以下几方面：

1. 确定面谈内容

了解员工的工作日程及工作目标，并在这个目标与员工个人的技能水平之间准确地找出不足。在本案例中，江珊既然给自己的下属打了一个最低分，就应该在进行绩效面谈前收集相关信息，确定面谈的主要内容，在下属的绩效目标及其个人技能之间寻找出差距。

2. 分享经验

以客观的、非判断性的思维倾听员工的绩效描述，准确无误地记录员工对自己的绩效描述，然后帮助员工分析绩效结果优劣的原因，同时分享自己在实际工作中的一些经验。在本案例中，江珊没有根据自己的经验为下属提出改善绩效的方法，只是一味许诺。下属很容易将此视为敷衍，认为上司对自己已经失去信心，不愿意给自己提供指导性意见。

3. 制定绩效发展的行动计划

把一个大的目标分解细化为一个一个的小目标，并帮助下属确定完成这些小目标的时间安排。如江珊真的要调低对张静的考核指标，具体要调到什么程度？指标细化为一个个小目标后，各个小目标的完成时间段是怎样安排的？

4. 提供资源，发现障碍

在完成目标分解及时间安排后，江珊应询问下属完成这些目标需要哪些资源、缺乏哪些资源，共同发现和找出员工在完成目标过程中可能面临的潜在障碍，并与下属一起找出清除这些障碍所需要提供的资源及协助。

5. 让员工扼要重述

要求员工再次检查一下在绩效面谈时获得了哪些信息，让其承诺在下一次面谈之前必须采取的行动及需要完成的目标。同时，再次强调作为上司，会尽可能提供资源支持，如将会以什么样的方式提供协助，明确以后的完成时间段与义务。

四 绩效面谈评估

绩效反馈面谈后，主管需要对面谈的效果进行评估，以便于调整绩效反馈面谈的方式，取得好的面谈效果。而了解绩效反馈对员工行为的影响后，绩效反馈效果评价应集中回答下面这些问题：此次面谈是否达到了预期目的？下次面谈应怎样改进面谈方式？有哪些遗漏须加以补充？哪些讨论显得多余？此次面谈对被考评者有何帮助？面谈中被考评者充分发言了吗？在此次面谈中自己学到了哪些辅助技巧？自己对此面谈结果是否满意？此次面谈的总体评价如何？

实施绩效反馈后，员工的工作行为会发生一些变化。研究发现，绩效反馈后，员工在工作行为方面有以下四种反应：

（1）积极、主动地工作。

这种情况表示绩效反馈与下属自我绩效评估基本一致。在双方绩效评估均属良好时，领导往往通过情感、奖励、地位等多方面的激励方式来反馈下属的绩效，而下属则以积极、主动的工作态度回报其领导对他的绩效的认同。

（2）保持原来的工作态度。

这种情况表示绩效反馈与下属自我绩效评估可能一致，也可能不一致。在绩效评估基本一致，下属认为其绩效与需求相当，且无满足更高需求的可能时，往往保持原来的工作态度；而当绩效评估不一致时，下属往往认为领导对其绩效低估了，但又不愿意消极、被动地工作，也常常采取这种工作态度。

（3）消极、被动地工作。

出现这种情况的主要原因：一是绩效反馈情况与下属自我绩效评估不一致；二是绩效反馈情况基本一致且绩效良好，但下属对绩效反馈的形式不满。

（4）抵制工作。

这种情况出现的原因除了绩效反馈情况与下属自我绩效评价不一致外，还有绩效面谈双方在情感交流方面发生了冲突。

通过问卷和员工行为观察这两种方式，我们可以看到绩效反馈面谈取得的效果。作为绩效管理的一个重要环节，绩效反馈如果做不好，将会直接影响绩效管理的全过程。因此，在每个绩效反馈面谈结束后，都需要针对在问卷和员工行为观察中了解到的问题提出绩效反馈的改进计划。

实例 7-4

某公司周一晨会过后，企业分管销售的副总经理肖总留下了分管某产品线的销售经理李经理进行谈话。

肖总：“小李啊，我想和你就这一季度的绩效评价结果谈一谈，不知道这周内你的时间是否方便？”

李经理：“肖总，我今天到周三的行程都排满了，时间还不太好调整，您看咱们周四上午可以吗？”

肖总：“可以，周四几点合适？咱们10点开始怎么样？就在我办公室可以吗？”

李经理：“好的，没问题。”

周四前，肖总准备了一些本次绩效面谈可能会用到的资料，并仔细思考了面谈过程中可能出现的问题。李经理也反思了自己这一季度以来绩效目标的达成情况，并初步拟出了一份对当前工作的总结、自我评价以及对未来工作的计划书。

到了周四上午10点，李经理拿着自己准备好的资料准时来到了肖总的办公室。肖总的办公室宽敞明亮，里面有一张圆形会议桌，肖总请李经理到会议桌坐下，自己坐到了李经理旁边，并把手机调到静音状态，放在了上衣口袋里。

肖总："小李啊，今天我们大约用一个小时的时间来聊一聊这一个季度以来你的工作情况，你看好不好？"

李经理："好的，肖总，您看咱们怎么开始？"

肖总："这样吧，你先对照自己的绩效考核表，逐项做自我评价，我会在你每一项评价结束之后给出我的评价，然后我们再讨论看看咱们能否达成一致意见，你说好吗？"

李经理："好，那我开始了。上一季度，我的首要目标是开发3个新的供应商。在这一项上，我付出很大的努力，但还是觉得自己完成得不够好，目前为止只开发了2个新的供应商，并没有完成任务。这一项，我对自己的评价是C（合格）或者D（不合格）。"

肖总："在这一项上，你和你团队付出的努力是有目共睹的，是值得肯定和鼓励的。据我所知，你为了开发这3个新供应商，在筛选比较之后，已经拜访了近30家可能的供应商。有一些潜在的供应商不熟悉我们，对我们的了解是需要过程的，短时间内不考虑合作这是可以理解的。但通过不断的接触，能够为将来埋下合作的种子。我相信你们继续努力，一定会有一个好的结果。这一项，我会给你B（优秀）。"

李经理："感谢肖总对我们工作的支持和理解，我们一定会加倍努力的！"

肖总："好吧，咱们继续。"

李经理："下一项，在收集市场信息上，我觉得我们做得还是不错的。我们团队按照企业要求把所有同类产品的价格、竞争对手、市场状况等情况都摸了个遍，信息掌握得很全。这一点，我会给自己A（卓越）。"

肖总："你们做的市场信息调查表我看了，信息确实很全面，有一些在企业设计表格时没想到的信息你们也都放进去了，这一点非常好，说明你们很用心。不过，我觉得你们还是有一些改进空间的。

"比如，我上周末参加一个会议，有家权威的第三方机构公布了一组数据，与你们部门市调的结果有多处不符，我多方核对后证实是我们的数据有问题，这件事我正准备找你说。另外，我们市场调查报告的时效性不强，竞争对手已经变化了，而我们还在用旧的信息。这项工作我觉得你可以做得更好，目前我认为还达不到A（卓越），我给你B（优秀），你觉得呢？"

李经理："您说的是，我回去要好好评估一下这项工作。"

肖总："总结前面所有指标，我给你的综合评价是B（优秀），你觉得呢？"

李经理："谢谢肖总，我觉得这个评价很客观，我会加倍努力的！"

肖总："那我们再讨论一下你做得比较好的地方以及需要改进的地方，你怎么看呢？"

李经理："我觉得我的优点是敢想敢干，工作热情高；缺点是在对待下属的沟通能力上还有待提高。我非常想成为一名优秀的考核人！"

肖总："你谦虚了，你的优点有很多，比如对待工作认真负责、培养下属的能力强、懂得有效的授权工作……不过，在工作授权后的监督管理方面，你还需要再提高。"

李经理："您说得是。"

肖总："最后，咱们来聊聊下一步的工作计划吧？你有什么打算？"

李经理：“我想，在开发新供应商方面，还需要您的支持；在市场信息调查方面，还需要其他部门的配合。”

肖总：“嗯，很好，我会交代下去的。”

李经理：“谢谢您。”

肖总：“好了，这次谈话就到这里吧，我觉得你比以前更进步了。你已经是个优秀的考核人了，非常有潜力。加油干，你未来的工作能力不可限量！”

李经理：“好的，谢谢肖总！”

李经理从肖总办公室出来以后，整个人充满了干劲儿。

如何评价肖总的这次绩效面谈？

分析

这是一个典型的绩效面谈成功案例，做得比较好的方面有以下几点：

1. 绩效面谈前做了充足的准备工作。
2. 肖总充分表现出对下属李经理的尊重，整个沟通过程在良好的氛围下进行。
3. 肖总采用问句的形式，听取对方的意见，加强了彼此间的交流互动。
4. 肖总的谈话内容习惯以事实为依据，更有说服力。
5. 肖总和下属李经理之间最后能够愉快地达成共识。
6. 肖总在整个谈话过程中时刻注重对李经理的激励。

五　绩效面谈的方法与技巧

1. 正面反馈的方法

正面反馈就是对正确行为的反馈，而对正确行为的反馈是为了强化这种正确的行为。管理者往往容易忽视对正确行为的反馈，可能是由于他们对于所谓的“正确行为”理解不全面而无法确认，也可能是没能掌握好对正确行为进行反馈的方法。在实际工作中，对正确行为的反馈具体表现为管理者对员工的表扬和称赞。表扬是一种积极的鼓励、促进和引导，表扬员工不仅能够实现对员工优秀绩效的反馈，而且能激发员工工作热情、提高积极性。因此，这是管理者应当掌握的重要沟通技巧。在具体做法上应当遵循以下原则。

（1）善于寄希望于表扬之中。

当一个人因工作上的成绩受到表扬时，就会产生一种成就感、荣誉感和自豪感，这种积极的心理反应不仅会使其感到心情愉快，还能使其自信心大增。在这种状态下，如果对其提出带有希望性的要求与建议，不仅不会引发其反感，而且会使其真正从中感悟到上级的关心与爱护，这是员工最容易接受上级要求的绝妙时机。因此，表扬不能满足于对成绩的肯定，而应注意趁热打铁，在表扬中提出有针对性的希望，给受表扬者以新的目标。如对工作中成绩一向突出、积极向上的员工进行表扬时，要不断提出新的希望目标，促使其更加发奋努力，更好地发挥自己的优势，再接再厉争取取得更大的成绩。

（2）善于授经验于表扬之中。

管理者在表扬员工时，不应仅仅简单地说一句“干得不错”，而应善于借表扬将成功者的经验与方法传授给更多的员工，以实现以点带面与资源共享。优秀员工应该成为学习和模仿的榜样，其经验是难得的资源。作为管理者，在对受表扬者进行表扬之前，应进行深入细致的调查分析，归纳总结其成功的经验和有效的方法，不仅要让表扬对优秀员工本人实现激励，更要使大家能从受表扬者的经验与方法中有所得益。

（3）善于寓道理于表扬之中。

既然是表扬，就应注意以事论理、以理服人。如需公开表扬，一定要在员工取得公认的成绩时再采取这种方式，以免让其他员工感到管理者偏心、不公正，从而产生逆反心理；在表扬中要尊重客观事实，尽可能多地引用受表扬者的有关实例与数据，用事实来化解某些人的消极逆反心理；不要就事论事，要善于抓住事情的精神实质，给人以启迪，但切忌任意拔高、故弄玄虚。

（4）善于融鞭策于表扬之中。

成熟的管理者总是善于在表扬中既鼓励了先进，又鞭策了落后。事实上，对先进的表扬，本身就意味着对落后者的批评。由于这种批评是婉转的、间接的，是一种引导与鞭策，往往比直接的批评更有说服力，更有利于激发落后者的内在动力。因此，作为管理者，在表扬先进的同时，要善于不点名地指出落后者存在的相关问题，启示他们在对比中看到差距，认识自我，明确努力的方向。

2. 负面反馈的方法

负面反馈是针对错误行为和不良业绩的反馈，是为了让员工了解自身存在的问题而纠正其错误。对错误行为的反馈需要讲究方法，否则可能会引起员工的消极情绪，从而达不到反馈的积极效果。比较常用的负面反馈方法是汉堡法和BEST法。

（1）汉堡法。

简单地说，汉堡法就是最上面的一层面包如同表扬，中间夹着的馅料如同批评，最下面的面包最重要，即要用肯定和支持的话语结束。也就是说，首先应表扬特定的成就，给予真心的肯定，表现再不好的人也有值得表扬的优点，千万别说“你这个人不行”，而应给予真诚的赞美，这样有助于建立融洽的气氛；然后提出需要改进的“特定”的行为表现，诚恳指出不足和错误，提出让员工能够接受的改善要求，消除员工的抵触心理，表达出对员工的信赖和信心；最后以肯定和支持结束，和员工一起制定绩效改进计划，表达对员工未来发展的期望。

（2）BEST法。

BEST法，其中，“B”是行为（Behavior description，描述行为），即描述员工做了什么事；“E”是后果（Express consequence，表达后果），表述做这件事的后果是什么；“S”是征求意见（Solicit input，征求意见），问员工觉得应该怎样改进，引导员工回答，由员工说出改进想法；“T”是以肯定和支持结束（Talk about positive outcomes，着眼未来），员工说他怎么改进，管理者予以肯定和支持，并进行鼓励。

3. 绩效面谈的一般技巧

（1）面谈开始先暖场。

开场的时候应注重营造融洽的气氛，在正式开始面谈之前，花几分钟时间融洽气氛，先谈一些与面谈目的关系不大的内容，然后慢慢转入正题。

（2）营造彼此信任的氛围。

信任是沟通的基础。绩效面谈实际上是上下级之间就绩效达成情况的一次沟通，所以，同样需要在面谈双方之间营造信任的氛围。信任的氛围可以让下属感觉到温暖和友善，这样下属就可以更加自由地发表自己的看法。

（3）鼓励员工说话。

面谈是一种双向沟通，但有些员工可能会因为紧张、害羞或者性格上的原因而不敢说话。因此，管理人员要运用各种方法鼓励员工发表自己的意见。当然，建立彼此之间的信任有助于打开僵局，但有时可能需要管理人员提出具体的问题，这样才能让员工说话，因而灵活地运用各种提问技巧，引导员工发言不失为一种好方法。管理人员可以多提一些开放性的问题，也可以多用一些激励性的话语进行追问。

（4）学会倾听。

这里所说的“倾听”是要真正地去听，而不是保持沉默不说话。这是一个动态的过程，要去发掘对方的想法以及感受，要边听边思考对方的话，抓住谈话重点，跟上对方的思路，理解对方所要表达的真实含义，并做出反应，如点头或提问等。

学会倾听要注意以下几点：

①要做到倾听而不打岔。如果两个人一起张口，管理人员应该先停下来让下属继续说。这样做就等于告诉下属：你要说的比我要说的更重要。整个面谈可以因此保持双向的沟通。如果对方所说的情况你已经了解，也不要随意地打断谈话，表现出不耐烦的神情，这会导致对方在后续的谈话中有所顾虑。

②不要自作聪明。避免在对方还未说完时，就认为自己已经懂了，甚至已在心里做了决定。

③不要先入为主。面谈的目的就是互相了解，如果持有成见，就失去了面谈的意义，待谈话结束后再做结论也不迟。

④尊重不同意见。不要倚仗职位和权力粗暴地否定对方意见，让别人屈从于自己的看法。

⑤好记性不如烂笔头。记下谈话的重点，作为今后管理工作的依据。

（5）注意说话方式。

主持面谈的管理人员应注意自己的说话方式，要做到简明扼要，避免缺乏重点或独自一人滔滔不绝；语速要放慢，让对方有思考的时间，也不要在一次发言时表述太多内容，可以把一段长篇大论分割成几小段，穿插在谈话之中；要用对方熟悉的语言和日常用语；多用正面的方式表达，不要用指责的口吻，多肯定、少否定，多赞美、少批评；强调、重复重点，加深员工的印象。

（6）学会运用肢体语言。

肢体语言在沟通中也发挥着重要的作用，管理人员可以灵活运用肢体语言为双方的沟通营造信任的氛围。

①身体姿势的选择。如果管理人员坐在沙发上，不要陷得太深或身体过于后倾，否则会使员工产生被轻视的感觉；但也不要正襟危坐，以免使员工过分紧张。

②重视方法的选择。面谈时，管理人员不应长时间凝视员工的眼睛，也不应目光游移不定，这些都会给员工造成心理上的负担。比较好的方式是将员工下巴与眼睛之间的区域作为注视范围，进行散点柔视，这样不仅会使员工对主管增加亲切感，而且能促使员工认真聆听评价结果。

（7）及时结束面谈。

该停止时立即结束，就算预定的面谈目标还未达成也只能先结束，待下次继续。这是面谈过程中很重要的一点，当面谈该结束时，无论谈话进行到什么程度都要结束。例如，被评估者出现了倦意、彼此信任瓦解、外出执勤、有急事要打断或者谈话陷入僵局等。否则，继续谈话不但会影响这一次的面谈效果，还会使对方产生厌恶心理，以致影响下一次的面谈效果。另外，面谈结束时，管理人员应该以积极热情的态度总结一下已经讨论并达成共识的事项，对员工的参与表示赞赏，强化对未来计划的承诺，要使下属在离开时满怀积极的意念而非仅想着消极的一面，怀着一腔不满的情绪。会谈之后，双方热情地握别是一种积极结束的方式。

六 绩效面谈的策略

员工可以根据工作贡献和工作表现被分为四种类型，针对不同类型的员工可以采用不同的绩效面谈策略。

（1）贡献型（好的工作业绩＋好的工作态度）员工的面谈策略。

贡献型员工是创造良好团队业绩的主力军，是最需要维护和保留的。

面谈策略：根据公司激励政策予以奖励，提出更高的绩效目标和要求。

（2）冲锋型（好的工作业绩＋差的工作态度）员工的面谈策略。

冲锋型员工的不足之处在于工作忽冷忽热，态度时好时坏。多源于两方面原因：一是性格使然，喜欢用批判的眼光看待周围事物，人虽然很聪明，但老是带着情绪工作；二是沟通不畅所致。对冲锋型下属，切忌两种倾向：一种是放纵（工作离不开冲锋型的人，工作态度不好无所谓，只要干出成绩就行）；另一种是“管死”（认为光业绩好没有用，这种类型的人会给自己添上很多麻烦事，非要整治一番）。

面谈策略：沟通，冲锋型下属的工作态度不好，只能通过良好的沟通建立信任、了解原因，以此改善其工作态度；辅导，通过日常工作中的辅导改善工作态度，不要将问题留到下一次绩效面谈。

（3）安分型（差的工作业绩＋好的工作态度）员工的面谈策略。

安分型下属工作态度较好，工作勤勤恳恳、任劳任怨、兢兢业业，对上司、公司有较高的认同度，可工作业绩不佳。

面谈策略：以制定明确的、严格的绩效改进计划作为绩效面谈的重点；严格按照绩效考核办法予以考核，不能以态度好代替工作业绩不好，更不能用工作态度掩盖工作业绩。

（4）堕落型（差的工作业绩+差的工作态度）员工的面谈策略。

堕落型下属会想尽一切办法来替自己辩解，或找外部原因，或自觉承认工作没做好。

面谈策略：重申工作目标，澄清主管对工作业绩与工作态度的看法，告知员工持续下去可能会发生的后果。

实例 7-5

钱经理："小杨，有时间吗？"

小杨："什么事情，经理？"

钱经理："想和你聊一聊关于你年终绩效的事情。"

小杨："现在吗？需要多长时间？"

钱经理："就一小会儿，我9点还有个重要的会议。唉，你也知道，年底大家都很忙，我也不想浪费你的时间，可是HR部门总给我们添麻烦。"

小杨："好吧。"

钱经理："那我们就开始吧。"

于是小杨就在钱经理放满文件的办公桌前不知所措地坐了下来。

钱经理："小杨，今年你的业绩总体来说还过得去，但和其他同事比起来还差了许多，可你是我的老员工了，我还是很了解你的，所以我给你的综合评价是3分，怎么样？"

小杨："经理，今年的很多事情你都知道的，我认为我自己还是做得不错的呀！年初安排到我手里的任务我都完成了，另外我还帮助其他同事做了很多工作……"

钱经理："年初是年初，你也知道公司现在的发展速度，在半年前部门就接到新的市场任务，我也向大家宣布了，结果到了年底我们的新任务还差一大截没完成，我的压力也很重啊！"

小杨："可是你也并没有因此调整我们的目标啊！"

这时，秘书直接走进来说："钱经理，大家都在会议室里等你呢！"

钱经理："好了好了，小杨，写目标计划之类的都是HR部门要求的，他们哪里懂公司的业务！现在我们都是计划赶不上变化，他们只是要求你的表格填得完整好看，而且他们还对每个部门分派了指标。大家都不容易，你的工资也不错，你看小王，他的基本工资比你低，工作却比你做得好，所以我想你心里应该平衡了吧？明年你要是做得好，相信我的评分会让你满意的。好了，我现在很忙，下次我们再聊。"

小杨："可是经理，去年年底评估的时候……"

钱经理没有理会小杨，匆匆和秘书离开了自己的办公室。

如何评价钱经理所做的绩效面谈？

分析

绩效面谈是通过面谈的方式，由主管为员工明确本期考核结果，帮助员工总结经验，找出不足，与员工共同确定下期绩效目标的过程。通过绩效面谈，可以实现上级主管和下属之间对于工作情况的沟通和确认，发现工作中的优势及不足，并制定相应的改进方案，减少沟通障碍。

本案例中的绩效面谈是失败的，这样的绩效面谈显然是起不到任何积极作用的，不仅流于形式，而且使员工逐渐厌恶绩效面谈，造成沟通障碍。但是在实际管理工作中，钱经理在绩效面谈中犯的错误，是很多部门经理的通病。因此，在绩效面谈的实施过程中，应该注意以下问题。

1. 绩效面谈之前双方一定要做好准备工作，在约定好的时间点进行会谈，会谈持续时间和会谈的内容都需要明确知道。不能像钱经理这样，让员工小杨对绩效面谈完全没有准备，并且也无法保证面谈时间。

2. 保证在沟通之前营造和谐互信的良好氛围。绩效面谈需要双方卸下防备，就工作中的表现进行较深入的沟通与分析。如果在沟通之前，就已经使得沟通氛围过于严肃或者拘谨，就很难通过会谈使“不知所措”的员工讲出自己工作中的问题与困惑。

3. 避免忽视员工对自身绩效情况的总结和评述，先入为主地直接抛出自己的结论。绩效面谈本身就是一个互动的过程，需要上下级之间畅快沟通，尤其是面谈对象应该是作为主要沟通人，提出自己工作过程中的问题所在、如何解决及安排等。

4. 要有充分的数据作为基础。领导判断员工绩效的好坏是否有可信的数据基础，还是像钱经理只是通过“我对你的了解”来对员工进行评分呢？如果没有相关资料的数据积累，一方面很难让员工心服口服，另一方面更无法达到绩效面谈的真正目的，即无法找出绩效不佳的缘由。

5. 不能将绩效面谈的评估结果跟工资混为一谈。要让员工知道绩效面谈的主要目的是讨论如何更好地改善绩效，找出工作中存在的问题和解决方法、进行下一步的安排、得到希望获得的支持等；而不是像钱经理一样，随便把他人的表现和工资直接做比较，这样很容易让员工把定位摆错，产生由于害怕工资减少而故意隐瞒问题的现象。

6. 面谈要以达成共识的改进计划结束。应该通过面谈让员工梳理清晰自己的问题所在，获得有用的指导与建议，并且对自己下一步应该如何开展工作有认识。这样才能使绩效面谈真正起到提高绩效的作用，让员工觉得对自己有帮助，愿意参与进来，而不是匆匆离去，草草收场。

疑难解答

1. 负面绩效反馈是绩效反馈工作中应特别注意的方面，管理者应做到哪几点？

在负面反馈中，管理者需要做到以下几方面：

（1）具体描述员工存在的不足，对事不对人，描述而不判断。

不能因为员工的某一点不足，就归纳出员工某一方面不行之类的感性判断。在这里，管理人员必须做到对事不对人，描述而不判断，从客观的事实与数据出发，克制住自己对此类行为的不满情绪。

（2）客观、准确、不带指责口吻地描述员工行为带来的后果。

只要客观准确地描述了员工行为所带来的后果，员工自然就会意识到问题的所在。所以，不要对员工多加指责，而要保护好他们的自尊。指责只会僵化管理人员与员工之间的关系，无益于问题的交流和解决。

（3）从员工的角度出发，以聆听的态度听取员工本人的看法。

在遇到问题时，冷静地分析和思考，静下心来听听员工是怎么看待问题的，而不是一直喋喋不休地教导。员工是对其工作和业务最为熟悉的人，他们的观点对问题的解决往往有着很重要的价值。

（4）与员工探讨下一步的改进措施。

任何时候都要记住，绩效反馈的目的是解决问题和提高绩效，不要陷入对出现的问题及其后果的苦恼中，而要积极地与员工共同商定问题的解决办法和下一步的改进措施。绩效反馈最好形成书面内容，并由双方认可签字，为今后的改进打好基础。

（5）使用建设性批评的策略。

建设性批评强调问题与可改善之处，与绩效反馈的目的一致。美国心理学家亨得利·文辛格提出能够有效地促成建设性批评的七个要点：建设性的批评是战略性的；建设性的批评是维护对方自尊的；建设性的批评是发生在恰当的环境中的；建设性的批评是以进步为导向的；建设性的批评是互动式的；建设性的批评是灵活的；建设性的批评能够传递帮助信息。管理人员可以根据这七个要点，在恰当的时候与员工交流其工作中存在的问题，并商讨出解决办法。

2. 绩效管理专员在进行绩效诊断时，应注意哪些事项？

（1）先客观再主观。

在进行绩效诊断的时候，对于多类型的绩效指标，绩效管理专员应当本着先客观再主观的原则进行诊断。能够使用数据和量化明确表示出来的绩效问题能被绩效管理专员更精确地把握，应当被优先进行诊断和处理，而偏主观感受的绩效问题，应当延缓处理。

（2）先环境再个人。

当绩效出现问题的时候，大多数人通常第一时间想到的是怎么教育被考核人、怎么给被考核人设置培训、怎么让被考核人听讲座，或者怎么提高被考核人的素质等；而实际上，改变环境的成本更低，见效更快，甚至可能会更容易。

所以当某部门的绩效结果较差，企业的人力资源工作人员在对该部门进行绩效诊断的时候，应当按照吉尔伯特行为工程模型（BEM），依次从信息、资源、奖励/后续结果的环境因素，到知识/技能、素质、动机的个人因素中查找问题。

（3）先主要再次要。

影响绩效结果的原因和因素非常多，可能经过绩效诊断，绩效专员能够总结出几十项甚至上百项的问题需要改变。这时候，在企业资源有限的情况下，应当对问题进行分类判断，先解决主要的、重要的问题，再解决次要的、不重要的问题。

（4）先总结再改进。

各部门不能盲目地进行绩效改进，在这之前，一定要先进行绩效诊断的总结。参照吉尔伯特行为工程模型（BEM），在出现问题之后，先总结出优秀的经验，再通过对优秀经验的推广进行绩效改进。

3．没有经验的考核人很容易把绩效反馈面谈变成一次达不到绩效管理效果的谈话。因此，在实施绩效反馈面谈的过程中，需要注意哪些事项？

实施绩效反馈面谈的过程中，需要注意以下事项：

（1）绩效评价结果一定要反馈给被考核人，诸如"考核人认为考核是自己的事，与被考核人无关，所以没必要公开"或"考核人担心考核结果会引起非议，激发矛盾，所以不愿意公开"都是错误的观念。

（2）不论企业规定的绩效评价期限有多长，考核人对被考核人的绩效反馈应该是适时的，不是非要等到一段时期的绩效评价结果出来后才进行。延迟的绩效反馈面谈往往更容易引起被考核人的反感和抵触情绪。

（3）绩效反馈面谈过程中要营造融洽的沟通交流氛围，沟通态度要坦率，沟通内容要具体。面谈过程要先表扬被考核人的成就，给予被考核人真心的肯定，然后再指出需要改进的地方。

（4）考核人应将绩效反馈面谈视为一个管理过程，而不是单纯地告知被考核人绩效评价的结果。考核人在沟通中不要空泛地只谈结果或过程，要描述事实，不要轻易地判断，要多用数据说话。

（5）不要给被考核人一种责怪他的过错或者追究他的责任的感觉，不要表达威胁的意思，或带有教训的口吻。即使被考核人已经达成目标，或绩效结果相对较优秀，也要有技巧地告诉被考核人当前还存在的差距。

（6）绩效反馈面谈的过程中要时刻保持双向沟通，避免被考核人只听不说的"一言堂"。在回顾过去时要对事不对人，在展望未来时可以既对事又对人，但对人时不要涉及对被考核人人格的评判。考核人既要帮助被考核人找出缺点，又要诊断出原因以便其改进，最终落实到具体的、可实施的行动目标和计划上。毕竟，在实施绩效管理中，被考核人的成长才是最重要的。

第三节 如何进行绩效申诉

由于绩效考核过程中会受到考核标准模糊不清、评价主体的个人偏见、绩效信息不准确等主客观因素的影响，考核的结果可能存在不准确或者不公平的情况。一旦发生这种情况，绩效考核的可靠性和权威性就会受到影响。为了尽可能避免这种状况的出现，也为了得到员工对绩效管理体系的认可，有必要建立科学的绩效申诉与争议处理制度。一旦员工无法接受自己得到的绩效考核结果或不认可与此相关的决策，他们可以通过一种平和的非报复性手段提出申诉，维护自己的权益，同时提升绩效考核的公平性。

一　什么是绩效申诉

1. 绩效申诉的含义

绩效申诉是指当被考核人对考核结果不清楚或持有异议时，可以采取书面形式向人力资源部提起申诉，人力资源部将就申诉问题进行调查，然后就申诉的事项做出说明。如果申诉人对说明不认同或者不满意，人力资源部将就申诉问题连同对问题的意见送交评审委员会（或者评审小组）进行讨论处理，在指定的时间内给出合理的解释或最终的处理意见，并由人力资源部将意见与申诉人进行面谈沟通。绩效申诉是绩效管理系统的重要环节，可以纠正绩效考评过程中的偏差，提高员工对绩效管理体系的接受和认同程度，增强员工的工作满意度，使员工个人目标与企业目标保持一致。因此，绩效申诉是实现企业绩效管理公平性的重要保障。

2. 绩效申诉的处理机构

绩效申诉的处理机构主要包括绩效评审委员会和人力资源管理部。绩效评审委员会可以参照《中华人民共和国劳动争议调解仲裁法》关于企业劳动争议调解委员会的组织办法进行组建，成员主要由企业工会代表、职工代表、企业代表组成。其中，企业代表的人数不得超过该委员会成员总数的三分之一；绩效评审委员会主任可由企业工会代表担任；绩效评审委员会负责重要绩效申诉事件的处理。人力资源管理部是企业绩效申诉的组织实施和管理部门，负责全公司绩效考核的组织实施，汇总整理绩效考核结果，协调、处理各级人员关于绩效考核申诉的具体工作，以及负责一级绩效申诉处理。企业还可以设立绩效考核领导小组，该小组由公司高层管理人员与人力资源部部门经理组成，是公司绩效考核工作的最高审核机构，同时负责企业绩效申诉的最终处理。

3. 绩效申诉的受理内容

绩效申诉受理内容主要包括两个部分：一是结果方面的，如果员工对于自身的绩效结果无法认同，或发现绩效考评数据不准确，可以向人力资源部提出申诉，并阐明申诉理由；二是程序方面的，如果员工认为考评者在进行绩效考评时，违反了相关程序和政策，或存在失职行为，也可以进行绩效申诉，要求人力资源部进行处理。

温馨提示

常见的被定义为绩效申诉的事件

常见的被定义为绩效申诉事件有以下几类：

1. 绩效考核指标没有按照预定的项目进行。

2. 客观环境的变化导致工作条件发生变化。
3. 绩效评价结果较差是受其他员工的影响。
4. 绩效考核的评价依据存在争议或主观性。
5. 绩效管理的流程体系运行存在不公平性。

4. 绩效申诉的重要性

（1）企业绩效申诉是实现企业绩效管理公平性的重要保障。

绩效管理是企业识别、测量、开发员工和群体绩效，并使得员工绩效与组织战略目标保持一致以实现企业战略目标的持续过程，是企业管理的核心。企业导入绩效管理系统是一个分步实施、不断完善的循序渐进过程。理想的绩效管理体系具有纠偏和自我调控功能。当企业员工对与工作绩效相关的问题不满时，企业可以为员工提供一个解决绩效争议的机制。由于绩效管理是企业管理的核心，员工绩效问题一般都与企业管理紧密相关，因此，绩效争议问题的解决就是企业绩效管理体系不断改进的过程。企业绩效申诉制度是绩效管理系统的重要环节，可以提高员工对绩效管理体系的接受和认同程度，提高员工的工作满意度，增加员工对组织的承诺和认同，使员工个人目标与企业目标保持一致。因此，绩效申诉是实现企业绩效管理公平性的重要保障。

（2）绩效申诉有利于及时发现和纠正考核系统中存在的问题。

建立绩效申诉制度是完善绩效考核系统的重要途径。在绩效考核过程中，由于受到主客观因素的影响，可能会出现评价不准确的情况。一方面是考核主体方面的因素，如对评价不够重视、受不正当动机和目的支配等，致使考核结果不准确，甚至出现营私舞弊、打击报复等不正当行为；另一方面是客观考核系统的因素，如考核标准模糊导致的考核不公平等。绩效申诉可以为这些问题提供纠错机制，由被考核对象将上述问题反映到组织内部负责绩效申诉的部门，相关部门一经查实，在纠正评价结果的同时，还要采取相应措施避免类似情况再次发生。

（3）绩效申诉有利于增强被考核对象对组织的信任感。

当考核存在不公平现象使被考核对象遭到不公正待遇并且无处申诉时，被考核者就会首先对领导失去信任，进而对整个组织产生不信任感。如果建立了绩效申诉制度，被考核者对绩效考核结果有异议时就有了表达意见的渠道，会让被考核者感觉自己受到尊重，愿意积极参与到绩效管理过程中，乐于接受评价结果，进而对组织产生信任感。

二 绩效申诉的基本原则

绩效申诉的基本原则是指贯彻在绩效申诉过程中，对绩效申诉具有普遍指导意义的基本准则。绩效申诉至少应包括以下几个原则：

（1）合理原则。

组织内部受理绩效申诉的部门要本着负责的态度，深入细致地查明相关事实，做出准确的认定。受理部门做出的决定要严格依据组织的相关规定，做到合理合规，不能徇私舞弊。

（2）公开原则。

在申诉过程中，申诉处理应尽量公开进行，以使各方了解有关情况，监督申诉处理，消除误解。涉及申诉的一些信息，除法律规定保密的，应尽量公开。此外，申诉处理决定也必须公开，让申诉各方和公众知晓处理结果。

（3）及时原则。

绩效申诉作为一种有效的绩效改进手段，不能拖延推诿。这就要求绩效申诉的各个步骤都必须在限定的期限内完成，申诉机构要尽快完成对案件的审查，及时做出处理决定。

三　绩效申诉处理程序

为了保证绩效申诉切实有效，企业一般为员工提供两次申诉机会，具体的申诉流程如下：

1. 初次申诉处理

被考评者如对绩效考评结果存有异议，应首先通过与直接上级沟通的方式谋求解决，如解决不了，员工有权在得知考评结果后一定期限内向人力资源部提出申诉，填写绩效申诉表（图7-2和图7-3），超过期限则不予受理。

申诉人		部门		申诉时间	
申诉内容及其依据	申诉内容				
	申诉依据				
调查情况及其协调结果	调查情况				
	协调结果				
所属部门负责人签字： 年　月　日		申诉人签字： 年　月　日		人力资源部签字： 年　月　日	

图7-2　员工绩效申诉表示例一

姓名		工号		部门	
职位		入职日期		直接上级	
申诉人陈述申诉事实及理据	申诉人签名：　　　日期：				
申诉人所在部门处理经过及结论	部门经理签名：　　　日期：				
人力资源部受理过程及建议	人力资源部经理签名：　　　日期：				
绩效委员会最终意见	本次申诉已完成，最终结论为： □维持原来部门经理的绩效评估结果。 □调整为＿＿＿＿＿＿＿＿＿＿＿＿＿＿。 绩效委员会负责人签字：　　　日期：				
申诉评审反馈	已收到并认可本次申诉的结果。 申诉人签字：　　　日期：				

图7-3　员工绩效申诉表示例二

人力资源部在接到员工的申诉后，需要在一定期限内做出答复。人力资源部经理根据了解到的实际情况和公司制度，出具第三方解决意见，与考核人面谈解释原因，并在员工申诉表上签署意见，与员工面谈解释原因并在员工申诉表上签署意见。如果员工的申诉成立，确需改正申诉者的绩效考评结果，人力资源部应当与被考评者的上级协商，报绩效管理委员会批准后，调整该被考评者的绩效考评结果。

2. 二级申诉处理

如果员工对首次处理意见不服，有权利在接到首次处理意见后的一定期限内向公司的绩效管理委员会再次进行申诉，超过期限则不予受理；绩效管理委员会在接到员工的申诉后，需要在一定期限内做出处理决定。

如果绩效管理委员会认为员工的二次申诉成立，则由人力资源部按照绩效管理委员会的处理意见与被评价者的上级进行协商，调整其绩效评价结果；如果绩效管理委员会经调查核实认为考评结果不存在问题，则维持原评价结果，员工不得继续申诉。

3. 资料归档

人力资源管理部门在本期绩效申诉结束后应该填写“绩效考核申诉处理表”（图7-4），并将相关资料证据存档。

申诉人		所在部门 / 处		申诉时间	
申诉原因说明：					
情况调查、事实认定说明：					
处理决定：					
结果通报及落实情况：					
申诉处理人：			审批人：	日期：	

图7-4　绩效考核申诉处理表

温馨提示

绩效申诉处理技巧

人力资源部在处理绩效申诉事件时，应注意以下技巧：

1. 注意保密性

为了做到绩效申诉事件和对绩效申诉人的保密性，人力资源部在进行绩效申诉调查时应调查一类事件而不是一个事件。有时候为了掩饰绩效申诉调查，避免给部门管理者带来心理冲击，人力资源部可以借绩效评价随机抽查或检查的名义开展绩效申诉事件的调查。

2. 多种渠道求证

人力资源部在进行绩效申诉调查时，应当先与申诉人进行面谈，了解具体的情况。再与其同事面谈，从侧面了解事实情况。同时，应了解申诉人直接领导的相关意见和看法。必要时，可以将调查范围拓展到供应商、经销商或客户等外部人员。

人力资源部对绩效申诉项目的调查应主要集中在对事实和申诉项目的核查，结合申诉人意见和调查的实际情况，对问题发生的具体原因进行分析，并综合调查结果，与相关人员再次面谈。

3. 多种处理方式

有时候，即使企业做得再好，绩效考核中难免会有一定的主观因素。有时候员工只是因为考核人针对自己的主观评分比较低而情绪失控。很多情况下，员工进行绩效申诉的目的并非真的需要一个明确的说法，只是情绪上比较激动，借此渠道进行发泄而已。

若人力资源部经过调查后发现考核人的主观评价具有公正性，或绩效申诉人的理由并不充分，这时候人力资源部要对申诉人进行思想开导，向他说明事实情况，以取得申诉人的理解。

疑难解答

企业在建立和健全绩效申诉管理机制，进行绩效申诉的处理时，应注意哪些方面?

应注意以下方面：

（1）保持信息对称。

绩效分歧和绩效申诉常常是由信息不对称造成的。可能是考核人在对被考核人评价的时候没有进行沟通、没有反馈，在绩效管理运行过程中也不做绩效辅导，导致被考核人对自己绩效结果评判的来源和依据只能靠猜测和想象。

因此，在建立绩效管理体系时，要注意绩效相关信息的通畅性，强化绩效沟通，保证考核人与被考核人之间信息的对等性。为此，企业也可以在内网中建立信息交互的平台，以保证被考核人能够随时监测到自己的绩效情况。

（2）以事实为依据。

不以事实为依据的绩效评价不会被考核人接受，造成绩效申诉也是在情理之中。即使是绩效结果中的主观评价，也应当以事实为依据。利用被考核人的关键事件，可以实现对被考核人基于客观事实的评价。

（3）及时反馈沟通。

人力资源部或者考核人在处理绩效申诉时，应及时给予绩效申诉人反馈，及时告知绩效申诉人处理进展或者处理结果。对于企业其他员工可能存在的误解，可以形成书面的通知或说明及时地向企业员工传达相关信息。

（4）及时反省改进。

对于绩效申诉过程中反映出来的在企业经营上、管理上、流程上、制度上的问题，人力资源部应当反馈给企业相关管理层，及时进行改进和修正。

第四节 考评结果的应用

绩效考核结果的应用涉及企业人力资源管理的不同层次。人力资源管理系统主要由招聘、培训、绩效考核和薪酬管理等子系统构成。人力资源部门与用人单位合作将人招聘进来，完成上岗培训以后，就涉及到人员的配置与使用问题。在考核员工的工作绩效时，首先，检查其工作的完成情况；其次，针对员工工作能力的不足之处，通过相应的培训来提高其工作胜任力和绩效水平；最后，通过精神与物质激励留住那些公司花费大量成本培养出来的称职员工。

绩效考核结果应用的层次与企业人力资源管理的水平，以及整个企业管理的水平是密切相关的。绩效考核结果应用的侧重点应该根据企业整个人力资源管理处于的实际阶段来确定。

一　员工工作绩效的检查与报偿

员工工作绩效的检查与报偿是员工绩效考核结果运用的第一层次。为确定每个员工的绩效目标，检查员工的工作完成情况，把薪酬与绩效结合起来。

绩效评价最初的目的就是更好地评价员工对团队或组织绩效的贡献，更好地在薪酬分配的过程中体现公平性原则。一般而言，为了强调薪酬的公平性并发挥薪酬的激励作用，员工的薪酬中都会有一部分与绩效挂钩，当然因职位不同，与绩效挂钩的薪酬在总薪酬中所占的比例也会有所不同。如何有效地发挥薪酬的激励作用，寻求绩效管理与薪酬管理有机结合的方式，是大多数企业面临的一个难题。

1. 绩效工资

较为常见的绩效结果应用是利用绩效结果发放绩效工资。与基本工资、岗位津贴、福利等保障性收入不同，绩效工资属于激励性收入。保障性收入主要根据岗位工作的重要性、责任大小、能力要求高低等按照企业的规定执行，与业绩挂钩的激励性收入一般是以企业的绩效考核结果为基础。

实例 7-6

某公司规定某岗位员工每月的绩效工资是月基本工资的20%。员工月度绩效结果对应的月绩效工资系数见表7-4。

表7-4　某公司的月绩效工资系数

等级	A	B	C	D	E
系数	120%	100%	80%	50%	0

3月，在该岗位的王亮月度绩效评级为D，他的月基本工资为8 000元，该月份正常出勤。那么，王亮3月份的绩效工资是多少？

分析

王亮3月份绩效工资=8 000×20%×50%=800（元）

2. 薪酬调整

绩效结果在薪酬调整中的应用主要是根据员工的绩效考核结果对其基本工资进行调整，调薪的幅度根据绩效考核结果的不同也应当有所区别。调薪的周期一般是以年为单位进行，根据不同需要也可以以半年度或季度为单位。

利用绩效结果进行薪酬调整时，一般对绩效水平越高的员工，调薪的幅度/量也越高；绩效水平比较低的员工，调薪的幅度越低或者不进行调薪；对于绩效特别差或者长时间处在低水平的员工，还可以考虑降低其基本工资。

为了减少因员工间原本的基本工资不同而造成相同绩效水平内的员工在调薪后薪酬差距拉大的状况，或者因考虑薪酬成本，有的企业在进行调薪时，会让原本基本工资较低的员工的绩效调薪幅度/量较高，让原本基本工资较高的员工的绩效调薪幅度/量较低。

二 员工岗位胜任能力的开发

员工岗位胜任能力的开发是员工绩效考核结果运用的第二层次。为确定培训需求，培养员工的能力，帮助员工更有效地开展工作。

从绩效考核结果中可以发现员工培训和开发的需要，也就是将员工的实际考核结果与职位要求相比较，发现员工在某方面存在不足而导致不能完全胜任工作，如果可以通过培训进行弥补，就可以对员工进行培训。此外，当企业需要对未来发展有所准备，当绩效考核结果显示员工不具备所需要的技能或知识时，对员工进行开发也是十分必要的。

1. 员工个人发展计划

绩效结果在员工发展中应用的主要表现形式是个人发展计划。个人发展计划（Individual development plan，IDP）是根据员工有待发展提高的方面所制定的一定时期内完成有关工作绩效和工作能力改进与提高的系统计划。该计划往往是在管理者的帮助下由员工自己来制定，并与管理者讨论达成一致意见的实施计划。管理者应承诺提供员工实现计划所需的各种资源和帮助。个人发展计划一般包括以下内容：

（1）有待发展的项目。通常是指在工作能力、方法、习惯等方面有待提高的地方。这些有待发展的项目可能是现在水平不足的项目，也可能是现在水平尚可但工作需要更高水平的项目。这些项目应该是通过努力可以改善和提高的项目，而且是最为迫切需要提高的项目，因为需要提高的项目可能有很多，但不可能在短时间内得到改善，所以应该有所选择。

（2）发展这些项目的原因。选择某些项目列入个人发展计划中一定是有原因的，这种原因往往是由于这方面的水平比较低而工作又急需在这些方面表现出较高的水平。

（3）目前的水平和期望达到的水平。绩效改进计划应有明确的目标，因此在制定个人发展计划时要指出需要提高的项目目前表现的水平是怎样的，以及期望达到的水平又是怎样的。

（4）发展这些项目的方式。将某种待发展的项目从目前的水平提升到期望水平可能有多种方式，应该选择容易实施、效果明显的方式作为个人发展的具体的措施加以落实。

（5）设定达到目标的时间期限。预期在多长时间内能够将有待发展的项目提升到期望水平，指出评估的期限。

绩效改进/个人能力开发计划表见图7-5。

部门		时间： 年 月 日
被考核人	姓名：	职位：
直接上级	姓名：	职位：
绩效改进计划		
1. 绩效问题描述（包含业绩、行为表现和能力目标，请用数量、质量、时间、成本、费用、顾客满意度等标准进行描述） （1） （2） （3）		
2. 原因分析		
绩效改进措施 / 计划		
1. 需要发展的技能（计划提高何种行为能力或技术能力） （1） （2） （3）		
2. 技能发展活动描述（你将怎样提高，请列出所需采取的行动）		
3. 衡量标准（你如何知道该技能是否已经得到提高）		
4. 计划完成时间		
讨论时间： 考核人： 被考核人： 期末签字： 被考核人： 考核人： HR 专员： 备注：此表提供给考核人选用，帮助被考核人切实改进、提升工作绩效（绩效考核成绩 90 分以下的，必须填写此表）		

图7-5 绩效改进/个人能力开发计划表

温馨提示

不同岗位专业培训课程参考

对企业不同岗位人才的培训，可以参考的专业技能类培训课程见表7-5。

表7-5 不同岗位的专业技能类培训课程参考

岗位类别	专业技能类培训课程参考
营销技巧	电话销售技巧、客户服务技巧、渠道销售技巧、经销商管理、专业销售技巧、大客户销售、顾问式销售、客户关系管理、销售呈现技巧、双赢商务谈判
生产运营	生产计划、现场管理、安全管理、品质控制、成本控制、设备管理、工艺管理、流程管理、订单管理
人力资源	岗位管理、招聘管理、培训管理、素质模型、薪酬管理、绩效管理、劳动关系、人才测评、职业生涯、培训师、战略HR管理
财务管理	统计核算、报表编制、现金管理、成本管理、资产管理、税务筹划、预算管理、财务预测、管理会计

（续表）

岗位类别	专业技能类培训课程参考
技术研发	创新意识、产品知识、研发项目管理、研发项目管理沙盘、产品需求分析、产品中试管理、研发成本控制、研发质量管理
采购管理	诚信意识、报价方法、谈判技巧、采购预算管理、供应商管理、合同管理、市场调研
质量管理	品质控制流程、质量检验方法、全面质量管理、质量控制的数理基础、统计质量控制的常用工具和方法、产品生命周期质量分析和控制技术、质量可靠性分析
仓库管理	仓储管理流程、仓库系统使用、供应链计划、库存管理、仓库数据分析
物流管理	物流质量管理、报检流程、报关流程、物流系统、商品包装管理、物流运筹管理、物流成本管理
客户管理	客户关系管理、客户服务原则、沟通技巧、电话礼仪、接待礼仪、如何有效地提问、服务用语、肢体语言
个人成长	自我认知、人生规划、时间管理、压力管理、情绪管理、团队意识、沟通技巧、人脉经营、人际关系、个人知识管理、个人品牌管理、身体品质管理、心态塑造、如何处理问题、文书写作、办公软件使用

2. 人员调配

人员调配不仅包括纵向的升迁或降职，还包括横向的工作轮换。如果绩效评价的结果说明某些员工无法胜任现有的工作岗位，就需要查明原因并果断地进行职位调换，将其从现有的岗位上换下来，安排到其能够胜任的其他岗位。同时，通过绩效评价还可以发现优秀的、有发展潜力的员工。对于在潜力测评中表现出特殊的管理才能的员工，可以进行积极的培养和大胆的提拔。这种培养还包括在各个职位之间的轮岗，培养其全面的能力并使其熟悉组织的运作，为其今后在部门间的交流与协调做好准备。

三 员工与组织的动态匹配

员工与组织的动态匹配是员工绩效考核结果运用的第三层次。为改变企业的组织文化、考核员工的潜能、留住优秀的人才、淘汰不合格的员工，辅助员工进行职业生涯规划。

1. 不良绩效员工的识别以及处理技巧

（1）不良绩效员工的识别。

不良绩效员工也称边际雇员，是指那些由于缺乏能力以及缺乏做好工作的动力，由主观原因导致绩效水平几乎处于最低水平的雇员。

一般情况下的绩效考核，会对组织中的雇员的绩效考核结果进行分类，然后分别进行处理，见表7-6。

表7-6　雇员绩效考核结果分类表

能力 动机	弱	强
强	努力方向不对者	绩效骨干
弱	绩效不良雇员（边际雇员）	雇员能力动用不足者

绩效问题是由主观原因造成的，员工可被认为是不良绩效员工。不良绩效员工大致包括以下几类：①无法做到合理品质（数量标准）的员工；②影响其他员工的负面态度的员工；③违反组织伦理或工作规则的员工；④基本上不认同公司价值体系的员工；⑤其他的行为不当的员工，如经常迟到、缺席等。

（2）不良绩效的处理技巧。

在任何组织中，即使有着开放的、有效的、维护良好的绩效管理系统，但仍避免不了有些人表现出不良绩效的情况。在这种情况下，管理者就需要采取纠正行动。但在很多组织中，管理者接收到不良绩效时，有的想避免与员工发生不愉快的对话而不愿及时采取反馈措施，只寄希望于问题自行消失；有的虽然采取了纠正行动，但却因信息收集的失误或者处理方式欠妥，导致和部属的关系出现紧张，甚至让员工产生报复性的行为，这都是不可取的。

面对不良绩效表现，管理者要有采取强制行动的勇气。对不良绩效及时纠正，是管理者很重要的领导职责。对不良绩效置之不理或拖延纠正行为，对组织、管理者和个人都会产生危害作用。如果管理者总是避免承担采取纠正行为的责任，不检查不良绩效、不控制不良行为，就会打击到那些总是符合标准的员工，并且管理者的信誉也会受到影响。对员工来说，绩效优良的员工心里会产生不公平感，这样会挫伤他们工作的积极性也会受到伤害。组织的管理者必须认识到“问题不归零，发展等于零”，养成“日事日清”的工作习惯，及时解决问题才能使企业健康地发展。

在进行不良绩效处理之前，应当向员工明确组织的目的。处理行为并不意味着惩罚员工，核心目的是提醒员工尽快回到正轨，以使绩效得到改善。基于正确的处理目的，展开坦诚的对话，纠正行为才不会引起负面的反弹，反而会获得员工的积极配合，甚至会激发他们达到很高的绩效。

要想纠正行动产生积极的效果，事前对程序进行一定的规划设计是很有必要的。一次有效的纠正行为，应满足以下条件：

①管理者有清晰的“管理数据”的记录。在客观实际的数据记录前，可有效引导双方把关注点放到情境、事件或行为上，而不是针对个人，“对事不对人”是进行坦诚对话的基础。

②确定一份实施面谈的行动计划，并做好相应准备。计划中除注明举行面谈的时间和地点、会谈的议题和议程外，还要从自身的经验出发来预测妨碍纠正行动成功的障碍，并制定出克服这些障碍的办法。

2. 不良绩效处理与解聘员工

解聘员工是一个极端的行动，容易引起员工的反抗。解聘员工是需要理由的，而且理由应该是充分的，否则公司与员工之间的劳资官司将不可避免。

遭到公司解雇是残忍的，在美国通用电气公司前CEO杰克·韦尔奇看来，“残忍”应该有两层含义：一是员工将失去一份工作，面临失业和生活困难等问题，被解聘是残忍的；二是公司没能培养好员工，没有使员工在自己的企业里得到发展，公司不得不解聘员工，对公司来说，这也是一个残忍的决定。由此，韦尔奇创造性地提出一个“诚实的残忍”的观念，将解聘这样一件残忍的事情淡化，使得公司的解聘决策有理有据，使被解聘的员工心服口服，避免了劳资双方无谓的争吵，避免发生劳动争议官司。

做到“诚实的残忍”需要注意以下几点：

（1）建立完善的绩效管理体系，理顺绩效管理的流程，明确绩效管理的目标，建立必要的绩效面谈辅导制度和考核制度。理顺绩效管理的流程，让员工明确自己的绩效目标，明确自己的职责所在，进而确立奋斗目标和培训目标。通过面谈指导，考核者帮助员工清除绩效障碍，改进绩效水平，提升员工的自我管理意识和能力，帮助员工实现绩效目标，达到公司发展的要求。

（2）做好有关员工绩效表现的记录。考核者需要在平时认真观察并记录员工的绩效表现，形成系列化的文档，比较典型和重大的事件还应该请员工签字认可，以便于做绩效考核时的文字资料，使绩效考核有据可依、有据可查，没有意外发生。没有意外应该是考核者牢记的一个原则。

（3）将员工的绩效表现反馈给员工。考核者应及时地将员工的绩效表现反馈给员工，包括积极的表现和消极的表现，尤其注意针对消极表现所进行的负面反馈，这是许多考核者不愿意做的一件事情，他们害怕不愉快的局面，害怕与员工争吵。其实，争吵是早晚的事情，没有平时的反馈沟通，员工面临被解聘时将更加不能接受，争吵将更加激烈。及时真诚地反馈是减少争吵的最好的办法，持续不断地反馈能让员工正确认识自己的不足，不断改进、不断调整自己的状态，使自己更好地适应公司的要求，是受员工欢迎的。同样，正面的反馈也很重要，员工喜欢看到上司对自己工作的考核，考核者将员工的成绩通过沟通的方式告诉员工，能激励员工的进取心，鼓舞员工士气，营造愉快的工作氛围。

（4）建立领导者的领导力模型。所谓领导力模型，就是领导者的考核体系，是公司的领导哲学。通过建立领导力模型，明确考核者的职责权限，将考核者的责任、权利很好地统一起来，使考核者管理行为更加科学规范，更符合现代管理理念的要求，使考核者认真地负起自己应该担负的责任，实施好自己的管理职责。

实例 7-7

某公司业务员郑某的年终考核结果为“差”，按该公司的年终考核制度应做辞退处理。人事部主管向高层多次传递了该想法和要求，但高层一直没给回应，人事部主管从侧面了解到高层的想法是员工郑某的业务网大，辞退可能造成损失。

这个业务员该不该被辞退？应怎么处理为好？

分析

公司的制度就是公司的法。既然按照公司规定，该员工应该被辞退，那么就应该进行辞退处理。否则，公司制定的制度还有什么用？如果公司制度可以不执行，公司的管理也就无从谈起了，这是原则问题，所以建议公司辞退该业务员。公司高层担心郑某的离职可能会带来损失有一定的道理，但如果在制度上找不到不辞退该员工的依据而将该员工继续留在公司的话，就意味着公司制度可以不执行。这样一来，可能给公司带来更大的危害。另外，高层的担心可能有些多余：根据案例情况，郑某的业务网比较大，但是他的业绩是“差”，可见他的业务能力不怎么好（除非公司的考核制度问题太大，以至于让优秀业务员的业绩为“差”），由此推断他个人对业务网的影响力是有限的，他的离职应该不会对公司的业务网络造成影响；再说，客户认可的是公司的产品、服务、品牌等，客户与公司间存在很复杂的联系，不会单纯依赖于某个业务员。

在辞退该员工的同时，也需提醒公司应该制定配套的制度体系，使公司在辞退员工的时候将损失降到最低。主要有以下几点建议：

1. 加强客户资源的管理，避免客户只与一个业务员接触，在制度上保证公司的业务经理、部门经理甚至总经理（看公司的规模大小以及客户的重要程度）与客户的联系。

2. 修改业务流程，使公司中除了业务部门之外，其他部门也尽量同客户保持接触，如后期的交货、售后服务、客户回访等。一方面淡化客户对业务员的依赖，让客户感受到的是一个团队而不是个人，另一方面让业务部门无法单独完成交易，加深部门合作。

3. 公司与相关员工签订“竞业限制协议”和“保密协议”，从法律上进行约束。

4. 公司要从营运体制上形成一条各个部门相互依存的价值链，让公司各部门、个人的价值只有在公司的环境下才能体现出来，而离开了公司环境，个人的价值就体现不出来。这样可以有效减少员工流失，即使有员工离职，给公司造成的损失也会很有限。

本案例也说明，绩效考核制度本身要科学、合理；考核指标的制定要与公司的战略目标一致；公司制定的目标是要让员工经过艰苦努力后，少数人是可以超过目标的，而多数人可以基本实现，还有一部分人无法达到。考核结果的应用，应该侧重对员工能力的提升（如培训、开发）和（个人、组织）今后绩效的改善。可以有辞退，但辞退不应该成为主要手段，更不该成为目的。

3. 绩效不良雇员的绩效管理办法

可以按照雇员的动机和能力因素将绩效考核结果进行分类，对于不同的状况可以采取不同的绩效管理办法。对于绩效不良雇员，也就是绩效考核结果靠后的雇员，一般采取的管理办法见表7-7。

表7-7 对绩效不良雇员的管理办法

动机＼能力	弱	强
强	努力方向不对者	绩效骨干
	①在职辅导 ②频繁的绩效反馈 ③制定目标 ④以开发技能为目的的培训或做出临时性的工作安排	①对优良绩效提供报酬 ②找到进一步发展的机会 ③提供诚实、直接的反馈
弱	绩效不良员工	雇员能力动用不足者
	①冻结加薪 ②降级 ③另行安排工作 ④纪律批评 ⑤末位淘汰 ⑥解聘 ⑦就绩效问题具体而直接地反馈	①提供诚实、直接的反馈 ②提供咨询 ③采用团队建设与解决冲突的方法 ④奖励与雇员的绩效结果挂钩 ⑤就所需的知识和技能提供培训强化管理

下面重点讨论纪律批评、末位淘汰和解聘三种处理方式。

（1）纪律批评。

纪律批评是指对绩效不良的员工进行有建设性警告的过程。在整个过程中，每个绩效不良的员工都应该知道他们现在处于哪个阶段，以及如果绩效继续不佳的话，会带来什么样的后果。

纪律批评的第一步是警告。通常是口头形式，但也可以是书面的。可能的话，让员工在第一次警告的通知上签字，这是为了确认员工接受已经给出警告的事实（他们不必要同意这个警告）。实际操作中，员工可以拒绝签字，但至少给他们这样做的机会。在员工的档案里放一份警告通知的复印件（不管有没有签字），并给员工一份副本。如果在第一次警告后，员工没有改善他们的绩效，就该进行第二次警告。通常，第二次警告也要在员工的档案中放一份警告通知的复印件，并给员工一份副本。

如果在给了一次口头警告和一次书面警告后，不良绩效还在继续，那么就有明显的理由和书面的证据解聘该员工。如果员工对公平、合理地应用这个简单的过程没有什么反应，那么对一个整体的组织来说，这也是一个合理的结果。

纪律批评的两个步骤不要拖太久，那样会使员工、主管和其他直接相关的团队成员失去动力。应该迅速识别出不可接受的绩效，在一个清楚限制的时间范围内发出警告，帮助员工回到正轨。

（2）末位淘汰。

末位淘汰制是指工作单位根据本单位的总体目标和具体目标，结合各个岗位的实际情况，设定一定的考核指标体系，以此指标体系为标准对员工进行考核，根据考核的结果对得分靠后的员工进行淘汰的绩效管理制度。

在实践中，应考虑具体单位是否具备适用的条件和环境、是否确定了科学的考评指标体系、是否建立了合理的补偿制度。

首先，是否采用末位淘汰制，必须要了解单位所处的地位和水平。如果单位人浮于事、人员过剩、管理没有形成健康有序的机制，那么该单位是适合采用末位淘汰制的；而一个实施现代企业管理制度的企业，人员精干、素质较高、机构简单、具有活力和创造力，如果推行末位淘汰制度，被淘汰的员工有可能比同类企业优秀的员工相比还具有一定的竞争性，因此造成的职位空缺是无法迅速地从人才市场得到补充的，从而造成企业的损失，那么就不适合采用末位淘汰制。

末位淘汰制的应用要有一定的环境基础。具体到不同的岗位来说，不同的岗位对末位淘汰制的适用也是不一样的。如销售岗位的业绩容易量化，较适合末位淘汰制；而研发岗位则不易量化，且这种创新性很强的工作需要宽松的外部环境，因而就不适合用末位淘汰制。

其次，一旦决定使用末位淘汰制就必须设定一套非常科学而合理的指标体系，否则，考评的结果就不会科学，淘汰的人员就不正确，这将直接影响单位的发展。考评体系的制定需要单位有明确的目标管理制度和清晰的职位职责界定。如果目标不清楚，职责不明确，考核标准无法确定，那么就无法进行考评，也就没有根据来评定谁是末位。在这种情况下，末位淘汰很难运作。

最后，使用末位淘汰制后应该采取一定的补偿措施。末位淘汰制的一个缺点就是缺乏人性关怀，过于残酷，针对这种情况，应该在实施末位淘汰制的同时实施一定的补偿制度，如对于被淘汰的员工提供培训机会、换岗另用等，使这种制度的消极作用降到最低。

可以说，任何管理制度都有一个适用的特定范围和阶段，不分条件、时间、范围地去套用，可能适得其反。“末位淘汰制”不是管理者的最终目标，管理者要通过该机制充分调动员工的主观能动性、积极性和创造性，来实现管理的效益最大化。

（3）解聘。

解聘是指聘任双方解除聘约的行为。具体来说，就是解除聘任的职务，不再聘用。

在解聘员工之前，雇主应当明确对被涉及的员工进行合理的调查。首先需要进行符合要求的绩效考核和绩效面谈，告诉员工他所获得的考核结果及考核的理由（最好是书面的），并给出一个合理的时间，预先让他弄清楚相关事项，在面谈时给予员工足够的申辩机会，对于员工的申辩做出回复；然后需要仔细考虑员工在面谈的过程中提出的问题，对问题做出解释，把所有训诫过程做成文档，并对每一步有详细的记录，确保解聘的理由不是苛刻的、不公正的或不合理的。

温馨提示

解聘的主要步骤

1. 调查工作业绩。要调查员工有什么样的失误，为什么会有这样的失误。看能否在企业内部调动，让员工更好地发挥技能。如果无法进行内部调动，只好终结雇佣关系。

2. 用书面材料说明解雇员工的原因。保留书面警告的副本，记录该员工业绩不良所造成的影响，包括事件、日期和详情。

3. 制定终止雇佣关系的条件，按照规定可以给予补偿。

4. 最好让对方在合同终止那天离开办公室。这样可以减少蓄意破坏的可能性，降低对其他员工的负面影响。

5. 准备好进行解雇会谈。整理好需要的文件，准备一下应如何进行会谈。会谈持续的时间不要超过15分钟。

6. 在独立的会议室中进行会谈。最好找个同事作为见证人，支持自己的观点，这将会有所帮助。

7. 尊重对方。简要解释解雇的原因，说明这是一个无可挽回的决定。

8. 解释有关解雇的财务安排。将最后的薪金准备好，交给员工。可能的话，为员工准备一封介绍信。

9. 收回该员工使用的企业财物，将员工的私人物品物归原主。

疑难解答

1. 员工对考评结果不满意，或者表现出漠不关心的样子怎么办?

要让员工感受到考核者不仅是一个评分人，更是帮助他提高绩效的导师。因此，在考核分数出来后，要做到“三个及时”：一是及时与员工进行绩效结果面谈，让员工认识到问题所在，理解评分的合理性和公正性；二是及时帮助员工找出绩效分数减项的问题根源，同时共同制定绩效改进措施或优点延伸化的工作措施，保证未来考核周期内考评分的持续提高；三是及时调整考核中的不合理项，避免员工的持续不满。通过结果面谈，员工对考核结果的接受度将提高；通过接受考核者的帮助，员工对考核者的角色理解度也将持续提高，满意度也会有大的提高。

2. 员工抱怨：工作哪能不出错，再努力也不会拿到满分，干得多，扣得多。难道公司考核就是扣钱?

企业在推行绩效管理时，大多在与员工工资挂钩的方式上，采用薪酬中设置绩效工资（或奖金），然后实行满分倒扣的形式。如员工考评分数满分为100分，在每周、月或季度评分后，根据分数与绩效工资挂钩兑现。实行这种考核挂钩方法是希望告诉员工：你应该干好自己的工作，如果出错就应该受到损失。

任何人都不愿意自己被考核评价，然后被分出三六九等；但是，每个人也都希望能通过努力提高自身能力和业绩，并得到社会的认可。如果把既得利益，也就是过去一直沿用的固定工资，改变成为可能被扣罚的动态考核模式，员工就会形成一种认识：自己之前全部拿到的工资，减少了。大家都知道，减薪是让人不愉快的事。

我们应该建立持续正向激励的考核薪酬挂钩模式。一是将原有的薪酬作为考核的起始工资。二是核算每个岗位的各项考核指标现有的标准水平。三是制定员工“跳脚够得到”的考核指标的目标值。四是由财务核算该岗位实现目标后给企业盈利水平所带来的增长额。五是设定企业盈利增长部分员工参与的分配比例。六是将分配部分综合设计为绩效工资或奖金。七是设置两条绩效警戒线：一条警戒线为整体绩效警戒线，当企业绩效结果低于目标的某个百分比时，员工工资将受到相应比例的影响，经理人受到的影响更大一些；另一条警戒线为个体警戒线，当员工绩效连续三个月处于落后时，将会减薪，或全年绩效排名处于末位时，将没有资格参与年度晋升或调薪。这样，员工始终处于正向激励当中，同时也有与企业共命运的警戒线压力，这就在企业中形成了以正向激励为主、保持适当压力的良好氛围。

第八章 如何实行绩效改进

本章思维导图

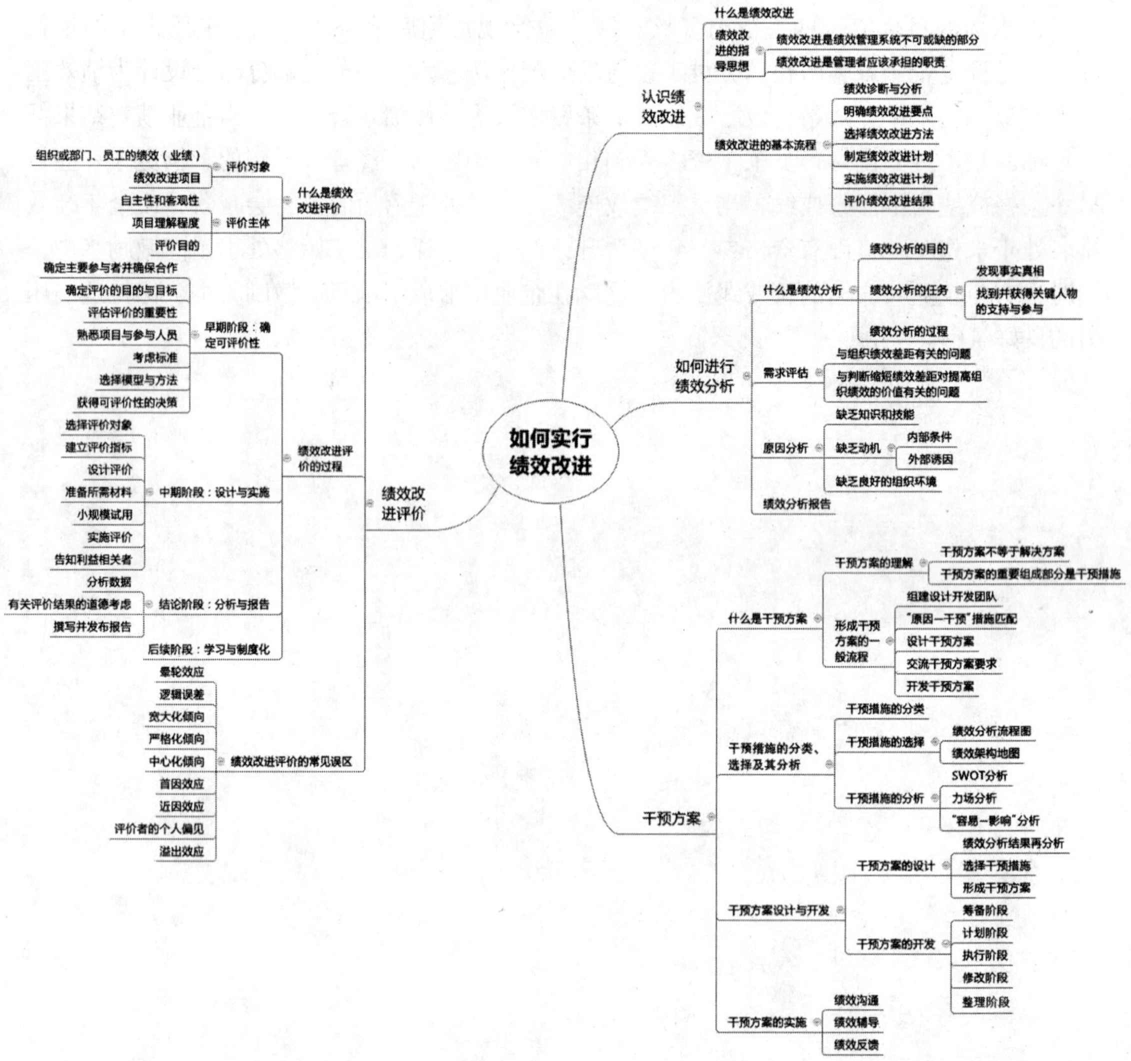
如何实行绩效改进
认识绩效改进
什么是绩效改进
绩效改进的指导思想
绩效改进是绩效管理系统不可或缺的部分
绩效改进是管理者应该承担的职责
绩效改进的基本流程
绩效诊断与分析
明确绩效改进要点
选择绩效改进方法
制定绩效改进计划
实施绩效改进计划
评价绩效改进结果
如何进行绩效分析
什么是绩效分析
绩效分析的目的
绩效分析的任务
发现事实真相
找到并获得关键人物的支持与参与
绩效分析的过程
需求评估
与组织绩效差距有关的问题
与判断缩短绩效差距对提高组织绩效的价值有关的问题
原因分析
缺乏知识和技能
缺乏动机
内部条件
外部诱因
缺乏良好的组织环境
绩效分析报告
干预方案
什么是干预方案
干预方案的理解
干预方案不等于解决方案
干预方案的重要组成部分是干预措施
形成干预方案的一般流程
组建设计开发团队
"原因—干预"措施匹配
设计干预方案
交流干预方案要求
开发干预方案
干预措施的分类、选择及其分析
干预措施的分类
干预措施的选择
绩效分析流程图
绩效架构地图
干预措施的分析
SWOT分析
力场分析
"容易—影响"分析
干预方案设计与开发
干预方案的设计
绩效分析结果再分析
选择干预措施
形成干预方案
干预方案的开发
筹备阶段
计划阶段
执行阶段
修改阶段
整理阶段
干预方案的实施
绩效沟通
绩效辅导
绩效反馈
绩效改进评价
什么是绩效改进评价
评价对象
组织或部门、员工的绩效（业绩）
绩效改进项目
评价主体
自主性和客观性
项目理解程度
评价目的
绩效改进评价的过程
早期阶段：确定可评价性
确定主要参与者并确保合作
确定评价的目的与目标
评估评价的重要性
熟悉项目与参与人员
考虑标准
选择模型与方法
获得可评价性的决策
中期阶段：设计与实施
选择评价对象
建立评价指标
设计评价
准备所需材料
小规模试用
实施评价
告知利益相关者
结论阶段：分析与报告
分析数据
有关评价结果的道德考虑
撰写并发布报告
后续阶段：学习与制度化
绩效改进评价的常见误区
晕轮效应
逻辑误差
宽大化倾向
严格化倾向
中心化倾向
首因效应
近因效应
评价者的个人偏见
溢出效应

在专业领域内，人们对绩效改进有不同的叫法，大致有“绩效改进”“绩效技术”“人类（力）绩效技术”或者“人类（力）绩效改进”几种。它们的侧重点略有不同：人类绩效技术以及人类绩效改进侧重于改进员工的绩效，绩效改进和绩效技术侧重于采用一组方法和程序改善员工、工作、工作场所或世界。虽然这几种叫法的侧重稍有不同，但是在实际工作和生活中它们是可以通用的，目前也以“绩效改进”的使用最为广泛。

第一节　认识绩效改进

一　什么是绩效改进

绩效改进是指确认工作绩效的不足和差距，查明产生的原因，制定并实施有针对性的改进计划和策略，不断提高竞争优势的过程。

绩效改进是绩效考核的后续应用阶段，是连接绩效考核和下一循环计划目标制定的关键环节。绩效考核的目的不仅仅是为员工薪酬、奖惩、晋升或降级确定标准，员工能力的不断提高以及绩效的持续改进才是其根本目的，而实现这一目的的途径就是绩效改进。

二　绩效改进的指导思想

要做好绩效改进工作，首先必须明确它的指导思想。绩效改进的指导思想主要有以下方面。

1. 绩效改进是绩效管理系统不可或缺的部分

绩效改进是绩效考核的后续工作，所以绩效改进的出发点是对员工现实工作的考核，不能将绩效改进与绩效管理系统的其他部分割裂开来。由于绩效考核强调的是人与标准比，而非人与人比，因此，绩效改进的需求应该是在与标准比较的基础上确定的。绩效标准的确定应该是客观的，只有找到标准绩效与实际绩效之间的差距，才能明确绩效改进的需求。

2. 绩效改进是管理者应该承担的职责

绩效改进必须自然地融入管理者的日常管理工作中，它不是管理者的附加工作，管理者也不应该视其为负担。帮助员工改进绩效、提升能力，与完成管理任务一样都是管理者义不容辞的责任。管理者不应该以“没有时间和精力”“绩效改进效果不明显”等各种理由来推脱，应该勇于承担绩效改进的责任。

温馨提示

绩效改进与培训的区别

绩效改进诞生于人们对用培训来提高组织绩效的效果的反思和质疑之中。可以说，“执果索因”与“对症下药”是绩效改进解决任何绩效问题的根本，也是绩效改进与培训的区别所在。

1. 培训的目标在于增加个人知识，提高个人技能；而绩效改进的目标在于改进个人和组织的绩效，从而实现组织的战略目标。尽管培训也需要将其结果与组织的商业目标相联系，但培训者的关注点却是在设计学习活动以应对受训人员的学习需求上。

2. 培训强调的是行为，而绩效改进关注的是成就。行为只是一些活动，而成就是可测量的活动的结果。培训更多的是对人们在行为上的塑造。而绩效改进则更多地与组织的（商业）结果相联系，强调达成组织既定或未定的目标，以实现组织价值。

3. 根据以上分析，使用培训来提高组织绩效的方法，其默认的前提是员工在知识与技能方面有所欠缺，可实际情况往往不一定如此。有研究表明，超过80%的绩效问题并非由员工知识和技能的缺失所导致。可见，培训并不能解决大多数绩效问题。唯有通过“执果索因”和“对症下药”，才能挖掘出问题根本，进而解决问题。

4. 培训可以成为绩效改进提高组织绩效的一种措施。如果通过前期的分析判断出现绩效问题的原因在于有关人员缺乏知识和技能，那么培训就会被纳入干预措施方案中，成为绩效改进的一项干预措施。

三 绩效改进的基本流程

1. 绩效诊断与分析

绩效诊断与分析是绩效改进过程的第一步，也是绩效改进最基本的环节。在绩效反馈面谈中，主管和员工通过分析和讨论考核结果，找出关键绩效问题和产生绩效问题的原因，这是绩效诊断的关键任务。

绩效具有多因性的特征。绩效的多因性是指一个员工绩效的优劣并不是取决于单一因素，而是受制于来自主客观方面的多种因素。因此，要想快速有效地诊断绩效问题，必须对影响绩效的因素有所了解，即对绩效的多因性特征有所了解。在不同的情境下，各类因素对绩效的影响作用各不相同。只有在充分研究各种可能的影响因素的前提下，才能够找到问题的真正所在，从而对症下药。在研究绩效问题时应该抓住目前影响绩效的众多因素中的关键因素，这样才能更有效地对员工绩效进行管理。

诊断绩效问题，一般有下列两种思路。

（1）四因素法。

四因素法主要是从知识、技能、态度和环境四个方面着手分析绩效不佳的原因。管理者可以通过与员工一起分析与四个方面相对应的问题，来寻找影响绩效的关键因素。

①知识：员工有做这方面工作的知识和经验吗？

②技能：员工具备运用知识和经验的技能吗？

③态度：员工有正确的态度和自信心吗？

④环境：有不可控的外部因素吗？

（2）三因素法。

三因素法提出从员工、管理者和环境三方面来分析绩效问题，认为绩效未达到预期的水平，要综合考虑三方面的因素。

①在员工方面，可能员工所采取的行动本身是错误的，也可能是应该做的而没有去做。原因或是主管的要求不明确，或是员工知识、技能不足，或是缺少动机等。

②在管理者方面，可能是主管管理行为不当导致下属能力无法发挥，或是主管没有帮助下属改进其工作。通常可以从两个方面分析主管的管理行为：一是主管做了不该做的事情，如监督过严、施加不当的压力等；二是主管没有做该做的事情，如没有明确工作要求、没有对下属的工作给予及时有效的反馈、对下属的建议不予重视、不授权给下属、不给下属提供教育和培训的机会、不鼓励下属尝试新方法和技术等。

③在环境方面，包括下属工作场所和工作气氛的因素。如工具或设备不良、原料短缺、不良的工作条件、同事关系紧张、工作方法或设备的改变造成下属工作困难等。

上述两种分析思路各有各的特点，前者主要是从完成工作任务的主体来考虑，通过分析员工是否具备承担此项工作的能力和态度来分析绩效问题的原因，但容易造成管理缺位，即把员工绩效问题产生的原因归结为员工主观方面的问题，而忽视了管理者在产生绩效问题方面的责任，这样不利于找到绩效问题的真正原因，同时也不易于被员工接受；后者从更宏观的角度去分析问题，较容易把握产生绩效问题的主要方面，认识到管理者在其中的责任。

要想更加透彻、全面地分析绩效问题，必须结合以上两种思路，管理者和下属在充分交流的情况下，对绩效不良的原因达成一致意见。这时可以使用绩效诊断表进行分析，见表8-1。

表8-1　绩效诊断表

影响绩效的维度		绩效不良的原因	备注
员工	知识		
	技能		
	态度		
主管	辅导		
	其他		
环境	内部		
	外部		

2. 明确绩效改进要点

通过绩效诊断环节，发现员工需要改进的地方可能很多，但最好能够选取一项重要并且容易进行的率先开始。如果多个问题同时着手，很可能因压力过大而失败。这种情况下就存在挑选绩效改进要点的问题。选择绩效改进要点就是综合考虑每个拟定项目所需的时间、精力和成本因素，选择用时较短、精力花费较少以及成本较低的项目，同时要争取员工的接受。管理者可以采用如表8-2所示的方法，在现有的绩效改进要点中进行选择。

表8-2 选择绩效改进要点的方法

难易程度 / 选择结果 / 紧急程度	不易改变	容易改变
急需改变	将其列入长期绩效改进计划	最先做
不急需改变	暂时不列入改进计划	第二选择

3. 选择绩效改进方法

经过绩效诊断和分析环节，选择了绩效改进要点，并对影响绩效的因素有了比较清晰的认识后，就要考虑解决问题的途径。

员工本人可采取的行动包括：向主管或有经验的同事学习、观摩他人的做法、参加企业内外的有关培训、参加相关领域的研讨会、阅读相关的书籍、选择某一实际工作项目、在主管指导下训练等。

主管可采取的行动包括：参加企业内外关于绩效管理、人员管理等的培训，向企业内有经验的管理人员学习，向人力资源管理专家咨询等。

在环境方面，管理者可以适当调整部门内的人员分工或进行部门间人员交流，来改善部门内的人际关系氛围；在企业资源允许的情况下尽量改善工作环境，改善工作条件等。

4. 制定绩效改进计划

绩效改进计划是关于改善现有绩效进展的计划。制定绩效改进计划实际上就是具体规划应该改进什么、应该做什么、由谁来做、何时做，以及如何做的过程。绩效改进计划的主要内容一般包括：

（1）员工的基本情况、直接上级的基本情况，以及该计划的制定时间和实施时间。

（2）根据上个绩效考核周期的绩效考核结果和绩效反馈情况，确定该员工在工作中需要改进的方面。

（3）明确需要改进和发展的原因，这一点是非常必要的。一般应该附上上一个考核周期中该员工在相应考核指标上的得分情况和考核者对该问题的描述或解释。

（4）明确写出员工现有的绩效水平和经过绩效改进之后要达到的绩效目标，并在可能的情况下将目标明确地表示为员工在某个绩效考核指标上的考核得分。

对存在的问题提出有针对性的改进措施，措施应当尽量具体，除了确定每个改进项目的内容和实现手段外，还需要确定每个改进项目的具体责任人和预计完成时间，有时还可以说明需要的帮助和资源。对特殊问题还应提出分阶段的改进意见，使员工分步骤逐步改进绩效。

此外，绩效改进计划应当是在管理者和员工充分沟通的基础上制定的。单纯按照管理者的想法制定绩效改进计划，可能会使改进项目脱离实际，因为管理者并不一定确切地知道每个员工的具体问题，管理者认为应该改进的地方可能并不是员工真正需要改进的地方。另一个极端是单纯按照员工的想法着手制定计划。虽然让员工制定绩效改进计划可以激发员工的积极性，但是员工有可能避重就轻，漏掉重要的项目。因此，应当让管理者和员工就这一问题进行商讨，这也是绩效反馈面谈的一个主要目标之一，只有这种建立在交流的基础上的方案，才能有效地实现绩效改进的目的。

温馨提示

制定改进工作绩效的策略

1. 预防性策略与制止性策略

预防性策略是指在员工进行作业之前，由上级制定出详细的绩效考评标准，明确什么是正确的、有效的行为，并通过专门、系统性的培养和训练，使员工掌握具体的作业步骤和操作方法，从而可以有效地防止和减少员工在工作中出现重复性差错和失误。

制止性策略是指对员工的工作劳动过程进行全面的跟踪检查和监测，及时发现问题，及时予以纠正，并通过各个管理层次的管理人员实施全面、全员、全过程的监督和引导，使员工克服自己的缺点，发挥自己的优势，不断地提高自己的工作业绩。

2. 正向激励策略与负向激励策略

正向激励策略是指通过制定一系列行为标准，以及与之配套的人事激励政策，如奖励、升职、提拔等，鼓励员工更加积极主动地工作的策略。

负向激励策略也称反向激励策略，它与正向激励策略完全相反。负向激励策略采取惩罚的手段，以防止下属员工做出绩效低下的行为。惩罚的手段主要有扣发工资奖金、降薪、调任、免职、解雇、除名、开除等。对下属员工轻微的过错采取劝解告诫的方式，以口头责备和非语言暗示，如皱眉、耸肩等肢体语言，给他们敲响警钟。

3. 组织变革策略与人事调整策略

大量的事实证明，有时员工的绩效低下并不是由主观因素造成的，可能是由组织制度不合理、运行机制不健全问题造成的。这时需要采取组织变革策略，通过系统的组织诊断，找出存在的问题，有针对性地进行组织的整顿和调整，从而为员工工作绩效的提高创造优化的环境，提供组织上的保障。

当绩效管理发展到一定阶段时，可能会出现员工绩效停滞不前或各种措施失效的情况。这时，人力资源部门或上级主管人员不必惊慌，应当冷静对待，采取应急人事调整策略。

5. 实施绩效改进计划

在制定了绩效改进计划之后，管理者应该通过绩效观察和沟通实现对绩效改进计划实施过程的控制。具体过程如下：

（1）确定员工了解此项计划。

（2）如果环境变动，计划需改变时，应与员工洽商，并将改变部分写在原计划上。

（3）定期提醒员工，以使其能依计划进行并避免因遗忘而使计划失败。

（4）如果计划有部分未按进度达成，应予以纠正。

6. 评价绩效改进结果

绩效改进计划作为绩效计划的补充，同样需要考核和反馈。绩效改进计划开始于上一个绩效考核周期的结束，结束于下一个绩效周期的开始。绩效改进计划的完成情况反映在员工前后两次绩效考核得到的考核结果中，如果员工在后一次绩效考核中得到的分数有显著提高，那么在一定程度上说明绩效改进计划取得了成效。

第二节 如何进行绩效分析

一 什么是绩效分析

绩效分析也称前端分析，通过建构绩效系统，收集工作场所中与工作绩效有关的数据和信息，明确个人与组织存在的绩效差距，并找到导致该差距的根本原因，从而为下一阶段的绩效改进奠定基础。

1. 绩效分析的目的

（1）找出组织的绩效需求，明确组织绩效问题或绩效差距，确定绩效改进努力的方向。

（2）找到导致组织绩效不佳的根本原因，明确干预措施的类型，为后期干预方案的设计与开发奠定基础。

（3）进入绩效改进工作场所，获得有关人员的支持与参与，为后期设计、开发和实施干预方案做好铺垫。

温馨提示

绩效分析与培训需求分析的对比

培训需求分析是为了设计与开发教学或培训的项目与材料而进行的分析，往往在绩效分析诊断出绩效问题的原因在于缺乏知识或技能之后开展。培训需求分析需要深入研究学科内容，分析学习者特点，包括先决技能和态度，调和学科专家之间的分歧，确立一致的方法和标准，并解决学习与培训项目中的一些细节问题。

绩效分析与培训需求分析的相似之处：都代表了一种分析思维与规划方法；尽管两者在具体目的、目标和细节上不一致，但都需要了解受众（有绩效改进需求的客户）信息，都基于对信息源提出一些问题来获得基本的数据。

两者之间的区别在于：绩效分析与培训需求分析在组织绩效改进中处于不同的位置。绩效分析处于最前端，是咨询人员对所服务的客户（个人和组织）进行把脉，确保客户做正确的事情；而培训需求分析则帮助咨询人员找到客户真正的需要，同时也是适合客户情况的培训。

2. 绩效分析的任务

（1）发现事实真相。

绩效分析就是要通过收集数据来发现事实真相，找出问题的答案。为找出事实真相，该目标的达成需要以下五个子目标的支持。

①寻找最优绩效的有关信息。最优绩效是指如果组织与各部门工作良好顺畅，应该达到什么目标；组织中的榜样工作者，或绩效最优工作者，他们能达到怎样的绩效；这类工作者通常是如何工作的，他们具备了哪些知识与技能以促进他们的工作；绩效最优工作者的工作环境是怎样的；高效的一线经理是如何从市场驱动的观点来看待问题并对待自己的员工等。最优绩效就像一个标杆，提供了衡量与比对的标准，从而有助于判断当前组织的绩效问题是什么。

②寻找真实绩效的有关信息。真实绩效是指当前状态下，组织所取得的成果，组织中各个部门以及各部门的员工所取得的成果。此外，真实绩效也要收集有关员工们当前如何工作的有关信息。真实绩效能有效反映出组织当前的运行状况，帮助人们从“感受到出现了问题”走向“明确出现了什么问题”。

③寻找关键信息源。要了解真实绩效和最优绩效，就必须走入实际的工作场所，询问有关人员以了解相关情况。在这里，“信息源”就指代客户组织（有绩效改进需求的组织）内部，可能提供资源的一切人力资源或工作者。

为了解组织目标及其现状，绩效改进人员需要通过相关责任人查阅有关文件。此外，在工作中，员工不仅是在完成自己的任务，也是在感知事物、感知外部的影响，因而绝不能忽略他们的感受。因此，在分析完成一项任务所需要的态度时，绩效改进人员需要探寻员工是否重视某些技能、知识、项目，以及他们所感知的自己应对某挑战的能力。

④寻找有助于分析导致绩效问题根本原因的信息。导致绩效问题的原因很多，如员工缺乏有关知识和技能导致工作无法开展；缺乏良好的工作环境导致工作难以较好完成；缺乏内部动机和外部激励物以激发员工努力工作；缺乏设计良好的工作流程以致工作效率低下；缺乏良好的组织文化以致同事关系紧张；领导缺乏优秀的管理与领导素质以致下属无所适从等。探明导致绩效问题的根本原因是绩效分析的关键一环，只有明确了“为什

么”，才能为下一阶段“怎么做”打好基础。

⑤发布绩效分析结果。绩效改进需要动员组织整体的参与。外部咨询人员的工作和努力必须为组织内部人员所了解，让他们认识到绩效问题及其成因，看到绩效改进人员的努力及对组织的益处。只有这样，才能赢得员工对绩效改进项目的认可与重视。因此，绩效改进人员需要形成绩效分析报告，发布关于绩效分析过程、结果与结论的信息，一方面让组织内部人员对分析结果提出建议，更好地完善绩效分析；另一方面也为后期干预方案的设计开发与实施奠定基础。

（2）找到并获得关键人物的支持与参与。

除了明确“出现了什么问题”“为什么会出现这些问题”，绩效分析还需要找出有助于绩效改进的关键人物，获得他们的支持与参与。

过去，绩效改进总是传统地与培训、工作帮助类的干预措施相连。当组织文化、外部激励物、内部动机、领导风格等被看作是导致绩效问题的根本原因，当绩效改进干预措施扩展到增强动机，设计外部激励物、流程再造等时，由于环境和刺激物引发的问题常涉及管理的重新设计和组织的重新设计，绩效改进决策涉及的范围则需要更加广泛，同时也需要更多人的参与。

接触到的信息的丰富性与多样性会影响分析的深度和广度，进而影响所提出的解决方案的有效性。目前大多数组织系统结构都较为复杂，如果仅仅依靠个别的信源，那么分析结果未免有局限性，解决方案也可能只强调了问题的某一个方面。如果可以与更多的部门与同事合作，那么所看到的绩效系统的图景会更加动态与完整。

因此，绩效改进人员在分析阶段，要尽可能地争取更多支持绩效改进工作的人，在组织内部引发较大的影响，同时尽可能多地收集必要的信息，进而确保分析工作的全面深入。

温馨提示

“绩效系统”概念的引入

国际绩效改进协会（International Society for Performance Improvement，ISPI）是绩效改进领域的一个著名组织。该组织的前主席马克·罗森伯格曾经指出，绩效技术发端于教育技术专业人员认识到组织中的教学（或培训）系统缺乏效率以及其不适当之处，需要综合考虑教学（或培训）之外的其他因素（如组织发展、人事选择等）进行改进。正是在对培训以外提高组织绩效的其他方法进行探索的基础上，有关研究人员逐步跳出了“教学系统”的框架，引入了“绩效系统”的概念。

绩效系统是帮助我们认识工作场所中的绩效问题的一个切入点。它是绩效改进研究人员运用系统而全局的方法，对包括人本身和工作环境在内的影响人绩效的多种因素进行抽象化处理后，最终建构的概念式的模型，目的是帮助人们找出问题并解决问题。

3. 绩效分析的过程

绩效分析需要经历两个环节：需求评估和原因分析。需求评估通过收集有关的数据以帮助找出绩效差距，确定组织当前的绩效问题是什么；原因分析则通过对数据和现象的进一步分析与判断，识别出导致绩效不佳的根本原因。具体来说，组织中开展绩效分析需要经历下面的过程：明确绩效分析的动因—选择绩效分析的层次—制定绩效分析方案—收集有关数据—对数据进行分析—形成绩效分析报告—向客户组织发布绩效分析报告。

二 需求评估

需求评估就是要找出组织绩效改进的需求所在。在这个阶段，绩效改进人员需要完成两大任务：一是明确组织的绩效差距；二是判断缩短这些差距对于提高组织绩效的价值。为此，绩效改进人员需要通过不断收集数据回答下列问题：

1. 与组织绩效差距有关的问题

（1）组织出现了绩效不佳的问题，抑或出现了新的绩效要求？

（2）如果组织出现了绩效不佳的问题，那在理想状况下，组织应该达到什么标准？目前已经达到了什么样的水平？二者之间又有怎样的差距？

（3）若组织出现绩效不佳的问题，那在理想状况下，各部门与个人本应该达到什么绩效标准？目前正处于什么样的绩效水平？二者之间差距如何？

（4）如果出现了新的绩效要求，那么需要达到什么标准？组织目前处于何种水平？

（5）在组织出现新的绩效要求时，在理想状况下，各部门与个人应该达到什么绩效标准？目前正处于什么样的绩效水平？二者之间差距如何？

通过回答上述问题，本阶段得出了组织中一系列的绩效差距，包括组织整体层面的绩效差距、各部门的绩效差距与个人的绩效差距。当然，不同的绩效问题或机遇涉及面不同，可能有的绩效差距涉及多个部门，而有的只涉及一两个部门。

2. 与判断缩短绩效差距对提高组织绩效的价值有关的问题

不同的绩效问题或机遇涉及面不同，组织层面的绩效差距在各部门中有各种各样的体现。有的部门存在绩效差距，有的部门不存在差距；有的部门绩效差距大，有的部门绩效差距小。理论上说，缩短绩效差距对于提高组织绩效起着关键的作用。然而，并不是缩短所有的绩效差距都对组织整体的绩效有所贡献。一方面，系统理论强调，开放系统总要受到外部环境可获得资源的限制，这些限制不可能使所有的子系统同时获得最好的效益。由此，需要设定优先权，不是为组织各个部门都设定最高的绩效标准，而是使一些部门的绩效保持在一定水平的同时，让其他部门达到所需的绩效水平。另一方面，有的绩效差距需要花费较多成本才能缩短，而这对于组织整体绩效的价值与花费的成本可能并不对等，因此，需要再对所识别出的绩效差距进行选择，找出对提高组织绩效起着重大作用的绩效问题。

（1）所识别出的绩效差距存在多久，是否经常出现？

（2）所识别出的绩效差距重要吗？

（3）这些差距对于组织整体的绩效差距的解决是否能起到关键作用？

（4）要缩短所识别出的绩效差距，需要花费多大的成本？

通过回答上述问题，对所识别出的绩效差距进行排序，本阶段选择出对提高组织整体绩效有重要价值的绩效差距，作为后期绩效改进努力的重点；暂时不考虑不重要或者需要耗费巨大成本的绩效差距，这些差距可能留待组织未来或者等待组织具备相应条件时再考虑。

温馨提示

考夫曼的组织要素模型

绩效改进是结果导向的，注重组织运作的结果。组织可被看作是由员工个人、部门（流程）和组织不同层次构成的整体。组织的各个层次，都有着自己的“成果”，正是各个层次的成果支持了组织目标的达成。罗杰·考夫曼（Roger Kaufman）在1982年提出了组织要素模型（Organization Element Model，OEM），见表8-3。该模型有助于我们认识组织各个层次及其“成果”。

表8-3　考夫曼的组织要素模型

<table>
<tr><th>项目</th><th>要素</th><th>对要素的描述</th><th colspan="2">结果层次</th></tr>
<tr><td rowspan="3">目的</td><td>结果</td><td>对组织外部客户及社会产生的价值</td><td>宏观（社会）</td><td>组织外部（社会）</td></tr>
<tr><td>输出</td><td>组织自身的输出与获得的发展</td><td>中观（整体组织）</td><td rowspan="2">组织内部</td></tr>
<tr><td>产品</td><td>组织中个体或小团体的结果与发展</td><td>微观（个体或小团体）</td></tr>
<tr><td rowspan="2">方法</td><td>过程</td><td>组织内部的活动，使用的方法、手段、程序等</td><td colspan="2">—</td></tr>
<tr><td>输入</td><td>组织可以利用的人力、物力、财力等资源</td><td colspan="2">—</td></tr>
</table>

三　原因分析

明确了组织的绩效差距后，绩效分析人员下一步需要做的就是分析判断出导致该差距的根本原因。一般来说，导致组织绩效差距的根本原因大概可分为三类：缺乏知识和技能、缺乏动机、缺乏良好的组织环境。

1. 缺乏知识和技能

知识是人们在认识世界和改造世界过程中所获得的认知以及积累的经验总和，是人们在与环境交互过程中所获得的信息及其组织，包括各种概念与事实。技能是指通过练习，能够运用所掌握的知识完成一定任务、从事某种活动等。

作为个体完成工作任务、达到绩效标准的基础，知识和技能决定了人们是否能完成工作任务。即便有很高的工作热情，愿意并的确付出了很多的努力，可是缺乏工作需要的相关知识与技能，工作人员仍然无法很好地完成任务，也无法达到最佳的绩效。

需要强调的是，一个组织中有两种角色，员工与管理人员。员工需要掌握的知识和技能主要与工作的具体岗位相关；而管理人员除了掌握与自己所负责的具体业务相关的知识和技能外，还要掌握一定的管理知识，具备一定的管理能力，形成良好的管理风格，以引导自己的下属获得更高的绩效，达到理想的绩效目标。

2. 缺乏动机

在心理学上，动机是指激励和维持人的行动，并将其活动朝向一定目标的内部驱动力。动机是个体能动性的一个主要方面，具有激活、指向、维持和调整功能。具体而言，动机能发动行为，推动个体产生某种活动，使个体从静止状态转向活动状态；能将行为指向一定的对象或目标；当个体活动由于动机激发而产生后，能否坚持活动同样受到动机的调节和支配。根据心理学的相关理论，动机的形成有两个条件：内部条件和外部诱因。

（1）内部条件。

内部条件是引发动机的人的内部因素。人体内因为失衡而产生匮乏状态，这种匮乏状态会引发人内部的需要，这种需要导致内驱力的产生，进而，该内驱力驱动个人表现出行为。在这里，“需要”是指有机体内部的不平衡状态，表现为有机体对内外环境的一种稳定的要求并成为有机体活动的源泉；“内驱力”是指在有机体需要的基础上产生的一种内部推动力，是一种内部刺激，是需求状态存在的结果。

①需要。根据马斯洛的需要层次理论，人类的需要是分层次的，由低到高，分别是生理的需要、安全的需要、归属和爱的需要、尊重的需要、认知的需要、审美的需要以及自我实现的需要。马斯洛认为这七种需要都是人的最基本需要，是天生的、与生俱来的，构成了不同的等级或水平，并成为激励和指引个体行为的力量。只有低级的需要得到了满足，才能产生更高一级的需要。而且，只有当低级的需要得到充分的满足后，高级的需要才显出激励的作用，且已经得到满足的需要不再起激励作用。

②内驱力。内驱力源于人的价值观，价值观的不同，决定了人们关注重点和努力方向的不同。埃克斯和温格菲尔德将员工工作的价值观分为三类：兴趣价值观、技能价值观和效用价值观。持“兴趣价值观”的员工认为在工作中能学习到新的技能，更能提高自己各方面的素质，从而愿意付出努力。持“技能价值观”的员工乐于在工作中展示自身具备的某些特殊技能，并使用这些技能解决组织面临的有关挑战，如：认为自己擅长分析的人，喜欢解决复杂的问题；认为自己具有艺术素养的人，喜欢从事与审美和美学设计有关的工作等。持“效用价值观”的员工之所以努力工作，是因为他们认为从事工作能获得一定的利益，如物质利益、经济报酬和社会地位等，而并非出于兴趣或专业特长。根据该理论，发展自身能力的兴趣、展示自己具有的技能或特殊能力、获得一定的利益可看作驱动人们开展工作的三大内驱力。需要指出的是，人们从事工作的驱动力往往不是单一的，是多种因素交织的复杂结果。

（2）外部诱因。

诱因是指能够激起有机体的定向行为，并能满足某种需要的外部条件或刺激物。诱因可分为正诱因和负诱因。凡是个体趋向或接受它而得到满足的诱因为正诱因；凡是个体因逃离或躲避它而得到满足的诱因称为负诱因。在实际工作环境中，正诱因体现为激励机制，包括组织对人员在物质上和精神上的奖励；负诱因体现为惩罚措施，包括组织对工作人员违反规定或绩效不佳而采取的扣除工资、降低级别等措施。

动机的强度或力量既取决于需要的性质，也取决于诱因力量的大小。此外，员工个人的自我效能感、归因模式等都会对工作动机产生影响。尽管动机是一种内部心理过程，不能直接观察，但是可以通过任务选择、努力程度、活动的坚持性和言语表示等行为进行推断。

温馨提示

班杜拉的“自我效能感”理论

“自我效能感”理论是美国著名心理学家阿尔伯特·班杜拉于20世纪70年代在其著作《思想和行动的社会基础》中提出的。

班杜拉在他的动机理论中指出，人的行为受行为的结果因素与先行因素的影响。行为的结果因素就是通常所说的“强化”，但他对强化的看法与传统的行为主义不同。他认为，在学习中没有强化也能获得有关的信息，形成新的行为；而强化能激发和维持行为的动机以控制和调节人的行为。因此，他认为“行为出现的概率是强化的函数”这种观点是不确切的，行为的出现不是由于随后的强化，而是由于人认识到了行为与强化之间的依赖关系后对下一步强化的期望。

他的“期望”概念也不同于传统的“期望”概念。传统的期望概念指的只是对结果的期望，而他认为除了结果期望外，还有一种效能期望。结果期望指的是人对自己某种行为会导致某一结果的推测。如果人预测到某一特定行为将会导致特定的结果，那么这一行为就可能被激活和被选择。例如，儿童觉得上课认真听讲就会获得他所希望取得的好成绩，他就有可能认真听课。效能期望则是指人对自己能否进行某种行为的实施能力的推测或判断，即人对自己行为能力的推测。它意味着人是否确信自己能够成功地进行带来某一结果的行为。当人确信自己有能力进行某一活动，他就会产生高度的“自我效能感”，并会去进行那一活动。例如，学生不仅知道认真听课可以带来理想的成绩，而且还觉得自己有能力听懂教师所讲的内容时，才会认真听课。人们在获得了相应的知识、技能后，自我效能感就成为行为的决定因素。

班杜拉认为，自我效能感影响或决定人们对行为的选择，以及对该行为的坚持和努力程度；影响人们的思维模式和情感反应模式，进而影响新行为的习得和习得行为的表现。自我效能感高低程度不同的人在开展活动、完成任务时往往有不同的表现，具体见表8-4。

表8-4　不同自我效能感的不同行为表现

自我效能感高的人	自我效能感低的人
期望值高	畏缩不前
显示成绩	显示失败
遇事理智处理	情绪化地处理问题
乐于迎接应急情况的挑战	在压力面前束手无策
能够控制自暴自弃的想法——需要时能发挥智慧和技能	易受惧怕、恐慌和羞涩的干扰——当需要时，其知识和技能无以发挥

班杜拉等人的研究指出，影响自我效能感形成的因素主要包括：

1. 个人自身行为的成败经验。这个效能信息源对自我效能感的影响最大。一般来说，成功经验会提高效能期望，反复的失败会降低效能期望。但事情并不这么简单，成功经验对效能期望的影响还要受个体归因方式的左右。如果把成功归因于外部机遇等不可控的因素就不会增强效能感，而把失败归因于自我能力等内部的可控的因素就会降低效能感。因此，归因方式直接影响自我效能感的形成。

2. 替代经验或模仿。人的许多效能期望来源于观察他人的替代经验。这里的一个关键是观察者与榜样的一致性，即榜样的情况与观察者非常相似。

3. 言语劝说。言语劝说的价值取决于它是否切合实际，缺乏事实基础的言语劝说对自我效能感的影响不大，在直接经验或替代性经验基础上进行劝说的效果会更好。

4. 情绪唤醒。班杜拉在“去敏感性”的研究中发现，高水平的唤醒使成绩降低而影响自我效能。当人们不为厌恶刺激所困扰时更能期望成功，但个体在面临某项活动任务时的身心反应、强烈的激动情绪通常会妨碍行为的表现而降低自我效能感。

5. 情境条件。不同环境提供给人们的信息是不一样的。某些情境比其他情境更难以适应和控制。当一个人进入陌生而又易引起焦虑的情境中时，其自我效能感水平与强度就会降低。

上述几种因素对效能期望的作用取决于人们对其是如何认知和评价的。人们必须对与能力有关的因素和非能力因素对成败的作用加以权衡，人们觉察到效能的程度取决于任务的难度、付出努力的程度、接受外界援助的多少、取得成绩的情境条件以及成败的暂时模式。班杜拉的社会学习理论认为，这些因素作为效能信息的载体影响成绩，主要是通过自我效能感的中介影响发生的。

3. 缺乏良好的组织环境

环境是指相对于中心事物而言的外部空间、条件和状况。组织环境是潜在影响组织运行，进而影响组织绩效的外在于个体工作者的所有因素或力量。如果说，作为内部条件的知识、技能和动机是个人与组织获得绩效的内部动力与源泉，那么，组织环境便是实现绩效目标不可缺少的外部辅助与支持。

组织环境并不直接影响员工与组织的绩效，而是通过作用于员工个体或工作团队，进而对组织绩效产生影响。一般来说，组织环境包括内部环境和外部环境。内部环境涵盖机构工作环境中显性的物理条件，如光线、空气、温度、水等，资源、支持与激励机制，工作流程，以及隐性的组织文化。需要说明的是，激励机制与人的动机相连，但考虑到其属于外在于员工个体且位于组织环境内部的要素，将其归入了组织环境一类。外部环境涉及外在于组织的，组织位于其中且受其影响的社会环境，包括政治、经济、法律、技术、人口、文化等。

下面主要讨论组织的内部环境。

（1）物理环境。

物理环境是指员工开展工作活动、完成工作任务所在的地点及其周围环境与硬件设施。具体而言，物理环境所要分析的要素包括：

①满足人的基本生理需求的要素。环境温度是否适宜，光线是否充足，空气是否流通，噪声的大小是否不对人们的工作形成干扰，是否能方便地获取食物、水，是否有满足人生理基本需求的基础设施等。

②影响员工工作氛围的物理要素。环境中桌椅的摆放位置、设施的布局是否适宜于人们工作的开展。

③影响员工身体舒适度进而影响工作效率的物理要素。工作场所中员工的身体需要接触的设备是否符合人体工学的要求，是否足够舒适，是否对员工保持高的工作效率形成障碍；员工需要操作的设备是否足够安全，是否能有效辅助员工完成工作等。

上述条件是人们实施工作任务的基本条件，是调动人开展工作活动的基础。任何一个方面条件的缺失都会对人们正常完成工作任务造成影响，更不要说达到理想的绩效目标。

（2）资源、支持与激励机制。

资源、支持与激励机制，包括组织环境中员工得以开展和完成任务所需要的输入性条件和激励性条件，包括用以进行决策的相关信息、使用的工具、工作相关的指令、辅导、对绩效结果的反馈、奖励和惩罚的措施等。

这些条件都是针对员工个人，并且是组织工作开展的细微环节。尽管如此，它们却对组织整体获得最优的绩效起着关键作用。因此，绩效分析人员需要对组织上述条件的现状进行调查和分析，以判断其是否是产生绩效差距的根源。

（3）工作流程。

工作流程是指人、材料、方法、机械和环境组合起来以创造有价值的产品或服务的方式，包括实际工作中的工作环节、步骤和程序，及其中资源与信息的流动。

工作流程包括四大要素：任务活动，指完成整个任务需要开展的各个活动；任务流向，指明任务的传递方向和次序；任务交接，指明上下游任务的交接标准与过程；推动力量，指明流程内在的协调与控制机制。这四个要素构成了一个整体，任何一个要素设计欠妥，或实际运行不佳，都可能成为引发绩效问题的根源。“任务活动”是整体工作任务开展的基础，各活动的完整性与逻辑关系会影响整条工作链的完成；“任务流向”不够清晰会影响流程整体的工作效率；“任务交接”中有关交接标准和过程的不健全会导致责任的相互推诿；“推动力量”不够明确会削弱流程中各项任务的完成动力。由此可见，工作流程的科学规范对组织的绩效有着很重要的作用。因此，绩效分析人员需要对组织的工作流程进行分析，以确定其是否是导致组织绩效差距的根源。

工作流程的分析需要涉及工作是怎样被完成的；完成工作的过程中，不同的人需要扮演哪些角色、承担哪些责任；需要使用哪些资源与系统。在开展工作流程的分析时，人们常使用块状图表和流程图。块状图表是一种图形化的列表，按照顺序列出了某过程的几大步骤。一般来说，复杂的任务中总是包含了多种活动，因此这里的“块”标明了过程中的几大任务，而每个任务中又包括了一系列的活动。在界定流程中各个步骤的边界时，绩效分析人员可以获得以下重要信息：流程中包含什么，不包含什么；某个特定流程的输出是什么，输入是什么；在特定的商业流程中需要涉及哪些部门和个人。

在确定了存在重要绩效差距的流程（部门）和个人后，绩效分析人员就需要对其所涉及的工作流程进行分析，具体包括以下几个方面：

①工作流程及各步骤和环节的目的。通过此项分析，消除不必要的环节。

②流程中各项工作的完成地点。通过此项分析，尽可能合并相关的工作与活动。

③流程中各项工作活动的顺序。通过此项分析，尽可能使工作活动的顺序更为合理有效。

④流程中各项任务的实施者。通过此项分析判断人员配置的合理性。

⑤各步骤和环节所运用的方法。通过此项分析简化并创新具体的操作。

（4）组织文化。

组织文化是一个组织由其价值观、信念、仪式、符号、处事方式等组成的特有的文化形象。简单来说，组织文化就是广泛被其成员普遍认可和共同遵循的价值观念和行为规范的总称。对组织文化的理解，有广义和狭义两种。广义的组织文化是指企业所创造的具有自身特点的物质文化和精神文化；狭义的组织文化是企业所形成的具有自身个性的经营宗旨、价值观和道德行为准则的综合。

企业在成长和发展的过程中，其成员逐步形成了一种趋同的行为方式，久而久之便形成了一种习惯，经过一定时间的积淀，习惯就成为人们头脑里固有的“观念”；之后，这种“观念”由于群体较为一致的行为不断强化，从而反作用于人们的行为，逐渐成为无形的约束人们的“行为规范”。所谓“无形”，是因为组织文化贯穿企业发展始终，而又潜行于企业各个细节和制度中，比有形之物更有力量。

任何一个企业都有自己的文化，组织文化可归纳为以下几种类型：硬汉型文化，鼓励内部竞争和创新，鼓励冒险，适合竞争性较强、产品更新快的企业；努力工作尽情享受型文化，把工作与娱乐并重，鼓励职工完成风险较小的工作，适合竞争性不强、产品比较稳定的企业；赌注型文化，具有在周密分析基础上孤注一掷的特点，适合一般投资大、见效慢的企业；过程型文化，着眼于如何做，基本没有工作的反馈，职工难以衡量他们所做的工作，适合机关性较强，按部就班就可以完成任务的企业。

温馨提示

“埃菲尔铁塔”型组织文化

所谓“埃菲尔铁塔”型组织文化，就是因为具有这种类型文化的组织结构看起来很像埃菲尔铁塔：等级较多，且底层员工较多，越到高层人数越少。每一层对于其下一层都有清晰的责任，所以组织员工都是小心谨慎的。对组织的任何不满都要通过一定的章程和实情调查才有可能反映到高层管理者处。在这种组织文化中，组织成员都相信需要有必需的技能才能保住现在的职位，也需要有更进一步的技能才能升迁。属于这类型组织文化的国家和地区有：德国、法国、苏格兰、澳大利亚、加拿大等。

组织文化并无优劣之分，只有是否有助于达到组织的战略目标之分。因此，绩效分析人员需要对客户企业的文化进行分析，以判断该文化特征是否有助于组织绩效目标的达成，是否是造成组织绩效差距的根源。尽管组织文化是“无形”的，但它却通过组织中一系列有形的事物得以体现。为此，绩效分析人员需要对组织中下列几个方面进行研究，先收集有关数据，再做进一步分析。

①组织的努力方向与期望获得的结果。组织中上至高层管理者，下至一线员工，他们都期望组织能获得什么？组织的使命与宗旨何在？战略目标是什么？组织开展系列商业活动最终是为了什么？绩效改进人员不仅要关注现有的文件记录，更重要的是注意组织中的各类人员是怎样来谈论、描述和交流这些问题的。通过回答以上问题，获得有关“组织做事方式”的答案。

②关键的衡量指标。组织如何考察其成员的业绩与表现？组织成员完成任务之后的结果是什么？关键的衡量指标能告诉我们组织运作背后的驱动力量是什么。

人的精力是有限的，且总是关注与自身利益更为相关的方面，特别是在管理层和监督层，他们的事务更为繁杂，因此更倾向于把精力投入到与奖惩相关的事务。为此，绩效改进人员需要分析组织为衡量部门及个人绩效所设立的相关指标及对结果的奖惩，判断组织是否关注了错误的重点。

③关键的商业驱动力量。驱动组织战略背后的主要力量是什么？是市场的竞争力吗？如果是，组织对市场竞争力如何定义？是价格的差异、质量、市场份额、服务，还是客户忠诚度？对上述问题的回答将揭示组织对其所在行业以及自身努力的认识。组织中对此认识的不一致将导致人们采取不同的甚至是相互抵触的行为，进而影响组织整体的绩效。

④组织结构与管理体制。组织是如何构成的？其上下级管理关系怎样？有什么特点？人事系统与一线员工系统之间的关系怎样？部门内部是否融洽？部门之间是否相互支持？人们是否能就自己的观点与其他人畅所欲言？人与人之间有严格的级别界限吗？各部门是以组织整体的工作目标为重，将满足部门员工或其他部门的需求放在其次，还是要一边应对组织的需求，一边确保本部门不与其他部门发生冲突或预料之外的影响？

不同的组织结构和管理体制不仅影响着组织团队的上下级管理与平行级别部门间的合作，更影响着人们的归属感和对组织的责任感。一般来说，扁平化的组织，其工作方式更为灵活，员工们拥有更多的自主权，对待突发事件和外界环境的变化，组织能有更快的反应速度，各阶层员工对组织的主人翁意识和责任感更强；相对的，等级较为严格的垂直型组织，一线员工需要接受由低到高各管理阶层的领导和管理，其工作方式更为固定，应变速度较慢，员工更多的是感觉到为其上级负责，而不是对自己所工作的组织负责。简言之，这种制度下的员工，相对于组织的主人翁意识更淡。

⑤组织实践。组织中目前发挥作用的正式系统与非正式系统有哪些？他们在日常工作的开展中扮演着怎样的角色？在不同的系统中，人们发挥主观能动的灵活性如何？组织的商业事务与管理事务之间有着怎样的关系？预算是怎样开发和管理的？

组织中的正式系统包括预算、法律事务、人力资源、公共关系和一般服务性部门，绩效分析人员需要分析组织中的成员如何进入这些部门并获取他们的服务。非正式系统则延伸到组织正式结构以外。可以发现，组织中总有一些人，他们或凌驾于组织的某些规章之上，或成为组织正式系统以外的核心，或对组织整体的商业目标有很重要的影响，他们就可以看作是组织的政治权利集团，对组织的绩效有关键作用。因此他们也是绩效分析人员发现与分析的重点。

⑥领导与管理实践。组织中的领导方法和管理方法怎样达到平衡？相对于雇员而言，组织管理层对于员工的基本价值系统是什么？管理层如何对待员工？为什么要这么对待？在管理的体系中，商业规划是如何实施的？人们是怎样做出决策的？谁在什么时候会涉足什么事情？

管理行为和领导行为有着明显的差异，二者对于成功商业的运行都有着重要的作用。在这里，绩效分析人员需要分析，哪一种风格主宰着整个组织或某个部门，这对员工工作动机和效率有着重要的影响，进而影响组织绩效。

⑦监督的实践。在工作表现的直接督导环节，是哪一种动力机制在发挥作用？监督的方式和方法对于员工感知组织和工作的感受有着重要影响。在组织文化中，一线员工和直接督导人员之间的交互关系是影响组织氛围的一个主要方面。

⑧工作实践。实际工作是如何完成的？组织是更加强调个人的责任，还是更强调合作团队的责任？员工个人对于工作流程、输出的质量、工作完成的速度以及所需工具和资源等有多大的控制权？

⑨技术使用。技术使用需要考虑的范围包括内部系统与设备、提供给客户的产品与服务。针对该要素，绩效分析人员需要分析：组织当前所使用的有哪些技术？这些技术是不是最新的？组织中的成员们更习惯于哪种技术支持和资源？对同一部门中不同的技术需求，组织是如何满足和协调的？

⑩物理工作环境。组织中员工的工作环境有何不同？是开放的办公空间，还是较为私密的空间？办公桌的摆放、文件柜的位置等，这些因素都会影响人们对工作、部门，甚至是组织的感知。

⑪感知与期望。人们期望事情怎样发生？人们相信在一个组织中什么是最重要的？人们所感知到的重要的事情和他们所发现的组织认为的重要的事情是否一致？

⑫文化的指示物与人造物。组织中的员工如何互相称呼？正式工作时间和实际的工作投入时间各是多少？公司都组织或赞助过哪些活动？员工又是如何看待这些活动的？

通过组织文化的分析，绩效分析人员一方面能识别出影响组织获得最佳绩效的一些文化因素；另一方面也能为后期设计适合组织文化的且更利于实施的干预措施做好铺垫。

温馨提示

鱼骨图

鱼骨图最早是在20世纪50年代初由日本著名的质量管理专家石川馨教授提出的，它可以用来分析问题和原因之间的关系。运用鱼骨图分析绩效问题，有助于各方对绩效问题达成共识，揭示问题的潜在原因，从而明确问题的根本原因。

绘制鱼骨图的过程需要多人参与。在绘制鱼骨图时，通常可以采用头脑风暴法，把参与者的意见和想法全部收集上来，并通过鱼骨图将其展示出来，具体步骤如下：

1. 明确问题

简明扼要地把待解决的绩效问题填入鱼骨图的“鱼头”中。

2. 因素类别

根据鱼骨图需要解决的问题，列出影响该问题相关的因素类别。

针对生产制造类的相关问题，通常可以分成人员、机械设备、材料、方法、环境、测量六个相关因素，如图8-1所示。

针对管理服务类的相关问题，通常可以分成人员、程序、政策、地点四个相关因素，如图8-2所示。

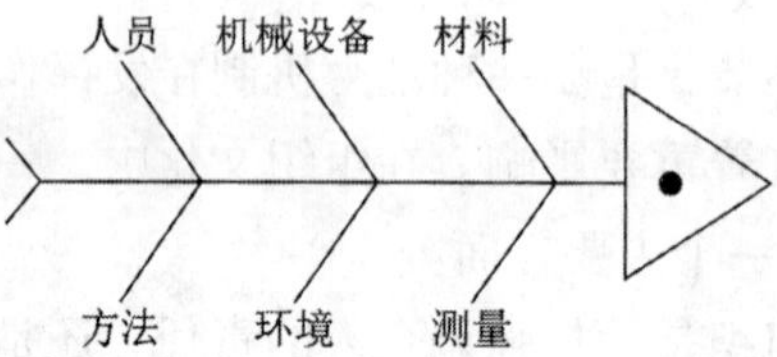

图8-1 生产制造类问题相关因素示意图

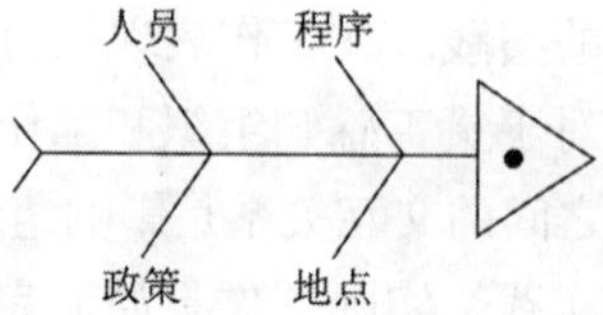

图8-2 管理服务类问题相关因素示意图

3. 查找原因

利用头脑风暴法，把所有产生该问题的可能原因按照其不同的分类填入到各分支中。根据需要，也可以在分支中继续列出分支，也就是进一步探讨和分析更深层面的原因。

4. 检查整理

对得出的鱼骨图进行进一步的检查和整理，补充比较含糊的内容，合并重复的内容。

5. 原因判断

进一步开展小组讨论，对原因进行充分的比较和探讨。对于造成障碍的可能性最大的几个问题进行进一步的数据收集和整理工作，作为下一步问题分析和改进工作的重点内容。

四 绩效分析报告

绩效分析报告一般包括两大部分：报告正文和附件。报告正文主要介绍绩效分析的过程与分析结果，附件则是对报告正文有关内容的说明。

具体来说，报告正文可以分为以下四个部分：

（1）绩效改进项目简介，简单阐述绩效改进项目的动因，界定项目范围，并分析出项目的利益相关者。该部分目的在于明确绩效改进项目的目标和价值，并通过对利益相关者的判断，证明后期所使用数据收集方法和针对对象的有效性。

（2）绩效分析工作的开展，主要描述绩效分析的具体工作活动及其开展过程，并介绍使用的数据收集方法与过程。本部分是对绩效分析工作的展示，可为后期得出分析结论的真实性与有效性打下基础。

（3）绩效分析结论，主要包括组织的绩效差距与导致差距的根本原因两方面。组织绩效差距的展示需要简洁、清晰地说明组织、部门和个人层面与理想状态相比存在的差距，并使用收集的数据步步推演，证明所得绩效差距结论的有效性，从而证实绩效改进项目的必要性；原因分析则需要借助一定的绩效系统模型——根据组织实际情况选用现有模型或构造新的模型，并通过对所收集数据和信息的呈现与分析，按照一定的逻辑识别出导致组织绩效差距的原因，为后期的问题解决打好基础。该部分既是对结论的呈现，也是对绩效分析基本思路和方法的展示，特别有助于绩效改进的推广。

（4）下一步的行动指南，主要是针对分析结论，为选择干预措施与下一阶段设计开发干预方案的工作提出建议。

根据报告正文，附件至少包含三个部分。一是对参与绩效分析工作的团队介绍，包括绩效分析工作团队成员的基本信息，各自扮演的角色，以及团队合作情况介绍。二是对报告正文中提及的部分数据收集及分析进行补充。三是对原因分析中所使用的绩效系统模型进行阐述，如果是选用的模型，需要在附件中说明选择该模型的原因及使用方法；如果是新建构的模型，需要阐述模型建构的方法、过程及其使用。当然，根据不同情况的需要，撰写者可以增加有关部分，以对报告正文进行更好地补充说明。

绩效分析报告样例参见图8-3。

绩效分析报告 绩效分析工作组（小组成员介绍见“附件1 绩效分析工作小组成员”） 撰写人：__________ 日期：__________
一、绩效改进项目简介 （一）项目动因（本项需要强调遇到了什么情况，面对机遇还是问题） （二）项目目标 （三）利益相关者分析
二、绩效分析工作的开展 （一）绩效分析工作过程 ☆ 第一阶段：（本阶段开展的具体活动与成效） ☆ 第二阶段：（本阶段开展的具体活动与成效） ☆ …… （二）数据收集过程与方法 1. 访谈法（访谈提纲详见“附件2第一部分 访谈提纲”） （1）行为事件访谈 a）访谈目的 b）访谈对象 c）访谈实施（时间、地点、实施情况） （2）…… 2. 小组座谈（座谈主题与会议记录详见“附件2第二部分 小组座谈会议记录”） （1）座谈目的 （2）参与对象 （3）座谈情况（时间、地点、实施情况） 3. 问卷调查（调查问卷详见“附件2第三部分 调查问卷样例”） （1）调查目的 （2）调查对象 （3）调查实施（时间、地点、实施情况） 4. ……
三、绩效分析结论 （一）绩效差距 1. 组织层次 （1）相关数据收集 ☆ 数据收集方法 ☆ 数据分析

（续上图）

(2) 结论

	产品	输出	结果
理想状态			
现实状态			
差距			
造成的影响			

2. 部门层次

(1) 相关数据收集

☆ 数据收集方法

☆ 数据分析

(2) 结论

	输入(强调与其他业务部门的沟通与合作)	产品	输出
理想状态			
现实状态			
差距			
造成的影响			

3. 个人层次

(1) 相关数据收集

☆ 数据收集方法

☆ 数据分析

(2) 结论

	关键绩效指标 1(KPI 1)	关键绩效指标 2(KPI 2)	关键绩效指标 3(KPI 3)	关键绩效指标 n(KPI n)
理想状态				
现实状态				
差距				
造成的影响				

注意：以上三个层次并非缺一不可，需要根据绩效改进需求判断合适的绩效改进层次。

（续上图）

（二）导致差距的根本原因

1. 使用的绩效系统模型（对所使用模型的说明见"附件3 绩效分析工作中使用的绩效系统模型"）

（展示模型，并对影响绩效的各因素做简要说明）

2. 原因分析结论

(1) 知识和能力

a) 相关数据收集

☆ 数据收集方法

☆ 数据分析

b) 结论

(2) 动机

a) 相关数据收集

☆ 数据收集方法

☆ 数据分析

b) 结论

(3) 组织环境

a) 相关数据收集

☆ 数据收集方法

☆ 数据分析

b) 结论

四、下一步的行动指南

1. 缩小绩效差距的对策建议

导致差距的原因	对原因的说明	可选择的对策列表
原因一		
原因二		
……		

（注意：对原因的说明需要指出公司问题某项具体原因的特殊情况，以明确针对该原因的解决对策的具体设计与开发要求）

2. 设计开发干预方案的工作建议

(1) 团队的组建

(2) 组织文化的特点

(3) 组织过去的绩效改进经历

(4) ……

备注：

附件一：绩效分析工作小组成员情况

附件二：数据收集样例

第一部分：访谈提纲

第二部分：小组座谈会议记录

第三部分：调查问卷样例

附件三：绩效分析工作中使用的绩效系统模型

图8-3　绩效分析报告样例

疑难解答

1. 是什么原因促使组织进行绩效分析？

一般情况下，组织中的绩效分析往往源于下面两种需求：

（1）一种新的政策、市场形势或技术的全面铺开提供了新的机遇。

政策、市场形势或技术作为组织的外部条件，对组织及其运作有着很大的影响。每当有新的政策（特别是经济政策）出台，或市场形势发生了某种变化，又或出现了新的技术时，组织内部就需要发生一些变革来应对外部环境的变化，这才能更好地抓住机遇，占领市场先机，超越竞争对手，从而获得更大的发展。为了更好地促进这些变革，绩效改进人员就需要分析外部环境变化对组织的具体影响，分析为达到最优绩效组织员工需要具备的技能与知识、应拥有的组织环境等。

（2）组织出现了绩效不佳的问题。

这种需求往往源于组织内部。当经理们感觉到有数据证明组织的绩效正在下滑，出现了绩效不佳的问题时，就需要进行绩效分析。绩效分析能帮助组织找到绩效不佳的具体问题是什么、出现在哪个环节，以及为什么会发生这种问题等原因。

2. 组织如何选择合适的绩效分析层次？

一般来说，对某个组织进行绩效分析有三个层次：中级层次的绩效分析、综合层次的绩效分析以及全息层次的绩效分析。

中级层次的绩效分析主要针对某一个部门，或是针对绩效过程中的某一个环节。中级层面上的分析主要针对组织部门的“输入”“过程”和“产品”。具体来说，“输入”是指需要分析为达到部门或个人工作目标、为了遵循一定的程序与方法，所需要的各种资源，包括人（人的知识、技能、态度、动机等）与物（完成工作所需要的物理环境和人文环境、各种资料与支持等）；“过程”是指需要分析部门或个人为获得工作的最终成果所而采用的工作程序与方法；“产品”是指需要分析该部门或个人的最终工作成果。

综合层次的绩效分析以组织整体为分析单位，针对“组织向外部生产并传递了什么”“组织目前正在做什么”以及“组织怎么做的”这些问题展开。综合层次的绩效分析除了分析包括中级的绩效分析所涉及的范围（输入、过程、产品）外，还需要分析组织的“输出”，即组织目前向外部输送的产品与服务是什么，判断它们是否为组织带来了更多的发展机会。

全息层次的绩效分析不仅要看到组织整体，还要放眼组织的外部环境。全息的绩效分析强调组织内外的关联，重视分析组织所使用的资源，所开展的工作及其所传递的产品和服务对其客户以及社会产生了何种影响。本层次的绩效分析除了分析包括综合层次分析所涉及的范围（输入、过程、产品、输出）外，还要分析组织的“结果”，即组织的存在及其运作为客户和社会所带来的价值，判断组织在社会中扮演的角色。

3．受完美主义影响，很多绩效改进人员过度地进行分析，拉长了分析周期，使得绩效分析冗长而逐渐失去了外部人员的信任与支持。这一问题该如何解决?

为了解决这个问题，绩效改进人员需要做到以下几点：

（1）制定合适的绩效分析计划，明确每个时间节点及所需完成的任务。要知道，快速拿到有关的结果能逐步增强人们的信心及认同感。因此，制定周全、紧凑的绩效分析计划是很有必要的。这里需要强调，一方面要确定好分析的几大阶段，尽可能提高分析的效率；另一方面要及时将分析的计划及阶段性成果进行公布。

（2）持续地将分析过程与结果提供给组织中有经验的人。有经验的工作者、管理者和学科专家有助于帮助我们区分有效结果和异常错误。排查异常情况需要接触更多的信息源。与组织中有经验的人不断交流，能帮助我们快速识别出问题及可能解决问题的途径与渠道。

（3）抓住快速绩效分析的关键，一方面是迅速地抓住有关组织绩效的整体及其中的利益驱动机制；另一方面是要特别仔细地关注有关知识技能、员工工作环境和动机方面的需求。

4．如何从经营角度做绩效分析?

人事部门经常需要做绩效分析，但绩效分析一定不能只站在人事部门的角度进行。

绩效的含义绝不只限于绩效考核，它包含了业绩任务完成情况和考核工作的执行情况。通常来说，人事部门的绩效分析会局限于绩效考核PDCA循环，不太关注业绩任务目标、组织经营状况、部门协调合作、业务流程畅达程度……而这些恰恰都是公司真正想要的（当然这对普通绩效专员来说，要求有点高，毕竟各企业还有分工权限壁垒）。

好的绩效分析，其实就是简版的经营分析，这也是一些公司经营规划部门承担绩效推动责任的原因。所以，做得好的HR，一定是懂业务经营的，能深入各业务内部，知道结合业务来做工作，而不只是懂点HR技能就够的。

第三节　干预方案

一　什么是干预方案

干预方案是指以缩短组织绩效差距、提升绩效为目标，对绩效改进的活动的设想与规划。它是通过前期绩效分析得出结论，针对导致组织绩效差距的根本原因，选择对症的多种措施，经过不断设计与开发并反复修改而形成的一套综合性的整体方案。

1．干预方案的理解要点

（1）干预方案不等于解决方案。

解决方案是针对某些已经体现出的或可预见的问题、不足、缺陷、需求等提出的一个解决问题的方案，同时确保该方案可有效执行。干预方案则需要以绩效分析结果为依据，可能是解决方案，也可能是发展方案，其内涵大于解决方案。一个好的干预方案往往不满足于只解决现有的问题，它还具有一定的前瞻性和发展性，可以帮助组织抓住机遇，从战略角度促进组织的进一步发展。

（2）干预方案的重要组成部分是干预措施。

导致绩效问题的原因可能有很多，应对措施往往也有多种。因此一套干预方案一般会包括多种干预措施。

2. 形成干预方案的一般流程

（1）组建设计开发团队。

导致组织绩效差距的原因多种多样，可能是缺乏必要的知识与能力，可能是工作人员动机不足，也可能是组织环境存在缺陷。因此，干预方案往往涉及与之相关的多个领域，如心理学、管理学、信息科学等，包含人事任命与选择、培训、文本记录、传播交流、薪酬、信息系统、评价、评估、管理、工作设计以及质量改进等内容。大多数绩效改进人员并不一定，也没必要具备所涉及领域的全部知识，可以由来自不同领域或部门的专家共同合作完成。因此，形成干预方案的第一个阶段便是建立一个由不同领域的相关专家组成的团队，让熟悉不同方面干预措施的专业人士参与方案的设计与开发。

在这里，绩效改进人员需要完成两方面工作：首先，作为方案设计与开发团队的核心，把握住设计与开发的步调，掌握好绩效改进“对症下药”的原则；其次，识别出组织内部的有关“专家”，或寻求外援，组成设计或开发团队，进行良好的沟通与协调，确保团队高效地开展工作。需要指出的是，有关“专家”往往隐藏在组织内部，因为员工是最了解组织问题的人，且其中一部分由于这样或那样的原因而不愿意站出来。此时，绩效改进人员一方面要在前期绩效分析的基础上找到这些关键专家，另一方面则要运用各种外交的手段来争取他们的参与。

（2）“原因—干预”措施匹配。

“怎样的干预措施能缩短组织的绩效差距”，这是本环节工作要回答的核心问题。凝聚了来自各方面的专家，组建了设计团队后，便需要从众多可选的干预措施中找出最能有效缩短绩效差距的措施。为此，需要回顾绩效分析结果，明确绩效改进目标，将干预措施与所识别出的根本原因进行匹配，得出对症的措施。如果产生绩效差距的根本原因是知识与技能缺失，那么就需要采取相关策略帮助员工掌握必备的知识和技能；如果产生绩效差距的根本原因是动机的削弱，那么就需要采取相关策略激发员工的动机；如果产生绩效差距的根本原因是组织环境中的问题，那么就需要针对不同的缺陷采取相应的办法。

绩效改进为针对不同原因选择对症的干预措施提供了一套操作性很强的方法与工具，所以只需要在绩效分析的基础上，从导致组织绩效差距的原因出发，就能大致判断出可能的干预措施。

（3）设计干预方案。

本阶段的工作包括筛选出可行的干预措施，并组合成干预方案。经过“原因—干预”

措施匹配，找出对症的干预措施后，得出可用的干预措施往往不止一种，要采取所有措施是不可能的。那么，如何进行选择呢？可依据“最佳成本效益比”的判断原则，从可行性、成本收益等各方面来判断这些干预措施的适合性。为此，绩效改进人员需要对比和分析干预措施的实施要求与组织或部门的现有条件，包括实施干预措施所需的资源与组织现有资源、干预措施与组织或部门原有文化的兼容性、干预措施对于员工的可接受性等。筛选出可行的干预措施后，绩效改进人员还需要将选择出的干预措施进行组合，从而设计出综合的干预方案。

（4）交流干预方案要求。

在本阶段，绩效改进人员需要将通过分析而设计出的干预方案的草案提交给组织或部门中的利益相关者（尤其是管理者）和实施干预方案可能涉及的有关人员，向他们讲解该方案的内容和目的，与他们进行交流，在获得反馈后对该方案进行改进。通过上述工作，一方面可以在交流中改进方案，另一方面可以获得决策者和实施者对方案的支持与认可，这些都将为后期干预方案的开发与实施奠定坚实的基础。当然，在具体设计与开发过程中，绩效改进人员还需要持续与各相关领域专家进行沟通和交流，帮助他们明确绩效改进目标，确保最终方案能够真正达到改进绩效的目的。

（5）开发干预方案。

本阶段的工作包括开发相关的干预措施，并最终综合形成整体干预方案。干预方案草案经过交流得到反馈意见之后，经过修改形成最终的干预方案文本。如果组成干预方案的干预措施没有现成的，那就需要根据干预方案的蓝本，对相应的干预措施进行开发，如工作帮助的开发、绩效支持系统的开发、培训材料的开发等。

二　干预措施的分类、选择及分析

1. 干预措施的分类

根据导致绩效差距的几类原因，表8-5列举了干预措施的分类及其具体例子。

表8-5　干预措施的分类及其具体例子

导致绩效差距的原因	干预措施的分类		具体例子
知识与技能、能力的缺失	知识与技能类措施	教学型	培训（面授式与在线式、集体学习与自主学习）、师徒式教学等
		非教学型	绩效支持（如电子绩效支持系统、工作帮助、知识管理系统等），绩效反馈，辅导，学习型组织，行动学习，团队学习，员工选拔与配置、轮岗等

（续表）

<table>
<tr><th>导致绩效差距的原因</th><th colspan="2">干预措施的分类</th><th colspan="2">具体例子</th></tr>
<tr><td rowspan="2">动机不强</td><td rowspan="2">动机类措施</td><td>内部动机激发类</td><td>员工参与、工作再设计、ARCS动机激励策略、动机信念模型激励策略、绩效反馈等</td><td rowspan="2">职业规划与发展、职业导师等</td></tr>
<tr><td>外部激励类</td><td>薪酬制度、激励机制、员工福利、进修机会、改善物理环境等</td></tr>
<tr><td rowspan="8">组织环境的缺失</td><td rowspan="8">组织环境类措施</td><td rowspan="7">内部环境类</td><td colspan="2">物理环境：厂房改建、工作地点搬迁等改善物理环境的措施</td></tr>
<tr><td colspan="2">组织设计与开发：组织再设计、流程再造等</td></tr>
<tr><td colspan="2">工作分析与设计：岗位重设计</td></tr>
<tr><td colspan="2">组织文化：改善与优化组织文化</td></tr>
<tr><td colspan="2">组织沟通：沟通网络与合作、信息系统、建设与投诉系统、冲突的解决等</td></tr>
<tr><td colspan="2">资源与支持：记录（工作规范）与标准、交流机制、信息与资源获得制度等</td></tr>
<tr><td colspan="2">财务系统：成本记账系统、现金流分析等</td></tr>
<tr><td>外部环境类</td><td colspan="2">标杆管理，合并、并购与合资，改变战略方向，市场分析与重定位，新产品预测与开发等</td></tr>
</table>

需要说明的是，首先，单一干预措施可能包括多方面的内容，其实施可能产生多样化的效果，不仅消除一种原因导致的绩效问题，针对其他原因导致的问题也有一定的作用。例如，绩效反馈不仅能帮助员工判断自己的工作方法是否符合企业要求，还使其发现自己在某些知识和能力方面的偏差，更能有针对性地进行纠正和调整，以达到要求；同时，积极的绩效反馈有助于员工树立信心，增强工作动机，促进绩效的提高。工作再设计中，有的再设计能改善工作流程，提高工作效率；有的再设计则改变了具体工作与环境的特征，能更好地激发员工的工作热情。为了强调这一点，有些措施被同时归入了几种类型。这种划分有助于从绩效分析得出的根本原因出发，确定对症的办法。

其次，表中列举的具体干预措施，在层次上各不相同。有的层次高一些，涵盖了其他的几种措施。例如，“学习型组织”的建设就可能包括培训、激励、知识管理等；“组织文化”的改善可能包括团队建设、组织再设计等。有的层次低一些，如工作帮助等，其内涵较为单一，几乎不包括其他任何干预措施。

再次，“外部激励类”干预措施也属于组织环境中的措施，但考虑动机的增强既需要内部力量的推动，也需要外部诱因的促进，为更全面地设计增强员工工作动机的干预方案，这里将其归入动机类。

最后，“外部环境类”干预措施是指面对外部环境的变化所带来的挑战和机遇，组织需要采取的可能是前述措施以外的其他应对措施。

温馨提示

ARCS动机模型

ARCS动机模型是由美国佛罗里达州立大学的教授约翰·凯勒提出的。他认为，兴趣（Interests）、相关性（Relevance）、期望（Expectation）和满意（Satisfaction）是人类心理中动力系统的四大要素。为了便于记忆，“兴趣”被修改为“注意”（Attention），“期望”被修改为“信心”（Confidence）。这样，Attention（注意）、Relevance（相关性）、Confidence（信心）、Satisfaction（满意）四个英文单词的首字母就组合成了此动机模型的名称“ARCS”。

根据ARCS动机模型，如果人们要对做某事产生动机，首先要能注意到该事，然后认为这件事与自己具有一定的相关性，接着要有信心完成此事，最后要能通过完成此事体会到满足感。因此为了激发一个人完成某项工作的动机，需要关注以下方面：第一，要引起他对这项工作任务的注意与兴趣；第二，要使他理解到完成这项任务与自己的切身利益密切相关；第三，要帮助他感觉到自己有能力，使其满怀信心地去开展这项工作；第四，要在工作完成后让他能够体验到成就感与满足感。

2. 干预措施的选择

干预措施的选择，即将绩效差距的根本原因与有助于消除或削弱该原因的方法进行匹配，以从根本上解决产生绩效问题的根源。下面介绍两个模型，为绩效改进人员准确、快速地找到针对导致差距根源的对症措施提供思路。

（1）绩效分析流程图。

绩效分析流程图（图8-4）以操作流程的形式，在明确绩效差距的基础上，通过对所列关键问题“是与否”的回答，引导人们一步步地查明导致绩效差距的真正原因，并据此找到相应的干预措施。值得注意的是，该模型将分析原因与选择干预措施直接相连，操作性较强。但是，一方面，它仅考虑了几种基本的原因，给出的也只是几种基本类型的干预措施；另一方面，该模型较多地从个人工作者的视角出发，缺乏考虑组织和流程层面的变量，使用起来不够全面，更适合新手用于分析个人层面的绩效不佳原因及对策。

（2）绩效架构地图。

绩效架构地图（图8-5）并未单独列出原因与干预措施，而采用以“文化”为中心，涵盖“动机”（我为什么这样做）、“环境”（在哪里这样做）、“结构”（做什么）以及“学习”（怎样做）四个方面的五个维度将这二者融为一体，通过量化评分的操作，明确问题原因和干预措施所处的维度。

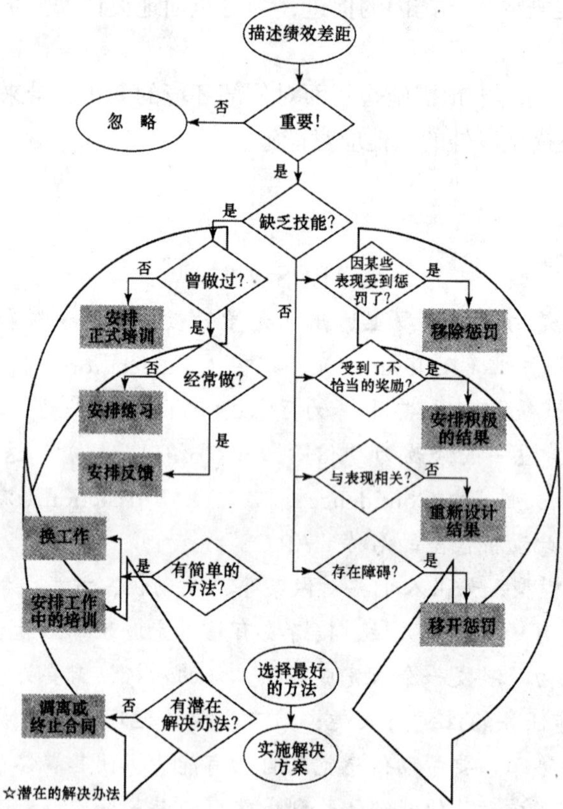

图8-4 绩效分析流程图

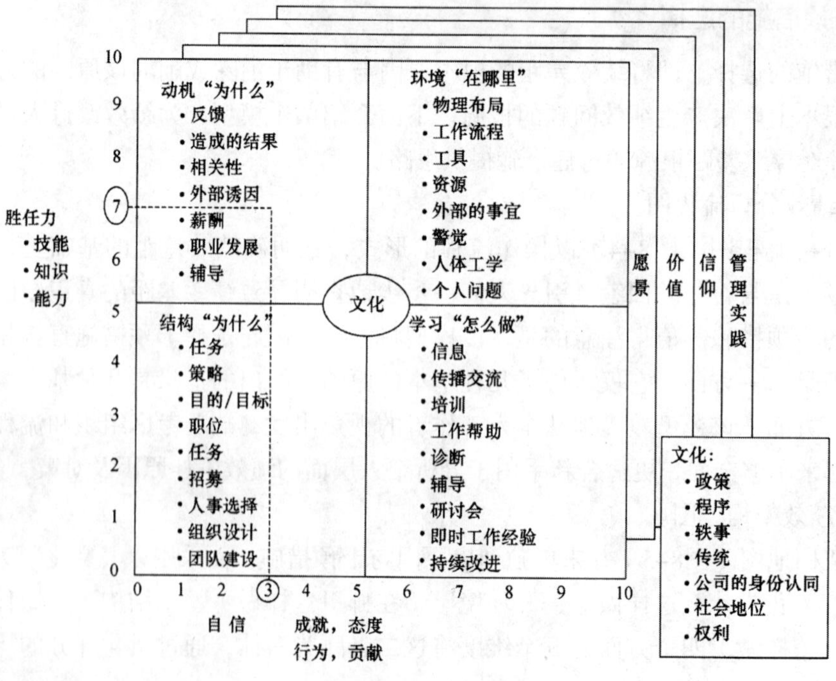

图8-5 绩效架构地图

具体使用时，绩效改进人员首先需要评定员工的胜任力（知识、技能和能力）和内部心理状态（自信），并用量化的指标（横纵坐标0至10的等级）表示，在坐标轴上找到对应数值，作该坐标轴的垂线，取二者交点，交点处即为可能的问题根源与可行的干预措施类别。如图8-5所示，若员工胜任力评分为7，自信评分为3，两坐标轴垂线的交点恰落在动机维度外部诱因和薪酬之间，因此，提高该情境中的绩效的办法是增加外部诱因以及提高薪酬。

该模型将影响绩效的知识能力和内部动机的个人因素，与外部环境巧妙地联系起来，操作性很强；使用的难点在于如何设立标准来量化员工“胜任力”和“自信”的真实状况。

3. 干预措施的分析

通过干预措施的选择，明确了干预措施的类型，并大致判断出了可以使用的多种干预措施。然而，面对多样而丰富的干预措施，怎样判断它们的特点，并据此进一步挑选出合适的干预措施呢？下面提供了三种工具，设计团队的人员可以使用它们来对初步选择出的干预措施进行进一步的分析。需要指出的是，下面的三种工具各有特点，具体使用时，设计人员可以根据自己的实际情况选择一种。

（1）SWOT分析。

SWOT分析是企业分解自身既定的内在条件，找出优、劣势及核心竞争力的常用分析方法。其中，“S”“W”是内部因素，分别代表企业的优势（Strength）和弱势（Weakness）；“O”“T”是外部因素，分别代表机会（Opportunity）和威胁（Threat）。将SWOT法引入干预方案的分析中，能帮助设计团队的成员更好地找出分析对象的各方面特点，以做出进一步的决策。具体使用时，绩效改进人员可以与不同的利益相关者一起，通过头脑风暴或小组讨论等形式列举出前期选出的各干预措施的优势、劣势、机会和威胁，形成相应的清单，以做出更为明智的选择。优势较多，劣势较少，能为组织绩效提升带来更多机会，同时面临的威胁较小的措施是最为理想的。

温馨提示

头脑风暴

头脑风暴是指在一定的时间内尽可能多地提出各种想法，然后将其精简为少数几个，并从中找出最有价值的想法。对于绩效分析人员而言，头脑风暴的方法有利于集思广益，通过鼓励团队中每一个成员的参与，在短时间内获得大量有创造性的意见，从而找出导致现有状况和理想状况之间的差距和问题的所有潜在原因。

参与头脑风暴的人数没有限制，但如果在四五人以上，就需要创建小组以使得活动更为可控，更有效率。在开展头脑风暴收集信息进行分析时，绩效分析人员需要确保参与该活动的人对绩效问题具有相关的知识，以提供合理的输入。头脑风暴的参与者可以通过投票、一致性讨论或第三方证实的办法来获得最好的想法。

开展“头脑风暴”讨论需要遵循以下原则：

1. 对讨论的时间有所限制。当参与者的想法大多已经表达完毕后，应适时告一段落。如果仍然有想法，可以另外安排一次讨论。一般讨论时间应控制在半小时至一小时之间。如果需要更多的时间，则可以把问题分成几个小问题，然后再召开几次这样的会议。

2. 不要打断发言。允许发言者将想法充分表达出来，不要质疑，更不要批评或阻止。

3. 不要评论。讨论中对任何想法发表意见都会使人觉得某些问题已经有了对错的定论，评价应该在提出干预措施或解决方案后进行。

4. 要有讨论范围。首先要使大家明确拟讨论的问题涉及的范围、具体内容要点，以防止“跑题”；要尽量使问题简化，将笼统的问题分解为一系列具体的子问题；问题越具体，越容易引起讨论。

有时候，头脑风暴会产生“集体想法”，即所有参与者都想到了一起，这往往是由于人们的从众心理，对说出有创造性的意见存有顾虑。为了避免该现象的产生，一方面，可以制定讨论规则，强调讨论中所有的意见都有价值，都需要跳出常规，发挥创造力；另一方面，可以要求每个人在活动开始前将自己的意见写在准备好的纸上，让人们有机会在头脑风暴前先思考问题。此外，通过对意见的记录，人们更容易进行表达，更容易激发发散性思维。

（2）力场分析。

力场分析（Force Field Analysis），采用了直观而结构化的方式来表征某一对象所具有的优势和劣势。其中，优势为“推动力”，劣势为“阻力”。力场分析形象地说明了对象的优势和劣势如何帮助（推动力）或阻止（阻力）目标或预期结果的实现，它不仅可以用于选择干预措施，制定干预方案，也是变革管理中分析变革推动力和阻力的有效工具。以力场分析来分析干预措施的特点，如图8-6所示。

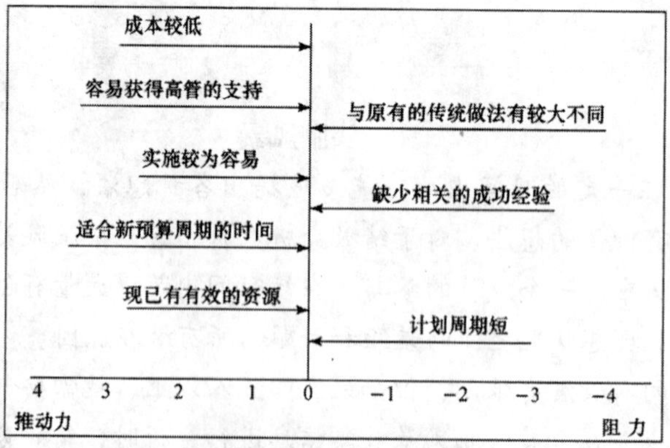

图8-6 某干预措施的力场分析

使用力场分析图时，首先分析出干预方案的各方面特点，将其优点列为推动力，缺点列为阻力；定性地分析出其优缺点（推动力与阻力）后，下一步就是量化各项特点的大小或强弱。例如，图8-6就使用了0至4的数量级作为衡量标准。具体使用时，用横坐标的正负方向代表干预方案的优点和缺点，线的长短代表力的大小，“力”表示于带有一定长度的线段上方。通过综合力的方向与数量，可以得出该方案的整体特征。

力场分析可以有效地帮助我们进一步量化和处理干预措施相关的一些主观问题。现阶段员工的士气、工作氛围或管理团队的素质等这些力都应该在力场分析过程中加以考虑，这样更有利于明确一个方案的优势。在使用该方法进行分析时，应注意不要在任何一个方向上忽略了重要的力，这会引起对该方案的错误理解并对变革带来不利。力场分析可以帮助我们预测或描绘备选方案在真实工作场景中的状况，还可以帮助绩效改进人员引导不同利益相关者和决策者讨论每一个影响因素，特别是那些有最大影响力的因素。同时，该方法还可以制定辅助策略来帮助方案加强推动力并减少阻力。

温馨提示

组织变革中的阻力来源

干预方案的实施可能要求人们改变习以为常的做法，改变组织的利益格局，甚至对人们固有的观念提出挑战，因此，实施过程中一定会遇到各种各样的阻力。

组织变革中的阻力主要源自两个方面。一是变革本身与变革的过程，包括变革自身的“相对优点”“易用性”“兼容性”和“可适应性”，以及变革过程中对变革目标、价值与具体实施标准的沟通，变革过程的规划等；二是变革利益相关者一方，包括“与变革有关的经历”“与变革相关的知识和技能”“个性特征”以及对变革可能带来的“经济利益”“社会关系”变化的顾虑等。

上述因素都影响着人们对于变革的感知和认识，并可能形成人们实施变革的障碍。

（3）“容易—影响”分析。

“容易—影响”分析工具的形式为一个四象限方格，其中一个坐标轴代表容易程度，另一个坐标轴代表影响程度，如图8-7所示。

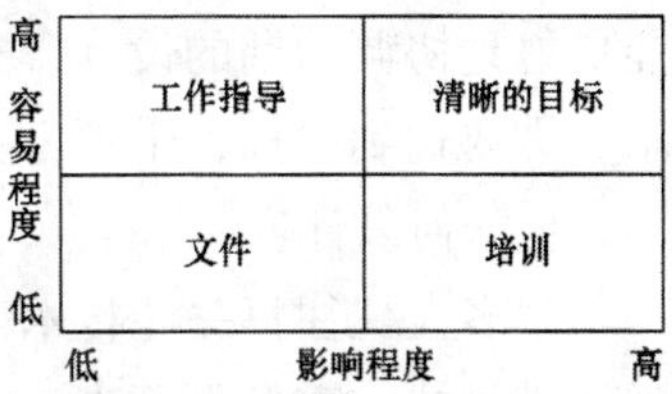

图8-7　“容易—影响”分析

该工具主要用于评估措施实施的容易程度和潜在影响。那些容易实施且潜在影响很大的措施要比那些影响小但实施难度很大的措施可选性大得多。最理想的措施位于右上角的象限内。当然，也可以用其他标准代替容易程度和影响程度。

“容易—影响”分析工具用一种较为直观的方式展示出几个备选措施在人们心目中的地位。绩效改进团队可利用此工具，结合投票的选择方式来清楚了解利益相关者是如何看待各个备选措施的。

三　干预方案的设计与开发

1. 干预方案的设计

设计干预方案有以下几个步骤：绩效分析结果再分析、干预措施选择和方案设计。其中，“再分析”是为了加深对绩效差距的认识，进一步明确方案设计目标而对绩效分析结果进行的再次分析。“干预措施选择”是针对导致绩效差距的各方原因，选择具体的应对办法。“方案设计”则是对选择出的各项措施进行综合，完成干预方案的设计，包括构建宏观框架和完成细节内容两部分。

（1）绩效分析结果再分析。

考虑到组织本身的复杂性，以及项目周期中可能出现一些变化，在干预方案设计中，需要利用绩效分析报告结论，进一步扩展分析范围，深化分析程度，进而确保设计方案的科学性。这个工作也是对绩效分析阶段工作的一个形成性评价，确保绩效分析阶段工作的有效性。

此外，由于干预方案设计小组成员中，只有很少的人参与了前期的绩效分析工作，对绩效分析结果的再分析有助于设计小组对形成的绩效分析结果统一认识和加深理解，以便更有效地设计干预方案。绩效分析的再分析包括确定干预方案目标和识别需求并排序两步。

①明确干预方案要达到的目标。目标是方案努力的方向，因此设计和开发干预方案之初，明确方案的目标是一项重要工作。只有明确了改进的目标，绩效改进人员才能识别出对于组织而言什么是重要的，什么是不重要的，这样才能制定出能有效帮助组织改进绩效的解决方案。理论上说，干预方案要达到的目标往往就是组织绩效改进的目标。在绩效分析阶段，我们已经对组织绩效改进的目标进行了分析和制定，考虑到组织外部市场的快速变化，此时，干预方案的设计人员需要重新审视绩效分析阶段的有关工作，并再次明确方案要达到的目标。

②识别干预方案设计需求并进行排序。在确定干预方案的目标后，还需要确定方案的需求，即设计、开发与实施该方案应满足哪些需要。只有在前期明确了方案的需求，才能更好地协调后期的设计、开发与实施。在绩效改进中，主要考虑两种需求：一是技术需求，即要达到目标，干预方案应具备哪些特征；二是人的需求，即为便于成员使用干预方案，应如何设计。

很多人往往只关注技术需求而忽略了人的需求，这是错误的。实际上，满足人的需求远比满足技术需求更困难，那些只看重技术需求的人忽视了非常重要的一点，就是员工参与、用户友好性和文化兼容性对于干预方案的成功十分关键。

当然，我们不仅要识别出需求，还要对需求进行排序。至少要区分出必须的需求（即干预措施必须满足的需求）和理想的需求（利益相关者想要达到的理想需求）。

对不同需求的优先满足不同，可能会导致工作重点有所偏差，因而，识别出主要的需求，明确满足各项需求的优先顺序对方案设计非常重要。

（2）选择干预措施

干预方案由数个针对问题根源的具体干预措施组成，选择对症的干预措施是设计干预方案必不可少的重要一步。

绩效改进人员应遵循下面的一套系统化的选择流程。在使用时，具体情境不同，实施细节可能各异，但下面的流程包含了科学地形成决策的主要步骤。

①找到对症措施。找到对症措施是选择工作的第一步。如果没有最初的选择，就无法开展进一步的筛选和评估等工作。为此，绩效改进人员一方面要深入研究绩效分析的结果，另一方面还需具备较为丰富的绩效问题处理经验，尽快确定绩效问题的对症措施类型。

②制定筛选标准。针对导致绩效差距的一种根本原因，可采用的干预措施可能有多种，考虑到组织资源的有限，不可能实施所有的措施。此时，就需要制定有效的筛选标准。筛选标准是指用于评估或判断，并最终成为选择干预措施的测量标准。一般需要在干预措施选择前制定。

事先确定出筛选标准可以帮助绩效改进团队在判断干预措施的可能性和质量时保持开放、客观的心态。反之，若在列出可能的干预措施后再制定选择标准，则可能会因为对某些方案的偏好而使选择标准有所偏颇，难以保证决策的客观有效性。

首先，确定筛选标准的维度。干预措施的筛选标准一般包括以下维度：有效性，即干预措施是否能对症绩效问题的根本原因。如果不能消除或减少这些原因，就要考虑其他备选干预措施了。可行性，主要是指方案的可操作性，包括所需资源，如人员、时间、金钱和精力等。成本—效益，对于实施费用的考虑主要是出于成本效率方面的考虑，将高成本的干预措施用于解决低成效的问题是不值得提倡的。事实表明，低成本的方案经常会对处理绩效问题产生更好的效果。可接受性，干预措施是否可以被管理层或其他利益相关者接受。管理层和其他利益相关者的接受程度非常重要，因为他们控制着组织的人力、物力等资源，方案的最终通过和采纳也要由这些人来决策。及时性，合乎时机地提出干预措施是解决问题的一个重要条件，应尽量使干预措施的实施不与组织内其他正在进行的事件或任务相冲突。负面影响最小化，由于组织具有系统化的特征，那就应该尽可能预先检验当干预措施使组织系统中某些部分发生变化时是否会对系统其他方面带来负面影响。

除上述基本标准外，还可以根据具体情况和需求加上一些其他条件，如安全性、合法性、紧急度或必须遵守外部相关机构的规定等。另外，还可用头脑风暴法来产生更多的筛选标准。在此过程中，绩效改进人员应认真制定相关条件，只有基于这些条件才能挑选出最合适的干预措施。一般而言，最合适的筛选条件数目为3~4个。当指定太多筛选条件时，干预措施的选择就变得更为困难。确定筛选标准的方法之一就是“去粗取精”，认真考虑哪些条件是干预措施必须满足的，淘汰掉不必要的。

选择干预措施时，不要只考虑短期问题解决方案。如果管理层的接受程度和实施的可行性被确定为筛选条件，那么备选方案的评估应同时考虑公司的未来发展方向，并衡量该方案在未来状况下的可接受性和可行性。例如，一个方案在短期内不可行，而几个月后的可行性却可能很高。这种转变常见于以下情况：一种情况是该方案的实施是在另一个方案之后；另一种情况是原先方案失败或组织内部遇到了某种危机，这些都可能使得原来不恰当的方案变得恰如其分。绩效改进人员在决策过程中应认真考虑这些因素。

其次，为选出的标准赋以权重。在确定筛选标准几大维度的基础上，绩效改进人员还要考虑哪些标准更为重要，哪些标准次之，为其赋以不同的权重。具体权重的多少一般要视具体工作问题与情境而定。

③评估并选择备选干预措施。在找到多种对症的备选干预措施，并明确筛选标准后，本阶段的工作就是要根据筛选标准来评估并选择各项备选措施。表8-6所示的评选标准矩阵，就是用于评估各项备选干预措施的有效工具。当有多个评选标准时，该工具能够帮助绩效改进人员直观清楚地看到每个干预措施在不同方面具有的优缺点。

表8-6　评选标准矩阵

备选干预措施	标准1（×权重）	标准2（×权重）	标准3（×权重）	总计
干预措施1				
干预措施2				
干预措施3				
干预措施4				

具体操作时，设计团队的成员需要依据前期确定的标准及其权重，制定相应的评分量表，然后组织方案设计团队的成员针对每一个干预措施进行打分。一定要确保每个标准的评估都采用了同样的量表以保证一致性和总体打分的准确性。一般来说，可以使用李克特（Likert）系统，采用包含5、7或10的级别。最后，对每个评分成员的各项干预措施评分进行平均或总计，获得各项干预措施的总体评分。所评总分越高，代表该方案越受认可。

（3）形成干预方案。

选择出干预措施后，绩效改进人员需要有效整合多种干预措施，形成干预方案。一般来说，本步骤的工作包括设计宏观框架和完成细节内容两步。

首先，为干预方案搭建大体框架，包括确定方案所含的干预措施有哪些，这些干预措施之间的关系是什么，干预措施实施的先后顺序，如何互相配合等。需要注意的是，所搭建的框架也应该有多个备选方案，而不是只有一种。否则，绩效改进人员就难以系统地比较多种方案。

其次，完成一些细节问题。设计出宏观框架后，需要对于预方案做具体详细的说明，阐释具体事件、活动、任务、时间规划及资源要求。该阶段需要增加关于开发和改进干预方案的细节，且应使这些细节得到管理层或决策层的认可，同时增加适量的描述与支持性信息，帮助用户明确期望，了解该方案的意图。如果管理层或决策层对方案有异议，绩效改进人员就需要根据其要求进行适当修改和调整，此时，在坚持原则的前提下进行一定的妥协和让步也是必需的。但是，应该保证干预方案的整体性。

此外，绩效改进人员还应在此过程中做好协调者的角色，帮助和协调各领域专家共同完成方案的设计。

2. 干预方案的开发

干预方案的开发，就是将设计的干预方案付诸实践的过程，为下一阶段干预方案的具体施行提供现实条件。在实践中，当要进行大规模的专业性开发工作时，究竟是由组织内部制作，还是购买现成材料、聘请外部人员开发或外包开发任务，这需要绩效改进人员结合具体条件来进行决策，有时候购买或实行外包开发工作对组织而言可能更为高效和经济。

开发干预方案的一般流程包括五个阶段：筹备、计划、执行、修改和整理。相对应的工作分别为：选择开发团队、准备开发计划、开发与测试原型、修改开发产品和制作完成最终产品。

（1）筹备阶段。

筹备阶段最重要的就是选择并组建开发团队。需要注意的是，绩效改进人员在组建团队时一定要注意召集具有不同技能和专业背景的人员参与到开发团队中来，确保开发团队具备了开发过程中所涉及的各种知识与技能。

在干预方案的开发阶段，绩效改进人员往往需要担任开发团队的领导者，作为连接设计与开发纽带的人员，帮助开发团队准确地理解开发要求以及对最终产品的需求。为此，绩效改进人员必须具有较好的人际沟通和交往技能，以辅助开发团队达到最佳的开发效果。因此，绩效改进工作人员需注意以下几点：

①将沟通作为自己的首要责任。作为开发团队的领导者，绩效改进人员自身必须首先认识到与团队成员进行沟通并在团队中构建良好沟通氛围的重要性。如果领导者通过自己的言行提倡有效沟通，那么这种理念会逐渐渗透到团队工作的各个环节中，并形成良好的沟通氛围，提高开发绩效。

②在干预方案设计者与开发者之间架起沟通的桥梁。由于方案设计者与开发者往往是由不同的人员构成，具体开发工作实施时，开发人员总是需要更多更好地了解设计者的设想，以更好地实现设计者的意图。为此，绩效改进人员需要保持各种沟通渠道与途径畅通，使干预方案开发人员能就方案的开发细节与方案设计者进行确认、沟通和协商，确保开发出的产品与原先的计划保持高度一致。

③协调争端与矛盾。在干预方案的实际开发工作中可能遇到各种现实困难，致使原有的设计计划难以甚至无法实现。此时，绩效改进人员需要充当协调者的角色，客观评估遇到的困难与可利用的资源，理智地做出取舍，即是否按照原设计计划开发，开发出的产品可以在多大程度上偏离原来的设计。为此，“有效缩短组织绩效差距”是根本原则，绩效改进人员需要在此基础上对设计计划的实现与执行程度做出判断，进而领导开发团队推进工作。

（2）计划阶段。

计划阶段的主要工作是开发团队制定具体详细的开发计划。开发计划应包含开发任务、责任、时间安排以及所需资源等内容。计划的制定应与利益相关者进行充分沟通，必要时让部分利益相关者参与具体的计划工作，以保证其对计划的认可。为了更好地领导计划阶段有关工作的开展，较好的时间管理和项目管理能力是绩效改进人员不可或缺的。本阶段中，绩效改进人员的主要工作包括：

①描述任务范围。对开发任务进行范围界定并加以描述，并确保开发团队所有成员能够就任务范围达成一致认识。

②界定开发活动，并进行排序。对开发活动进行具体描述，并按照时间顺序、逻辑顺

序和权重顺序等对所有开发活动进行排序。

③确定开发时间与所需资源。明确开发周期和所需资源，以及可用资源等。

④制定开发进度表。制定供所有开发人员共同使用的进度表，绩效改进人员应根据该进度表对开发过程进行实时监控，以保证开发任务的按时完成。

⑤评估开发成本。对开发费用进行评估，并做出开发费用的初步预算。

⑥制定与修改开发计划。在以上工作的基础上制定出完整的开发计划，并在与开发团队成员的交流中不断完善，形成最终的开发计划，为后续工作提供依据。

（3）执行阶段。

执行阶段的工作主要包括开发产品和测试产品原型。开发的工作需要确保尽量与设计的方案保持一致。开发原型的测试工作主要是为了获得最初的反馈，并为下一阶段的修改工作做好准备。在开发与测试过程中，一定要充分听取利益相关者、领域专家及目标受众的意见。需要强调的是，本阶段的原型测试作为产品的形成性评价，可大大降低开发风险，因此在条件允许的情况下务必不要忽略此步骤。

在干预方案开发的执行阶段，绩效改进人员要做好以下管理工作：

①开发进度管理。实时根据开发进度表监控开发进度，保证开发项目按时完成。

②开发质量管理。实时根据各进度的开发要求验收阶段开发产品，保证开发项目的质量。

③开发人员管理。在开发过程中，始终做好开发人员的管理工作，包括任务分配、工作协调、人际关系等。只有做好人员管理，才能为开发项目的成功完成奠定基础。

④原型测试管理。组织有关人员与活动，对开发出的原型进行测试，收集产品使用反馈。

（4）修改阶段。

在执行阶段开发产品以及测试产品原型工作的基础上，方案开发团队需要根据测试的反馈意见对产品进行进一步的修改。主要工作包括：

①获取反馈信息。在对样品方案进行小规模测试使用后，有目的地收集各种反馈信息，以作为修改方案的重要依据。需要强调的是，执行阶段已经从直接的产品用户那里收集了一些使用反馈意见，在这里，开发团队需要扩大信息源，使用更多的手段，深挖更多的反馈信息。

②评估反馈信息。由于反馈信息的来源和获取方式等不尽相同，绩效改进人员需要进一步评估其信度和效度，“去粗取精，去伪存真”，找到方案实施中可能的障碍与问题，明确方案的修改方向与策略。

③撰写反馈报告。将方案的修改意见写成详细的反馈报告，以供开发团队根据该报告对方案进行修改。

④修改开发的产品。根据修改方案，开发团队对产品进行调整和修改。

（5）整理阶段。

修改工作结束后，开发团队需要整理所有过程性要素，形成最终系统的干预方案。本阶段的主要工作包括：

①整理干预方案。对开发出的各种产品进行有效整合，系统化干预措施执行的顺序，并注意各种干预措施之间的相关作用，撰写各种产品的使用说明（包括使用时机、受众、使用方式与注意事项等），务求详细具体。

②整理相关材料。对开发中使用和产生的各种材料进行搜集整理，一方面供方案实施时参考，另一方面也可为今后开发其他方案提供参考。

③形成开发好的干预方案最终产品。最终的干预方案产品，一般包括开发好并已经有效整合的干预方案产品系统、方案产品使用说明与指南、开发方案相关材料等。

四　干预方案的实施

干预方案的实施主要是指绩效改进人员需要对员工实施干预方案的行为进行监督，发现员工的困难与存在的问题，使用绩效沟通、绩效辅导与绩效反馈的有关技术来促进员工更好地服务于工作。

1. 绩效沟通

无论管理者还是员工，都需要通过绩效沟通以获得有用信息，确保组织变革的有效开展。不过，二者通过绩效沟通所要了解的信息内容有所不同。

（1）管理者。

①干预方案实施的进展怎样？

②员工在实施干预方案的过程中是否遇到了问题？为什么会遇到这些问题？

③干预方案实施的效果如何？组织和员工的绩效是否有改观？

④员工在实施绩效改进计划中表现如何？是否愿意并很好地按照计划改进工作？

⑤员工在实施绩效改进计划中遇到了哪些困难？需要什么帮助？

⑥干预方案实施（完成绩效改进计划）中所需要的资源是否到位，是否发挥了应有的作用？还需要其他哪些资源？

（2）员工。

①在实施干预方案过程中，有哪些工作难点？怎样获得帮助以解决困难？

②发现某项工作要求难以甚至无法完成时，向谁咨询？

③变革自己工作方式时发现了新的更好的做法，该向谁汇报？

④思想上难以接受组织要求变革原有的做法，该怎么办？

⑤不理解绩效改进计划中的具体工作要求，该向谁请教？

⑥没有得到应有的工作资源，该怎么办？

⑦对绩效改进计划中的要求，自己的理解是否正确？

⑧目前的做法是否符合变革的要求，是否达到了标准？有哪些地方还需要改进？

为了更好地开展绩效沟通，管理者需要制定组织变革中的沟通机制，明确常规与不定期的沟通方式和办法；确定沟通的具体内容，沟通主题可围绕变革不同阶段的需求，也可以与员工商讨；确立沟通活动的原则，要求大家开诚布公，畅所欲言，营造开放、坦诚、协作的富有建设性的沟通氛围。

2．绩效辅导

绩效辅导主要包括两个方面，一是认知上的；二是情感上的。认知上的辅导是指由于员工知识和技能的缺失，即员工具备了一定的动机而不知道工作如何开展时提供的帮助，主要包括明确工作要求、理解工作要点、掌握操作与实施细节、启发思路等。情感上的辅导是指由于员工情感上的状态不佳，如缺乏自信、自我效能感不足、对形势过分悲观、归因不当等时提供的帮助，主要包括安慰、重塑信心、脱敏、改变不正确的归因等。提供怎样的辅导取决于员工无法实施变革的真正原因。

温馨提示

认知学习理论中的"迁移"与"元认知"

1．迁移

迁移是指原有认知结构对新学习内容的影响，或后续学习对先前学习的影响。迁移又可分为近迁移和远迁移。近迁移是指在相似情境中应用习得的知识，远迁移则是指在不相似情境中应用习得的知识。人学习效率的高低很大程度上取决于迁移能力的形成与否。在进行知识、技能培训时，不仅要进行知识传授，还要教会学习者各种学习方法，提高其将所学知识迁移应用的能力。

2．元认知

元认知是关于认知的认知，由元认知知识和元认知监控两部分组成。元认知知识是关于什么因素或变量以何种方式起作用来影响人的认知过程与结果的知识和信念，它主要储存在长时记忆中。元认知监控是指运用长时记忆中的元认知知识来管理与控制认知过程，不断对其积极、自觉地调整、控制和监视。它主要储存在工作记忆中，包括制定计划、实际控制、检查结果、采取补救措施等。

3．绩效反馈

（1）反馈前做好充分的准备。

为了更好地驾驭整个绩效反馈过程，管理人员需要在反馈前做好充分的准备，包括了解员工的基本情况、有关工作信息，并安排好反馈面谈的时间、地点与大致程序。

（2）与员工建立融洽的关系。

不要让员工觉得有压力，这不利于问题的分析和解决，要营造轻松的氛围，拉近彼此距离，让双方都保持理智冷静的头脑以更好地解决问题。

（3）以事实为依据。

切忌伤害员工的人格和尊严，尽量用客观的事实作为依据，就事论事。

（4）肯定成绩。

即便员工在工作中有做得不好的地方，但其也一定有闪光点。要发现员工表现好的地方，并给予充分的肯定，这有利于增强员工的自信和消除紧张情绪。

（5）差别化对待。

不同类型的员工，反馈的重点也有所不同。对工作业绩和态度都很好的员工，应该肯定其成绩，给予奖励，并提出更高的目标；对工作业绩好但态度不好的员工应该加强了解，找到态度不好的原因，并给予辅导；对工作业绩不好但态度很好的员工应该帮助分析绩效不好的原因，制定绩效改善计划；对工作业绩和工作态度都不好的员工则应该重申工作目标，告知问题的严重性与后果。

疑难解答

1．电子绩效支持系统与传统培训的区别是什么？

电子绩效支持系统（Electronic Performance Support System，EPSS）是一种整合了多种技术的电子环境。通过它，每个员工可以方便地对各种信息、软件、指导、建议、帮助、数据、图像、工具、评价以及监视系统进行即时的、个性化的在线访问，从而实现以最低的成本和最少的人员来完成项目任务的目的。

它与传统培训的区别在于：EPSS可以在用户需要时响应要求并提供详细信息，而传统培训无法做到在用户有需求时提供信息；EPSS允许学习者自行决定获得所需信息的时间，而传统的培训则不考虑学习者是否需要而将所有信息全盘抛出；EPSS的信息提供是以任务驱动的方式来完成的，效率更高。

与传统的基于计算机的培训（CBT）系统不同，EPSS将训练任务嵌入工作过程之中，训练任务大约占总任务的20%；而传统的CBT则将训练任务置于工作过程之前。

2．除了专门针对某类绩效差距根本原因的干预措施外，有没有综合型的干预措施呢？

综合型的干预措施不仅能消除绩效差距的某一单一原因，对于解决其他原因带来的问题也能起到一定的作用。因而在某些情况下，这类措施本身就被视为了问题解决的综合性方案而被直接用于组织绩效改进的实践中。“企业教练”就是这样的一种干预措施。

企业教练，又称为辅导，是指以结果为导向的，通过一对一的沟通来进行的心态训练。它能使受训人员清楚地认识自己，发挥个人潜能；能够快速有效地帮助受训人员实现目标、解决难题和改进绩效。教练的核心任务是让受训人员看清解决问题的关键点，寻找发掘可能解决问题或提升绩效的环节。教练的目的就是以技术反映受训人员的心态，激发他们的潜能，帮助他们及时调整心态、清晰目标，以最佳状态去创造成果。

企业教练不同于传统培训或教育注重人知识、技能方面的培养，而是把关注点放在提升受训人员深层次的信念、态度、价值观和愿景上。它是一个帮助受训人员不断进行自我构建的过程。

3. 在设计干预方案之前，应明确哪些原则？

在设计干预方案前，需要明确下列四项一般性的原则：

（1）抓住高端绩效改进机遇。所谓的高端绩效改进机遇是指对于达到绩效改进目标而言，潜力最大且成本最小的绩效改进机会。

（2）确保方案的可实施性。可实施性是从干预方案实际执行的角度出发，综合考虑方案实施必需的各种资源与推进方法等各方面因素。

（3）要有配套评价方案。评价是确保干预方案有效性的不可或缺的重要组成部分。在设计干预方案的同时，一定要制定相应的配套评价方案。从本质上来讲，评价可以帮助我们对干预方案进行评估，并做出价值判断。

（4）重视反馈与修改。反馈与修改是方案设计中的重要组成部分，在保障方案科学性方面具有重要作用。反馈的概念形成于系统论和信息论，是指将系统的输出返回到输入端并以某种方式调整输入，进而影响系统功能的过程。在方案设计过程中，绩效改进人员需要不断收集来自各方的有关方案的反馈信息，并根据这些反馈信息对方案进行不断修改，以制定出最佳的干预方案。

4. 组织实施干预措施以改进组织绩效的行动，是偶尔的行为吗？

在实际情形中，随着干预措施的实施、组织的逐渐变化，干预措施的具体实施可能会遇到新问题，各部门内部也可能显露新的挑战。因此，为了更好地解决问题并应对新的挑战，组织成员需要将实施干预措施以改进组织绩效的行动发展成为组织的持续行为。

在组织绩效改进的实践中，持续变革一方面意味着将干预方案中对人们工作变化的要求贯穿到日常工作的实践中，使之成为常态的行为；更重要的是，组织成员不能满足于本次绩效改进的收获，而需要将绩效改进的思维方法运用到以后的工作中。无论面对任何问题和机遇，都能有效地找到问题症结和根本，遵循绩效改进的系统方法和根本原则，解决问题，抓住机遇，进而提高组织绩效。

第四节 绩效改进评价

一 什么是绩效改进评价

绩效改进评价是对组织的绩效改进进行的评价。它不同于单纯地衡量员工、部门和组织整体业绩的管理性评价，也不同于单纯地对组织开展的项目进行的评价，它以衡量组织绩效改进的成果为目标，以组织取得的业绩以及绩效改进的实施状况为评价对象。

1. 评价对象

评价对象是指绩效改进过程和结果，绩效改进评价活动过程中所需收集的数据及其来源是评价的重要资料。

（1）组织或部门、员工的绩效（业绩）。

要判断组织的绩效差距是否得到了缩短或消除，需要了解绩效改进后组织、部门或个人的业绩状况，以衡量绩效改进实践的成效。因此，绩效改进评价的一个对象便是改进方案实施后组织或部门、员工的绩效（业绩）。

根据绩效分析阶段确定的绩效差距，这里所评价的业绩包含两个方面：

一是企业整体的综合绩效，即与企业设立的战略目标密切联系的各个方面，因为绩效改进的终极目标是提高组织绩效，促进达成组织战略目标。根据“木桶原理”，即便单个部门的绩效达到了最好，而某个部门的业绩很差，组织整体也难以获得优秀的绩效。整体效益而非单个优势是绩效改进的最终追求，即使个别部门的绩效获得了很大的提高，组织整体绩效没有起色，绩效改进的实践也不能被视为取得了成功。为此，绩效改进人员需要收集组织现状中与战略目标有关的各方面数据。

二是各部门、各员工与绩效差距密切联系的个别绩效。部门和员工个人是实现组织绩效目标的主要执行者，组织的关键绩效指标往往需要分解并层层落实到部门和员工个人层次。因此，各个部门和每个员工绩效指标能否实现也决定了组织能否实现绩效目标。只有每个个体和每个部门的绩效都朝着好的方向努力，组织整体的绩效才可能达到最佳。于是，部门和员工的业绩状况成为改进工作的重点，因而也成为业绩评价的一个重要方面。为此，绩效改进评价人员需要重点收集部门和员工当前业绩中与绩效差距相关的各方面数据。

总之，部门和员工业绩的提升说明了组织绩效改进在朝着成功的方向进行，而只有组织的综合整体业绩才能最终判断组织绩效改进是否取得了成功。

（2）绩效改进项目。

尽管组织绩效的提升是一个较长的过程，需要一定的时间周期，但针对某项绩效差距，绩效改进往往以项目的形式开展。绩效改进项目的实施不仅影响着绩效改进的成果，也是提升组织与员工绩效改进能力的实践基础。为了分析绩效改进项目各阶段的实施情况，以便为下一步的决策提供有关信息；总结改进项目成功与失败的经验教训，进而提升组织绩效改进能力，需要对绩效改进的项目进行评价。

项目，作为一系列独特的、复杂的并相互关联的活动，具有明确的目标，必须在特定时间段内，以及有限的预算、资源范围内，依据要求完成。针对绩效改进项目的评价，就是要针对改进项目的具体实施情况，以及各实施阶段的成果做出价值判断。为此，绩效改进评价人员需要在组织和开展改进活动时及时收集并记录有关信息与数据。

需要特别说明的是，组织绩效改进的努力既然以项目的形式开展相关活动，组织、部门或员工的业绩情况便可以看成是项目的实施成果，因此也可以包含在项目评价的范畴内。为了分别强调绩效改进成果与过程的评价，我们将二者区别对待，实际上二者之间并无严格界限。

2. 评价主体

评价主体，即需要对绩效改进做出价值判断的人。选择出合适的评价主体，决定由谁来组织并实施评价，不仅是开展绩效改进评价必要的先决条件，也是确保评价工作能获得客观、公正、有价值的评价结论的保障。

一般来说，项目评价的评价主体可以是局内人，即接受项目和参与项目的单位或个人；也可以是局外人，即与项目或项目可能产生的结果没有直接利害关系的单位或个人。在绩效改进的项目中，局内人往往指绩效改进人员或组织内部参与绩效改进的人员，而局外人则指组织聘请的外部评估专家，或者组织内部没有直接参与绩效改进项目的其他利益相关者。

无论内部评价还是外部评价，都各有利弊。选择时，需要考虑的因素有：

（1）自主性和客观性。

如果要最大限度地确保评价过程的自主性和评价结论的客观性，外部评价更为适合。

开展外部评价的主体一般是研究机构、学术团体、专业咨询公司或者科研院所的专家学者。他们较少和项目利益产生牵连，自主性强，能够更公正地开展评价，得出的结论也相对客观。不过需要指出的是，由于评价经费、评价资料等受到委托人的控制，有可能出现评价者迎合委托人的意愿，而不是对事实和社会效益负责的现象。

（2）项目理解程度。

从对项目理解的广度和深度方面来讲，内部评价优于外部评价。开展内部评价的主体往往就是项目实施者或者项目的直接管理者，他们有着特定的行业背景，对整个项目实施过程有着最为全面和清晰的掌握，对于其中存在的问题和好的做法有着很高的敏感度。在这种情况下，内部评价往往能获得更多的细节信息，能对项目中出现的问题做出更符合实际的解释。

（3）评价目的。

评价目的不同，不同评价主体的适宜性也不同。外部评价更多的是比对某个客观的标准，做出价值的判断；而内部评价往往能引导人们对项目的实施情况进行反思。因此，如果要根据外部其他的类似做法，或已有的相关标准来对项目实施情况或取得的效果做出评判，外部评价更为合适。如果要引导人们反思项目实施过程，总结其中的经验、教训，并在未来提升有关能力，改进相关做法，内部评价是一个不错的选择。

总之，选择绩效改进评价主体时，往往需要综合考虑以上三方面的因素。如果绩效改进评价在项目开展中后期进行，且以分析改进过程中的问题，总结改进工作的经验为目标，评价的主体可能包含参与绩效改进的人员。如果绩效改进评价在项目结束时进行，且以评判改进项目取得的成效，以及项目实施过程的科学性与规范性为目标，那么此时评价的主体很可能是未参与绩效改进工作的其他人员。因此，综合以上多种因素，可以组织一个包含了“局内人”和“局外人”的评价团队，充分发挥二者的优势，根据不同的评价目的或评价需求为他们委派相应的评价活动，实现内部评价与外部评价的有效结合，获得更为全面、客观与有效的项目评价结果。

温馨提示

绩效改进评价人员应警惕的错误

1. 缺乏良好的时间规划

一些评价项目的实施，往往在评价工作即将到来时才进行。结果由于时间有限，规划和准备工作不够充分，进而难以确保评价工作的顺利进行。因此，不要在需要评价的时候才进行规划，任何时候都要将评价纳入项目时间管理中。

2. 选择的模型或评价方法并没有得到客户的认可

要让评价获得足够的重视与可信度，评价方法、数据源与数据类型就需要得到组织的充分认可，为他们认可评价结果做好铺垫。为此，可以提供几种备选方案，让组织利益相关者做出选择。

3. 评价工具不良

若用于收集数据的评价工具不够良好，如所用工具不适合所要收集的数据类型，那么也就无法实现评价的客观公正与结果的有效性。因此，评价者必须知道针对何种评价数据选择怎样的工具或方法，如何设计问题、如何提问、如何观察、如何设计量规等。

4. 没有建立良好的合作关系

要想获得评价的成功，组织内部人员的合作必不可少。无论是早期对可评价性的评估，还是中期的数据收集，以及后期结果的发布与反馈，没有组织相关人员的支持，都无法开展。因此，评价者需要具备较高的人际交往能力，与客户建立并保持良好的关系，有效说明评价的重要性并及时告知客户有关评价的信息。

二　绩效改进评价的过程

1. 早期阶段：确定可评价性

（1）确定主要参与者并确保合作。

评价对象不同，需要开展的工作及所涉及的范畴也有所不同。以组织绩效为对象的评价可以分为组织整体绩效的评价、部门绩效的评价以及个别员工的绩效评价；以改进项目为对象的评价可分为改进过程的评价与阶段性成果的评价。不同的评价目的决定了不同的评价对象，相应地，涉及、参与或受到影响的人群也不同。

在早期阶段，需要尽可能地获得利益相关者最大限度的参与和合作，让他们在后续阶段中为评价提供必要的帮助和支持。同时，绩效改进人员还需要争取在评价早期阶段获得参评人员关于合作的承诺，确保他们能够随时与自己联系，设法了解他们各自关心的问题，做出反馈，并传递有关评价的方法和原则，为评价的顺利进行奠定基础。

（2）确定评价的目的与目标。

评价的目的是判断绩效改进项目的有效性，从而为进一步的决策或行动提供建议，以做出适当的反馈和调适。评价目标是对隶属于评价目的多个具体行为活动的具体分解，是评价目的达成的依据。不同的评价目的决定了需要达成的评价目标，而不同的目标决定了不同的评价对象，不同的评价对象又制约着评价标准、评价方法等的选择。明确评价目的也有助于后期开展“元评价”，作为衡量评价活动有效性的标准。因此，确定评价目的与目标是整个评价工作的基础，为后续的评价活动指明了方向。需要强调的是，一定要在评价工作的早期阶段明确评价的目的与目标，并用清晰、明确的语言进行表述，后续阶段才能更好地开展工作，进而确保评价活动对绩效改进整体工作的价值。

（3）评估评价的重要性。

在很多评价活动中，绩效改进人员在后来才发现，评价结果对组织决策没有起到太大的作用。一般而言，有两个重要的因素——时间和预算，会影响评价结果是否被重视。如果给予评价的时间较短，同时分配的成本较少，那么评价结果将不会得到过多重视。绩效改进人员必须致力于寻找那些评价足以影响到决策过程的关键证据（数据或信息）。为此，对项目利益相关者进行访谈是一个很有效的办法。

（4）熟悉项目与参与人员。

绩效改进人员需要引导评价项目的成员进一步熟悉评价阶段的目标与活动，熟读各类有关文件，并以访谈等形式与相关人员保持交流。此时，绩效改进人员应对评价的人和事越来越清晰，逐渐明确机构中对于评价活动的文化氛围。

（5）考虑标准。

绩效改进评价人员需要确定选用常模参照还是标准参照，此外，项目的直接利益相关者（往往是组织中的高层管理者）需要参与标准的选择，而选择的标准类型决定了所需的评价模型与方法。

（6）选择模型与方法。

完成以上分析后，在明确评价目标、评价参与者、评价标准的基础上，绩效改进评价人员必须确定一个评价模型，或综合多种模型，同时考虑所需的评价方法。此时，需要考虑以下因素：特定评价方法的可行性、所需的时间与财力、组织文化等。一般而言，绩效改进评价人员需要根据现实环境的限制和复杂性，设计一个包含多个模型、多种手段特点在内的混合模型。

温馨提示

ADDIE模型

ADDIE（Analysis，Design，Development，Implementation，Evaluation）模型源于教学系统设计，它形象直观地展示了有关设计与开发教学（培训）及有关产品的过程，如图8-8所示。

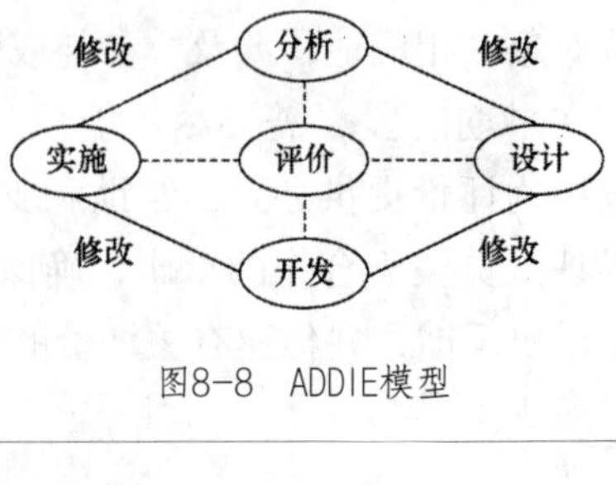

图8-8 ADDIE模型

ADDIE模型描述了系统流程的分析、设计、开发、实施和评价五大阶段。该模型是在教学设计领域发展中获得了普遍接受和认可，且被应用得最多的模型。它不仅启发了教学设计领域其他有关模型的建构，同时也是各类绩效改进模型的基础。

一方面，该模型揭示的系统化过程的五大阶段，也是组织绩效改进流程的基本环节。除这五个基本环节外，模型没有阐释其他要素，为实践工作人员发挥主观能动性、因地制宜地设计符合实际的操作细节提供了空间，此外也引导了绩效改进实践工作的开展。另一方面，模型中的五大环节并非只具有独立线性，而是呈现出相互交叉、同步进行的态势，体现了绩效改进实际操作的复杂性与动态性。同时，评价和修改贯穿了整个过程，指导绩效改进人员通过不断形成评价，设计开发出最优方案，从而确保绩效改进工作的成功。

（7）获得可评价性的决策。

在上述分析的基础上，可形成关于可评价性的决策。但是由于影响因素繁杂，一个计划可能需要多次修改才能完成。需要说明的是，绩效改进的过程中需要多次评价，本阶段所收集的信息都有助于评价者判断当前所需开展评价的可评价性。如果无法清晰识别评价对象，关键的参与者拒绝参与，评价目标无法澄清，时间和预算无法接受，或者客户组织的文化不能接受评价，那么最好不要开展评价工作，或者将评价工作仅限于绩效改进人员内部的工作反思。相反，如果进展顺利，为评价工作在人力、物力等方面做好了准备，那么这将为后面的评价打下良好的基础。

2. 中期阶段：设计与实施

在完成早期阶段的分析工作，确定了项目的可评价性后，就进入了绩效改进评价的设计与实施阶段。本阶段的工作重点是设计出具体的评价方案并组织实施。

（1）选择评价对象。

评价早期的分析工作在某种程度上已经确定了需要评价的人和事，因为这主要由评价目的决定。例如，如果要分析绩效改进的成效，就需要对组织的绩效进行评价；如果要判断绩效分析阶段工作的实施，就需要对绩效分析有关活动开展情况进行评价。本阶段，绩效改进评价人员需要对此做进一步的分析，将模糊的概念进一步细化。

如果前期确定了要对组织绩效进行评价，此时绩效改进评价人员还需要确定哪些因素对组织绩效有所贡献或有所影响，可以通过查看绩效分析报告中的“原因分析”，识别出与之相关的组织、部门或个人不同层次的绩效数据或信息。

（2）建立评价指标。

评价指标为绩效改进的评价提供了评价的尺度。明确了评价对象后，相应评价指标的确定将有助于规划评价的内容和范畴。评价指标不仅是一把尺子，通过将测量出的数据进行比对，帮助判断绩效改进的成效；同时它也能发挥诊断、导向和激励功能，引导我们查明绩效改进过程中的缺点与不足，聚焦工作要点，并明确期望的表现和结果，激励后续的工作。

需要说明的是，根据评价对象的不同，评价指标有的以定量的形式，有的以定性的形式呈现，无论形式如何，都需要以书面形式清晰表述，并层层分解到最细，这样既确定了工作内容，又能精确测量工作所达到的程度。

（3）设计评价。

评价方案是对所要开展评价活动进行的计划。在前期明确了可评价性之后，评价人员就需要着手开始设计评价方案。评价方案不仅是对评价实施工作的指导和规划，也有助于评价人员理清思路，并做好各种准备。

一般来说，评价活动的开展，首先要明确评价对象；然后根据评价对象制定评价指标，选择出合适的评价模型、评价方法、数据收集工具；接着收集相关数据，对数据进行分类存储，分析数据；最后根据数据分析结果形成结论，撰写并发布报告。此外，绩效改进评价人员需要制定详细的预算和具体的时限。评价方案的制定也需要依据上述流程。

需要说明的是，上述评价过程的顺序是基本固定的，各环节密切联系，环环相扣，前一阶段的工作往往为后一阶段的工作奠定了基础。例如，在收集数据前应考虑好如何对数据进行分析，否则就容易导致在数据分析阶段缺少足够的信息。信息的存储需要仔细计划，并有一定级别的保密，不能随便让任何人接触。

另外，在选择评价模型时，绩效改进评价人员需要判断：所需的数据源有哪些，工具是什么，遵循何种程序，所需要的预算和时间是多少。要收集的数据类型不同，所需的收集工具也不同。定量的数据包括生产记录、销售额、错误率、人员流动率和有关的财务报表数据。定性评价的数据源包括与股东代表的访谈、对员工绩效的观察与访谈，以及对有关文件的研究。调查问卷、访谈提纲、查看有关资料等都是可以仔细考虑的相关工具。

（4）准备所需材料。

评价的开展需要相关材料的支持，这些材料可能是与评价对象相关的数据，也可能是与评价工具相关的信息。有的可以通过外部购买，有的需要从内部获取，有的则可以同时依靠内部与外部的信息源。从外部购买材料简单易行，但相关采购人员需要经过严格的培训。组织内部开发的材料，如问卷、调查工具、业绩测试等都需要细致的工作任务分析。必要时，还可找外部专业人员协助开发。

（5）小规模试用。

在使用评价工具对组织实施正式的大规模评价前，可选择特定人群，针对小范围的群体，对评价工具、程序与材料进行小规模的测试，其数据和经验可用于指导评价工具、材料和程序的修正，从而不断完善评价，使得评价工作更顺利、更有效地实施。

（6）实施评价。

本阶段并非只需按照评价设计去执行即可，在实践中，往往会遇到突发情况或变化，导致评价方案无法按计划实施。此时，绩效改进评价人员需要以较高的随机应变能力，及时根据情况调整评价方案。如果是一个定性评价，根据实际情况的变化，可以改变评价的侧重点。如果是一个受控程度较高的，较为严密的量化评价，则应及时放弃并重新设计。当然，如果在项目一开始就做好充分的可评价性分析，发生巨大变化的可能性能有效减小。

（7）告知利益相关者。

评价需要的不仅是一个统计结果，也需要被看成是贯穿绩效改进活动始终的一个持续进行的过程。在这个过程中，绩效改进评价人员需要让利益相关者了解评价的进展，及其获得的与项目有关的最新信息，以获得有效反馈和建设性的意见，进而调整项目的实施，不断获取组织中各方人士对绩效改进的重视和支持。

温馨提示

柯氏四级评价法

柯氏四级评价法由美国威斯康星大学教授唐纳德·柯克帕特里克于1959年提出，是目前世界上应用最广泛的培训评价工具。在组织绩效改进使用了培训作为干预措施的情况下，柯氏四级评价法是一个很好的选择。

柯克帕特里克教授根据评价的深度和难度将培训效果分为四个递进的层次。层次一是反应层：针对受训学员对课程及学习过程的满意度进行评价。层次二是学习层：针对受训学员完成课程后所保留的学习成效进行评价。层次三是行为层：针对受训学员回到工作岗位后，其行为或工作绩效是否因培训而发生了预期中的改变而进行评价。层次四是结果层：针对培训的整体投资回报率进行评价。柯氏四级评价法见表8-7。

表8-7　柯氏四级评价法

层次	可以问的问题	衡量方法
反应层	受训人员喜欢此次培训吗？对培训人员和设备有什么意见？课程有用吗？他们有些什么建议	问卷
学习层	受训人员在培训前后，其知识及技能的掌握方面有多大程度的提高	笔试、技能操练和工作模拟
行为层	培训后，受训人员的行为有无不同？他们在工作中是否使用了在培训中所学到的知识	由监工、同事、客户和下属进行绩效评价
结果层	组织是否因为培训经营得更好了	事故率、生产率、流动率、质量、士气

3．结论阶段：分析与报告

在结论阶段，绩效改进评价人员需要分析数据、形成结果、撰写报告和发布评价结果。

（1）分析数据。

分析方法根据所收集数据的类型和所用评价模型的不同而有所不同。一般来说，定量的数据可以使用计算机软件进行分析，Excel、SPSS等都是常用的有效工具，能帮助人们快速分析出结果。定性的数据，目前虽然也有相关软件（如QSR等）能有效将定性数据进行编码和量化，并做出分析和解释，大大减少了人工工作量，但是由于定性数据背后包含的意义更为综合和广泛，而自动化软件的方法较为机械，难以挖掘出其中更深层次的意义，所以人工分析和解释的工作仍然不能省略，因而定性数据的分析往往更为耗时。为此，针对定性的数据类型，绩效改进评价人员往往需要一边收集一边分析。所以，在评价计划阶段，绩效改进评价人员对此要做好精心的安排与充分的准备，确定数据分析工作能保质保量按时完成。

（2）有关评价结果的道德考虑。

有时候，评价者揭示的信息可能对员工个人或某个项目来说是负面的，甚至是毁灭性的。因此，绩效改进评价人员应该慎重考虑：是否有足够的证据来支持这些信息？谁需要知道这个信息？该信息对于组织而言到底有多重要？揭示出这些破坏性的信息是否会掩盖评价所发现的其他重要信息？针对这种负面的效应，评价者需要对其可能引发的后果仔细考虑，并慎重应对。

（3）撰写并发布报告。

评价的实施过程、收集的数据、分析结果与得到的结论需要以评价报告的形式呈现给组织绩效改进的利益相关者。针对不同利益相关者的不同需求和不同关注点，在保证内容实事求是的前提下，可以为不同的读者开发不同的评价报告。有时候，评价结果没有得到有效使用，就是因为评价报告不够清晰，不够有启发性。

最常使用也是最为正式的评价报告形式是书面形式。如果报告过于冗长，那么可能不会有太多的人去阅读，这也是很多评价结果没有被有效使用的原因之一。一般来说，书面的评价报告至少需要包括以下几个部分：执行摘要、评价目的、评价对象、可评价性、关注的问题、评价方法、结果与结论。

为了将撰写的报告更好地发布给利益相关者，除了正式递交书面文档，还可以使用视频、照片、多媒体演示等形式，直观、生动地呈现评价结果。注意，书面文字外的其他呈现方式一定不能过于花哨，要在其他媒体呈现有关信息的基础上有效地传递评价工作的发现，确保不会丧失评价的客观性。

4. 后续阶段：学习与制度化

本阶段，绩效改进人员需要与利益相关者进行充分沟通，共同反思：评价效果如何？哪些方面做得好？哪些方面不足？从评价报告中获得了哪些结论？对我们日后的工作带来了怎样的要求？评价为我们到底带来了什么？

参与评价的人不仅获得了评价结果，也学到了不少有关评价本身的东西：什么是有效的、什么容易发生问题等。评价无法精简为几条原则，经验是非常重要的。如果评价获得了成功，而且机构掌握了评价成功的原因，那么就应该将这种有效的评价方式以制度形式固定下来，强化组织的评价能力，进而提高组织提升自身绩效的能力。

三 绩效改进评价的常见误区

1. 晕轮效应

当我们因为个体的某一种特征而形成对该个体的总体印象时，就会受到晕轮效应的影响。在绩效评价中，晕轮效应是指由于评价对象的个别特性而影响整体评价的倾向。例如，某管理人员对下属的某一方面绩效要素的评价较高，导致其对此员工其他方面的绩效评价也较高，而事实可能并非如此。晕轮效应对绩效评价的有效性十分有害。

2. 逻辑误差

逻辑误差是指评价者在对某些有逻辑关系的指标进行评价时，使用简单推理所造成的误差。出现逻辑误差往往是由于两个指标之间存在较高的相关度。例如，有的人认为“社交能力与谈判能力之间有密切联系”，于是在进行绩效评价时，往往认为“既然社交能力很强，谈判能力当然也强”。

3. 宽大化倾向

宽大化倾向是常见的评价误差行为。受这种行为倾向的影响，评价者对评价对象所做的评价往往高于其实际成绩。其产生原因包括：

（1）评价者为保护下属，避免留下不良绩效的书面记录，不愿意严格地评价员工。

（2）评价者希望本部门员工的绩效高于其他部门员工。

（3）评价者对评价工作缺乏信心，尽量避免引起评价争议。

（4）指标的评价标准不明确。

（5）评价者想鼓励工作表现有所提高的员工。

在宽大化倾向的影响下，绩效评价的结果会产生极大的偏差。高绩效的员工可能会对评价结果产生强烈不满，从而影响其工作积极性；低绩效的员工也无法了解自己需要提高哪方面的工作绩效，只能继续维持现状，不利于其绩效改进。

4. 严格化倾向

严格化倾向与宽大化倾向相反，是指评价者对员工工作绩效的评价过分严格。其产生原因包括：

（1）评价者对评价指标缺乏足够的了解。

（2）评价者想惩罚部分员工。

（3）评价者想使有问题的员工主动辞职。

（4）评价者想为裁员提供证据。

（5）评价者想缩减凭业绩提薪的员工数量。

（6）遵守组织的规定（组织不提倡管理者给出高评价）。

如果部门主管对所有员工都过分严格，该部门员工在加薪和提升方面都将受到影响。如果对某一特定的员工评价过分严格，则有可能受到歧视员工的指控。因此，绩效改进人员需要采取一定手段来帮助评价者，避免此类情况发生。

5. 中心化倾向

中心化倾向是指评价者对评价对象做出的评价结果差距不大，或者都集中在评价尺度的中心附近，导致评价成绩拉不开差距。例如，在图示量表法中，设计者规定了从第一等级到第五等级的五个评价等级，管理者很可能会避开较高的等级（第五等级）和较低的等级（第一等级），而将他们的大多数下属都评定在第二、三、四这三个等级上。其产生原因包括：

（1）人们往往不愿做出“极好”“极差”之类的极端评价。

（2）对评价对象不甚了解，难以做出准确的评价。

（3）评价者对评价工作缺乏自信心。

（4）指标说明不完整，评价方法不明确。

（5）有些组织要求对过高或过低的评价写出书面鉴定，故评价者不愿引起争议。

6. 首因效应

首因效应也称第一印象误差，是指员工在绩效评价初期的绩效表现对评价者评价其以后的绩效表现产生延续性影响。例如，一员工进入某部门之初工作热情，工作绩效较高，给上级留下了深刻印象，而他绩效评价期间工作绩效并不高，但上级还是根据最初印象给了他较高的评价。首因效应会给评价工作带来消极的影响，使评价结果不能客观地反映评价对象的真实情况。

7. 近因效应

近因效应是指评价者只凭员工近期行为表现的好坏进行评价，导致评价者对其在整个评价期间的绩效得出相同的结论。例如，有的组织每年进行一次绩效评价，当评定某具体指标时，评价者不可能回想起在整个评价阶段中发生的与该指标相关的员工行为，这种记忆衰退就会造成近因效应。另外，由于员工往往会在评价之前的几天或几周里表现积极，工作效率明显提高，因而评价者对近期行为的记忆往往要比对过去行为的记忆更加清晰。这种情况会使评价无法得出恰当结论。

8. 评价者的个人偏见

评价者个人偏见是指评价者在进行评价时对员工的个人特征（种族、民族、性别、年龄、性格、爱好等）有偏见或偏爱与自己行为或人格相近的人，造成人为的不公平。具体表现在：

（1）对与自己关系不错、性格相投的人给予较高评价。

（2）对女性、老年人等持有偏见，给予较低评价。

绩效改进人员应尽可能地要求评价者从组织发展的大局出发，抛弃个人偏见，进行公正的评价。

9. 溢出效应

溢出效应是指评价对象因在评价期之前的某些事件而导致其评价等级的降低。

对那些上一个评价期间表现不良的员工来说，溢出效应是很不公平的，将挫伤员工继续提高工作绩效的积极性。因此，为了避免这种评价误区的发生，应该鼓励评价者记录评价期间发生的关键事件。在培训评价者时，应对这种错误加以强调。

可以看出，所有的误区实际上都是由评价者的主观因素造成的。因此，要避免走入上述误区，一方面可以通过培训，使评价者认识到这些误区的存在，从而使他们有意识地避开这些误区；另一方面，依据科学的评价流程来开展相关活动，以确保评价结果的客观与公正。

疑难解答

1. 绩效改进评价是绩效改进的终结?

绩效改进评价，顾名思义就是对组织的绩效改进进行的评价。在这里，组织的绩效改进既是结果，也是过程。因此，评价并不是绩效改进的终结，它贯穿绩效改进的整个过程，既可以发生在组织绩效改进实践的过程中，用以不断调整绩效改进干预方案，确保绩效改进的效果；也可以发生在绩效改进实践完成之后，用以确定绩效改进方案是否有效，并作为下次绩效改进工作的重要参考。为达成不同的评价目标，评价活动需要在不同的时机开展。

2. 在判断组织绩效改进成效与价值目标的同时，绩效改进评价还有哪些功能?

绩效改进评价还具有管理功能与推广功能。管理功能主要从绩效改进工作的推进与调节的角度来体现；推广功能主要从绩效改进领域的普及与宣传的角度来体现。

（1）管理功能：是指评价工作有助于对绩效改进整体工作的监督、管理与激励，它强调绩效改进评价数据为绩效改进实际工作的决策提供依据。

（2）推广功能：是指绩效改进评价工作的开展及其结果有助于绩效改进领域的宣传和推广，从而使绩效改进一整套的科学方法在组织实践中得以发扬。

第九章　绩效管理系统总体评估

本章思维导图

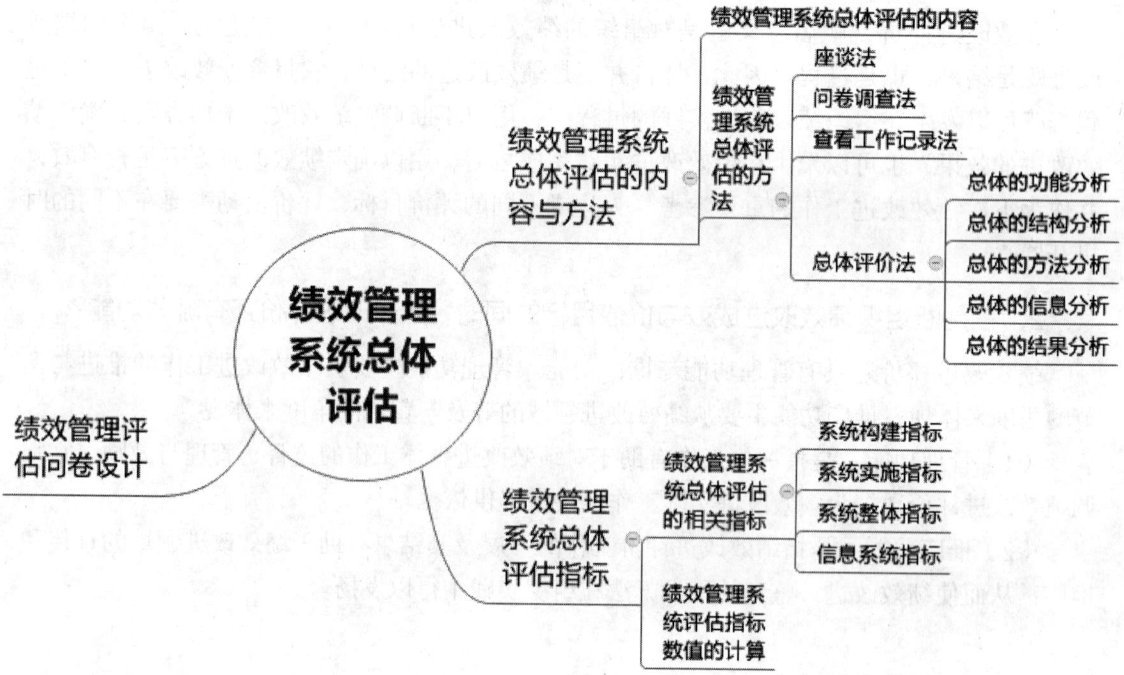
绩效管理系统总体评估
绩效管理系统总体评估的内容与方法
绩效管理系统总体评估的内容
绩效管理系统总体评估的方法
座谈法
问卷调查法
查看工作记录法
总体评价法
总体的功能分析
总体的结构分析
总体的方法分析
总体的信息分析
总体的结果分析
绩效管理系统总体评估指标
绩效管理系统总体评估的相关指标
系统构建指标
系统实施指标
系统整体指标
信息系统指标
绩效管理系统评估指标数值的计算
绩效管理评估问卷设计

绩效管理系统总体评估是对绩效管理中各个环节和工作要素进行全面监测分析的过程。绩效管理系统总体评估是指采用相应的评价方法，对绩效管理系统的构建、实施以及整体运行等状况进行深入系统的评价，并与预先设立的绩效管理系统目标进行对比，最终形成绩效管理系统评估报告的过程。

第一节　绩效管理系统总体评估的内容与方法

一　绩效管理系统总体评估的内容

对绩效管理系统的整体运行等状况进行详细深入评估的具体内容包括：

（1）对管理制度的评估。如现行的绩效管理制度在执行的过程中，哪些条款得到了落实，哪些条款遇到了障碍难以贯彻，绩效管理制度存在着哪些问题需要修改调整。

（2）对绩效管理体系的评估。如绩效管理体系在运行中存在哪些问题，各个子系统之间健全完善的程度如何，各子系统相互协调配合的情况如何，目前亟待解决的问题是什么等。

（3）对绩效考评指标体系的评估。如绩效考评指标体系与考评标准是否全面完整、科学合理、切实可行，有哪些指标和标准需要修改调整等。

（4）对考评全面、全过程的评估。如在执行绩效管理的规章制度以及实施考评的各个环节中，有哪些成功的经验可以推广，有哪些问题亟待解决；考评者自身的职业品质、管理素质、专业技能有哪些提高，还存在哪些不足等；在企业绩效管理的各项活动中，员工持有何种态度，通过参与绩效管理活动，员工有何转变，在实际工作中取得何种成果，职业品质和素养有哪些提高等。

（5）对绩效管理系统与人力资源管理其他系统的衔接的评估。主要观察绩效管理与培训、薪酬、年度先进评选、人事变动等工作是否衔接得当。

二　绩效管理系统总体评估的方法

为了检查和评估企业绩效管理系统的有效性，一般可以采用以下几种方法。

1. 座谈法

召开不同人员参加的专题座谈会，可以广泛地征询各级主管、考评者与被考评者对绩效管理制度、工作程序、操作步骤、考评指标和标准、考评表格形式、信息反馈、绩效面谈、绩效改进等各个方面的意见，并根据会议记录写出分析报告书，针对目前绩效管理系统所存在的主要问题，提出具体的调整和改进的建议。

2. 问卷调查法

有时为了节约时间，减少员工之间的干扰，充分地了解各级主管和下属对绩效管理系统的看法和意见，可以预先设计出一份能够检测系统故障和问题的调查问卷，然后发给相关人员填写。采用问卷调查方法的好处是有利于掌握更详细更真实的信息，能对特定的内容进行更深入全面的剖析。

3. 查看工作记录法

为了检验管理系统中考评方法的适用性和可行性，可以采用查看各种绩效管理原始记录的方法，对其做出具体的评价，如考评的结果是否存在着集中趋势、过松过宽偏误、晕轮效应等现象。再如，通过查看各个下属单位的奖励记录可以发现绩效考评被利用的程度，而通过查看绩效面谈的记录可以发现绩效面谈中存在的问题等。

4. 总体评价法

为了提高绩效管理的水平，可以聘请企业内外的专家组成评价小组，运用多种检测手段，对企业绩效管理系统进行总体的评价。在评价中，应从以下内容入手进行调查研究与分析。

（1）总体的功能分析。

检查本系统在人事决策和员工开发两个方面实际发挥作用的情况。如是否保障了员工绩效目标的实现？是否有利于组织与员工的开发？是否促进了员工职业生涯的发展？绩效管理的结果都在哪些方面得到应用？

（2）总体的结构分析。

检查本系统从准备阶段到实施、考评、总结、应用开发等各个阶段的实际运行情况。如在实际运行的过程中各个阶段是否环环相扣，有没有疏漏或缺口？每个阶段存在的主要问题是什么？其产生的根本原因是什么？

（3）总体的方法分析。

检查本系统中采用的各种考评方法的准确性、有效性、适应性和可行性。如各种考评方法的误差和偏误主要表现在哪些方面？这些偏误是如何产生的？其主要根源是什么？

（4）总体的信息分析。

检查本系统在运行中各种信息的传递手段、方法和渠道是否存在问题？考评者是如何采集存储处理反馈信息的？被考评者又是通过何种方式获得信息的？其真实、准确、及时程度如何？上级又是如何利用这些信息的？

（5）总体的结果分析。

检查本系统涉及的所有活动和结果的有效性，如组织与员工绩效目标的确定是否合理有效？绩效面谈活动是否积极有效？上下级的考评过程是否公正公平有效？绩效改进计划的制定与实施是否有效？与绩效管理配套的活动如培训等是否科学有效？

对上述几方面内容进行深入全面探讨和剖析，可以发现绩效管理系统中存在的各种问题，从而为绩效管理系统的调整提供客观的依据。

第二节　绩效管理系统总体评估指标

一　绩效管理系统总体评估的相关指标

一般来说，应从系统构建、系统实施、系统整体状况，以及所依托的信息系统4个层级的相关指标，对绩效管理系统进行总体的评估。

1. 系统构建指标

该层级指标可以分解为5个二级评价指标，具体包括：

（1）高层支持程度，指企业高层对绩效管理系统的支持和参与程度。

（2）转换条件的具备情况，指企业从绩效考评到绩效管理转换具备条件情况。

（3）绩效管理系统构建目的的恰当性，指绩效管理系统构建目的是否恰当，是否切合预期目标。

（4）绩效管理系统层次划分的合理性，指绩效管理系统的层次划分是否符合企业实际情况，合理性如何。

（5）各层考评指标划分的合理性，指绩效管理系统各层的考评指标设计与划分的合理性。

2. 系统实施指标

该层级指标可分解为5个二级评价指标，具体包括：

（1）实施绩效管理系统机会成本的大小，指实施绩效管理系统时，实施主体和客体的机会成本有多大。

（2）绩效信息客观完整的程度，指绩效管理系统的实施主体完整客观地记录下属工作情况等绩效信息的情况。

（3）考评公平公开的程度，指绩效考评内容、过程及结果公平公开程度。

（4）绩效反馈的面谈满意度，指绩效反馈面谈双方的满意度以及面谈效果情况。

（5）绩效改进方案的实操性，指绩效改进方案是否具有实际操作性、可达成性。

3. 系统整体指标

该层级指标可分解为5个二级评价指标，具体包括：

（1）绩效管理系统内部各环节设置的合理性，指绩效管理系统内部各个环节的设置是否符合企业实际情况，其合理性如何。

（2）绩效管理系统各层次整合的有效性，指绩效管理系统各层次在实际实施过程中的整合是否有效，情况如何。

（3）绩效管理系统内部循环的有效性，指绩效管理系统是否形成了闭合的良性循环体系。

（4）绩效管理系统对绩效的改进提升程度，指绩效管理系统对企业的绩效是否有待提升，提升的程度如何。

（5）绩效管理系统与企业其他方面的关联程度，指绩效管理系统在实施过程中与企业其他方面以及薪酬体系的关联情况等。

4. 信息系统指标

该层级指标可分解为5个二级评价指标，具体包括：

（1）信息系统的经济性，指绩效管理信息系统的运行成本大小。

（2）信息传递的及时性，指绩效管理信息系统在实施过程中传递信息的便捷和及时性。

（3）系统界面的满意度，指绩效管理信息系统界面简洁的友好程度，即用户对系统界面的满意度。

（4）信息系统的实用性，指绩效管理信息系统在实际操作中的实际运行效果和有效性。

（5）信息系统的安全稳定性，指绩效管理信息系统在实际应用中的安全稳定情况。

二 绩效管理系统评估指标数值的计算

绩效管理系统评估模型中评价值的计算主要涉及以下三个方面：一是绩效管理系统总体评价值，用于评价分析绩效管理系统整体运行情况；二是绩效管理系统一级指标评价值，用于评价系统构建、系统实施、系统整体状况和信息系统四个方面的设计和实施效果；三是绩效管理系统二级指标评价值，用于详细分析影响绩效管理系统运行效果的各个因素。

这三个方面指标评价值的计算重点是根据评价问卷得出的数据，依据科学的统计方法进行计算，按照二级指标评价值、一级指标评价值到总体评价值的顺序来进行。

步骤一：计算绩效管理系统二级指标评价值。

假设绩效管理系统二级指标评价值为E_{ij}，则：

$$E_{ij}=\sum E_{ij}^{n}\div m\ (i=1,\ 2,\ 3,\ 4;\ j=1,\ 2,\ \cdots,\ 5)$$

其中，m为绩效管理系统评价主体的个数；E_{ij}^{n}为第n个评价主体对这20个绩效管理系统二级评价指标中的某一个指标的评价值。（$n=1,\ 2,\ \cdots,\ m$；$i=1,\ 2,\ 3,\ 4$；$j=1,\ 2,\ \cdots,\ 5$）

步骤二：计算绩效管理系统一级指标评价值。

假设绩效管理系统一级指标评价值为F_i，则：

$$F_i=\sum E_{ij}\times W_{ij}\ (i=1,\ 2,\ 3,\ 4;\ j=1,\ 2,\ \cdots,\ 5)$$

其中，W_{ij}为绩效管理系统二级评价指标（C_{11}，C_{12}，$\cdots$，C_{45}）的权重。

步骤三：计算绩效管理系统总体评价值。

假设绩效管理系统总体评价值为A，则：

$$A=\sum F_i \times W_i\ (i=1, 2, 3, 4)$$

其中，W_i为一级指标（B_1，B_2，B_3，B_4）的权重。

显然，绩效管理系统总体评价值A的取值范围在4～10之间，即4为最劣值，10为最优值。具体评价如下：

当$8 \leqslant A < 10$时，说明整个绩效管理系统运作健康，效果显著。

当$6 \leqslant A < 8$时，说明整个绩效管理系统运作正常，但需查漏补缺，消除隐患。

当$4 \leqslant A < 6$时，说明整个绩效管理系统运作出现严重问题，急需解决。

绩效管理系统一级指标评价值F_i、绩效管理系统二级指标评价值E_{ij}的取值范围也在4～10之间，即4为最劣值，10为最优值。具体评价如下：

当$8 \leqslant E_{ij}$，或$F_i < 10$时，说明整个绩效管理系统在这个指标因素中运作健康，效果显著。

当$6 \leqslant E_{ij}$，或$F_i < 8$时，说明整个绩效管理系统在这个指标因素中运作正常，但需查漏补缺，消除隐患。

当$4 \leqslant E_{ij}$，或$F_i < 6$时，说明整个绩效管理系统在这个指标因素中运作出现严重问题，急需解决。

从上述三个公式中可以看出，绩效管理系统二级指标评价值与一级评价指标的权重无关，但与单个评价主体的评价值以及评价主体的个数（m）密切相关。

此外，绩效管理系统一级指标评价值除了与绩效管理系统二级指标评价值有关外，还与二级指标的权重有密切的关系；而绩效管理系统总体评价值与一级指标评价值以及一级指标的权重有紧密的联系。

总之，m个评价主体的评价值对这三类数值的计算影响甚大，这就要求企业在组织绩效管理系统评价值时，一定要严格把关评价主体的质量，遵守客观公正、实事求是的原则实施绩效管理系统评价。

第三节　绩效管理评估问卷设计

绩效管理评估问卷是评估企业绩效管理问题最常用、最有效的工具，如图9-1所示。通常，评估问卷的内容涉及绩效管理工作的所有方面，从战略的分解开始到绩效考评结果的应用。一般来说，绩效管理评估问卷的内容包括基本信息、问卷说明、主体部分以及意见征询。

（1）基本信息。包括填写问卷者的相关信息，如姓名、岗位、部门、年龄、学历、工龄等个人信息。

（2）问卷说明。主要包括本问卷的目的、填写方法和填写原则等内容。

（3）主体部分。主要是问卷的问题部分，即根据绩效管理系统的组成部分提出问题。

（4）意见征询。在问卷末尾，要求填写问卷者提出对本次问卷调查的意见和建议，以便为下次问卷调查提供经验。

编号：

姓名________ 岗位名称________ 岗位等级________ 任职年限________

学历________ 所属部门________ 所属班组________ 主管姓名________

本调查问卷目的在于了解与分析各部门和岗位的绩效管理的现状。

问卷的结果不会对您有任何不良影响。请您根据题目的要求进行作答。

谢谢您的合作！

【答卷说明】

(1) 对于下面的问题描述，请根据您所在单位目前的实际情况认真作答；

(2) 请为每个题目选择一个合适的答案，并将答案选项填写在问卷后面的答题表格内；

(3) 对于要求您书面作答的题目，请直接写在问卷指定的答题处。

1. 您对企业的中长期规划：

(A) 非常清楚 (B) 清楚 (C) 有所了解 (D) 不了解 (E) 从未听说过

2. 您对企业的年度计划：

(A) 非常清楚 (B) 清楚 (C) 有所了解 (D) 不了解 (E) 从未听说过

3. 您对本部门的职责：

(A) 非常清楚 (B) 清楚 (C) 有所了解 (D) 不了解 (E) 从未听说过

4. 您对所在部门的年度工作任务：

(A) 非常清楚 (B) 清楚 (C) 有所了解 (D) 不了解 (E) 从未听说过

5. 您所在部门的员工能够紧密合作完成工作：

(A) 总是 (B) 大多数情况 (C) 有时候 (D) 从不

6. 您的直接上级每年都与您分析您的工作目标：

(A) 总是 (B) 大多数情况 (C) 有时候 (D) 从不

7. 每年您完成上级交给您的任务：

(A) 非常轻松 (B) 如期完成但有难度 (C) 很吃力但能如期完成 (D) 无法完成

8. 企业的岗位说明书：

(A) 非常完备 (B) 有，但很简单 (C) 有，但只是摆设 (D) 没有

9. 您对自己的工作职责：

(A) 非常清楚 (B) 基本清楚 (C) 不太清楚 (D) 不清楚，领导吩咐什么干什么

10. 您实际的工作与您的岗位说明书：

(A) 非常一致 (B) 基本一致 (C) 不太一致 (D) 不知道一致不一致

11. 您作为企业的成员之一：

(A) 非常自豪 (B) 有点自豪 (C) 没有感觉 (D) 生怕别人知道

12. 企业员工能够交流分享新的想法和知识：

(A) 总是 (B) 大多数情况 (C) 有时候 (D) 从不

13. 您认为企业目前业绩良好的原因有（可多选）：

(A) 人员素质 (B) 先进的管理 (C) 客户资源 (D) 产品以及服务质量

(E) 母公司的支持及企业规模

（续上图）

其他（请注明）：________________

14. 您认为企业目前最主要的优势在于（可多选）：

（A）人员素质　（B）先进的管理　（C）客户资源　（D）产品以及服务质量

（E）母公司的支持及企业规模

其他（请注明）：________________

15. 违反企业制度和与同事搞好关系，后者有时候：

（A）非常重要　（B）重要　（C）不能确定　（D）不很重要　（E）不重要

16. 您向上级或企业领导反映的事情，能够妥善解决并及时反馈：

（A）总是　（B）大多数情况　（C）有时候　（D）从不

17. 企业的规章制度：

（A）非常完备　（B）有，但很简单　（C）有，但只是摆设　（D）没有

18. 企业规章制度执行：

（A）非常严格　（B）不是很严格　（C）不按照制度执行

19. 企业所有员工目标一致，共同取胜的愿望很强烈：

（A）非常同意　（B）同意　（C）不能确定　（D）不同意　（E）很不同意

20. 您的上级主管有时很官僚，并不真正了解您工作的具体情况：

（A）非常同意　（B）同意　（C）不能确定　（D）不同意　（E）很不同意

21. 企业在未来三年里，能在销售额和利润增长方面有一个大的飞跃：

（A）非常同意　（B）同意　（C）不能确定　（D）不同意　（E）很不同意

22. 企业组织架构的设置：

（A）非常合理　（B）合理　（C）不能确定　（D）不合理　（E）很不合理

23. 企业主要业务流程：

（A）非常合理　（B）合理　（C）不能确定　（D）不合理　（E）很不合理

24. 您能及时了解企业的动态与新的政策：

（A）总是　（B）大多数情况　（C）有时候　（D）从来不能

25. 企业很有必要对员工的工作进行考评：

（A）非常同意　（B）同意　（C）不能确定　（D）不同意　（E）很不同意

26. 绩效考评对企业和员工来说：

（A）非常重要　（B）重要　（C）不能确定　（D）不很重要　（E）不重要

27. 您对自己的绩效指标：

（A）非常清楚　（B）清楚　（C）有所了解　（D）不清楚

（请详细列出您的考评指标）

____

28. 您的绩效指标与企业的发展目标有很紧密的关系：

（A）非常同意　（B）同意　（C）不能确定　（D）不同意　（E）很不同意

29. 您参与了自己的绩效指标的制定：

（A）总是　（B）大多数情况　（C）有时候　（D）从来不

30. 您认为您的绩效指标：

（A）非常合理　（B）合理　（C）不能确定　（D）不合理　（E）很不合理

（如不合理请给出您的修改建议）：

____

（续上图）

31. 您认为现在的考评方式：
(A) 非常合理　(B) 合理　(C) 不能确定是否合理　(D) 不合理　(E) 很不合理
32. 您认为您的考评结果：
(A) 非常合理　(B) 合理　(C) 不能确定是否合理　(D) 不合理　(E) 很不合理
33. 企业的薪酬和考评结果的联系：
(A) 紧密　(B) 有联系但不紧密　(C) 有很小联系　(D) 没有联系　(E) 不能确定
34. 企业晋升和考评结果的联系：
(A) 紧密　(B) 有联系但不紧密　(C) 有很小联系　(D) 没有联系　(E) 不能确定
35. 企业的培训和考评结果的联系：
(A) 紧密　(B) 有联系但不紧密　(C) 有很小联系　(D) 没有联系　(E) 不能确定
36. 您能够通过绩效考评发现自己工作中的不足：
(A) 总是　(B) 大多数情况　(C) 有时候　(D) 不能够
37. 您对在企业内部实行末位淘汰制：
(A) 非常赞成　(B) 赞成　(C) 无所谓　(D) 不赞成　(E) 很不赞成
38. 绩效考评结束后，您能很快地得到反馈：
(A) 总是　(B) 大多数情况　(C) 有时候　(D) 从不
39. 每次考评结束，您的上级主管会就考评结果与您进行交流：
(A) 总是　(B) 大多数情况　(C) 有时候　(D) 从不
40. 总体而言，您对企业的绩效管理工作：
(A) 非常满意　(B) 满意　(C) 无所谓　(D) 不满意　(E) 很不满意
41. 您认为企业的绩效管理还有需要修改的地方，比如：____。
42. 您对本次问卷调查有什么意见或建议：____。

图9-1　企业绩效管理评估问卷示例

第十章　战略绩效管理系统

本章思维导图

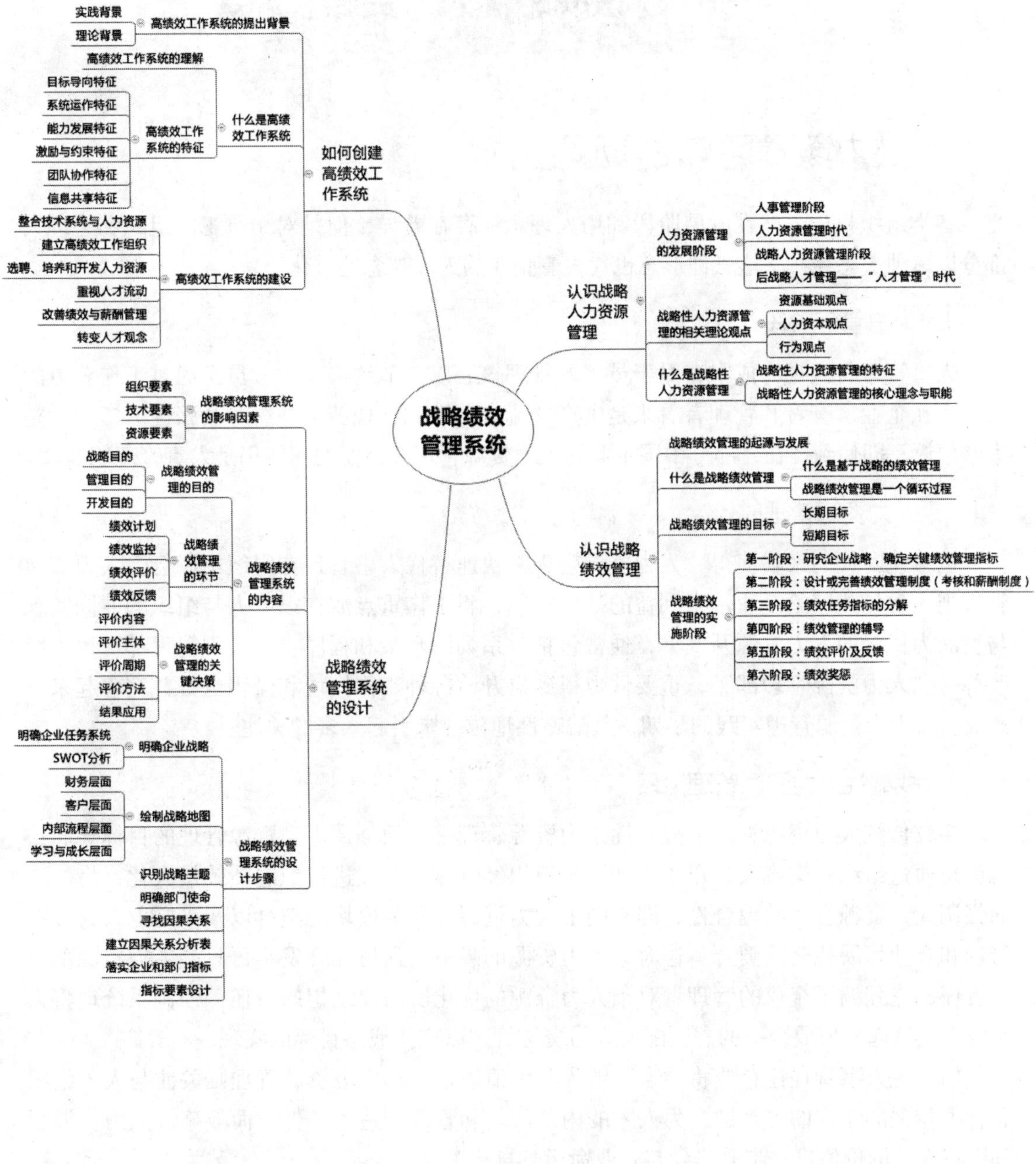
战略绩效管理系统
如何创建高绩效工作系统
高绩效工作系统的提出背景
实践背景
理论背景
什么是高绩效工作系统
高绩效工作系统的理解
高绩效工作系统的特征
目标导向特征
系统运作特征
能力发展特征
激励与约束特征
团队协作特征
信息共享特征
高绩效工作系统的建设
整合技术系统与人力资源
建立高绩效工作组织
选聘、培养和开发人力资源
重视人才流动
改善绩效与薪酬管理
转变人才观念
战略绩效管理系统的设计
战略绩效管理系统的影响因素
组织要素
技术要素
资源要素
战略绩效管理系统的内容
战略绩效管理的目的
战略目的
管理目的
开发目的
战略绩效管理的环节
绩效计划
绩效监控
绩效评价
绩效反馈
战略绩效管理的关键决策
评价内容
评价主体
评价周期
评价方法
结果应用
战略绩效管理系统的设计步骤
明确企业战略
明确企业任务系统
SWOT分析
绘制战略地图
财务层面
客户层面
内部流程层面
学习与成长层面
识别战略主题
明确部门使命
寻找因果关系
建立因果关系分析表
落实企业和部门指标
指标要素设计
认识战略人力资源管理
人力资源管理的发展阶段
人事管理阶段
人力资源管理时代
战略人力资源管理阶段
后战略人才管理——“人才管理”时代
战略性人力资源管理的相关理论观点
资源基础观点
人力资本观点
行为观点
什么是战略性人力资源管理
战略性人力资源管理的特征
战略性人力资源管理的核心理念与职能
认识战略绩效管理
战略绩效管理的起源与发展
什么是战略绩效管理
什么是基于战略的绩效管理
战略绩效管理是一个循环过程
战略绩效管理的目标
长期目标
短期目标
战略绩效管理的实施阶段
第一阶段：研究企业战略，确定关键绩效管理指标
第二阶段：设计或完善绩效管理制度（考核和薪酬制度）
第三阶段：绩效任务指标的分解
第四阶段：绩效管理的辅导
第五阶段：绩效评价及反馈
第六阶段：绩效奖惩

战略绩效管理是以战略为导向的绩效管理系统。以战略为导向的绩效管理系统是在企业整体战略指导下，以系统化思想管理企业绩效，创造以组织绩效为导向的企业价值理念，用于实现企业价值最大化的一种战略管理活动。以战略为导向的绩效管理是一种全新的管理理念，其目的是把原来以人为中心或以事为中心的分散式绩效管理整合为以创造组织业绩为中心的全面绩效管理。

第一节 认识战略性人力资源管理

一 人力资源管理的发展阶段

各类组织机构虽然在发展阶段和用人理念上存在差异，但是对于员工的组织和管理大部分以三种形态存在，这三种形态也代表着企业的人才观念的进化。

1. 人事管理阶段

人事管理将人视为成本，对于员工的管理核心以“节约”为主。员工通过工作获得的收入，在企业所有者和管理者看来是资产的流失，因此出现劳资纠纷等紧张性劳资关系是家常便饭。即使到现在，部分中国企业的人力资源管理部行使的职能仍是人事管理职能。

2. 人力资源管理时代

全球化时代的来临使得“人力资源管理”快速替代人事管理在组织中风行。人力资源管理把人看作能够给企业带来利益的“资源”，将工作重点放在以个人与组织的共同实现与发展为目标的人力资源开发上，通常包括一系列的政策和程序。“人事管理部”也纷纷改称为“人力资源管理部”，重要性也得到提升，各种工作模块和流程也日益完善起来。然而，在人力资源管理实践的早期，其战略性地位并未引起太多的关注。

3. 战略性人力资源管理阶段

相较传统人力资源管理，战略性人力资源管理一方面强调人力资源管理的目标导向，也就是通过组织建构将人力资源管理置于组织经营体系，促进组织的绩效最大化；另一方面强调人力资源管理的契合性，即横向上人力资源各业务模块的契合以及纵向上人力资源管理和企业发展战略的契合。这时，人力资源的吸引、保持和开发不再只是人力资源部门的责任，它强调了企业的管理者对于人力资源的优化所需要承担的重任，强调系统地将人与组织关联起来形成统一的、匹配的人力资源管理以支持战略目标的实现。

如果说人事管理让企业将“人”纳入其价值体系，那人力资源管理则关注与人才组织和管理相关的流程的完善性，为人才的内部流动和管理创造了条件；而战略性人力资源管理更将人才的价值进一步升华到与企业命运息息相关。

4. 后战略人才管理——“人才管理”时代

第四阶段以“人才管理”为核心。人才管理（Talent Management），简称TM。人才管理是在企业对员工个人和团队进行的管理实践经过一系列变革之后，在新的社会经济和技术条件下出现一个新概念。“人才管理”把“人”的重要性提升到更高阶段，更加强调对“评价、管理和开发手段以‘人才’为中心的整合”，将人才招募、发展和保留的效果进行最大化提升，实现最大化的人才开发来最大化公司的业绩，并以组织发展带动人才发展的管理循环。

温馨提示

人事管理、人力资源管理、战略性人力资源管理的区别

表10-1　人事管理、人力资源管理、战略性人力资源管理的区别

项目	人事管理	人力资源管理	战略性人力资源管理
理念	“人”是一种工具性资源，服务于其他资源	人力资源是组织的一种重要资源	人力资源是组织最重要的资源，是战略资产
与战略的联系	单向执行联系	双向联系	一体化联系
职能	参谋职能	直线职能：辅助决策	直线职能：决策制定
职责	行政事务性工作	战略执行，行政事务性工作	战略制定，行政事务性工作
角色	具体执行者	战略决策辅助者、战略决策信息提供者、战略执行者	战略合作伙伴、战略规划者、战略执行者
绩效	部门绩效导向	兼顾部门绩效/组织绩效	个人/部门/组织绩效一体化、竞争优势导向
变革	被动适应	主动调整	领导变革
时间视野	短期	短、中期	短、中、长期
工作方式	被动的工作方式	灵活的工作方式	主动的工作方式
关键投资	资本	资本、产品	人、知识
经济责任	成本中心	成本中心	投资中心

二　战略性人力资源管理的相关理论观点

1. 资源基础观点

在资源基础理论中，主要关注内部资源和组织竞争优势。其中，组织竞争优势涉及一系列问题，如人力、组织硬件设施和资金流动周转等。只有集中优势以发挥最大作用，组

织才能在竞争中脱颖而出。在人力方面，基于对成员经验及知识基础的分析，通过组织和整合人力资源间的良性竞争，节省人力成本。组织资本是整个人力资本体系的代表，在建设基础资源中发挥着不可或缺的作用。借助人力资源基础可以将人力资源管理所有可能提供的竞争优势显示出来，并为组织成员创建一种方便、有效的工作模式；在一定程度上，也可以支持人力资源管理活动，而且与资源的稀缺性和价值性一致。

在实行战略性人力资源管理的过程中，首先需要考虑组织成员的个人能力。第一，个人能力的不同可以给组织创造的好处也是不一样的。若某种人力资源管理能够为组织创造实际的价值效益，则这一战略性人力资源管理就可以保持长期的竞争优势。第二，公司对劳动力的需求也应因人而异。科学、合理的人力资源配置可以切实最大化企业效益。为了吸引高素质人才，企业组织必须不断提高自己的企业文化水平，而吸引卓越人力资源的最有效方法之一便是制定一套有竞争力的薪酬体系。建立健全的薪酬体系，既能吸引优秀的人才，又能使企业组织保持竞争优势。不应随意交换特定的人力资源，这部分人力资源的作用通常是不可替代的，以防企业承担不必要的损失。

对于战略性人力资源管理，在该模型中，企业组织为了找到获得竞争优势的来源，则首先必须拥有一批高素质的人才，以确保其他企业组织无法轻易复制。作为组织中最重要的部分之一，战略性人力资源管理应在资源正确、完整的前提下，保证这些资源是独特的，是在不断取得进展的，并和其他竞争企业同步发展，而且还应不断创新技术。只有当企业组织在人力资源管理方面具有独特的竞争优势，企业组织才能不被模仿，并且进行相互学习，保留自身的优势并弥补缺点，进而最大化战略性人力资源管理的应用效果。

2. 人力资本观点

在人力资本观点中，认为成员的能力，即知识和技能等，具有一些经济价值。另外，这种观点也认为科学的人力资源管理与人力资本之间是正向关系。一些学者认为科学的人力资源管理有助于集体绩效的提高，一般是通过激励和工作组织的作用来实现。激励作用通常表现为借助人力资源管理激励员工更加高效地进行工作，而工作组织的作用通常为使员工积极、自动地参与组织，健全组织内容。因此，人力资源管理能同时体现人力资本的水平和类型。

3. 行为观点

在战略性人力资源管理中，也经常会用到行为观点理论，它源于权变理论。当一个人的行为和其他人的行为正确关联时，可出现预测结果，社会心理学学者将其定义为角色行为。

在SHRM（Strategic Human Resources Management，战略性人力资源管理）行为观点理论中：组织绩效和战略的中介变项是员工行为，而人力资源管理则是控制或诱导员工的行为和态度。不一样的经营策略和组织特征将产生不一样的行为和态度需求，所以，在战略性人力资源管理体系中，每种策略所需的人员态度和行为不同，随之人力资源实务也会变化。即人力资源管理是一种重要的组织工具，用来输出角色信息，支持所需行为和审核角色绩效以实现组织目标。雷蒙德·迈尔斯（Raymond Miles）和查尔斯·斯诺（Charles

Snow）也提出了相似的观点，即人力资源实务应随战略变化，因为组织只有借助人力资源实务开发各种行为技能，才可实现战略目标。所以，人力资源管理能帮助员工达到组织利益期望，形成积极影响。行为观点有利于员工理解人力资源系统影响组织绩效的机制。

三　什么是战略性人力资源管理

战略性人力资源管理产生于20世纪80年代中后期，近年来对这一思想的研究与讨论日趋深入，并被欧、美、日企业的管理实践证明为是获得长期可持续竞争优势的战略途径。战略性人力资源管理是现代人力资源管理发展到高级阶段，以全新的管理理念，在健全完善企业人力资源各项管理基础工作的前提下，将人力资源管理提升到企业战略管理的高度，实现了管理职能和角色的根本性转变，最终确立以可持续发展为目标，以提高核心竞争力为主导的具有指向性、系统性和可行性的现代企业人力资源管理体系。与传统人力资源管理相比，战略性人力资源管理定位于支持企业的战略中人力资源管理的作用和职能。

1. 战略性人力资源管理的特征

（1）将企业经营的长期性目标作为人力资源管理的战略目标，由过去仅仅满足和实现企业年度生产经营计划的要求，提升到企业发展的战略层面，使企业人力资源管理系统成为企业总体发展战略的重要的支持系统。在人力资源规划方面，从狭义的人力资源供给与需求的平衡计划，提升到广义的人力资源规划，即为了提高企业核心竞争力，增强企业总体的竞争优势，从企业经营战略出发，制定企业总体的人力资源战略规划。

（2）战略性人力资源管理集当代多学科、多种理论研究的最新成果于一身，从而极大地提升和丰富了其基本原理和基本方法。

（3）人力资源管理部门的性质和功能发生了重大的转变。部门由单一的行政性事务管理转变为整体的专业性职能管理，再转变到综合的系统性战略管理，反映了其不同发展阶段的转变过程。

2. 战略性人力资源管理的核心理念与职能

（1）核心理念。

战略性人力资源管理理念视人力为资源，认为人力资源是一切资源中最宝贵的资源，认为企业的发展与员工的职业能力的发展是相互依赖的；企业鼓励员工不断提高职业能力以增强企业的核心竞争力，而重视人的职业能力必须先重视人本身，把人力提升到了资本的高度，一方面通过投资人力资本形成企业的核心竞争力，另一方面将人力作为资本要素参与企业价值的分配。

战略性人力资源管理认为开发人力资源可以为企业创造价值，企业应该为员工提供一个有利于价值发挥的公平环境，给员工提供必要的资源，赋予员工责任的同时进行相应的授权，保证员工在充分的授权内开展自己的工作，并通过制定科学有效的激励机制来调动员工的积极性，在对员工能力、行为特征和绩效进行公平评价的基础上给予相应的物质激励和精神激励，激发员工在实现自我价值的基础上为企业创造价值。

（2）核心职能。

战略性人力资源管理核心职能包括人力资源配置、人力资源开发、人力资源评价和人力资源激励四方面职能，从而构建科学有效的“招人、育人、用人和留人”人力资源管理机制，如图10-1所示。

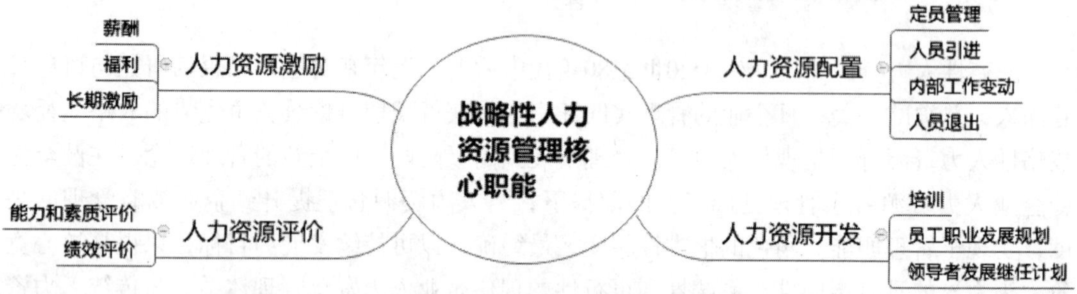

图10-1 战略性人力资源管理核心职能

战略性人力资源配置的核心任务就是要基于公司的战略目标来配置所需的人力资源，根据定员标准来对人力资源进行动态调整，引进满足战略要求的人力资源，对现有人员进行职位调整和职位优化，建立有效的人员退出机制以输出不满足公司需要的人员，通过人力资源配置实现人力资源的合理流动。

战略性人力资源开发的核心任务是对公司现有人力资源进行系统的开发和培养，从素质和质量上保证满足公司战略的需要。根据公司战略需要组织相应培训，并通过制定领导者继任计划和员工职业发展规划来保证员工和公司保持同步成长。

战略性人力资源评价的核心任务是对公司员工的素质能力和绩效表现进行客观的评价，一方面保证公司的战略目标与员工个人绩效得到有效结合，另一方面为公司对员工激励和职业发展提供可靠的决策依据。

战略性人力资源激励的核心任务是依据公司战略需要和员工的绩效表现对员工进行激励，通过制定科学、合理的薪酬福利和长期激励措施来激发员工充分发挥潜能，在为公司创造价值的基础上实现自我价值。

第二节 认识战略绩效管理

一 战略绩效管理的起源与发展

组织、管理和绩效是密不可分的概念。组织是管理活动及其绩效的载体，管理是组织借以创造绩效的手段，绩效是组织实施管理的目的。纵观管理思想史，不论是各类组织中管理者的实践摸索，还是管理学界对管理工作的理论研究，都围绕绩效展开。不同时期的不同学术流派虽然研究假设有别，观察和分析问题的视角也都不同，但都是以改善组织绩效作为探索的出发点，并始终致力于促进绩效水平的提升。从这个意义上讲，管理学发展的历史就是绩效管理探索的历史。绩效管理思想从萌芽逐步发展到战略绩效管理经历了一个较长的历程。

19世纪初期，被誉为“现代人事管理之父”的罗伯特·欧文在苏格兰的新拉纳克进行了最早的绩效管理试验。欧文坚持以人为本，强调人性化管理。他将工人的工作分为恶劣、怠惰、良好和优质四个等级，并分别用黑、蓝、黄、白四色的木块表示。每个工人的前面都有一个不同颜色的木块，部门主管根据工人的表现进行考核，厂长再根据部门主管的表现对部门主管进行考核。为了保证考核的公正，欧文还规定厂长需要听取所有人对规章制度的意见，并且每个工人都可以查看有关自己行为方面的表现记录，如有不公正，可以向他提出申诉。考核结果摆放在工厂里的显眼位置，所有员工都可以看到每个人不同颜色的木块，从而知道对应的员工表现如何。刚开始实行这项制度的时候，行为表现恶劣的工人有很多，而表现良好的却很少。但是，在众人目光的注视中和自尊心理的驱使下，行为表现恶劣的频次和人数逐渐减少，而表现良好的工人不断增多。欧文开创了企业建立工作绩效考核系统的先河，也给他自己带来了丰厚的回报。但是，欧文的试验并没有立即引起足够的重视。

20世纪早期，科学管理占据管理学主导地位，以泰勒为代表的科学管理学派秉承亚当·斯密的“经济人”观点和大卫·李嘉图的“群氓假设”，将人看作是一群无组织的利己主义的个体。这个时期，提高绩效是通过工作标准化和培养“第一流的工人”来实现的。20世纪20年代至40年代，基于埃尔顿·梅奥的“社会人”研究假设，人际关系学派和行为科学学派对个体的社会性需求、非正式组织的影响以及管理者的领导能力等方面进行了系统分析，对于人的心理因素对绩效的影响有了更深的认识。

20世纪50年代，彼得·德鲁克在综合科学管理学派和行为科学学派的研究成果之上，把“重视物”和“重视人”的观点结合起来，提出了目标管理的思想，强调员工参与目标制定和充分尊重员工意愿以激发其内在动力。德鲁克的“目标管理和自我控制”管理思想促使目标管理发展成为一种卓越的管理工具。目标管理以制定目标为起点，以目标完成情况的评价为最重要的节点，以绩效反馈为终结；工作成果是评定目标完成程度的标准，也是评价管理工作绩效的最重要的标准。总之，德鲁克的目标管理理论为绩效管理发展做出了重要的贡献。20世纪50年代以后，激励理论、领导理论、权变理论、战略管理理论等研究成果涌现，使个体绩效的影响因素呈现出多层次、多维度和动态性的特征，并逐渐与组织的战略联系起来。

到了20世纪70年代后期，学者们在总结绩效评价局限性的基础上进一步丰富了绩效的内涵，并提出绩效管理的概念；20世纪80年代出现的关键绩效指标试图通过不同层级的绩效评价指标之间的承接和分解来建立组织战略与个人绩效的联系。虽然关键绩效指标描述了绩效评价指标的设计思路及其关键环节，但是未能在个体绩效的衡量内容上形成一个比较明确和统一的系统框架。随着管理实践的不断发展，后来形成了以投资报酬率和预算比较为核心，包括销售收入、利润、现金流量和各种财务比率的组织绩效评价指标体系。总之，这一时期的个体绩效仍然从组织的生产效率和经济效益出发，提炼出以财务指标为主体的结果性指标。

自科学管理运动兴起到20世纪80年代，企业内部绩效评价和控制的研究及实践主要是针对组织财务绩效的衡量、个体绩效标准及其影响因素。这种传统的绩效衡量模式产生于工业经济时代，立足于事后评价，关注企业自身情况，重视明确可见的短期绩效，并且以财务指标为主。这种模式对依靠会计信息披露进行投资决策和管理的投资者和分析家来说曾经是一种有力的工具，但是随着知识经济的兴起，无形资产对企业获取核心竞争优势的影响日益扩大，这种典型的“秋后算账”式的绩效衡量模式暴露出不少缺点。

一是滞后性。企业的运营处于持续不断的变化过程中，与之相适应的企业绩效管理系统也应该是一个持续不断的动态循环。但传统的绩效衡量模式只是企业会计期末的分析和总结，停留在单一的事后评价环节，不利于对企业运营进行实时监控和及时调整。

二是封闭性。企业是一个多维的开放系统，其运营不仅涉及内部各种因素，而且时刻受外部环境的影响。由于产业时代的企业外部环境相对稳定、简单，企业管理的重点在企业内部，与之相适应的传统绩效衡量模式也是一个封闭的系统，仅关注企业自身运作，而忽视了外部环境因素。

三是抽象性。传统的绩效衡量模式主要以会计信息为依据、以财务指标为主体，会计信息和财务指标是对企业运营的一种综合的、抽象的反映。传统的绩效评价无法触及企业复杂的内部环节和层次，这就容易导致许多深层次问题及其原因被隐藏起来。换言之，传统的绩效衡量模式能在一定程度上反映综合的绩效结果，但不能揭示深层次的绩效动因。

四是功利性。传统的绩效衡量模式过分重视取得和维持短期财务成功，助长了企业管理者的急功近利思想和短期投机行为，从而忽视了企业的发展潜力和长远利益。在当今竞争日趋智力化、无形化的经营环境中，企业在先进技术、市场声誉、人员素质等方面的长期积累对于企业的生存和发展至关重要。从这个角度看，传统的绩效衡量模式显然有些“鼠目寸光”。

在组织绩效方面，美国杜邦公司于1903年开始使用投资报酬率法对企业整体绩效进行衡量，并将其发展成为一个评价各个部门绩效的手段，奠定了财务指标的统治地位。尽管之后不同时期在财务指标的选择以及衡量的手段上存在差异，但以财务指标为主导这一事实从未改变过。

20世纪90年代以来，由于时代特征和竞争环境的变化，以及传统预算存在淡化战略意识、难以促进企业绩效持续提高和编制成本高等缺陷，企业开始重视对客户、质量、技术、品牌、文化、领导力等非财务要素进行评价，出现了把财务指标评价和非财务指标评价、过程评价和结果评价紧密结合的趋势。1992年，罗伯特·卡普兰和大卫·诺顿在《哈佛商业评论》上发表了《平衡计分卡：驱动业绩的量度》，标志着平衡计分卡作为衡量组织绩效的工具正式问世。1996年，两人出版《平衡计分卡》，将平衡计分卡从绩效衡量工具转变为战略实施的工具，标志着平衡计分卡理论体系的初步形成。这之后，卡普兰和诺顿又出版了一系列著作，建立起全面、科学和系统的，化战略为行动的战略绩效管理体系，通过平衡计分卡正式将绩效管理系统与组织战略对接起来，从而助推了战略绩效管理理论体系的形成。

二　什么是战略绩效管理

战略绩效管理是以战略为导向的绩效管理系统。以战略为导向的绩效管理系统是在企业整体战略指导下，以系统化思想管理企业绩效，创造以组织绩效为导向的企业价值理念，用于实现企业价值最大化的一种战略管理活动。以战略为导向的绩效管理是一种全新有管理理念，其目的是把原来以人为中心或以事为中心分散式的绩效管理整合为以创造组织业绩为中心的全面绩效管理。

1. 什么是基于战略的绩效管理

基于战略的绩效管理包括两方面内容：一是围绕企业战略制定科学规范的绩效管理制度，牵引企业各项经营活动始终以战略为中心来展开。二是依据业绩管理制度对上一个业绩循环周期进行检查，对经营团队或责任人进行绩效评价，并据此进行价值分配和权力分配。

战略绩效管理是一个系统化工程，它包含对能够创造绩效的每一项企业活动、每一个组织和个人的管理。

战略绩效管理是全员参与的管理，必须有处于部门权力之上的管理机构（委员会形式）。

战略绩效管理是一个企业上下层互动的过程，以绩效的改进和提高为目的，在保证企业持续经营的前提下，实现企业价值的最大化。

2. 战略绩效管理是一个循环过程

企业经营可以抽象为一个“投入资源（生产要素）—获得绩效”的循环过程。如图10–2所示。

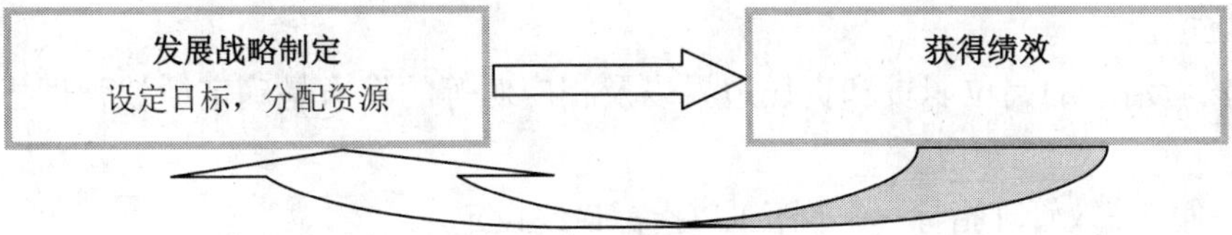

图10–2　绩效循环过程

绩效循环过程是组织战略的实施过程，绩效管理是保证企业战略实施的重要手段。

三　战略绩效管理的目标

1. 战略绩效管理的长期目标

（1）对企业经营实施战略牵引。

（2）建立以组织绩效为导向的企业文化，倡导团队精神。

（3）建立企业和员工利益共同体，吸引和留住关键人才。

（4）持续地以顾客为中心。

（5）提升各级管理者的管理水平，支持员工成长。

（6）激励员工开发自我，挑战自我，挖掘潜力。

（7）生成良好的内部激励与约束机制。

（8）支持企业创新。

2. 战略绩效管理的短期目标

（1）分解战略目标，保证目标实现。

（2）分解与传递压力，实现全员经营。

（3）满足员工被承认的需求。

（4）为下一个绩效循环建立新的游戏规则。

（5）为价值分配提供依据。

四 战略绩效管理的实施阶段

1. 第一阶段：研究企业战略，确定关键绩效管理指标

（1）确定岗位绩效管理指标——研究企业战略。

战略决定前进的方向，战略目标决定在这个方向上要行进的距离。

战略及战略目标是通过认真研究产业形态、企业可用资源、企业发展现状等内外环境来确定的，要有前瞻性、挑战性、有效性，能使全体员工充分理解和认同。

分析战略目标，从中得出企业的关键绩效指标（KPI指标），指标要有数量限制，将组织的努力集中在明确的、富有挑战性的现实目标上。

（2）确定绩效指标——研究岗位职责。

绩效指标的确定还要考虑承担责任的岗位被组织要求的职责，岗位职责一般体现在职位说明书之中。

被考核者清晰的岗位职责和责任边界以及相应对等的权力是确定绩效管理指标的必要条件。

（3）确定绩效管理指标——岗位KPI指标最终设定。

各部门或岗位KPI指标要在研究企业战略及岗位职责、同时分析纵向和横向数据基础上科学地设定。指标体系的设计以量化绩效为主，辅助以非量化指标。

2. 第二阶段：设计或完善绩效管理制度（考核和薪酬制度）

根据战略牵引的要求设计、修改完善绩效管理的各项制度。

绩效管理制度包括绩效考核制度、薪酬及奖励制度、个人职业生涯发展制度。

（1）设计绩效考核制度的要点。

考核指标的权重要根据对应的战略目标重要程度来确定。

团队和个人绩效考核指标的权重还要考虑适应企业文化和对企业新价值理念的培育。

个人绩效的考核应该纳入到团队考核之中，以团队的整体绩效作为个人绩效评定的基础。

针对不同被考核者需要相应的考核制度。如高管层考核制度要区别于普通员工的考核制度。

（2）设计薪酬及奖励制度的要点。

薪酬发放一定以考核为基准。

薪酬发放以绩效为主，辅助以年功序列或其他要素。

确定工资（基本工资和福利）和奖金的适当比例。

根据不同层次确定薪酬和奖金发放的形式，充分运用现代科学的激励机制，比如通过股份、期权等奖励方式，使之与工资奖金相配合形成对各级管理者的长期和短期有效激励。

（3）设计个人职业生涯发展制度的要点。

个人的职业生涯发展要以考察绩效为主，使干部选拔的标准统一、公开，过程相对公正，符合以组织绩效为导向的企业文化。

明确职业生涯通道，确定多种职业形式，增加员工自我发展的动力，满足其对个人发展的需要。

将个人发展与薪酬和其他奖励形式相结合可以对员工形成更加有效的激励。

3. 第三阶段：绩效任务指标的分解

绩效任务指标的分解是一个上下互动的过程，通过上下级的谈判来完成。

绩效任务指标的分解还是一个预算分配的过程，没有配套资源支持的目标是无意义的目标。

绩效任务指标的分解是规范的管理过程，经过最高绩效管理机构认可的分解目标才能作为考核的标准。

4. 第四阶段：绩效管理的辅导

对管理者的辅导主要集中在绩效管理理念、政策和技巧辅导，如指标设定和预算技能、绩效面谈、薪酬结构等，统一考核的标准，提升管理能力。

对普通员工的辅导主要集中在企业文化的认同，沟通技能和对具体目标的理解，实现自我检查、自我评价和自我管理。

各级管理者有责任在企业战略的指引下，运用绩效管理的方式，指导、帮助、约束与激励下属员工。

5. 第五阶段：绩效评价及反馈

绩效评价的方法有许多种，但每一种都有利弊，选择与企业自身条件一致的方法即可，可以先易后难，动态发展。

绩效评价要运用多种考核方法，对被考评者进行全面的评价。

在考评中要考虑不可控制因素对绩效的影响。

绩效评价一般以目标管理方法为主，辅以关键事件法和强制比例法。

绩效评价的过程要严格按照预先制定的程序和方法来进行，避免临时更改。

绩效评价的过程要控制在一个较短时间内，以免过多影响正常业务。

绩效反馈系统是整个绩效管理的重要环节，良好的反馈机制可以保证绩效管理过程的顺利进行，在一定程度上得到绩效改进的效果。

只有考核与奖励（惩罚）两个过程的绩效管理是不完善的，会使员工觉得自己只是工作的机器，难以产生对组织的归属感。

绩效反馈主要包括绩效面谈和考核结果的投诉、申诉。

要认识到绩效面谈是一项很重要而且很有技巧性的工作，千万马虎不得。

根据绩效面谈的结果可以对某些确定不实的绩效进行调整。

被调查证实的员工绩效投诉要调整绩效结果。

6. 第六阶段：绩效奖惩

“只有首批奖金兑现后，薪酬计划才真正起作用”（美国绩效管理专家托马斯·B. 威尔逊），因此，考核结束后要马上兑现绩效奖惩。

严格按照绩效管理制度执行，根据考核结果决定薪酬、奖惩，任免干部。

薪酬的发放要结合企业的整体绩效。

薪酬的发放要考虑企业的支付能力。

实例 10-1

某互联网技术企业成立刚满3年，由于处于创业期，很多规章制度都不完善。为提升员工工作效率，企业老板让HR在公司开展绩效考核。绩效考核推行了1年，但大多反馈认为目前的考核流于形式，没有实质性的效果，老板也非常不满意，要求HR改善考核，达到该有的效果。

那么，创业期企业应该怎样实行绩效考核？

分析

创业期企业实行绩效考核，需要注意以下几方面：

1. 考核模式应该以奖励型考核为主

对于初创期的企业，应以奖励型绩效管理为主要的绩效管理模式，具体包括以下几点：

（1）初创期，员工较少，人员相对不稳定。不以严苛的考核为主要目标，而以相对宽松的奖励型考核为主要方式，或者标杆型的考核方式，坚持以鼓励为主。

（2）员工到公司之后，HR的主要工作是辅助老板做好员工的持续发展工作。争取在这些人中发现老板的潜在合伙人。所以，绩效管理以提升绩效、深挖人才为主。

（3）公司的环境决定了生存才是第一位的，对于庸才坚决予以淘汰是毋庸置疑的，但是生存下去的方式并非只有淘汰落后人员这一种形式，将其放在合适的岗位上更加重要。所以，初创期的绩效考核还要为岗位匹配服务。

同时，绩效考核不要搞得太刻板，不是只有纸面的填表才叫绩效考核。

2. 考核指标应该主要关注运营指标

不同时期的企业考核侧重点是有很大区别的。成熟型企业是让利不让市场，侧重于市场占有率，让利要求企业必须侧重于强化内部管理和财务指标，实现降本增效，为让利腾出空间。而创业型企业是着眼于将外部竞争和内部挖潜相结合的，向管理要效益，向产品质量要市场空间。因此，创业型企业财务指标可占较小比例，主要侧重于运营指标。本案例中，绩效考核流于形式是因为这个绩效考核没有摸到企业的痛点。

3. 考核形式要更加注重人性化

绩效考核不应只有纸面的填表这一种方式，像这种互联网企业更是如此。而且，互联网的管理体系比那些密集型行业的管理体系应该更加灵活一些。

总而言之，不管是什么时期的企业，都应有其战略方向和目标。HR只要把握好公司的战略目标，再将其层层分解下来，然后根据分解的指标进行考核就可以了。在这里，最关键的就是要真正把握好企业当前的重点到底是什么。重点抓对了，考核自然就会有效。

温馨提示

绩效管理的经典故事：怎样给猫分鱼？

主人吩咐猫到屋子里抓老鼠。猫看到了一只老鼠，几个奔突来回，到底也没有抓到。后来老鼠一拐弯不见了。主人看到这种情景，讥笑道："大的反而抓不住小的。"猫回答说："你不知道我们两个的'跑'是完全不同的吗？我只是为了一顿饭而跑，而它却是为性命而跑啊！"

主人想：猫说得也对，得想个法子，让猫也为它自己的生存而奋斗。于是，主人就多买了几只猫，并规定凡是能够抓到老鼠的，就可以得到5条小鱼，抓不到老鼠的就没有饭吃。刚开始，猫们很不适应甚至很反感，但随着时间的推移，也渐渐适应了这种机制。这一招果然奏效，猫们纷纷努力去追捕老鼠，因为谁也不愿看见别人有鱼吃而自己没有。因此，主人也轻松和安宁了许多，不再日夜睡不着觉了。

过了一段时间，问题又出现了，主人发现虽然每天猫们都能捕到五六只老鼠，但老鼠的个头却越来越小。原来有些善于观察的猫，发现大的老鼠跑得快、逃跑的经验非常丰富，而小老鼠逃跑的速度相对比较慢、逃跑的经验少，所以小老鼠比大老鼠好抓多了。而主人对于猫们的奖赏是根据其抓到老鼠的数量来计算的。

主人发现了蹊跷，决定改革奖惩办法，按照老鼠的重量来计算给猫的食物。这一招很快起到了作用。

又过了一段时间，主人发现邻居家的猫和自己的一样多，可抓到的老鼠却多得多。他好奇地敲开了邻居家的门。邻居介绍说："我的猫中有能力强的，也有能力差的。我让能力强的去帮助能力差的，让它们之间相互学习；另外，我将猫们编成几组，让每一组的猫分工配合。这样，抓到老鼠的数量就明显上升了。”

主人觉得这样的方法非常好，就借鉴了过来。可实行一段时间后，发现效果一点也不好，猫们根本就没有学习的积极性，每小组抓的老鼠数量反而没有以前单干的时候多。

问题出在哪里呢？主人决定和猫们开会讨论。

猫们说：“抓老鼠已经很辛苦了，学习还要占用我们的时间，抓到的老鼠当然少了，但鱼还是按照以前的办法分，你让我们怎么愿意去学习呢？另外，分鱼时你知道我们是怎样分工合作的吗？我们常常为分鱼打架，还怎么合作？”

主人觉得猫们说得也有道理，决定彻底改革分鱼的办法。不管猫们每天能否抓到老鼠，都分给固定数量的鱼，抓到老鼠后，还有额外的奖励。

但是仔细一想，还是有问题。小组中有的猫负责追赶老鼠，有的负责包抄，有的负责外围巡逻以防止老鼠从包围圈中逃跑。每个小组应该按抓到的老鼠数量来分配，但小组内部如何分配呢？鱼的数量是永远不变，还是过一段时间再调整一次？分工不同的猫得到的固定的鱼的数量是否一样呢？这回主人可真的犯难了！

在专业分工的时代，每只猫都无法单独抓住老鼠，但每只猫都可以决定这个群体抓不抓得到老鼠。专业分工的最大问题是管理复杂，需要群体协调，已经无法论“鼠”行赏。这正是考核的过程导向所要解决的问题。

事情开始向坏的方向发展。主人发现猫们抓老鼠的数量和重量开始明显下降了，而且越是有经验的猫或团队，抓老鼠的数量和重量下降得就越厉害。

主人又去问猫们。猫们说：“我们把最好的时间都奉献给了您呀！可是，随着时间的推移我们会逐渐老去。当我们抓不到老鼠的时候，您还会给我们鱼吃吗？”

于是，主人对所有猫抓到的老鼠的数量和重量进行汇总、分析，做出了论功行赏的决定：如果抓到的老鼠超过一定的数量和重量，年老时就可领到一笔丰厚的退休金，而且年老时每顿饭还可享受到相应数量的鱼。

猫们很高兴，每个人都奋勇向前，日夜苦战，努力去完成主人规定的任务。一段时间后，有一些猫终于按主人规定的数量和重量完成了目标。

但是这时，其中有一只猫说：“我们这么努力，只得到几条鱼，而我们抓到的老鼠数量要比这几条鱼多得多，我们为什么不能自己抓老鼠给自己呢？”

于是有些猫离开了主人，开始自己的创业之路。

这个故事是典型的绩效管理问题。企业总部对分支机构、分公司经理对业务经理、业务经理对促销员，都曾经走过这种由按量提成到按额提成的转变。这两种提成制度在企业的不同阶段都曾经有效地提高过中层业务人员的工作积极性，也都曾有效地促进企业的快速发展。不同制度没有绝对的好坏之分，只有相对的合适与否。这是一种纵向的薪酬设置和绩效管理方式。

当然，薪酬设置和绩效管理还必须进行横向对比，也就是说，它必须融入到整体行业环境中，否则就会是“铁打的营盘流水的兵”，最后的结果只能是招不到人才，或者留不住人才。

第三节　战略绩效管理系统的设计

战略绩效管理系统是一个连接战略与运营的全面的、完整的体系，涉及组织管理的方方面面，只要与组织战略目标实现相关的关键领域，都可以纳入该系统中。战略绩效管理系统是管理组织和员工绩效的系统。如同为企业的各种管理系统搭建了一个管理平台，战略绩效管理系统是企业里各种管理系统的纽带，通过它可以验证各管理系统的运作效果。

一　战略绩效管理系统的影响因素

成功的战略绩效管理系统应同时具备三个方面的要素：组织要素、技术要素、资源要素。

1. 组织要素

战略绩效管理系统涉及企业管理的方方面面，构建一套战略绩效管理系统一定要成立项目小组，明确各方职责。企业由总裁（或经理）来牵头负责推进。对企业来说，构建战略绩效管理系统是个一把手工程。在设计阶段，总裁（或经理）亲自主导企业的中高层主管参加各种场合的研讨会。这样总裁（或经理）就会很清楚哪些部门和主管是全身心投入到企业管理变革的，也会很清楚哪些主管能够很好地完成管理顾问（或人力资源部门）布置的功课。在内化阶段，总裁（或经理）对内化工作做得好的部门和主管，要进行奖励。对于实施KPI效果明显的部门和主管及阶段性的成功内容，企业内部要及时组织学习和分享经验。对于推进项目过程中不服从安排的主管，总裁（或经理）要果断采取处理措施。

2. 技术要素

通常，企业构建战略绩效管理系统都由外部咨询机构来完成。负责实施战略绩效管理系统的顾问团队必须有导入成功案例的经验，并且对战略管理、营销、流程管理、人力资源管理、财务、企业文化等领域有着较深的研究。平衡计分卡是衡量组织绩效的一个很好的工具。战略绩效管理系统不仅涉及组织的绩效，而且涉及员工的绩效。对企业来说，中高层管理团队需要相对稳定，他们熟悉自己所管辖的业务领域，最好具备一定的管理基础。

3. 资源要素

构建一套完整的战略绩效管理系统，企业需要在人力、物力、财力等方面投入一定的资源。一套系统运行一段时间后，需要投入一定的资源来维护。

实例 10-2

B公司是一家民营高新技术企业，2019年以前未对员工实施绩效管理，薪酬中的绩效工资只与公司的经营效益挂钩，而与员工的个人工作绩效无关。2019年为了完成公司经营目标，提高公司的市场竞争力，B公司希望通过建立绩效管理体系将组织和个人的目标联系起来。为此，公司安排人力资源部用两个月的时间创建了一个绩效管理系统，并自2019年1月开始在公司内部实施。

B公司的绩效管理体系主要包括以下几部分：制定工作计划、开展工作追踪、实施绩效考核、考核结果反馈、考核结果运用。绩效考核的周期为一个月。B公司首先在年底确定公司层面的下年度经营目标，并将目标分解到了季与月，然后根据上述目标确定各部门相应的工作目标与工作计划；各部门的部门经理在每月月底，根据部门工作目标与工作计划对下属员工提交的个人工作计划进行调整，并由员工确认；每个月由各级主管人员根据工作计划对直属员工进行工作追踪，并在月底对员工的工作表现进行评价考核，向人力资源部提交绩效考核报告；对于绩效考核结果，主要用于调整员工的月度薪酬（绩效工资部分）及做出相关的雇佣决定。受到调整的月度薪酬（绩效工资部分）在月薪中所占的比例为20%。

B公司的绩效考核内容分为硬指标考核项与软指标考核项两大部分，两部分指标对员工绩效考核结果的影响各占50%。硬指标考核项主要是工作业绩考核，考核办法如下：公司为每个岗位核定一个绩效标准分，员工当月的工作绩效分与该标准分的百分比（完成率）就是该考核项的分数。其中，员工的工作绩效分=∑（某项工作的标准工时×该项工作完成系数×该项工作质量系数），每项工作的标准工时由员工的直接主管在每月制定工作计划时与员工确认，完成系数、质量系数由直接主管在月底绩效考核时评定。软指标考核项则包括目标管理、职责履行、学习提高、工作态度和沟通协作等五个方面，共九项指标，每项指标按100、80、60、40、20分为五等，每个等级都有清晰的评判标准。

在实施绩效管理初期，B公司的员工绩效有一定程度的提高，但随着绩效管理工作的持续实施，员工的工作绩效难以达到预期目标，甚至有些岗位的员工绩效出现了明显的下滑。与此同时，员工的主动离职率也有较大幅度的提高，从中层管理人员到基层员工对绩效管理的负面反馈不断增多，多次出现员工对管理人员的投诉。到2019年年底，公司的年度经营目标未能达成。

你认为，B公司为什么未能达到经营目标呢？

分析

基于战略的绩效管理是一项复杂、细致的工作，它既与企业战略相关联，又涉及企业每一位员工的具体工作，同时还与企业文化、管理水平、人员素质等因素密切相关，操作不当极易导致失败。而B公司在目标设定、资源配置、结果运用等方面均存在问题，从而直接导致绩效管理的失败。

1. 绩效管理的目标设定及其问题

（1）公司缺乏清晰的长期战略。公司的高层管理者未能提出一个清晰、可行的长期战略目标，年度经营目标的设定不具有战略意识，只能由公司高管依据个人经验和主观意愿进行设定，在可达成性和可执行性方面均存在问题，直接影响部门及员工工作目标的设定，从而造成个人目标与企业目标的相关性很差的结果。

（2）员工个人目标设定不符合SMART原则。设定工作目标必须遵循SMART原则，即目标必须是特指的、量化的、双方同意的、可实现的和有时间限制的。但由于B公司实施绩效管理的准备时间较短，人力资源管理人员在目标设定时缺乏经验与技巧，很多工作目标设定不利于考核落实，从而直接影响了考核结果的准确性以及员工对考核工作的理解。

2. 绩效考核指标的设定背离了初衷

员工对建立这套绩效管理系统目的性的认识与公司的初衷发生重大偏离，从而导致在实施过程中渐渐失去了员工的理解和支持。

B公司在建立绩效管理体系时，目的不是仅仅为员工薪酬调整和晋升提供依据，而是要通过该体系使个人、团队业务和公司的目标紧密结合，提前明确要达到的结果和需要的具体领导行为，提高管理者与员工的沟通质量，强化管理人员、团队和个人在实现企业目标、提高业务素质等方面的共同责任，帮助公司与员工在工作要求和个人能力、兴趣和工作重点之间找到最佳结合点，从而提高组织效率，实现企业战略目标。

但是，按照B公司软指标考核项目的评分标准，绝大多数员工只能达到60分，想要取得80分或100分几乎是不可能的。而员工月薪中的绩效工资部分是与绩效考核结果挂钩的，员工的实际绩效工资金额=标准绩效工资×绩效考核分数÷100。也就是说，一位工作基本达到要求但没有超标准表现的员工，他的硬指标考核可以达到90～100分，但是软指标考核只能在60～70分。因此，最终绩效考核分数最高也只有85分。换句话说，他当月绩效工资只能得到85%。这种绩效考核结果严重影响了绩效管理的效果，它使员工认为，公司实行绩效管理只是为了克扣员工薪酬，从而忽略或不愿承认员工自己在绩效管理中所得到的益处，进而对绩效管理采取敷衍、不合作的态度，而公司希望通过绩效管理激励员工的目的也就成了泡影。

3. 实行绩效管理所需资源不足

（1）管理者缺乏管理技能。B公司从计划建立考核体系到最终实施考核体系只用了两个月的准备时间。短暂的准备时间使得公司无法在实施前对相应的管理人员提供充分的管理培训，各级管理人员因未能熟练掌握、运用绩效管理的基本技能而直接影响了绩效管理的效果。例如，管理人员还不习惯对员工的工作进行记录，尤其是那些事关工作成败的关键性事实。这样，到了月底考核时经理很难依据考评期内的工作记录对员工进行考评，而主要还是根据平时的印象。同时，由于对绩效管理人员培训不足，使得管理人员常常陷入“晕轮效应”“近期行为偏见”“趋中趋势”“宽厚性或严厉性误差”等考评误区中。尽管经过一段时间的培训与实践，有些绩效管理人员开始掌握考核技能，但绩效管理人员的流动以及对新任职的管理人员的培训不足，还是使得管理技能缺乏成为影响绩效管理正常运行的主要障碍。

（2）管理者管理时间不足。各级管理人员尚未能从一般业务工作脱离出来，他们为保证部门工作的完成，往往不能投入足够的时间到绩效管理工作中去。同时，公司的考核周期非常短，每个月都要进行考核工作。因此，他们只能将有限的时间主要用在绩效考核环节（因为绩效考核大多是书面的，需要上报）。而对于那些不需要书面上报的，比如需要与员工讨论、确认的工作计划，对员工进行工作追踪等绩效管理的其他环节，绩效管理人员则很难按公司的要求完成，这就使得公司的绩效管理变成了单纯的绩效考核，从而使公司无法达到通过绩效管理系统发现问题、改善和增强各层级间沟通的目的。

（3）配套资源不足。建立绩效管理系统的作用还在于帮助企业做好人力资源规划。通过绩效管理系统设计的企业能力模型，可以引导员工产生提高对企业有用的能力的需求和愿望；同时，企业可以通过提供有针对性的培训，满足员工以及自身的能力需求。但B公司现有的培训资源无法提供相应的有效培训，从而使绩效管理系统对人力资源规划的作用无法得到更大发挥。

从整体上看，B公司的绩效管理体系在设计时还是比较完整、系统的，首先它并不是一个单纯的绩效考核，而是一个完整的管理过程；它不仅限于事后的评估，还强调了事先的沟通与承诺；它力求通过制定个人工作计划，将组织与个人的目标联系起来，通过目标和计划的设定达成共识，对员工进行人力资源管理和开发；在绩效考核环节采用目标管理法，使员工的工作行为与组织整体目标保持一致，有利于降低管理费用，并可为考评者提供明确的标准。同时，为避免给目标管理带来一些弊端，如员工的短期行为，还增加了软指标的考核，力求使绩效考核更加科学、合理；更是通过设立考核反馈环节，增强上下级间的沟通，增强员工对绩效管理系统的认知。

但是，需要强调的是，B公司绩效管理指标体系有以下问题：设计过于复杂，极易流于形式；绩效管理人员缺乏管理经验、技巧和时间；培训体系不健全；考核结果运用不当等。这些问题暂时无法解决，甚至有些置身其中的管理者也不愿解决，因此，B公司无法实现建立绩效管理体系的初衷，从而导致绩效管理的失败。

建议B公司以及与其经历类似的企业，为改善绩效管理系统的实施效果，在公司战略、培训资源等问题暂时无法解决的情况下，可以首先解决、调整绩效考核结果运用的问题，取得员工的理解和支持；其次加强管理人员的管理技能培训；最后再解决公司战略、培训资源的问题。

二 战略绩效管理系统的内容

一个科学、有效的战略绩效管理系统应该包括三个方面的内容：目的、具体环节和关键决策。战略绩效管理系统的“三个目的、四个环节和五项关键决策”是一个有机整体，我们需要在明确各自内涵与外延的基础上，全面、深入、系统地理解战略绩效管理系统模型。

1. 战略绩效管理的目的

战略绩效管理的目的是设计战略绩效管理系统的出发点和基础，是一个组织绩效管理系统设计和实施有效性的指南。组织内的一切绩效管理活动都是围绕绩效管理的目的展开的，偏离了目的，绩效管理就失去了存在的价值和意义，失败将不可避免。归纳起来，战略绩效管理的目的包括战略目的、管理目的和开发目的三个，只有三个目的同时实现，才能确保组织绩效管理活动的科学性、有效性和合理性。

（1）战略目的。

绩效管理与组织的战略密切相关。组织战略的实现离不开绩效管理系统，而绩效管理系统也必须与组织的战略目标密切联系，这样才具有实际意义。战略绩效管理系统能够将员工具体的工作活动与组织的战略目标联系起来，通过采用先进的管理工具，如关键绩效指标、平衡计分卡等，把组织、部门和个人的绩效紧密地联系在一起，在员工个人绩效提高的同时，促进组织整体绩效的提升，从而确保组织战略目标的实现。因此，在运用战略绩效管理系统实现战略目标时，应首先明晰组织的战略，通过承接与分解战略目标，将组织的战略目标逐层落实到部门和员工个人，并在此基础上制定相应的绩效评价指标体系，设计相应的绩效评价和反馈系统。管理者可以通过绩效评价指标体系来引导员工的行为，帮助员工正确认识自己的优势与不足，使员工的努力与组织的战略保持高度一致，促使组织战略的顺利实现。

（2）管理目的。

绩效管理的管理目的主要是指通过评价员工的绩效表现并给予相应的奖惩，激励和引导员工不断提高自身的工作绩效，从而最大限度地实现组织目标。组织的各项管理决策都离不开及时、准确的绩效信息，绩效评价结果是组织做出培训、调薪、晋升、保留、解雇等人力资源管理决策的重要依据。虽然这些决策都十分重要，但是不少作为绩效信息来源的管理者却将绩效评价过程视为一个为了履行自己的工作职责而不得不做的、令人生厌的工作环节。在他们看来，对员工进行评价，然后将评价结果反馈给员工，是一件难办的事情。他们倾向于给所有员工都打高分或者至少是给予他们相同的评价，以致绩效评价信息失去实际意义。因此，要真正实现战略绩效管理的管理目的并不是一件容易的事情。这就要求管理者通过绩效计划为战略目标的分解和实施确定具体可行的行动方案；通过对战略目标的实施过程进行有效的监督和控制，确保组织资源的合理利用和配置；更为重要的是，通过设计科学、规范的绩效评价系统保障绩效评价结果的公平性和有效性，从而不断地提高员工的工作绩效和组织的管理水平，确保绩效管理目标的达成。

（3）开发目的。

绩效管理的开发目的主要是指管理者通过绩效管理过程来发现员工存在的不足，以便对其进行有针对性的培训，使其能够更加有效地完成工作。在现实中，为了实现绩效管理的开发目的，当员工没有达到预期的绩效目标时，管理者就需要与员工面对面地讨论他们的绩效差距。在绩效反馈环节，管理者不仅要指出下属绩效不佳的方面，还需要帮助他们找出原因，如技能缺陷、动力不足或某些外在的障碍等，继而针对问题采取措施，制定相应的绩效改进计划。只有这样才能更有效地帮助员工提高他们的知识、技能和素质，促进员工个人的发展和实现组织绩效管理的开发目的。

从以上内容可以看出，一个有效的战略绩效管理系统应该将员工的工作活动与组织的战略目标联系在一起，并为组织对员工所做出的管理决策提供有效的信息，同时向员工提供及时、准确的绩效反馈，从而实现绩效管理的战略目的、管理目的和开发目的。因此，组织要想通过绩效管理获得人力资源竞争优势，就必须利用战略绩效管理系统达到上述目的。

2. 战略绩效管理的具体环节

管理者在进行绩效管理时，需要严格遵循绩效计划、绩效监控、绩效评价和绩效反馈四个环节开展工作，四个环节缺一不可。为了确保绩效管理的有效性，管理者除了保障四个管理环节的完整性外，还需注意到各个组织的具体情况和需求不同，它们决定了每个组织在运用战略绩效管理系统的四个环节时的不同的侧重点。

（1）绩效计划。

绩效计划作为战略绩效管理系统闭循环中的第一个环节，是指当新的绩效周期开始时，管理者和下属依据组织的战略规划和年度工作计划，通过绩效计划面谈，共同确定组织、部门以及个人的工作任务，并签订绩效目标协议的过程。绩效计划是管理者和下属进行的双向沟通过程。

绩效计划不仅仅是完成一份工作计划那么简单。作为整个绩效管理过程的起点，绩效计划非常注重管理者和下属的互动式沟通以及全员参与，使管理者与下属在如何实现预期绩效的问题上达成共识。因此，绩效计划的内容除了包括不同层面的绩效目标，还包括为了达到计划中的绩效结果，双方应做出什么样的努力、应采用什么样的方式、应该进行什么样的技能开发等内容。但这并不是说绩效计划一经制定就不可改变，环境总是在不断发生变化，在计划实施过程中往往需要根据实际情况及时修正或调整绩效计划。

（2）绩效监控。

绩效监控是战略绩效管理系统的第二个重要环节，也是整个绩效周期中历时最长的环节，是指在绩效计划实施过程中，管理者与下属通过持续的绩效沟通，采取有效的监控方式对员工的行为及绩效目标的实施情况进行监控，并提供必要的工作指导与工作支持的过程。绩效计划是绩效管理成功的第一步，绩效监控作为连接绩效计划和绩效评价的中间环节，对绩效计划的顺利实施和绩效结果的公平评价有着非常重要的作用。它要求管理者在整个绩效计划实施过程中持续与下属进行绩效沟通，了解下属的工作状况，预防并解决绩效管理过程中可能发生的各种问题，帮助下属更好地完成绩效计划。那种认为下属在了解绩效计划之后就能够正确地执行计划、管理者可以等到绩效周期结束后再进行绩效评价的想法，是十分错误的。这实际上是管理者的一种"偷懒行为"，忽略了管理者必须履行的"监督并控制下属的绩效，促进绩效计划得以实现"的重要管理职能。在绩效监控阶段，管理者主要承担两项任务：一是采取有效的管理方式监控下属的行为方向，通过持续不断的双向沟通，了解下属的工作需求并向员工提供必要的工作指导；二是记录工作过程中的关键事件或绩效数据，为绩效评价提供信息。

从绩效监控的手段看，管理者与下属之间进行的双向沟通是实现绩效监控目的的一种非常重要的手段。为了实现对下属绩效的有效监控，管理者与下属应共同制定一个相互交流绩效信息的沟通计划，有针对性地帮助管理者指导并鼓励下属员工不断地提高工作绩效，缩小绩效差距，确保绩效目标的顺利完成。

（3）绩效评价。

作为战略绩效管理过程中的第三个环节，绩效评价是指根据绩效目标协议所约定的评价周期和评价标准，由绩效管理主管部门选定的评价主体，采用有效的评价方法，对组织、部门及个人的绩效目标完成情况进行评价的过程。在这个过程中，需要注意的是应当把绩效评价放到绩效管理过程中考察，将其看作绩效管理过程中的一个环节。绩效评价不能与绩效管理其他环节相脱离，这一点主要体现在以下三个方面：第一，绩效评价的基本依据是绩效目标协议，并且不能根据管理者的喜好随意修改；第二，绩效评价不能与绩效监控过程中的绩效沟通相分离，管理者与下属之间进行绩效沟通的过程实际上也是评价者观察评价对象绩效情况的过程；第三，绩效管理不是为了简单的评价，更为重要的是通过客观、公正的绩效评价得到详尽、有效的绩效信息，从而使管理者能够通过绩效评价的结果，向下属反馈其绩效优秀或绩效不佳的原因，为绩效改进提供决策依据。因此，绩效评价与绩效反馈的过程也是密切相关的。当然，也应该看到，绩效评价是绩效管理过程中的核心环节，也是技术性最强的一个环节，因此，需要对评价环节给予特别的关注。

（4）绩效反馈。

绩效反馈是指在绩效评价结束后，管理者与下属通过绩效反馈面谈，将评价结果反馈给下属，共同分析绩效不佳的方面及原因，制定绩效改进计划的过程。绩效反馈在绩效管理过程中具有重要的作用，是绩效管理过程中的一个重要环节，也是一个正式的绩效沟通过程。之所以要将绩效反馈作为绩效管理循环的环节之一，是因为绩效反馈在绩效管理过程中具有重要的作用。绩效反馈是使员工产生优秀表现的重要条件之一。通过绩效反馈，员工可以知道管理者对他的评价和期望，从而不断地修正自己的行为；管理者也可以通过绩效反馈指出员工的绩效水平和存在的问题，从而有的放矢地进行激励和指导。因此，绩效管理的目的绝不仅仅是得出一个评价等级，而是要提高员工的绩效，确保员工的工作行为和工作产出与组织目的保持一致，从而实现组织的绩效目标。绩效管理能否确保组织目标的实现，在很大程度上取决于管理者如何通过绩效反馈环节使员工充分了解并不断改进自己的绩效水平。

3. 战略绩效管理的关键决策

为了实现三个目的，组织在实施战略绩效管理四个环节时，必须把握评价内容、评价主体、评价周期、评价方法以及结果应用的五项关键决策。具体来说，评价内容主要在绩效计划环节中确定，主要包括评价指标、指标权重及其目标值的制定等；评价主体、评价周期、评价方法在绩效计划制定的时候就应当明确，但是详细论述则体现在绩效评价部分；结果应用则主要体现在绩效反馈部分，但是绩效计划通常都是基于前一绩效周期的评价结果制定的。

（1）评价内容。

评价内容，即“评价什么”，是指如何确定绩效评价所需的评价指标、指标权重及其目标值。为了确保组织战略目标的实现，需要在绩效管理过程中，将组织的战略目标转化为确定周期内的绩效目标，再将绩效目标转化为可以衡量的绩效评价指标，从而将组织战略目标的实现具体落实到各个部门和每个员工。我们对组织、部门和个人绩效的评价可以从工作过程和工作结果两个角度进行考虑。通过明晰组织的使命、核心价值观、愿景、战略以及明确组织的阶段性工作任务来设计组织绩效的评价指标；而员工个人绩效的评价指标则可以根据员工的职位职责以及承接或分解部门的绩效目标来确定，最终形成的绩效评价指标体系的战略导向和行为引导作用，在很大程度上体现在绩效评价指标的选择和设计上。另外，评价内容在绩效计划阶段就基本确定了，在绩效评价阶段则是根据已有的计划实施评价。

（2）评价主体。

评价主体，即“谁来评价”，是指对评价对象做出评价的人。通常，评价主体可分为内部评价者和外部评价者。内部评价者包括上级、同级、下级，外部评价者包括客户、供应商、分销商等利益相关者。在设计绩效评价体系时，选择正确的评价主体，确保评价主体与评价内容相匹配是一个非常重要的原则，即根据所要衡量的绩效目标以及具体的评价指标来选择评价主体。根据这一原则，评价主体应当及时、准确地掌握信息，对评价对象的工作职责、绩效目标、工作行为以及实际产出有比较充分的了解，这样才能确保评价结果的合理性和有效性。

（3）评价周期。

评价周期，所要回答的问题是“多长时间评价一次”。评价周期的设置应尽量合理，既不宜过长，也不能过短。如果评价周期太长，评价结果就会出现严重的“近因效应”，即人们对最近发生的事情记忆深刻，而对以往发生的事情印象淡薄，评价主体会根据评价对象近期的表现来评断其整个绩效周期的表现，这样会导致绩效评价信息的失真，不利于员工个人绩效的改善。而如果评价周期太短，一方面，许多工作的绩效情况可能还没有体现出来；另一方面，过度频繁的绩效评价也会造成评价主体的工作量过大。通常情况下，若根据职位的类别来确定评价周期，则研发类、职能管理类的评价周期相对较长，而生产类、销售类和服务类职位的评价周期稍短；若根据职位的等级来确定评价周期，则高级管理职位的评价周期较长，而低级职位的评价周期较短。同时，相较于工作业绩类指标，态度类指标的评价周期相对较短。但是，评价周期与评价指标、组织所在行业特征、职位等级和类别以及绩效实施的时间等诸多因素有关，采用年度、季度、月度甚至工作日作为评价周期的情况都有，因此，选择绩效评价周期时不宜一概而论，不能“一刀切”，而应根据管理的实际情况和工作的需要，综合考虑各种相关影响因素，合理选择适当的绩效评价周期。

（4）评价方法。

评价方法，就是判断员工个人工作绩效时所使用的具体方法。正确地选择绩效评价方法对于得到公正、客观的绩效评价结果有重要的意义。通常，评价方法可以划分为三大类：比较法、量表法和描述法。每一类又细分为若干具体的评价方法：比较法包括排序法、配对比较法、人物比较法等；量表法包括图尺度量表法、行为锚定量表法、综合尺度量表法和行为观察量表法等；描述法包括工作业绩记录法、态度记录法、关键事件法和指导记录法等。每种方法都各具特点，并无绝对优劣之分，组织应根据具体情况进行选择，总的原则是根据所要评价的指标及其特点选择合适的评价方法。当然，具体采用何种评价方法，还需要考虑设计和实施成本问题。有的评价方法设计成本虽高，但在避免评价误差方面非常有效；有的评价方法设计成本虽低，但在实际操作中容易出现评价误差。因此，应权衡各种评价方法的优缺点，加以综合使用，以适应不同发展阶段对绩效评价的不同需要。

（5）结果应用。

绩效管理是人力资源管理职能系统中的核心模块，而绩效评价结果能否被有效利用，关系到整个绩效管理系统的成败，也关系到人力资源系统运行有效性的高低。绩效评价结果主要用于两个方面：一方面是通过分析绩效评价结果，诊断员工存在的绩效差距，找出产生绩效差距的原因，制定相应的绩效改进计划，以提高员工的工作绩效；另一方面是将绩效评价结果作为各种人力资源管理决策的依据，如培训开发、职位晋升和薪酬福利等。绩效评价结果具体应用于哪些方面是与评价指标的性质相联系的。如果绩效评价结果没有得到应用，就会产生绩效管理“空转”现象，造成“评与不评一个样，好评、差评一个样”，绩效管理也就失去了应有的作用。

三 战略绩效管理系统的设计步骤

战略绩效管理系统的设计重点是绩效指标体系设计。通过战略解码，将战略指标进行分解。指标由战略而来，指标分解的过程也就是战略分解的过程。有效的指标分解是系统执行公司战略的关键。分解指标工作是战略绩效管理系统的重要组成部分，战略绩效管理的一切工作都是围绕指标来进行的，指标在战略绩效管理系统中处于核心地位。建立科学、合理的绩效指标体系是有效开展战略绩效管理工作的前提。下面主要通过明确企业战略、绘制战略地图、识别战略主题、明确部门使命、寻找因果关系、建立因果关系分析表、落实企业和部门指标、指标要素设计八个步骤来设计绩效指标体系。

温馨提示

绩效指标分解逻辑

绩效指标分解是从企业到部门再到岗位的自上而下的逐级分解。绩效指标分解逻辑如图10-3所示。

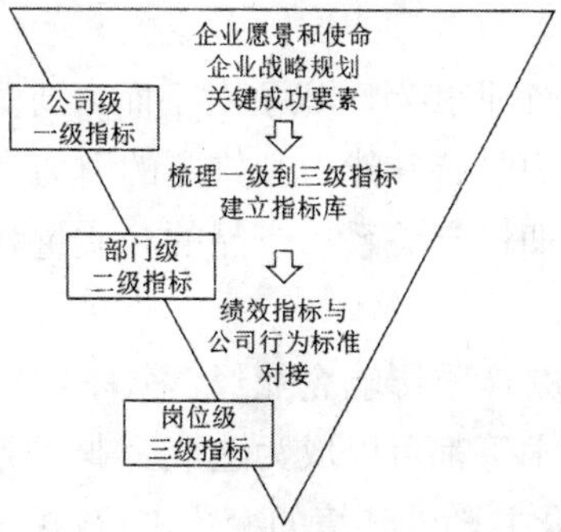

图10-3 绩效指标分解逻辑

1. 明确企业战略

设计战略绩效指标体系，首先要进行战略梳理，明确企业战略的主要工作就是战略问题的确认。

（1）明确企业任务系统。

任务系统主要包括企业的使命与愿景、核心价值观与战略总目标。

①使命与愿景。每一个企业从建立开始都应当承担相应的责任并履行相应的使命。所谓使命，就是企业在社会、经济发展中所担当的角色和责任，是企业区别于其他企业的最本质的东西，即企业存在的目的和理由。企业使命具有相对稳定性。

愿景也叫远景，即企业希望未来10年、20年要成为什么样的企业，这是企业永远为之奋斗并希望达到的图景，表明了组织对未来的期望和追求，也表明了企业未来的发展方向。

使命与愿景之间的区别在于：使命是企业存在的根本，是企业存在的理由和价值，它能清楚地表明自己与相似的其他企业的区别，且是长期适用的；愿景则是未来一段时间内企业为之奋斗的目标。

②核心价值观与战略总目标。所谓的核心价值观，是为了实现使命与愿景，而提炼出来并予以倡导的，是企业员工共同的行为准则。这是一种深藏在员工内心深处的东西，决定并影响着企业成员的行为，并通过员工日复一日、年复一年的行为呈现出来。核心价值观同时也是判断企业所有成员赞成什么、反对什么、鼓励什么的标准，即企业判断是非的标准。

战略总目标是企业使命的具体化，是企业追求的较大的目标。

（2）SWOT分析。

在完成企业内外部环境的分析后，会对这些因素进行综合分析，分析哪些外部环境因素对企业而言是机会或威胁，哪些内部环境因素是企业的优势或劣势。SWOT分析是一个很好的工具，它贯穿于战略分析的全过程，使战略分析更加准确清晰，从而制定出完善的行动策略。它使企业了解自己的优势和劣势，明白自己面临的机会和威胁，知己知彼，从而在竞争中获胜。

①SWOT简介。

Strength——优势。优势是企业相对于竞争对手而言所具有的资源、技术或其他优势，反映了企业在市场上具有竞争力的特殊能力。雄厚的财力和广泛的财源、企业的市场和社会形象、与买方或供应商的长期稳定关系、产品的高质量和低成本、独特的分销渠道等都可以成为企业优势。

Weakness——劣势。劣势是严重影响企业经营效率的资源、技术能力限制。企业的设施、财源、管理能力、营销技术等都可以成为造成企业劣势的原因。造成劣势的最普遍的原因是企业不能认识环境的变化并随着环境的变化进行自我变革。

Opportunity——机会。机会是企业业务环境中重大的有利形势，使企业有进一步发展，或是改变目前业务结构，或是扭转目前的经营状况。企业所处的环境中随时都存在着机会，但对不同的人和企业来说，环境因素的作用是不同的。

Threat——威胁。威胁是环境中重大的不利因素，构成企业业务发展的约束和障碍，甚至迫使企业转变业务结构或停止营业。

②WO、SO、ST、WT策略。从整体上看，SWOT可以分为两个部分。第一部分为“SW”（优势或劣势），主要用来分析内部资源能力，主要着眼于企业自身的实力及与竞争对手的比较。从整个价值链的各个环节上，如产品是否新颖、销售渠道是否畅通及价格是否具有竞争性等方面分析。第二部分为“OT”（机会或威胁），主要用来分析外部环境因素，强调外部竞争环境的变化及对企业的可能影响，如政治、经济、社会文化和技术，以及产业新进入者的威胁、行业内竞争者的竞争强度等。

利用SWOT分析法可以找出哪些因素是对自己有利的、值得发扬的，哪些因素是对自己不利的、需要去避开的，哪些问题是目前亟须解决的，哪些问题是可以稍微拖后的，哪些问题是属于战略上的，哪些问题是属于战术上的。针对发现的问题，找出解决的办法，并明确以后的发展方向，有利于企业做出正确的决策。

“WO”（劣势及机会）：这部分业务具有较大的市场机会，同时内部弱势较明显。这些业务的战略重点应放在减少内部弱势上，同时需要有效地利用市场机会。

“SO”（优势及机会）：这部分业务是机会与优势的最理想结合，这时的企业业务面临许多机会，并有较多方面的内部优势，使企业足以利用外部机会。在这种情况下，企业倾向于采用增长型战略（集中战略），以充分利用环境机会和内部能力优势。

“ST”（优势及威胁）：这部分业务以其主要优势面临不利环境。企业对这种情况可持两种态度：一种态度是利用现有优势在其他产品或市场上建立长期机会，这是具有其他发展机会的企业经常采取的态度。改变服务对象、进入新的产品细分市场、改变经营地区等都是可以采用的有效方式。一些企业采取的“人无我有、人有我优、人优我廉、人廉我走”的战略，就是反映了这种态度。另一种态度是以企业的优势正面克服环境设立的障碍。企业只有在优势十分突出，实力较强，特别是财力很强时，才适合采取与环境直接正面斗争的态度。因为如果失败，企业将受到更大的伤害。

“WT”（劣势及威胁）：这部分业务是最不理想的内外部因素的组合。处于该区域的企业在其相对劣势处恰恰面临大量的环境威胁，在这种情况下，企业可以采取减少产品或市场的紧缩性战略，或是改变产品或市场的战略。

2. 绘制战略地图

明确企业的战略后，把企业战略所包含的一连串假设转化为一系列具体的因果关系链，根据因果关系链绘制战略地图。战略地图绘制的思路可以使用价值树模型的分解方法，进行层层剖析，把企业的目标从上到下，依次按照财务、客户、内部流程、学习与成长四个维度的逻辑关系进行逐层分解。战略地图把一个企业平衡计分卡的不同衡量性目标纳入了一条因果关系链，从而使企业希望达到的结果与这些结果的驱动因素关联起来。战略地图是对企业目标之间因果关系的可视化表现方法，它把平衡计分卡四个层面的目标集成在一起，描述企业战略及达成战略目标的路径。

（1）财务层面。

财务层面主要阐明企业经营行为所产生的可衡量性财务结果，体现了股东价值的增值。

财务层面的内容有两个：一个是开源，另一个是节流。

开源，是指哪些方面可以增长销售收入。增长销售收入战略下面又包括扩大销售收入机会和增加客户价值两个方面。所谓扩大销售收入机会，是指哪些方面可以带来销售收入；而在增加客户价值方面，主要是提高老客户中的收入比重份额。

节流，是指成本控制和提高资产利用率。要想实现利润目标，除了增加收入外，还要注意改善成本结构，降低成本费用。

（2）客户层面。

为了实现财务层面的目标，需要满足客户的价值需求。客户层面的重点是企业希望获得客户和细分市场，且满足内部和外部客户的需求。

客户层面的内容有三个：产品/服务、关系和形象。

①产品/服务。主要关注的是客户体验，也就是产品能为客户带来什么价值，可以从价格、质量、时间、功能和选择的多样性角度思考，产品能给客户带来哪些和其他竞争对手不一样的感受和体验。

②关系。主要关注的是客户关系维护的内容是什么。

③形象。主要关注的是品牌，也就是新的产品和业务的品牌形象如何塑造，品牌知名度和美誉度的内容是什么，未来新业务的市场占有率是多少。

（3）内部流程层面。

内部流程层面的重点是为了吸引并留住目标市场的客户，满足股东的财务回报率期望，企业必须擅长什么核心经营流程，并符合企业的核心价值观导向。

内部运营层面的内容包括：运营管理流程、客户管理流程、创新流程和政策法规流程。

①运营管理流程，是指企业的关键业务运作流程。

②客户管理流程，是指企业如何更好地服务于客户，满足客户需求的流程。

③创新流程，是为了满足客户层面的目标，企业内部需要做哪些流程革新，以适应新的目标。

④政策法规流程，是一个风险控制流程，主要解决如何降低客户投诉等方面的问题。

（4）学习与成长层面。

学习与成长层面的重点是为了获取突破性的业绩与成功，了解员工需要具备什么样的核心知识与创新精神。

学习与成长层面的内容有三个：人力资本价值、信息资本价值和组织资本价值。

①人力资本价值，主要解决的问题是为了满足上述三个层面的目标，企业如何准备人力资源，如何使人力资源的数量和素质达到支撑前面目标的要求。这就要求企业在战略转型时考虑人力资源方面的因素，没有人力资源的支撑，企业的战略目标是很难实现的。

②信息资本价值，主要解决如何利用信息技术改善沟通成本、提高工作效率的问题。

③组织资本价值，主要解决组织氛围营造的问题，包括企业文化、领导力、团队合作等。

3. 识别战略主题

运用战略主题识别矩阵进行战略主题的识别与分解。企业价值链通常包括市场营销、产品开发、采购供应、生产经营、客户服务等核心价值链，除了核心价值链以外，还有人力资源、IT、财务、法律、行政后勤、企业文化等辅助价值链。我们就是循着企业价值链的核心价值链和辅助价值链对战略主题进行相关识别并分解到各部门，从各部门中寻找能够驱动战略主题与目标的关键成功因素。

识别战略主题主要是使战略目标通过战略主题识别矩阵，寻找到那些与部门具有强相关性的因素，从而把战略目标分解到各部门。识别战略主题是确定各部门战略目标的基础，是输入部门战略地图的重要信息，是企业平衡计分卡向部门分解的开始。

识别战略主题是平衡计分卡向部门分解的过程。平衡计分卡分解是一个统一的过程，企业目标的分解可以通过以下方式来完成。

（1）直接落实。

所谓直接落实，是指部门执行与企业相同的目标（指标），即由某个部门主要负责落实某个企业的目标。这种情况下，企业和部门的目标（指标）相同。

（2）结构分解。

所谓结构分解，是指企业目标按照结构分解到几个部门中，在开发部门绘制战略地图时，各有关部门都要设计与企业相关联的目标。

在分解的过程中，平衡计分卡被转化到业务单位。

4. 明确部门使命

明确部门使命应当注意以下几点：

（1）部门使命不是部门所有职责的简单叠加，必须是能高度概括部门的工作内容，明确部门的职责与目标。

（2）部门使命是各部门对企业战略的支撑，部门使命必须紧密围绕企业的目标。

（3）部门使命着重在于描述部门的价值、意义、定位与作用。

明确部门使命的过程是与各部门主管反复磋商研讨的过程，部门使命必须让每个部门主管心悦诚服。明确部门使命是为落实企业和部门指标打下良好的基础。

明确部门使命的同时，还需要对企业的价值链流程进行优化与组织架构梳理。明确部门使命、流程优化、组织架构梳理是同时进行的。

5. 寻找因果关系

寻找因果关系有横向流程驱动和纵向职责支撑两种方法。横向流程驱动主要是通过寻找驱动企业目标（或指标）的业务流程，从业务流程中提炼绩效指标；纵向职责支撑主要是通过识别支撑企业目标（或指标）的部门职责，从部门职责中提炼绩效指标。因果关系链分析最适合的工具是价值树模型，利用价值树模型寻找出流程（或职责）与战略主题之间的因果逻辑关系。价值树模型是在目标（或指标）之间寻找对应的逻辑关系。具体而言，就是分别列出企业战略地图中的衡量性目标、对应的关键绩效指标及驱动这些指标的关键驱动流程（或关键职责）以及对应的关键绩效指标。

（1）通过横向流程驱动来寻找因果关系。

在推导出流程绩效指标后，结合战略主题识别矩阵表（见表10-2），在战略主题转换表（见表10-3）中，分析、寻找哪些流程对战略主题具有最直接的驱动影响力。每一个战略主题与目标，可以通过价值树模型建立因果逻辑关系。

表10-2　战略主题识别矩阵表

部门名称／战略主题	行政中心	研发中心	生产部	质量管理部	海外事业部	物流中心	财务部	销售部	市场部	客户服务部	……	大客户部
增加利润												
提高销售收入												
降低成本												
提高A产品销售												
客户满意度												
品质管理体系建设												
新产品销售渠道建设												
融资管理												
费用控制												
提高采购管理能力												
管理制度建设												
文化整合												
品牌塑造												
加强团队建设												

（续表）

部门名称／战略主题	行政中心	研发中心	生产部	质量管理部	海外事业部	物流中心	财务部	销售部	市场部	客户服务部	……	大客户部
构建战略绩效管理体系												
构建全面激励机制												

表10-3　战略主题转换表

公司业务流程			战略主题				
一级流程	二级流程	流程绩效指标	降低成本	海外销售增长	售后服务	团队建设	……
研发链流程	样车试制流程						
	产品量产前改进流程						
	产品改进流程						
	工艺路线制定流程						
	……						
供应链流程	主生产计划制定流程						
	采购策略制定流程						
	采购跟单流程						
	生产任务调度流程						
	生产制造准备流程						
	仓储管理流程						
	……						

（续表）

公司业务流程			战略主题				
一级流程	二级流程	流程绩效指标	降低成本	海外销售增长	售后服务	团队建设	……
营销链流程	年度营销计划制定流程						
	销售费用核算流程						
	市场调研流程						
	经销商绩效管理流程						
	……						
国内服务链流程	服务需求处理流程						
	配件发运流程						
	呼入流程						
	客户投诉处理流程						
	……						
海外服务链流程	海外服务需求受理流程						
	海外服务站建站流程						
	海外配件处理流程						
	海外投诉处理流程						
	……						
财务管理流程	年度财务预算管理流程						
	材料盘点流程						
	产品成本计算流程						
	资金处理流程						
	……						

（续表）

公司业务流程			战略主题				
一级流程	二级流程	流程绩效指标	降低成本	海外销售增长	售后服务	团队建设	……
人力资源管理流程	招聘录用流程						
	新员工试用流程						
	员工绩效管理流程						
	薪资核算流程						
	……						
信息技术服务管理流程	IT业务计划管理流程						
	IT服务需求受理流程						
	IT资产盘活流程						
	网络管理流程						
	……						
行政后勤管理流程	劳保用品申请、发放流程						
	员工宿舍管理流程						
	用车管理流程						
	行政用品管理流程						
	……						

（2）通过纵向职责支撑来寻找因果关系。

纵向职责支撑寻找因果关系可以通过目标—职责矩阵分析表（见表10-4）来完成。具体的做法是：把部门职责列入分析表的纵栏，把企业目标列入分析表的横栏。将纵栏和横栏的内容一一比对，如果纵栏的部门职责支撑横栏企业目标的相关性非常强，记“5”分；如果相关性比较强，记“3”分；如果相关性一般，记“1”分。如此比对，就能寻找到关联性最强的因果关系。

表10-4　目标—职责矩阵分析表

类别	公司目标1	公司目标2	公司目标3	公司目标4	公司目标5	公司目标6
部门职责1						
部门职责2						
部门职责3						
部门职责4						

6. 建立因果关系分析表

通过价值树模型分析后，原来看似杂乱无章的指标之间就建立了因果逻辑关系。这时，就可以将指标放入平衡计分卡中了。在这一步中，可以用指标来描述企业的战略地图。经过价值树模型建立因果关系后，根据“价值树模型图”中的滞后/驱动型指标的对应关系，则可以在“因果关系分析表”中填写那些相对应的滞后/驱动型指标了。

7. 落实企业和部门指标

部门是实现企业战略的各承接主体，在部门指标设计时要依据平衡计分卡的思路，对企业战略实现的结果和过程同样关注。对年度指标进行综合设计，最后明确哪些指标放到企业层面考核，哪些指标放到部门层面考核。一般来说，结果性指标（即滞后性指标）放到企业层面考核，过程性指标（即驱动性指标）放到部门层面考核。

8. 指标要素设计

无论是企业级指标还是部门级指标，都是由企业内部具体的岗位来承担，因此，具体岗位的指标设计是构建战略绩效管理系统的重中之重，岗位指标的设计必须根据组织层级、职位序列及职位种类，同时与企业战略、部门职责、岗位职责和业务流程充分相结合，保证指标是岗位主体通过努力可以实现和达到的。

指标要素设计有两个方面的内容：定义考核指标和设计绩效考核表。定义考核指标需要明确的内容包括：指标名称、指标定义、指标计算公式、绩效数据来源等。绩效考核表涉及的内容则是由哪些组合指标来考评企业的员工。例如，高层主管需要设计哪些组合指标来考评，中层主管需要设计哪些组合指标来考评，基层员工需要设计哪些组合指标来考评，销售部门和生产部门的员工需要设计哪些组合指标来考评，研发技术部门、采购部门、质量管理部门、人力资源管理部门和财务管理部门的员工需要设计哪些组合指标来考评。

温馨提示

战略绩效管理系统设计的相关建议

1. 关于绩效指标和标准的制定：

（1）绩效指标和标准直接关系到绩效管理系统运行结果的准确性和科学性。

（2）绩效标准最好不要使用绝对化的标准，如“零错误”“100%”等。

（3）“量化”并不是设定绩效指标的目标，“可验证”才是真正的目标。

（4）通过引入一些以客户为中心或强调团队精神的绩效指标，来影响和改变组织氛围。

2. 关于绩效管理系统与薪酬管理系统的关系：

（1）薪酬与绩效密切相关。

（2）当薪酬系统存在某种问题时，会使绩效管理系统受到影响。

3. 确保绩效管理系统的连贯性。

4. 绩效管理系统与员工的职业生涯规划紧密相连。

5. 管理人员工作成果是下属工作成果和个人工作成果的总和。

第四节　如何创建高绩效工作系统

一　高绩效工作系统的提出背景

1. 实践背景

高绩效工作系统的提出源于美国新联合汽车公司的成功案例。20世纪80年代初，美国三大汽车公司——福特、克莱斯勒和通用汽车公司都出现了巨大亏损，而日本汽车公司在美国和世界市场的占有率却不断提高。1985年，美国通用汽车公司与日本丰田汽车公司组建了一家合资公司——新联合汽车制造有限公司，公司地址就在因效率低下而被美国通用汽车公司关闭的弗雷蒙特工厂原址。该合资公司85%的员工来自老厂，公司使用原有设备，工会也仍由汽车工人联合会控制。

员工、设备、地点都没有改变，生产率和质量却远远超过了原来通用汽车公司管理时的状况。1986年，通用汽车公司的员工克拉夫茨克（Krafcik）进入麻省理工学院（MIT）学习，开始对新联合汽车公司进行研究，他选择了四个工厂（通用原弗雷蒙特工厂、通用佛莱明汉姆工厂、新联合汽车工厂、丰田在日本的总装厂）进行生产率和质量的数据统计。结果表明，新联合汽车工厂组装一辆汽车的劳动时间比原弗雷蒙特和通用佛莱明汉姆这两家工厂少了59%以上，然而日本丰田并未向新联合汽车工厂输入先进的技术。

新联合汽车公司的案例激起了麻省理工学院研究人员的浓厚兴趣。1989年，他们对全世界62家汽车总装厂进行研究，将62个工厂的生产系统划分为相互对照的两种生产系统：一种是采用防范、监督和控制等措施确保质量的传统生产系统；另一种是注重团队合作、员工参与以解决生产问题的精益生产系统。研究表明，精益生产系统在产品质量和生产率上明显高于传统生产系统。这两个生产系统的巨大差异产生于对员工管理方式的不同，主要表现在员工培训的强度、团队的利用程度、缩小员工地位差异以及权变业绩工资制等人力资源管理方法的采用与否。

2. 理论背景

20世纪80年代中期以来，随着技术的进步和全球化趋势的加强，无形资产和智力资本在现代经济中的作用不断增强。这一时期，有关人力资源管理实践对组织绩效影响的研究引起学者们的广泛关注，并产生了一批代表性的研究成果。比如，亚瑟的一项对美国54家小型钢铁厂的调查发现，人力资源管理的政策与实践最终可分为“控制”和“承诺”两种类型，控制型系统是指通过要求员工遵守企业的管理制度、规则，依据可以测量的产出来奖励员工，以达到降低成本或者提高效率的目的。承诺型系统是指通过强化员工与企业之间的情感联系来达到员工的自主行为与企业目标高度一致的目的。与采用控制型系统的公司相比，采用承诺型系统的公司表现出较高的生产率、较低的废品率和离职率。

1995年，休斯里德提出了被后人称为具有“通用性”的人力资源管理研究方法。该方法假定存在高绩效工作系统，存在最佳的人力资源管理实践，这种“理想模式”有助于企业绩效最大化。后来，越来越多的其他国家的学者也加入了构建“理想模式”的研究，使得当今国际人力资源管理的大多数研究都集中在“高绩效工作系统”或“最佳活动”上。

另外，20世纪90年代还兴起了战略性人力资源管理的研究。战略性人力资源管理研究中有两种不同的观点：一种是初期的以战略适应论为基础的战略性人力资源管理观，另一种是后期的以资源基础论为基础的战略性人力资源管理观。

以战略适应论为基础的战略性人力资源管理观，其主要理论依据是产业组织观（IOV），它关注人力资源管理对企业战略的适应性，人力资源与其他资源地位相当。持这种战略性人力资源管理观的代表人物有米尔斯、斯诺、舒勒和杰克逊等，理论成果主要是与不同企业战略相适应的人力资源战略类型。以战略适应论为基础的战略性人力资源管理观最大的缺点在于，不能从理论上说明为什么人力资源能成为企业持续竞争优势的源泉之一，因为这种观点不能系统解析人力资源管理系统内部各要素之间的关系及其对组织绩效的影响，而这些问题正是以资源基础论为基础的战略性人力资源管理观必须阐明的问题。

以资源基础论为基础的战略性人力资源管理观，其主要理论依据是基于资源观（RBV）的企业战略论，它把人力资源作为企业竞争优势的源泉，而不只是跟随企业战略而消极存在的资源，其代表人物主要有休斯里德、德莱利和赖特。他们认为，能为企业创造持续竞争优势的是企业总体的人力资源管理系统，而不是某些单个人力资源管理实践，因此他们特别重视人力资源管理系统的内部契合性和外部契合性，认为单个实践活动容易复制整合性很强的人力资源管理系统才具有的特质化、复杂性、难模仿和路径依赖的特点。对这些问题的关注，开拓了战略性人力资源管理研究的一个全新方向，即高绩效工作系统。

二　什么是高绩效工作系统

1. 高绩效工作系统的概念理解

高绩效工作系统（High Performance Work System，HPWS）是战略性人力资源管理领域的一个重要概念。

目前，西方学术界对“高绩效工作系统”还没有形成严格的定义，因为它涉及的内容太广泛，而且有许多不同的称谓，如高绩效工作系统、高参与工作系统、高承诺工作系统、“最佳人力资源管理活动”和创新人力资源实践等，这些概念在文献中通常被认为可以相互替代。相对而言，最有影响力的说法有两种：一种是最佳人力资源实践，另一种是高绩效工作系统。

关于高绩效工作系统的界定可以分为广义和狭义两种。广义的界定强调高绩效工作系统运用多种手段，通过综合有效地利用以人力资源为主的各种资源来实现组织的绩效。狭义的界定强调组织通过人力资源实践活动来确保组织的战略目标。

那么，究竟如何理解高绩效工作系统的内涵？从逻辑上看，高绩效工作系统的概念意味着存在通过某种途径能够给组织带来较好绩效的工作实践构成的系统。高绩效工作系统包含了三个概念：绩效、工作实践和系统性效应。

（1）绩效。HPWS通过某种途径能够给组织带来较好绩效。

（2）工作实践。HPWS是若干实践组合形成的一个集合，而不是单个的实践。

（3）系统性效应。HPWS概念的一个重要内涵就是系统的或协同的效应，主要包括人力资源管理实践组合间的一致性或人力资源管理实践系统与企业战略、企业文化、企业特征间的一致性。

目前，尽管学者们对高绩效工作系统中的人力资源实践构成还没有形成统一的认识，但是大部分学者认为，严格的招聘和甄选程序、多样化的员工沟通机制、员工参与、持续的培训和开发、团队合作、基于绩效的奖酬体系是高绩效人力资源管理系统的重要组成部分。

2. 高绩效工作系统的特征

高绩效工作系统以员工高参与为原则，强调通过组织系统的有效整合，最大化员工的知识、技能、主动性，赋予员工改进组织工作程序的权利、鼓励员工解决实际问题、突出团队自我管理和协作能力，从而提高企业的竞争优势。因此，高绩效工作系统往往具有以下特征。

（1）目标导向特征。高绩效的系统与高绩效的企业战略是密不可分的。由于员工的高参与和自我发展的特点，高绩效工作系统的目标与绩效的对接，使员工有了价值发挥最大化的标杆。

（2）系统运作特征。高绩效工作系统突出以人的价值实现为核心，形成企业物资资本、互补性资本（包括组织资本、文化资本和社会资本）相互匹配的支撑平台，为企业员工提供能力施展的空间。

（3）能力发展特征。为了快速应对外部环境变化，企业员工也需要快速适应。

（4）激励与约束特征。为了保证个人目标与企业目标的一致性，高绩效工作系统通过薪酬、福利、职业发展、企业承诺的激励与绩效目标的约束等手段体现报酬分配的公平性和差异性，使员工增加对企业的依赖度和信任感。

（5）团队协作特征。高生产效率与良好的生产协作是紧密相关的。高绩效工作系统采取的扁平化管理层级、持续改进的工作流程、自我管理团队与弹性制造等方式减少了层级差异，增加了员工能动性参与，形成团队凝聚绩效的效应。

（6）信息共享特征。高绩效工作系统的员工信息的获取是多通道的。及时获取同业市场信息、组织发展方向、市场竞争策略、组织重大变革、财务状况和经营绩效，使员工及时把握和理解企业发展方向，实现推进企业目标的目的。

三 高绩效工作系统的建设

高绩效工作系统是一个企业获得市场竞争战略优势的组织基础。整合技术系统与人力资源是建设高绩效工作系统的新途径。

1. 整合技术系统与人力资源

高绩效工作系统是将组织的技术系统与社会系统有机结合起来，能够获得高效率和高效益的生产运作管理体系。企业的绩效是许多复杂因素耦合作用的结果，其中技术系统与人力资源整合的有效性是最关键的因素之一。加速技术进步要靠人来执行，因此要建立一套与企业技术进步相适应的人力资源管理体系；同时，要运用技术进步推动人力资源管理，达到技术系统与人力资源的有机融合。在经济全球化的国际市场竞争环境中，企业必须提高资源整合能力和运营管理水平，从而提高企业资源利用率，形成低投入、高效率的发展模式，实现企业高绩效运转，增强国际竞争力。

在竞争优势获取方面，很多企业采用低成本战略。低成本战略优势的实质是较高的企业工作绩效，而提高工作绩效最直接、最重要的途径就是改善人力资源管理。所以，人力资源管理实践必须支持高绩效工作系统，并为员工提供技能、工作动力、知识以及自主权，进而达到工作的高绩效。人力资源管理实践可以通过改善以下内容来支持高绩效工作系统：以团队的方式来完成工作，并且积极给予授权；让员工参与新员工的甄选；使员工能够获得正式的绩效反馈，并且积极地参与绩效改善过程；强调持续培训并且对此提供报酬；使员工的薪酬与企业的财务绩效挂钩；设备和工作流程的组织安排以及技术的使用，都有利于实现最大限度的灵活性，并且鼓励员工之间的相互沟通；让员工参与设备、工作布局以及工作方法的变革规划过程；职位设计的方式允许运用多种不同的技能；使员工理解自己的工作对于最终的产品或服务所做出的贡献。

2. 建立高绩效工作组织

建立高绩效工作组织的目标是：人与技术的匹配，即根据岗位技能要求配置合适的岗位人员，做到技术得其人，人尽其才；人与人的协调，达到互补凝聚，共赴事功，强调团队精神；工作与工作的联系，实现权责有序，灵活高效，发挥整体优势；人的需求与工作报酬的一致，实现人尽其力。

可采用远程通信技术以及信息技术使那些处于不同时间和空间的人连接在一起，开展在项目和服务方面的合作。这样，既可省去员工路途奔波的麻烦，又能使企业不受传统的限制，尽可能地把最好的团队组合在一起。把具有不同背景、不同技能和不同观点的人放在一个团队来共同解决问题的做法，能够使有可能演变成大问题的小问题在早期就被解决，预防技术差错。许多企业开始对它们的装配线系统进行重组，放弃流水线生产形式。它们采用混合操作团队，将大规模生产与一些新的职位设计形式结合起来，使单个员工能够同时发挥多种技能、完成多项工作任务。

多样化的个性需求要求生产组织更具有弹性；市场的频繁变化要求企业活动的内容和方式及时调整，需要对企业原有层级结构进行网络化改造，减少管理层级，增大管理幅度。组织结构正趋向扁平化，甚至出现了网状组织结构，该结构的形状是圆形的，领导者在中心位置，线路向外辐射到不同的外缘端点。层级支持企业活动的有序性，网络则促进企业的适应性。网络化结构的特点是集权与分权的统一、稳定与变化的统一、一元性与多元性的统一，能使员工处于一种不断学习、不断改善业绩的状态之中。例如，设备和工作流程的重组以及新技术的使用要有利于实现最大限度的灵活性，并且鼓励员工之间的相互沟通；职位再设计允许员工运用多种不同的技能；采用团队工作方式完成技术含量高的工作；实施精益生产，让员工运用更小的空间和更少的动作来提高生产率；把工作组合成范围较大、内容较为完整的工作模块，让那些高技能的员工所组成的团队来完成。过去在管理人员与员工之间、员工与销售商之间以及企业内部各职能部门之间所设定的边界要被抛弃，员工、管理人员、销售商、客户以及供应商通过协同工作共同改善产品或服务质量。

越来越多的企业运用新技术实现一些常规性管理工作的自动化和模块化，人力资源管理信息系统就是其中之一。只要给员工配备计算机、调制解调器、传真机、移动软件、打印机、电话，就能支持他们实现远程工作。远程工作可节约不少办公楼租金，还可以提高工作效率。其原因主要是：减少了浪费在上下班路上的时间；消除了在传统的办公室中工作时可能会碰到的各种容易让人分心的事情；还有灵活性，员工可以在自己最有效率的时候，如用夜晚或清晨来完成工作，同时还可以使他们兼顾到一些家庭责任。

建立人力资源信息系统，可用来获取、存储、处理、分析、查找以及发布与人力资源有关的信息。绩效管理、员工培训以及员工开发方面的应用软件现在变得越来越重要，特别是企业必须对员工的技能和能力进行仔细的监控，以掌握技术变革使得员工技能老化的情况。电子化人力资源管理还具有改变传统人力资源管理职能的潜力。例如，可在“职位分析与设计”“招募”“甄选”“培训”和“薪酬与福利”等方面进行电子化人力资源管理。

3. 选聘、培养和开发人力资源

企业要经常审视组织内部的工作岗位与技能要求，然后根据岗位和技能要求来确定人员要求。

技术的不断进步，对企业和员工都提出了不断学习和有效学习的要求。培训成为适应新技术的必要途径。在适应新技术的培训中，要注意以下几方面问题：一是突出多种不同岗位技能的培训，要使团队成员把他们的业务目标与技术能力联系在一起，同时还要帮助他们利用这些技术设备开辟新的工作途径；要给予一线员工多种不同岗位技能的培训，使他们可以与供应商、客户、工程师、质量管理专家以及其他员工直接进行沟通。由于这种学习过程是互动的，员工在接受培训的过程中就可以运用虚拟团队工作站来进行交流，这一系统对于合作工作、知识交换以及提升工作业绩具有重要价值。二是注重技术梯队培训，包括总经理技能培训、经理技能培训、骨干技术培训和新员工上岗培训。同时，要为每个技术岗位找好接班人，确保公司可持续发展，以防止公司的命运掌握在少数技术人员手中。三是精选培训内容，要兼顾知识（基础知识、作业知识）、技能（基本技能、精尖技能）和素养（工作态度、企业文化）三个方面。

除了适应技术的培训之外，人力资源的其他能力尤其是管理能力的开发也必不可少。开发人力资源的方法主要有：在职开发方法，包括专人指导、重要任命、工作轮换、“助理”职位以及项目实战等；脱岗离职开发方法，包括课堂课程及学位、人际关系培训、案例研究、角色扮演、模仿、户外拓展训练等。人力资源开发的渠道主要有外派考察借鉴、邀请专家指导以及企业自己提供锻炼机会等。为确保人力资源开发的效果，企业应该有一定的费用投入，领导要带头积极参与，要真正了解开发的需求，应该从岗位要求出发，如当出现岗位技术变迁、运作流程改变和业务转型时，就要进行相应的能力培训。

4. 重视人才流动

由于技术进步很快，一些不能与时俱进的员工可能很快就不能适应工作岗位的需要，变成无绩效人员，甚至负绩效人员，因此必须通过精兵简政的方法进行淘汰。对于高绩效的雇员，必须千方百计将其留住。

（1）要了解优秀员工流动的原因。

优秀员工大都是知识型员工，由于其拥有知识资本，因而有很强的独立性和自主性，有较高的流动意愿，企图通过流动获得事业成功机会是主要的流动诱因。同时，现今人才市场提供了多样化的就业机会，使知识型优秀员工跳槽成为一件容易的事。

（2）要想办法留住优秀员工。

雇员持续留在一个企业的决定性因素包括组织的价值观与文化、组织的战略与机会、组织的良好管理和结果导向、组织的工作连续性和安全性、个人发展和培训指导、工作条件和弹性、薪酬和福利等。针对上述决定因素，可以采取相应的措施，如事业留人、文化留人、待遇留人等。要为有技术才干的优秀员工设计切实可行的管理与专业技术双重职业发展通道，并帮助其通过不断提升自身工作能力，逐步实现职业发展规划。

5. 改善绩效与薪酬管理

要采用平衡计分卡和关键指标法测量员工绩效。要通过广泛宣传和培训来提高全体员工对绩效管理相关问题的认识和掌握程度。在绩效管理过程中，管理人员要把绩效测评结果向员工明确地反馈，让员工清楚地知道，自己在哪些方面做得好、在哪些方面做得不好，及时改进其工作不足，达到能力不断提高的目的。要科学运用在业绩、能力、态度三个方面的绩效测评结果。工作业绩主要决定薪酬，工作能力主要决定晋升，工作态度主要决定去留。

要实施公平和有效率的薪酬、福利政策，确保对从事不同工作和处于不同层次、不同岗位的人才公平对待。运用有吸引力的股权，实现价值分享，将个体的利益和企业的利益统一起来，增强人才的责任心，激发积极性和创造性。实施基于客户服务的薪酬津贴制度，让员工不断改进自己的工作，对最终的产品或服务做出贡献。

6. 转变人才观念

要从苛求“人才完美”转而认识到“人才不完美”；从人才“需要事业”进而认识到人才“要事业，也要生活”。要善于在信任中运用人才，做到工作与才能相适应，扬长避短，发挥人才优势；工作与人的性格相适应，把不同性格的人放在不同岗位上；人员搭配要取长补短，共同提高；要定时进行必要的人员交流；要加强对各类人才的管理，建立起一套行之有效的人才选拔、使用、交流、升降、培训等制度；要建立共同愿景，将员工的目标融入企业目标，满足员工个人事业的发展需要。

提供较好的工作环境、工资和福利，消除员工的不满情绪；通过调整工作分工，宣传工作意义，增加工作挑战性；实行工作内容丰富化等，让员工对工作本身满意；运用职位晋升激发人才，形成良好的人才竞争机制；给予信任、器重、表扬与奖励；要越来越多地变成向员工授权，让员工参与管理、自主工作和承担更多的责任；允许员工在满足企业需要的条件下，根据自己的特长、爱好选择岗位；提供支持与援助系统，为员工个人目标的实现提供必要的条件，增强员工的满意度。

要实施有效的安全项目，防范工伤事故的发生。同时，要实施有效的安保措施，使企业的生产技术设施免遭未经授权的接触，在员工处于工作场所或执行工作任务时给予保护。要组织正规的安全培训、协调安全与健康项目，对工作条件进行评估，对技术含量高的工作岗位经常进行分析。

建立高绩效的企业文化，必须从技术系统改进、人才观念改变、人力资源管理方法科学化等方面整体入手。通过技术系统的改造，整合技术系统和人力资源，提高技术、设备、人力资源的效率；通过科学的方法选聘、开发和培养人力资源，使企业人力资源基础好、能成长、高效率；通过系统的绩效管理来规范员工的工作行为，使全体员工遵循企业的战略目标开展工作；建立基于绩效的薪酬体系，使员工时刻重视自身绩效的提升。

总之，高绩效文化的建立就是要通过各种方法让员工明确知道企业强调绩效价值观，并让员工有动力去追求高绩效。